Friedrich Spielhagen

Friedrich Spielhagens sämtliche Werke

Siebenter Band, vermischte Schriften und amerkanische Gedichte

Friedrich Spielhagen

Friedrich Spielhagens sämtliche Werke
Siebenter Band, vermischte Schriften und amerkanische Gedichte

ISBN/EAN: 9783743322981

Hergestellt in Europa, USA, Kanada, Australien, Japan

Cover: Foto ©Thomas Meinert / pixelio.de

Manufactured and distributed by brebook publishing software
(www.brebook.com)

Friedrich Spielhagen

Friedrich Spielhagens sämtliche Werke

Friedrich Spielhagen's
Sämmtliche Werke.

Neue,
vom Verfasser revidirte Ausgabe.

Siebenter Band.
Vermischte Schriften.
Zweite Auflage.

Amerikanische Gedichte.
Dritte Auflage.

Leipzig.
Verlag von L. Staackmann.
1872.

Friedrich Spielhagen's
Sämmtliche Werke.

Siebenter Band.

Vermischte Schriften

und

Amerikanische ⬛chte

von

Friedrich Spielha⬛

Leip⬛

Verlag von L. Sta⬛

1872.

Vermischte Schriften.

„Du kommst nicht in's Ideen-Land!"
So bin ich doch am Ufer bekannt.
Wer die Inseln nicht zu erobern glaubt,
Dem ist Ankerwerfen doch wohl erlaubt.

Goethe.

Inhalt.

Aus dem Vorwort zur ersten Auflage.

Was nun den Inhalt betrifft, so wolle man sich durch die Buntheit desselben nicht abschrecken lassen. Diese Aufsätze sind, wie sich jeder leicht denken kann, nicht zu dem Zwecke geschrieben, zusammen ein organisches Ganze darzustellen, sondern finden sich hier zusammen, wie Brüder, die nach allen Seiten in die Welt hinauszogen, sich gelegentlich im Vaterhause zusammenfinden. Sie sind natürlich auch von sehr verschiedenen Daten. Nichtsdestoweniger meine ich von ihnen sagen zu dürfen, was der Pfarrer von Wakefield von seinen Kindern sagte: „Eine Familienähnlichkeit haben alle."

Homer.

(Eine Vorlesung, gehalten am 11. Januar 1866 in Berlin, zum Besten der Bibliothek des Handwerkervereins.)

———

1*

Fünfundzwanzig Jahre sind es nun etwa her — da
stand eines Sommermorgens ein kleiner Knabe am offenen
Fenster seines elterlichen Hauses an dem Markte der alten
Hansestadt an dem Ufer der blauen Ostsee. Es mochte sechs
Uhr sein; die Fenster der gegenüberliegenden Häuser waren
zum Theil noch geschlossen, und die vorzüglichste Staffage des
Marktplatzes war der Kuhhirt, der eben seine Heerde quer
darüber weg, dem benachbarten Thore zu, auf die Gemeinde=
Weide trieb. Er hatte seine schwer hinwandelnde Schaar
noch nicht beisammen, denn von Zeit zu Zeit blies er im
Weiterschreiten auf einem langen, wunderlich geformten Horn,
und auf den Ruf gesellte sich dann wohl, aus einem der
Nebengäßchen kommend, eine brummende Kuh zu den anderen,
die sie brummend oder laut brüllend begrüßten.

Der Knabe am offenen Fenster war so früh aufgestan=
den, weil er den Abend vorher über der Lectüre eines selt=
samen Buches, das ihm der Zufall in die Hände gespielt,
schlechterdings keine Zeit gehabt hatte, seine Regel=de=tri=
Exempel zu rechnen. Rechnen war überhaupt seine schwache
Seite, und so hatte er denn auch heute Morgen, in sträf=
licher Vergessenheit seiner Schulpflichten, sich nicht enthalten
können, noch ein paar Seiten in demselben Buche zu lesen,
und das seltsame Buch hielt ihn wieder, wie den Abend vor=
her, mit zauberischer Kraft gefesselt.

Jetzt, als der Kuhhirt mit seiner Heerde vorüberzog,
hatte er zum ersten Male von seiner Lectüre aufgeblickt, ein
paar Minuten vielleicht, und als er die Augen wieder auf

das Buch senkte, empfand er die Unterbrechung keineswegs als Störung; denn, was er gesehen und gehört: den blauen, wolkenlosen Morgenhimmel, den hellen, goldigen Sonnenschein, die blökende Rinderheerde, den blasenden Hirten, den Hund, der bellend die Heerde umkreiste und die Säumigen zur Eile trieb — das Alles war nur gewesen, wie ein paar Verse in dem Buche, das er las. In dem Buche, da war das Alles ebenso: da blaute auch ein wolkenloser Himmel, da schien die Sonne hell und golbig, da blökten auch von Hirten umwandelte Heerden, und außerdem war noch gar Vieles darin, Erstaunliches, Wunderbares, daß des Knaben Herz von einem Entzücken bebte, zu welchem die peinliche Empfindung ein paar Stunden später bei der Strafpredigt des Lehrers über die mißrathenen Regel=de=tri=Exempel sich verhielt, wie ein unendlich Köstliches, an das man sich sein Leben lang erinnert, zu einem kleinen Verdruß, den man in der nächsten Stunde vergißt.

Ich kann mit solcher Genauigkeit von den Empfindungen berichten, die an jenem gesegneten Sommermorgen durch die morgenfrische Seele des Knaben gingen, denn ich selbst war jener Knabe, und so kann ich auch mit aller Wahrhaftigkeit melden, was ich an jenem Morgen las. Es war:

> Das Lied vom Odysseus,
> Das alte, das ewig junge Lied;
> Aus dessen meerdurchrauschten Blättern
> Mir freudig entgegenstieg
> Der Athem der Götter
> Und der leuchtende Menschenfrühling
> Und der blühende Himmel von Hellas.

Das alte, das ewig junge Lied! Ja, das ewig junge Lied! Denn heute, nach so viel Jahren, nachdem ich, wenn auch kein Held, so doch, gleich dem Helden jenes Liedes, vielfach umgeirrt, vieler Menschen Städte gesehen und Sitten gelernt, hin und wieder auch wohl herzkränkende Leiden erduldet habe in meiner lieben Seele — heute, nachdem ich die homerischen Gedichte, ich weiß nicht, wie oft, gelesen, ergreifen sie mich mit derselben magischen Gewalt; wieder vergesse ich über dieser Lektüre die trocknen Regel=de=tri=Exempel des Lebens; die Welt liegt wieder vor mir da, wie sie des Knaben gefeietem Auge in der thauigen Frische jenes Sommer=

morgens erschien, und durch das Rollen der Droschken hin=
durch höre ich das dumpfe Brüllen der Rinder, die zur
Weide ziehen, und den Hornruf der Hirten, das Bellen des
Hundes. Es ist, als wenn ein müder Wandersmann aus
der Sonnengluth der harten staubigen Straße in kühlen
Baumesschatten tritt, wo ihm an der Wegseite aus dem Fel=
sen der labende Quell entgegensprudelt.

Aber ist es denn ein Wunder, daß dieser Quell einem
Menschen für die kurze Spanne seines Daseins ununterbrochen
gleich erquicklich rinnt, wenn seit Jahrhunderten Millionen
und aber Millionen aus ihm getrunken und ihn nicht er=
schöpft haben?

Sie Alle kennen die Wandgemälde Kaulbachs in dem
Treppenhause des Neuen Museums, und unter diesen das
mittelste auf der rechten Seite: Ein schöner stattlicher Sän=
ger landet in einem Nachen an einer heiteren Küste. Eine
Schaar von Männern, die man nach ihrem würdigen Aeußern
für die Weisen, die Dichter, die Staatsleute, die Helden des
Volkes ansprechen muß, das Volk selbst lauscht in entzücktem
Schweigen. Faune, die Bewohner des Waldes, kommen her=
bei, gelockt von dem süßen Gesange, der sie nicht wieder los=
lassen, der sie die Willkür, die ihnen Freiheit dünkte, ver=
gessen machen wird. Die Götter kommen auf dem Frisbogen
herabgeschwebt aus der einsamen Höhe ihres Olymp und
nehmen Wohnung mitten unter den Menschen in dem neuen
Tempel, für den eines Meisters Hand das Bild des herrlich=
sten Jünglings formt. Um den neu errichteten Opferaltar
schwingen sich Krieger in Schwertertanz.

Das Gemälde heißt im Katalog: Die Blüthe Griechen=
lands. Es allegorisirt in geistreicher Weise die kulturhisto=
rische Wahrheit, daß Homer — denn er ist der Sänger, der
an Hellas' Küste landet — in der That die sichtbare Wurzel
ist, aus welcher der Wunderbaum der griechischen Kultur
machtvoll und schön wie eine Palme emporwächst. Jene
griechischen Dichter, deren Werke uns noch heute Offenbarun=
gen höchster Schönheit und Erhabenheit sind, sie haben wirk=
lich zu den Füßen dieses Vaters der Dichtkunst gesessen; So=
phokles wurde wegen der Plastik seiner Gestalten, wegen der
Süßigkeit seiner Sprache der Homer der Tragiker genannt;
Aeschylus sagt selbst von seinen Tragödien, daß sie Brosamen
von dem großen Gastmahle Homers seien; nicht anders ist

es mit den Andern: sie Alle laden sich bei Homer zu Gast, und Alle gehen kräftiger, als sie kamen, von dem unerschöpf= lichen Mahle. Und wie bei den Dichtern, so ist es bei den bildenden Künstlern. Die wunderbaren Marmorbilder, zwi= schen denen wir in scheuer Ehrfurcht in den Sälen unserer Museen wandeln: diese von ewiger Jugend umflossenen Ge= stalten, von denen uns jede eine andere Seite idealisirter Menschheit aufdeckt — sie alle glänzen von dem Wiederschein der Homerischen Sonne; ja: es ist kaum zu viel behauptet, daß sie ohne die belebende Sonne überhaupt nicht, oder doch gewiß nicht so hätten geschaffen werden können. Es ist mehr als eine schöne Fabel, was man von dem Meister der grie= chischen Meister, von Phidias erzählt, daß jene berühmte Stelle im ersten Gesang der Ilias:

„So sprach Zeus und winkte sodann mit den dunkelen Brauen;
„Und voll wogten hernieder die heiligen Locken des Herrschers
„Von dem unsterblichen Haupte; die Höh'n des Olympos erbebten.“

daß diese Stelle ihm vorgeschwebt habe, als er seine Bild= säule des olympischen Zeus schuf; denn die Zeusköpfe, die auf uns gekommen sind: jener herrliche z. B., den man den von Otricoli nennt, und die vermuthlich alle jenem Urzeus des Phidias ähneln, sind wirklich nur wie Uebersetzungen jener Stelle in Stein; noch immer winkt der Gott mit den dunkelen Brauen; noch immer wallen ihm hernieder die hei= ligen Locken von dem unsterblichen Haupte.

Aber nicht blos für die Dichter, für die Künstler; für die Philosophen und Redner strömte diese Quelle; das ganze griechische Leben schöpfte daraus. „Sobald nur ein Kind etwas lernen kann,“ sagt ein alter Schriftsteller, „muß ihm Homer den ersten Unterricht einflößen, und es ist kaum der Wiege entwachsen, so tränkt man die zarte Seele mit seinen Heldengesängen als mit der gesundesten Milch. Er bleibt der Gefährte unseres Lebens, er wird der Liebling der Er= wachsenen; wir werden seiner bis in's hohe Alter nicht satt, und wenn wir ihn eine Weile weggelegt haben, dürstet uns wieder nach ihm.“ — Damals konnte ein Grieche mit Recht sagen: „Mein Vater, der mich zum rechtschaffenen Manne machen wollte, ließ mich den ganzen Homer auswen= dig lernen.“ — — Ist es nicht beneidenswerth dieses Volk der Hellenen, bei welchem jedem freien Mann von dem ersten

Tage bis zu dem, wo ihm die Parze den Lebensfaden durchschnitt, ein Heldensänger treu zur Seite wandelte? Kann
man sich wundern, daß ein solches Volk ein Volk von Helden war? Müssen wir nicht glauben, daß die Dreihundert,
die bei Termopylä fielen, daß die Männer, die bei Marathon
und Salamis in den Kampf gingen wie zum Feste, und die
Barbarenhorden des Perserkönigs aus dem aufblühenden
Europa in das schon damals verrottete Asien zurücktrieben
— daß diese Wackeren den eisernen Tanz des Ares nicht so
herrlich getanzt haben würden, wenn sie ihn nicht nach der
Weise getanzt hätten, die ihnen aus den speerfrohen Versen
der Ilias im Ohre tönte?

Aber die Nacheiferung der Großthaten jener hohen
Ahnen war in der That ein Glaubensartifel der griechischen
Moral. Wir wissen aus dem Isokrates, daß die Griechen
ihre Kinder frühzeitig im Homer unterrichten lassen, weil er
die Siege ihrer Vorfahren über die Barbaren besungen und
eben dadurch den Nationalhaß gegen dieselben, Patriotismus
und edle Nacheiferung in den Gemüthern ihrer Kinder er-
wecke. Wer kann sagen, wie viel gerade die Lectüre des Homer dazu beigetragen haben mag, in dem Gemüthe Alexan-
ders des Macedoniers den Entschluß zu reifen zu jenem
wunderbaren Kriegszug, vor dem die Thore der asiatischen
Städte an den Ufern des Euphrat und Tigris aufsprangen,
vor dem sich der Orient mit allen seinen Wundern erschloß;
zu jenem Zuge, der erst an den Ufern des Hyphasis seine
Marke fand, und dessen Nachwirkungen von unberechenbaren
Folgen für die Geschichte der Menschheit werden sollten?
Wissen wir doch, daß der ruhmbegierige Schüler des Aristoteles jenes Wort, das der greise Peleus dem Heldensohne mit
auf den Weg nach Troja gab: „Immer der Erste zu sein,
und vorzustreben vor Andern" sich zum stolzen Wahlspruch
gemacht hatte; daß er eine Abschrift der Gesänge Homers
überall mit sich führte und einen kostbaren Kasten, den er
aus der Beute des Perserkönigs Dareios gewann, zur Aufbewahrung dieser Abschrift bestimmte!

Alexander starb; das ungeheure Weltreich, das er zu-
sammenphantasirt hatte, zerfiel in Trümmer; Griechenland,
das bereits seine Selbstständigkeit eingebüßt, wurde in den
Sturz verwickelt; von seiner einstigen Herrlichkeit waren nur
noch Ruinen, Ruinen, die immer mehr zerbröckelten. Aber

die Form, in welche jene Herrlichkeit geprägt gewesen, war unverloren; das Gepräge war so deutlich, die Harmonie, die in dem Ganzen gewaltet hatte, strebte aus den umherge= streuten Theilen wieder zum Ganzen: eine im Schutt ver= grabene Säulentrommel wird vor den Augen des Finders zur Säule, zum Tempel; aus dem verstümmelten Rumpf einer Statue wachsen die schönen Glieder wieder hervor; aus den paar Versen, die von diesem oder jenem Dichter erhalten sind, reconstruirt der sinnige Gelehrte das ganze Gedicht.

Und glücklicherweise fanden sich unter diesem Trümmer= schutt denn auch einzelne kostbare Stücke, denen wenig oder nichts an der Vollkommenheit der ursprünglichen Gestalt fehlte; unter diesen kostbaren Stücken war keins kostbarer, als die Gesänge des Homer.

Wohin der Saamen der griechischen Bildung auch ge= flogen war, die Gesänge des Homer hatten die geheimnißvolle Reise mitgemacht. Ueberall an den Ufern des mittelländischen Meeres wurde in griechischer Zunge gesprochen, mit griechi= schen Lettern geschrieben, nirgend mehr, als in der Stadt an dem Ausfluß des Nil, die den Namen ihres Gründers trug, in Alexandrien, dieser Hochburg der Gelehrsamkeit. Hier verfertigte man kostbare Abschriften der Lieder; hier schrieb man sehr gelehrte Commentare, von denen wohl die meisten sechs oder sieben Jahrhunderte später mit der berühmten alexandrinischen Bibliothek in Rauch aufgingen.

Lange vorher aber hatten schon die Römer, so weit es diesem wesentlich anders gearteten Volke überhaupt möglich war, die Erbschaft des griechischen Genius angetreten, und wieder waren es hier die Lieder Homers, die der römische Knabe als Grundlage der feinen Bildung zuerst in die Hände bekam, und deren Studium er hernach auf der hohen Schule von Athen fortsetzte. Wenn Aeschylus sagt, daß seine Dich= tungen Brosamen von dem reichen Mahle Homers seien, so kann man das mit ganz anderem Fug und Recht von der römischen Poesie behaupten. Wohin wir blicken, überall ist hier der Einfluß Homers unverkennbar; Horaz deduzirt aus ihm seine ästhetischen Regeln, und Virgils Aeneide leuchtet nur von dem Wiederschein der Ilias, wie der Mond von dem Licht der Sonne.

Und dieser von dem Licht einer scheinbar für immer untergegangenen Sonne erhellte Mond zieht während der langen Nacht des Mittelalters seine stille Bahn über den verdunkelten Himmel. Wohl mag noch hier und da ein würdiger Mönch, den sein heiliger Pfad einmal durch die Bibliotheken griechischer und armenischer Klöster geführt hat, in seiner stillen Zelle an den Ufern des Rheins oder der Themse die kostbaren Manuskripte studiren und copiren, die er dort gefunden; im Allgemeinen aber wird griechisch nur noch wenig gelesen; fleißiger die Römer, vor allem der jungfräuliche Virgil. Virgil ist der klassische Dichter des Mittelalters, Virgil muß noch dem Dichter der Göttlichen Komödie das Geleit in die Hölle geben.

Mit der neuen Zeit steigt auch die Sonne Homers wieder glänzend empor. Nach der Eroberung Konstantinopels durch die Türken und der Zerstörung des morgenländischen Reichs tragen die griechischen Gelehrten, die vor dem krummen Säbel der Moslems fliehen, die geretteten Schriften ihrer Literatur, unter ihnen die Lieder Homers, überall durch die abendländischen Reiche. Griechisch wird wieder gelesen; überall wachsen Pflanzenstätten griechischer Bildung auf; die Reformation saugt ihr bestes Lebensblut aus der griechischen Bildung.

Aber die in der langen geistigen Knechtschaft vertrockneten Adern sind gar nicht im Stande, dies edelste Blut in ausreichender Fülle in sich aufzunehmen; wieder beugt man den Nacken, den man kaum erst emporgerichtet hat, dem eisernen Joche des Dogmas; die Stimme der wenigen, wahrhaft freien Geister, die mit der Reformation Ernst machen wollen, wird übertäubt von dem Geschrei der Zeloten und Dunkelmänner; die Wissenschaft wird zur schwarzen Kunst; die griechische Schönheit in der Gestalt der Helena zu einer schönen Teufelin, für die der Schwarzkünstler seine Seele dem Teufel verschreibt. In den Gräueln des Religionskrieges, in dem Rauch der eingeäscherten Städte und Dörfer, in dem Dampf des Blutes der ungezählten Tausende, die auf den Schlachtfeldern sterben, scheint die kaum aufgegangene Sonne für immer wieder untergehen zu sollen.

Der deutsche Genius verhüllt sein leuchtendes Antlitz oder nimmt — ein tragi-komischer Anblick — die Maske der französischen Aftermuse vor. Es ist die Zeit der Perrücken und Reiſröcke, der Schminke und der Schönheitspfläſterchen; es ist die Zeit einer für uns kaum noch begreiflichen Lang-

weiligkeit und Unnatur, in der zuletzt vor lieber Langeweile
selbst die Locken der Perrücke sich zum Haarbeutel zusammen=
ballen, und aus dem Haarbeutel der Zopf den Leuten länger
und immer länger den Rücken herunterwächst; es ist die Zeit
der Landpastorenweisheit; eine graue löschpapierne Zeit der
ungeschickten, mit französischen Floskeln verbrämten Phrase,
eine knechtische Zeit der Fürstenwillkür und Maitressenwirth=
schaft, des Land= und Leuteschachers, der in hündischer De=
muth ersterbenden Unterthänigkeit.

Was war einer solchen Zeit der politischen, der sittlichen,
der ästhetischen Verkommenheit Homer!

Konnte doch noch in den achtziger Jahren des vorigen
Jahrhunderts Jemand einen würdigen Gelehrten fragen:
„Wo hält sich doch der liebe Mann (Homer nämlich) auf?
Warum blieb er so lang incognito? à propos wissen Sie
mir nicht eine Silhouette von ihm zu bekommen?" *) — Nun
ja! Homer war der Zeit eben incognito, sehr incognito; und
wenn es hoch kam, war er ihr eben „ein lieber Mann," ein
guter schwatzhafter Alter, der ein paar sehr voluminöse Car-
mina versificiret; im allerbesten Falle ein „Naturgenie," dem
man freilich, in Ansehung des höchst barbarischen Zeitalters,
in welchem er geschrieben, seine horriblen Verstöße gegen den
„guten Geschmack" nachsehen mußte, und der ohne Zweifel
viel besser geschrieben haben würde, wenn ihm Gottsched oder
sonst ein erlauchter Kunstrichter von Zeit zu Zeit verdienter=
maßen auf die Finger geklopft hätte. —

Doch die unheimliche Maskerade geht zu Ende; die Gott=
sched'schen Weisheitslichter flackern düster und immer düstrer
und verlöschen zuletzt still im Sockel; der Puderstaub wirbelt
in der Luft, als wenn eine unsichtbare Hand die alten Per=
rücken derb geschüttelt hätte; in dem Licht einer Sonne, die
irgendwo aufgegangen sein muß, sieht die Schminke mit ein=
mal recht fahl und matt aus; der deutsche Genius nimmt die
französische Maske ab und schaut uns lächelnd an aus Lessings
dunkelblauen Augen, mit Winkelmanns geistvollen Zügen.
Was soll ich Ihnen das Allbekannte wiederholen? Jene
wunderbaren Thaten des erwachten Genius, jenen ewig merk=
würdigen Kampf, den die Götter — diesmal nicht vergebens —
gegen die Dummheit führten; den ungeheuren, unwidersteh=

---

*) Schott. Ueber das Studium des Homers. Leipzig, 1783.

lichen Drang aus der Unnatur zurück in die Natur; jenen
Drang, der die Einen sich kopfüber in das Meer der empfind=
samen Schönseligkeit stürzen ließ; die Kraftmenschen à la Al
Hafi aus der Kultur heraus nach einem imaginären Ganges
trieb, wo es nur allein noch Menschen geben sollte, und die
wahren Weisen, die Menschen, welche die Arbeit des Jahr=
hunderts auf ihre starken Schultern nahmen, wirklich zurück
zur Natur, d. h. zur Schönheit, d. h. zu den Griechen, d. h.
zu Homer führte.

Homer und wieder Homer! Homer und kein Ende!
Homer, wohin wir in die Werkstätten dieser Werkleute Gottes
blicken. Mit dem Homer in der Hand durchforschte Winkel=
mann die Gallerien Italiens, den Homer in der Tasche kam
Herder nach Straßburg; der Homer lag neben Lessing auf=
geschlagen, als er den Laokoon schrieb und seine antiquarischen
Briefe. „Nun spricht und schreibt,“ sagt ein Zeitgenosse,
„Alles von Homer, was Gefühl und Geschmack haben will;
eine Uebersetzung drängt die andere; die Journale kündigen
den Neuen Homer mit Pauken und Trompetenschall an, und
läuten über diese Erscheinung alle Glocken zusammen; unsere
empfindsamen Romanschreiber können ihr wonnetrunkenes Ge=
fühl nicht genug beschreiben, wenn sie ihren Homer im Mond=
schein bei einer Silberquelle lesen, und als ächte Kinder der
Natur, den Dichter mehr empfinden als verstehen.“

Diese letzten Worte sollen vermuthlich ein Hieb auf einen
jungen Dichter sein, der zehn Jahre vorher einen Roman
geschrieben hatte, dessen unglücklicher Held sich allerdings viel
mit dem Homer beschäftigt.

Der arme Tropf! Er hatte wohl keine Ahnung von
der titanischen Kraft, die in dem „empfindsamen Roman=
schreiber“ pulsirt, wie das Blut in einem arabischen Roß,
das sich die Adern aufbeißt, um nicht zu ersticken; er hatte
keine Ahnung, daß eben dieser Roman in der keuschen Ein=
fachheit seines Styls, in der wunderbaren Plastik seiner Na=
turschilderungen, in der erschreckenden Wahrheit, mit welcher
in ihm die verborgensten Empfindungen des Herzens, als
könne es eben nicht anders sein, bloßgelegt werden — er
hatte wohl keine Ahnung, sage ich, daß in Werthers Leiden
ein Genius spricht, der, wenn einer, über die Jahrtausende
hinweg dem Dichter von Odyssee und Ilias wahlverwandt=
schaftlich die Hand reicht.

Und jenes Wohlgefallen am Homer, das in der Sturm=
und Drangperiode seiner Jugend eigentlich nur der instinktive
Trieb einer durchaus harmonischen Seele zum einfach Schönen
war: es vertieft sich bei Göthe immer mehr zur bewußten
Liebe des klassischen Alterthums. Nun wirbt Faust noch ein=
mal um die Helena, der deutsche Genius um die griechische
Schönheit, und mit welcher Gluth, welcher Leidenschaft! Es
ist nur der wörtliche Ausdruck dieser Goethe'schen Leidenschaft
für die Antike, wenn Faust im zweiten Theil, nachdem er die
Helena erblickt, ausruft:

„Hab' ich noch Augen? Zeigt sich tief im Sinn
Der Schönheit Quelle vollen Stroms ergossen?
Mein Schreckensgang bringt seligsten Gewinn.
Wie war die Welt mir nichtig, unerschlossen!
Was ist sie nun seit meiner Priesterschaft?
Erst wünschenswerth gegründet, dauerhaft!
Verschwinde mir des Lebens Athemkraft,
Wenn ich mich je von Dir zurückgewöhne! —
Die Wohlgestalt, die mich voreinst entzückte,
In Zauberspiegelung beglückte,
War nur ein Schaumbild solcher Schöne! —
Du bist's, der ich die Regung aller Kraft,
Den Inbegriff der holden Leidenschaft,
Dir Neigung, Lieb', Anbetung, Wahnsinn zolle!"

Aber dieses Mal war die Werbung weniger unglücklich,
als jenes erste Mal. Diesmal wurde die Ehe wirklich voll=
zogen, und herrliche Kinder: Iphigenia, Tasso, Hermann und
Dorothea — himmlische lebensgroße Gestalten, um die sich
die holden Arabesken der römischen Elegien, der venetianischen
Epigramme schlingen — ja, wenn Sie wollen, die Höhe der
Goethe'schen Dichtung und der Schiller'schen dazu, seitdem
sich die beiden größten Geister glücklich gefunden — mit
einem Worte: die Glanzzeit, der Silberblick unserer klassischen
Literatur war die unverweikte und unverwelkliche Frucht die=
ser Verbindung.

Und es ist Homer, zu dem die beiden Dichter immer
wieder zurückkehren, aus dem sie immer wieder neue Be=
geisterung schöpfen, über dessen Wesen sie immer wieder schrift=
lich und mündlich sich unterhalten. Besonders war es Goethe,
dessen vorzugsweise episches Genie im Homer die herrlichste
Nahrung fand. In dem Maße, wie er sich tiefer in den
Homer hineinlas, wuchs sein Staunen. Ihn, als den Sohn

des Binnenlandes, hatte anfänglich in der Odyssee nur das rein Menschliche interessirt; wie wurde ihm nun, als er in Sicilien am Strande des weitaufrauschenden Meeres das Gedicht von neuem las und nun fand, daß es wie ein glänzender Spiegel die herrliche Natur, die ihn umgab, zurückwarf. Wie staunte er über den Dichter, den man Angesichts dieser Natur nicht blos lesen konnte, nein — der nun erst recht in seiner Größe erschien!

Mit dieser Größe hatte es indessen seine eigenthümliche Bewandtniß.

Die stupide Blödsichtigkeit jener kurz vorhergegangenen Zeit, die in Homer nur einen „guten Mann" sah, und die langweiligen endlosen Pappelalleen ihrer sogenannten epischen Dichtungen wo möglich noch über Ilias und Odyssee setzte, war, wie wir sahen, überwunden. Durch die Bewunderung, welche die größten Geister der Nation dem Homer dargebracht hatten, war er, für uns Deutsche wenigstens, ein für alle Mal auf ein Niveau gehoben, an das die Fluth der Zeit nicht mehr heranreicht. Ein sonnebeglänztes Urgebirge stand er da vor den erstaunten Blicken — herrlich in der Großartigkeit seiner Verhältnisse, in dem Schwung und dem Adel seiner Formen; aber doch auch wieder so lieblich, so anmuthig in seinen Einzelnheiten, daß man sich unwiderstehlich gedrängt fühlte, zu versuchen, wie weit man denn wohl hinaufgelangen könnte. Da zeigte es sich denn, daß man, d. h. auch der rüstigste Steiger, nicht weit kam. Die paar ersten hundert Schritte waren freilich bald gethan; dann aber war es vorbei. Was von unten eine behagliche Matte schien, ward zur steilen Wand, auf der man sich noch eine Strecke weiter arbeitete, um dann — etwas verdrießlich und beschämt — in's Thal zurückzukehren.

Sie wissen, wie Goethe sich fortwährend mit Stoffen zu großen epischen Gedichten trug: wie er sich in der Schweiz an der Tellsage begeisterte und vorläufige Lokalstudien machte; wie er einen Plan zur Fortsetzung der Ilias entwarf, von dem sogar zwei Gesänge zur Ausführung kamen. Aber so oder so: es wollte mit diesen Entwürfen nicht recht aus der Stelle rücken; der Titan hatte Pelion auf den Ossa gethürmt und war dem Himmel doch nicht näher gekommen. Hier mußte irgend ein Geheimniß verborgen liegen, das den doch sonst so scharfsinnigen Augen unserer Dichter entging. Warum war jener alte Sänger, groß, wie er immer sein mochte, auch nicht annähernd zu erreichen? Auch nicht von dem Genie eines Goethe, der, wenn je ein Sterblicher, das Recht hatte, seine Wahlverwandtschaft mit ihm geltend zu machen? Jede individuelle Größe muß sich doch messen lassen; warum stieß man hier, man mochte sich stellen wie man wollte, immer auf ein schlechthin Unendliches, Unmeßbares?

Dies war das Problem, das sich unsern Dichtern und Allen, die der Entwickelung unserer Literatur gefolgt waren, aufdrängte und aufdrängen mußte. Und schon war der Mann gefunden, der es lösen sollte.

Wer war dieser seltene Mann?

Es war ein Philolog, ein echter rechter Büchermann, jener wahren Gelehrten einer, welche die Gelehrsamkeit nicht hindert, originelle Gedanken zu Tage zu fördern. Er hatte den Homer nicht am Golf von Neapel und nicht in Siciliens gesegneten Auen gelesen. Er hatte in seiner Studirstube in Halle gesessen und gewühlt in den alten Pergamenten. Aber er hatte ein gar leises Ohr, das berauschte sich in nächtlicher Weile an Melodien, die vor Jahrtausenden erklungen waren; aber er hatte ein gar scharfes Auge, das sah durch den Bücherstaub gar wundersame Bilder von jugendfrischen Völkern, die sich fröhlich tummelten auf der schönen frischen Erde. Und er schrieb ein kleines lateinisches Büchlein, dessen kurzer und großer Inhalt war: Homers Gesänge sind nicht und können nicht sein das Werk eines Mannes, sie sind das Werk eines Volkes; es ist die dichterische Produktion eines langen Zeitraumes, vielleicht mehrerer Jahrhunderte, die wir in Ilias und Odyssee vereinigt finden.

Der Mann, der diesen für seine Zeit unerhört kühnen Satz aufstellte, war Fr. Aug. Wolf, und sein Büchlein, das er Prolegomena ad Homerum betitelte, erschien im Jahre 1795. Von diesem Jahre an datirt eine neue Aera der Philologie, der klassischen sowohl als der deutschen, eine Aera, in welcher, anknüpfend an jene Wolf'sche kritische That, der unermüdliche Fleiß und der Scharfsinn unserer Gelehrten die wichtigsten Entdeckungen über den Ursprung und das Wesen des Volksgesanges zu Tage gefördert hat, Entdeckungen, die nach allen Seiten hin ein vorher nicht geahntes Licht verbreitet haben. Diese neueste Aera, die den δῆμος, das Volk, auch in Sachen der Poesie, in seine guten alten Rechte ein=

setzte, ihm auch hier das χράτος, die Obergewalt und Herr=
schaft vindicirte, kann man mit Fug und Recht die demokratische
nennen. Lassen Sie uns das im Auge behalten, denn wir
müssen später darauf zurückkommen, und fragen wir erst ein=
mal: was waren das für Jahrhunderte? welches war dieses
Volk von Dichtern?

Versetzen wir uns mit kühnem Fluge der Phantasie zum
griechischen Meer! Sieh' wie es leuchtet im ersten Morgen=
sonnenstrahl, wie die purpurne Woge an's Ufer rauscht! Wie
sie keck in den Himmel ragen, die zackigen, steilen Felsenufer —
schreiend umflattern sie die Meeresvögel. Und dort auf jener
jähen Klippe sitzt ernst und majestätisch ein Adler und schaut
mit den hellen Augen zum Strande hinab. Da tummeln sich
schlanke Männer mit von der südlichen Sonne gebräunten
Gesichtern und dunklen Locken und blitzenden Augen. Die
binden geschäftig die Seile los, welche die geschnäbelten Schiffe
am Ufer befestigten, und steigen ein, breiten das weiße Segel
aus, setzen sich auf die Ruderbänke und fahren vom Ufer,
vorbei an der Klippe, auf welcher der Adler horstet. Der
breitet die Schwingen aus und fliegt hin über die Schiffe.
Auf schauen die Männer und jauchzen: Zeus' Vogel verkün=
det ihnen glückliche Fahrt, und sie fahren hinaus auf das
heilige Meer, entgegen der aufgehenden Sonne.

Wohin steuern sie? Zu jener Insel, die aus der blauen
Fluth aufsteigt wie ein glänzender Schild. Sie rudern an's
Land; sie bergen die Schiffe unter den überhangenden Felsen;
sie steigen aus, sie schlüpfen in den dichten Wald von Oliven,
der das Ufer bekränzt, und spähen nach der Stadt im Thale
zu ihren Füßen. Und der thauige Abend senkt sich auf die
Flur; da treiben singend die Hirten ihre Heerden zur um=
mauerten Quelle im Schatten der alten Eichen vor dem Thore,
und Weiber kommen, Wasser zu schöpfen, mit irdenen Krügen
auf den Köpfen. Die Sterne funkeln, der Mond steigt in
aller Pracht drüben über das Gebirge herauf, lautlos klimmen
die Männer von den Uferbergen herab; und plötzlich erschallt
Geheul der Weiber und Kinder in der eben noch so stillen
Stadt und der Schlachtruf der Männer und das Rasseln der
Waffen. Wie sie kämpfen, Mann gegen Mann, die Einen
für Weib und Kind und die Götter des Herdes, die Andern
um die herrliche Beute! Der mitternächtige Himmel färbt
sich blutigroth — die Lohe schlägt empor aus den brennen=

den Häusern. Erschlagen sind die Männer und die sieges=
trunkenen Feinde schleppen die heulenden Weiber und die
jammernden Kinder hin zu den Schiffen. Was sträubst Du
Dich, schönes Weib, in den Armen dieses blühenden Jüng=
lings? — Ach, diese Hände haben den Gatten erschlagen!
Was wendet Ihr Euch entsetzt, Ihr armen Kleinen, von dem
braunen Manne, der Euch zu dem Schiffe trägt? — Ach,
dieser Mann gleicht nicht dem Vater! — Da kommen sie
wieder über das Meer, die glücklichen Räuber! Schon winkt
die Klippe, auf der bei ihrer Ausfahrt der Adler saß. Auf
einmal verdunkelt sich der Himmel und das Meer unter ihm.
Was entsinkt das Ruder Euren Händen, die so kühn die
Schwerter zu führen wußten? Was verkehrt sich Eure
Stimme, die so hell den Schlachtruf schmetterte, die eben
noch Siegeslieder erschallen ließ, zu lautem Jammergeschrei?
Was starrt Ihr so entsetzt in die aufrauschende Fluth? Habt
Ihr ihn beleidigt den dunkelgelockten Poseidon, den gewaltigen
Herrscher des Meeres? Liebte er die zerstörte Stadt? Hat
Zeus dem Bruder Rache zu nehmen erlaubt an den Frevlern?
Unglückliche Schiffer! ohne Kompaß, ohne Karte — Ihr seid
rettungslos in des Erderschütterers Macht! Er kann Euch
gegen den Felsen schmettern, kann Euch zerstreuen hierhin
und dorthin und nimmer findet Ihr den Weg zurück zur
süßen Heimath. Nur den Menschen gegenüber kennt Ihr die
Furcht nicht; „mit den Göttern,“ wißt Ihr, „soll sich nicht
messen irgend ein Mensch.“ Betet zur Pallas Athene, der
Zeusgeborenen Schutzherrin griechischer Männer; sie wird
Euch mächtig retten aus Noth und Gefahr.

Glückliches Volk unter Deinem glücklichen Himmel! Schöne
Menschen auf Eurer schönen Erde! Tummelt Euch — es ist
die Jugendzeit der Menschheit — leert bis auf den Grund den
schäumenden Becher des Lebens! Lebt Euch aus, so lange
Ihr im Lichte der Sonne weilt, drunten im Hades hausen
nur bleiche Schatten! Nicht umsonst belebe Eure elastischen
Glieder ungebrochene Kraft, nicht umsonst poche in Euren
Adern das feurige, südliche Blut! Verfolgt den Hirsch in
Euren Wäldern, Eure Schenkel sind fast so schnell wie die
seinen; Euer Wurfspieß ist schneller noch. Weidet Eure Zie=
gen auf den Bergeshalden, holt dem Raubvogel seine Jungen
aus dem Felsenneste! Schaut von Euren Klippen auf's Meer
und locke es Euch in die weite Ferne! Lulle Euch das Rau=

ſchen der Wogen in phantaſtiſche Träume von fernen Wun=
derländern, drüben jenſeits der blauen Tiefe! Und fahrt auf
aus dem Traume und beſteigt Eure Schiffe und fahrt hin zu
den Gärten der Hesperiden und zu dem Goldenen Bließ von
Kolchis! Lagert Euch hier am Ufer des blinkenden Fluſſes,
wo Eure breitſtirnigen Stiere im hohen Graſe weiden; oder
dort im Schatten des dichten Myrthenhains, den nicht Helios'
Strahl durchdringt und nicht der Regen durchnäßt und lauſcht
dem Liede der Nachtigallen! Pflanzt den Weinſtock, der auf
Euren Bergen gedeiht, und jauchzt und ſingt mit hellgellen=
der Stimme von Linos in der Zeit der fröhlichen Leſe! Ihr
wäret nicht Kinder der Natur, wolltet Ihr nüchtern bleiben
bei ihrem großen Feſte! Und bauet Städte! Hier, auf korn=
reicher Flur, oder dort am nackten Geſtade des Meeres, an
der ſchimmernden Bucht, wo Ihr Eure Schiffe bergen könnt
vor dem ſauſenden Sturmwind, und wohin fremde Männer
kommen aus fernen Landen mit feiner Purpurwolle, kunſtrei=
chen Waffen und ſchönen Gefäßen, goldenen und ſilbernen,
wie Ihr ſie liebt bei Euren heiteren Mahlen. Laßt die frem=
den Männer Euch erzählen von den Wundern der Ferne —
ſie betrügen Euch im Handel und ihr Maß iſt falſch — aber
ihre Worte ſind Euch Wahrheit und ihre Wunder Wirklich=
keiten. Und verſammelt Euch auf dem Markte um Eure
Richter, und übt Euch in der Rede, Ihr geiſtreichen, ge=
ſprächigen Menſchen! Werft nur immer leidenſchaftlich Eure
Arme, eifert und zürnet und ſcheltet — aber hört auch auf
Eure Weiſen und achtet den Willen des Zeus, daß der Bür=
ger friedlich bei dem Bürger wohne! —

　　So mochte dies zum Segen für alle Nachwelt von der
Natur ſo hoch beglückte Volk ſchon lange Zeit ſeine Kräfte
im Spiel und Ernſt fröhlich entfaltet haben, als ihm im
trojaniſchen Krieg Gelegenheit ward, an einer großen, ge=
meinſamen, nationalen Sache dieſe Kräfte zu erproben. Wenn
wir bedenken, wie noch im vorigen Jahrhundert unter ſo ganz
anderen Bedingungen der ſiebenjährige Krieg die Gemüther
der Menſchen erfüllen und die Helden dieſes Krieges, die
Ziethen, die Seydlitz, die Schwerin und vor Allen der Held
der Helden, der alte Fritz, in der Phantaſie des Volkes zu
einer Art von mythiſchen Perſonen werden konnten — mit
welchem Zauber mußte dann die trojaniſche Großthat tauſend
Jahre vor Chriſti Geburt ſich der Einbildungskraft dieſes ſo

reich begabten Stammes der Hellenen, wir können wohl sagen auf Jahrhunderte hin, bemächtigen! Mir ist, als sähe ich sie hin= und herfahren an den buchtenreichen Küsten ihres Meeres, die seltsame Mär von Stadt zu Stadt zu tragen — die hier so lautet und dort so und an dem dritten Orte wieder anders, von der hier und dort und überall ge= sungen und überall anders gesungen wird, bis nach und nach, je länger die Ueberlieferung dauert, die verschiedenen Helden der Sage bestimmtere und immer bestimmtere Gestal= ten annehmen, an deren Hauptzügen man nun, weil sie ein= mal bekannt sind, nichts mehr zu verändern wagt; nach und auch durch das Hinüber und Herüber des Erzählens, Sa= gens, Singens die Ungleichheiten, Widersprüche der Erzäh= lung, der Sage, des Gesanges sich immer mehr ausgleichen.

In dieser ersten Periode haben wir uns die Thätigkeit dieser epischen Dichter nicht anders zu denken, als die lyri= schen Dichter unseres Volksliedes. Wie diese Letzteren gleich= sam nur der formengewandtere Mund des Volkes sind, wie sie gleichsam nur Dem Ausdruck geben, was die Anderen, die mit ihnen die staubige Landstraße hinaufziehen, oder in der Herberge die müden Glieder auf die Bank strecken, oder „zu Straßburg auf der Schanze" gedrillt, oder „in's heiße Afrika" getrommelt werden; was diese Anderen, sage ich, auch empfinden, und nicht blos empfinden, sondern aussprechen, nur ungeschickter, nur formloser — so sind jene epischen Dich= ter ebenfalls in ihrer Phantasie ganz mit der Phantasie des Volkes verwachsen; womit natürlich nicht gesagt werden soll, daß nicht der Eine oder der Andere ein ganz besonders lie= dersüßer Mund gewesen sein mag, dessen Poesie auch gewiß mit ganz besonderem Beifall gehört und mit ganz besonderem Eifer weiter und weiter getragen wurde.

Dann wird nach dieser ersten Periode, die immerhin ein oder zwei Jahrhunderte gedauert haben kann, eine Zeit ge= kommen sein, wo das Volk, als solches, sich nicht mehr we= sentlich an der Production der Lieder von den Helden, die vor Troja kämpften, und bei der Rückkehr so viel Leiden er= duldeten, betheiligte, wo es wirklich Einzelne waren, die mit Bewußtsein gewisse Partien der Sage, welche der echte Volks= gesang auszubilden vergessen hatte, gleichsam nachholten, die mit kunstsinnigem Verständniß die Uebergänge dichteten, um be= quemer aus einem Liede in das andere zu kommen — Alles natürlich möglichst im Geist, und jedenfalls im Ton der älteren Lieder. Ja, nach sicheren Ueberlieferungen des Al=terthums steht es fest, daß diese Nachdichter, um sie so zu nennen, sich zu ordentlichen Sängerschulen vereinigten, in de=nen der epische Gesang gepflegt und aus denen in einer spä=teren Zeit wohl jedenfalls jene sogenannten kyklischen Dichter hervorgingen, welche, die Ilias und Odyssee, als ein bereits Fertiges, vorfindend, um diese Mittelpunkte herum einen wei=ten Kreis verwandter Sagenstoffe dichterisch bearbeiteten. — Unter den Rhapsoden sodann haben wir nicht mehr selbst=ständige Dichter, sondern Deklamatoren uns vorzustellen, die bei öffentlichen Gelegenheiten das Volk mit dem Recitiren der Gesänge, an denen es sich nimmer satt hörte, erfreuten, und deren ganzes Verdienst wohl nur in der möglichst treuen Ueberlieferung des Ueberkommenen bestand. Noch später sind jedenfalls Versuche angestellt worden, eine ganz bestimmte Ordnung und Reihenfolge in den Gesängen herzustellen. Auf eine solche ist offenbar eine Bestimmung Solons, des Athe=nischen Gesetzgebers, betreffs der Weise, wie die Homerischen Gedichte bei öffentlichen Gelegenheiten vorgetragen werden sollten, gerichtet. Endlich wissen wir, daß im sechsten Jahr=hundert vor Christus die Homerischen Gesänge auf Befehl des Peisistratus durch die Schrift fixirt wurden, von jetzt an also ein Buch waren, wie andere Bücher auch, und in dieser ihrer soliden Gestalt, wie wir sahen, den Leser so vollkom=men über die Art ihrer Entstehung täuschten, daß Jahr=tausende hindurch von dem einen Homer gesprochen wurde, bis der durch die lange Uebung unendlich geschärfte Blick der modernen Wissenschaft entdeckte, daß dieser unvergleichliche Sänger, dieser König der Dichter, niemand Anderes war, als das auch im Liede obermächtige Volk.

Nun endlich war jenes Wunder erklärt; jetzt endlich wußte man, weshalb diese Größe mit dem Maßstab der in=dividuellen Kraft des einzelnen Dichters gemessen, schlechthin inkommensurabel war; jetzt endlich begriff man das vorher Unbegreifliche. Man begriff den unendlichen Wortreichthum, den unermeßlichen Sprachschatz, der in den Homerischen Ge=dichten aufgehäuft ist, im Vergleich mit welchem das Vermö=gen eines individuellen dichterischen Genies, und wäre es das sprachgewaltigste, armselig erscheint; man begriff diese Ueber=fülle der großartigsten und lieblichsten Empfindungen, wenn

man bedachte, daß ein ganzes geist= und phantafiereiches Volk
dazu beigesteuert hatte; man begriff vor Allem die absolute
Sicherheit, mit der diese Gestalten vor uns hintreten, von de=
nen man, wie von den Helden unserer Märchen, gar nicht
sagen kann, daß sie erfunden, die nur einfach die idealen Re=
präsentanten eines Volkes und von dem Volke selbst mit die=
fer idealen Mission geweiht sind.

Und je tiefer man sich in diese historisch=kritische Betrach=
tungsweise versenkt, um so heller wird das Licht in welches
diese und ähnliche spezifisch=ästhetische Momente rücken. Lassen
Sie mich aus der Menge dieser Momente nur ein paar her=
ausgreifen.

Von den Homerischen Gleichnissen sagt Goethe: „Sie
kommen uns poetisch vor und sind doch unsäglich natürlich,
aber freilich mit einer Reinheit und Innigkeit gezeichnet, vor
der man erschrickt.“ Nun aber bedenken Sie, daß diese Ge=
dichte gesungen wurden im Angesicht des Himmels, im Ange=
sicht des Meeres, aus denen der Dichter seine Bilder nimmt:
von der Sturmeswolke, die heraufzieht, von der großen Woge,
die gegen das Felsenufer heranrollt; daß, wenn er seine Hel=
den mit dem schwarzen Adler vergleicht, der, eine Taube ver=
folgend, durch die Lüfte dahinschießt, er vielleicht nur sang,
was sein Auge eben sah. Wie viel sonst ganz unbegreifliche
Schönheiten der Gedichte lassen sich nicht noch durch diesen
großartigen Hintergrund der lebendigen Natur, der dem Sän=
ger stets vor Augen stand, erklären! und wieviel andere durch
die Wechselwirkung, die nothwendig zwischen Sänger und Hö=
rer stattfand. Fragen Sie unsere großen Redner, woher sie
ihr Pathos, woher sie den Schwung ihrer Perioden, woher
sie jene Schlagworte nehmen, die wie ein Blitz in die Her=
zen der Hörer fahren — und Sie werden erfahren, daß sie
das Beste davon der augenblicklichen Eingebung verdanken,
jener Begeisterung, die wieder nichts anderes ist, als eine
Ausströmung des heiligen Geistes, der immerdar über den
Stätten schwebt, wo Viele im Namen der Wahrheit und der
Schönheit versammelt sind.

Diese Wechselwirkung zwischen Sänger und Hörer, sage
ich, die wir uns vor Allem in jener naiven Zeit und bei die=
sem so feurigen, so geistreichen, so redebegabten, südlichen Volke
kaum groß genug vorstellen können, erklärt gar viele Schön=
heiten der Homerischen Gedichte; sie erklärt aber auch nicht

wenige Schwächen. Zuerst die Mängel der Komposition im Allgemeinen: sodann wenn, wie es unzweifelhaft der Fall war, der Sänger nicht selten im Moment des Producirens erst erfand, so wird er nicht selten auch um die Erfindung ein wenig verlegen gewesen sein. Ich kenne wenigstens eine oder die andere Stelle im Homer, die ich mir auf keine an= dere, als auf diese Weise entstanden denken kann, und ich möchte vermuthen, daß es diese oder ähnliche Stellen sind, welche den feinsinnigen Horaz zu der Aeußerung veranlaßten, daß selbst der treffliche Homer jezuweilen schlafe.

Ich muß der Versuchung, Sie noch weiter in die dicht= verschlungenen Pfade der Homerischen Aesthetik zu führen, wi= derstehen. Die mir zugemessene Zeit eilt zu Ende. Vergön= nen Sie mir nur noch, in wenigen Worten die Nutzanwen= dungen anzudeuten, die sich für uns, ich meine für unsere Dichter, aus den Resultaten der wissenschaftlichen Analyse der Homerischen Gedichte ergeben, und hier ist es geboten, wieder anzuknüpfen an den Eindruck, welchen die geniale Entdeckung Wolfs auf die machte, die sie praktisch zunächst anging; ich meine auf Goethe und Schiller.

Da ist es nun merkwürdig, zu sehen, wie die beiden He= roen der neugewonnenen Einsicht gar nicht so recht froh werden; ja, wie sie den Wolf'schen Sätzen gegenüber es kaum zu einer bestimmten Position bringen können. Goethe zwar begrüßte im Augenblick ihres Erscheinens freudig die Prolegomena als eine große kritische That, und sang noch ein Jahr später in dem Proömium zu Hermann und Dorothea:

„Erst die Gesundheit des Mannes, der, endlich vom Namen Ho=
meros
Kühn uns befreiend, uns auch ruft in die vollere Bahn.
Denn, wer wagte mit Göttern den Kampf? und wer mit dem
Einen?
Doch Homeride zu sein, auch nur als letzter, ist schön."

Aber wenn man diese Verse genauer ansieht, so, däucht mir, läßt sich gerade aus ihnen beweisen, wie schwer es Goethe wurde, sich in die neue Anschauungsweise zu versetzen. Wenn etwas geeignet war, von jedem Versuch, homerisch zu dichten, abzuschrecken, so waren es doch wahrlich die Prolegomena! Freilich hatte Wolf die Dichter von dem Einen, von Home= ros, dem dichtenden Individuum befreit; den Bösen waren sie los; aber die Bösen, die noch viel Böseren waren geblieben. Was waren denn die Homeriden, von denen Goethe hier spricht, als, wie wir sahen, die dichterischen Repräsentanten eines ganzen dichterischen Volkes in einer ganz bestimmten Kulturepoche?

Dies Moment, das doch der Angelpunkt der ganzen Frage ist, muß Goethe entgangen sein, oder er würde den Kampf mit dem „Einen" wahrlich leichter erachtet haben, als mit den „Vielen". Es muß ihm entgangen sein, sonst hätte er schwerlich nach dem Erscheinen der Prolegomena im Jahre 1798 den Plan zur Achilleis, einer Fortsetzung der Ilias, entworfen und denselben im folgenden Jahre in Angriff nehmen können. Eine Fortsetzung der Ilias? Nun, selbst ein Goethe fand, daß, wenn es schön sein mochte, der Letzte der Homeriden zu sein, es ganz gewiß noch viel schwerer, oder, wie wir sagen müssen, unmöglich war, und er gab denn auch, nachdem er zwei Gesänge gedichtet, die Sache auf. Später wandte er sich wieder von der Wolf'schen Theorie ab und hielt sich, die Frage nach der Entstehung der Gedichte umgehend, „an die gewaltsame Tendenz der poetischen und kriti= schen Natur nach Einheit", mochte Homer sich lieber „als Ganzes denken, als Ganzes freudig ihn empfinden."

Was Schiller betrifft, so hat ihn, den Dramatiker, die Homerische Frage wohl nie so innig berührt, als den Epiker Goethe. Die „atomistische" Anschauungsweise, in der sich un= ter dem ersten, gewaltigen Eindruck der Prolegomena alle Welt und selbst Goethe gefiel, kam ihm „nothwendig barba= risch" vor; und schließlich fand er sich gegen die gelehrten Barbaren mit dem schönen Epigramm ab:

„Immer zerreißet den Kranz des Homer und zählet die Väter
        Des vollendeten, ewigen Werks!
Hat es doch eine Mutter nur und die Züge der Mutter;
        Deine unsterblichen Züge, Natur!

Wir acceptiren das Wort. Hier ist der eine Factor, dessen auch wir, und wären wir die Modernsten der Modernen, sicher sind. Mögen wir im Rauch der Städte nie vergessen, daß die Sonne Homers auch uns leuchtet! Noch brandet die Woge am Felsengestade, wie sie vor drei Jahrtausenden bran= dete, noch zieht der Adler dieselben majestätischen Kreise durch die Lüfte, die er vor drei Jahrtausenden zog. Die großen

Linien der Natur haben sich seitdem nicht verändert und wer=
den sich auch, wenn wir unseren Weisen trauen dürfen, sobald
noch nicht verändern.

Aber in diesem Sinne hat der Dichter das Wort wohl
schwerlich gemeint. Der Dichter ist kein Landschafter; nicht
die Natur draußen ist sein Thema, sondern die innere, die
Menschennatur, und da muß man freilich zugeben, daß dem
modernen Dichter eine unendlich schwierigere Aufgabe ward,
als den Sängern der Ilias und Odyssee.

Zwar könnte man versucht sein, zu meinen, daß auch
hier der Unterschied nicht gar so groß sei, daß, wie verschie=
den auch unter anderem Klima, unter anderen kulturgeschicht=
lichen Bedingungen die Menschenpflanze gedeihen mag, die
Grundbedingungen ihres Wesens überall dieselben bleiben,
daß sie überall nach Licht und Luft strebt: daß, so lange
Menschen existiren, sie lieben und hassen, lachen und weinen,
genießen und leiden werden; daß die Grundverhältnisse der
Menschen unserer Zeit dieselben sind, die sie vor drei Jahr=
tausenden waren: der Eltern zu den Kindern, des Gatten
zur Gattin, des Bruders zum Bruder, des Freundes zum
Freunde, des Individuums zur Genossenschaft, zum Vater
lande.

Zugegeben aber auch die Identität des Grundthemas der
Poesie für alle Zeiten, so wird man doch auf der anderen
Seite einräumen müssen, daß dieses Thema unendlich viel
Variationen, und unter diesen unendlich vielen zwar sehr ein=
facher, aber auch sehr verwickelter, sehr schwieriger fähig ist,
und daß — wie es scheint — gerade wir eine Seite der gro=
ßen Partitur abzuspielen haben, wo die Noten ein wenig
bunt und kraus durcheinanderlaufen. Es ist ein Ding: in
einer Zeit zu dichten, wo Jeder Jeden versteht, nicht blos,
weil er dieselbe Sprache spricht, sondern weil der Eine ge=
nau das denkt, das fühlt, was der Andere auch denkt und
fühlt; und ein anderes: in einer Zeit zu dichten, wo es mehr
als bloße Phrase ist, was man alle Augenblicke hören kann:
wir haben aufgehört, uns zu verstehen, oder: wir werden
uns nie verstehen, obgleich die beiden Disputirenden deutsch,
und vielleicht in dem Momente gerade ganz besonders deutsch
sprechen. Es ist gar nicht dasselbe, ob der König und sein
Schweinehirt auf Du und Du stehen, und kein Mensch etwas
Besonderes darin findet, daß der Erstere sich die Gastfreund=

schaft und zur Nacht sogar den Mantel des Letzteren gefallen läßt, oder ob zwischen den Beiden ein Verhältniß überhaupt gar nicht mehr denkbar ist. — Ich brauche diese Unterschiede nur anzudeuten, und Sie werden mir gewiß zugeben, daß, wo der alte Dichter auf ebenem Boden mühelos tanzt, der moderne sich durch ein zerklüftetes, dornüberwuchertes Terrain mühsam durcharbeiten muß.

Aber die Mühe der Arbeit soll ihn und wird ihn nicht abschrecken. Wenn er nur noch, wie unsere Uhrmacher, mit der Loupe vor dem Auge arbeiten kann, so hat er eben durch diese Loupe sehen gelernt. Freilich ist eine Sanduhr ein einfacheres Instrument als ein Chronometer, aber man kann von der Sanduhr keine Sekunden ablesen, wie von dem Chronometer, und die feineren Schwingungen unseres Seelenlebens bedürfen zu ihrer Messung feinerer Instrumente.

Und dann: was in aller Welt hindert uns, wenn nicht die beklagenswertheste Verkennung der Grundbedingungen aller Poesie, unsere Kraft aus dem Boden zu nehmen, aus dem sie der alte Dichter auch nahm? Haben wir kein Vaterland, so gut wie es die Sänger von Ilias und Odyssee hatten? Haben wir keine Heimath, von der wir uns, wenn wir fern sind, sehnen, den Rauch aufsteigen zu sehen? Derselbe Goethe, dessen Achilleis ein so schwächliches Produkt ist, gewann seine Riesenstärke wieder, sobald er in Hermann und Dorothea den mütterlichen Boden der Heimatherde berührte. Konnte Schiller mit Recht die Natur die unsterbliche Mutter der Ilias und mit der Ilias jeder echten Poesie nennen, so dürfen wir wohl mit nicht minderem Recht als den sterblichen Vater echter Dichtung den Geist der Zeit bezeichnen, in welcher und für welche der Dichter schrieb. Und soll ja doch, wer den Besten seiner Zeit genug gethan hat, für alle Zeiten gelebt haben! Aber wäre sein Werk auch nur so kurzlebig, wie der Held der Ilias, der ja ebenfalls von einer unsterblichen Mutter geboren, aber von einem sterblichen Vater erzeugt war — der Dichter hat kein höheres Ziel, als den Besten seiner Zeit genug zu thun. Das kann er aber nicht, wenn er sich in das allerdings sehr bequeme Zelt exclusiven Dünkels zurückzieht und sich die erhabene Lyrik seiner selbstgeschaffenen Leiden melodisch mit der Zither begleitet, sondern nur dadurch, daß er sich freudig auf den Kampfplatz stürzt, wo die Schlachten seiner Zeit geschlagen werden. Zu jeder Zeit giebt es ein

Ilion, das zu erobern ist, und das gerade nicht immer ein heiliges zu sein braucht, und an den Priamus, wenn es auch mit ihrer Lanzenkunde manchmal so ein eigen Ding sein mag, war bisher ebenfalls kein Mangel. Ist er ein Trojaner — nun wohl! so weiß er, wo die griechischen Schiffe liegen! Auch bei den griechischen Schiffen giebt es tapfere Rückzugs= herzen, und Hector beweist, daß man eine Sache, die dem Untergang geweiht ist, noch groß vertheidigen kann. Gesün= digt und gefehlt wird außerhalb der Mauern Troja's so gut wie innerhalb; Grieche oder Trojaner — jeder thue seine Schuldigkeit; heut zu Tage hilft ihm kein Gott, wenn er sich selbst nicht hilft.

Heut zu Tage!

Und wäre es denn wirklich heut zu Tage keine Lust, zu leben und zu dichten? Wäre denn wirklich zwischen unserer Zeit und zwischen jenen sonnenreichen Tagen, in welchen die Homerischen Gedichte entstanden, so gar keine Analogie? Vielleicht doch. Oder was ist denn die Bildung, nach der wir streben, anderes, als durchgeistete Natur? Der Weg von der naiven, ungebrochenen Natur durch die mäandrischen Pfade der Kultur zur Bildung mag ein sehr, sehr langer sein; aber endlich muß es doch einmal gelingen, und dieses so fleißige, so strebsame, so, Alles in Allem, tüchtige Geschlecht der jetzt lebenden Menschen mag sich mit bescheidenem Stolze gestehen, daß ihm neben so vielem vor der Hand Unerreich= baren, so vielem Mißrathenen, doch auch Manches gerathen ist. Hat das wahre Wissen, das zu aller Zeit in seinem tief= sten Grunde demokratisch war, nicht viel geschafft und schafft es nicht noch täglich an der Ausfüllung der schroffen Kluft, welche das aristokratische Halbwissen zwischen die verschiede= nen Stände der Nation gerissen hat? Die Einfachheit der Lebensformen, der Gefühls= und Denkweise war es, was jenen Sonnenkindern in dichterischer Hinsicht einen solchen Vortheil vor uns gab. Die Bildung aber, der wir zustreben, ver= wischt überall die verschnörkelten Rococolinien, in denen sich die bloße Kultur gefällt, um edleren, einfacheren Formen Platz zu machen: auch in unseren Anschauungen, unseren Sit= ten. Die Wahrheit ist einfach. Es ärgert die Menschen, sagt Goethe, daß sie so einfach ist. Nun, die Feinde der ein= fachen Wahrheit werden ihren Aerger wohl hinunterschlucken müssen.

Ist dieser Glaube an den Sieg der Bildung, an den Sieg, der durch die Bildung und in der Bildung zurückgewonnenen, und nur potenzirten, weil durchgeisteten Natur nichts weiter als ein schöner, leerer Traum?

Diese hohe, sehr solide Halle, in der wir uns befinden, zeugt dagegen. Diese Halle, in welcher Kopfwerker und Handwerker — in welcher Dichter und Schriftsteller, in welcher die Erwählten der Nation, in welcher Männer der Wissenschaft, deren Namen man mit Ehrfurcht nennt, wo immer die Bildung eine Stätte fand, täglich mit Männern und Jünglingen des Volkes brüderlich verkehren, deren Manchem das fließende Lesen und Schreiben als eine mühsam errungene Kunst gilt — diese Halle sagt, daß es kein Traum ist, daß die lange Periode der babylonischen Sprachverwirrung zu Ende geht, daß eine Zeit herangebrochen ist, in welcher der Mensch den Menschen wieder verstehen wird!

Bedenken wir das aber, und bedenken wir, daß uns die Wonne ward, in dem Lichte des vollen Bewußtseins unserer großen Zwecke an der Erfüllung dieser Zwecke zu arbeiten, wahrlich, dann ist es uns vergönnt, im höchsten Sinne mit dem Dichter zu sprechen:

Und die Sonne Homers, siehe! sie lächelt auch uns.

Drei Vorlesungen über Goethe.

1863.

I. Goethe als Lyriker.

Der größte Dichter der Deutschen hat in Beziehung der Theilnahme, welche die Zeitgenossen seinem Leben schenkten, das entgegengesetzte Schicksal von dem größten Dichter der Briten gehabt. Was wir aus dem Leben William Shakespeares wissen, durch Documente beglaubigt wissen, läßt sich bequem auf eine halbe Quartseite bringen, Goethe's Leben dagegen ist uns bekannt, wie das keines andern Heroen alter

ober neuer Zeit. Er selbst hat durch sorgfältige Aufzeichnun=
gen in Tagebüchern, durch die ausführliche Beschreibung seines
Lebens bis zu seiner Uebersiedelung nach Weimar, durch un=
zählige Reise= und andere Briefe absichtlich und unabsichtlich
das Mögliche gethan, um eine Tagesklarheit über sein Erden=
wallen zu breiten; und wo er noch etwa ein Dunkel gelassen
hat, da ist die Gnomenschaar seiner Commentatoren und
Biographen mit ihren Lichtern und Lichtlein eifrig bis in die
verborgensten Winkel und Ecken gekrochen, und haben Heureka!
gerufen, wenn sie ein vergilbtes Blättlein fanden, auf welches
der große Mann geschrieben, daß er sich an dem und dem
Tage recht wohl befunden, oder an einem andern Cremor=
tartari eingenommen habe.   Das Leben Göthe's ist eine
Wissenschaft geworden mit einem sehr weitschichtigen gelehrten
Apparat. Fast muß man sich wundern, daß die Universitäten
noch nicht Lehrstühle für diese Disciplin errichtet haben
und Goethe = Doctoren promoviren, wie doctores utrius-
que juris.

Diese große, man darf sagen: leidenschaftliche Theilnahme
hat natürlich, wie so ziemlich Alles auf der Welt, ihren guten
Grund, ja wohl der Gründe mehre. Einmal ist es die hohe,
kaum hoch genug zu schätzende Bedeutung des Dichters für
die deutsche Bildung und somit für die Cultur der Mensch=
heit, die jede Uebertreibung nach dieser Seite verzeihlich er=
scheinen läßt; sodann der Umstand, daß Goethe in einem
überaus schreibseligen Jahrhundert gelebt hat, das sich in
Briefen und anderen individuellen Aeußerungen nicht genug
thun konnte; drittens, daß er in Deutschland gelebt hat,
d. h. in einer Nation, die von Alters her einen besonders
starken Accent auf das Privatleben legte, und — zumal in
Perioden politischer Stagnation — nicht zufrieden war, als
bis sie ihre Helden glücklich in Schlafrock und Pantoffeln
sah; viertens, daß der Dichter mit dem letzten Drittel seines
Lebens in eine Zeit des ausgeprägtesten literarischen Epigonen=
thums hineinragt, wo die bauenden Könige den fleißigen
Kärrnern den Platz geräumt hatten; fünftens, weil das Leben
dieses Lieblings der Götter in seinem herrlichen Verlauf, der
an einen gewaltigen Strom gemahnt, welcher von der Höhe
des Gebirges herab unermeßliche Breiten fruchtbarsten Landes
durchströmt, um still und groß im ew'gen Meere zu ver=
fluthen — weil, sage ich, die Geschichte dieses Lebens von

einer zauberhaften Anziehungskraft ist, der sich Niemand so leicht entzieht. Ist ihm doch, was er mit vollstem Bewußt= sein schon in seiner Jugend erstrebte, nämlich: sich nach allen Seiten harmonisch zu entfalten, oder, wie er es selbst einmal ausdrückt, „auf der gegebenen Basis die Pyramide seiner Existenz zur möglichsten Höhe zu gipfeln," durch die Gunst der Himmlischen in seltener Weise gelungen; ließt sich sein Leben doch wie der köstlichste Roman; ist es doch wahr= lich, als ob die Natur, unbefriedigt über die nothgedrungene Mangelhaftigkeit ihrer Gebilde, es darauf angelegt habe, in diesem Manne einmal einen vollkommenen Menschen zu schaf= fen, zum Trost und zur Freude des übrigen Geschlechts! Ja, es ist unleugbar, daß unsere Nation, die in dem Bewußtsein der Mangelhaftigkeit ihrer Existenz im Ganzen und Großen so schwer trägt, die Sache gerade von diesem Gesichtspunkte faßte, und sich an der Schönheit dieses Lebens lange Zeit getröstet hat über die Misère seiner Zustände; oder auch — in energischeren Charakteren — in diesem schönen ausgerun= deten Lebens mindestens ein Prototyp der Existenz sah, zu der sie, wenn es ihr gelingt, sich zur Freiheit durchzukämpfen — und das wird und muß ihr gelingen — doch noch einmal vor allen Völkern der Welt berufen ist.

Aber außer diesen allgemeinen Gründen hat die Ge= meinde der Goethebekenner noch einen ganzen speciellen, auf den sie sich jedesmal berufen, sobald jemand wagt, ihnen zu verdenken, daß sie das Leben ihres Heiligen zum Gegenstand eines besonderen Cultus machen. Sie behaupten nämlich, daß, so locker auch bei andern Dichtern das Verhältniß sein möge, in welchem ihr Leben und ihre Werke stehen, bei Goethe gerade das Umgekehrte stattfinde, also daß die Ge= schichte seines Lebens der nothwendige Commentar seiner Dichtungen sei, ja, daß diese ohne jene entweder gar nicht, oder doch nur halb verstanden werden könnten. Sie berufen sich dabei auf verschiedene dahin gehende Aeußerungen des Dichters, der seine Poesien einmal eine Generalbeichte, seine Gedichte ein andermal ohne Ausnahme Gelegenheitsgedichte nennt, und in Dichtung und Wahrheit ausdrücklich erklärt, „daß er schon in Leipzig eine Richtung eingeschlagen habe, von der er sein ganzes Leben nicht abweichen konnte, nämlich dasjenige, was ihn erfreute oder quälte, in ein Bild, ein Ge= dicht zu verwandeln, und darüber mit sich selbst abzuschließen,

um sowohl seine Begriffe von den äußern Dingen zu berich=
tigen, als sich im Innern deßhalb zu beruhigen."

Nun fällt es mir durchaus nicht ein, die enge und unun=
terbrochene Verbindung, welche nicht bloß bei Goethe, sondern
bei jedem echten Dichter zwischen seinem Leben und seinen
Werken hinüber und herüber geheimnißvoll schafft und webt,
in Abrede zu stellen; ja ich bin, je tiefer ich von der goldi=
gen Echtheit und elementarischen Unmittelbarkeit des Goethe'=
schen Genius überzeugt bin, um so mehr geneigt, die Innig=
keit jener Beziehung so hoch als nur irgend möglich anzu=
schlagen — nichtsdestoweniger möchte ich rathen, jene Aeuße=
rungen Goethe's nicht allzuwörtlich zu nehmen, möchte es um
so mehr rathen, als dieselben nur zu sehr dazu angethan
sind, einer im Publikum sehr verbreiteten, aber der Würde
der Kunst keineswegs vortheilhaften Ansicht von dem Wesen
der poetischen Thätigkeit das Wort zu reden.

Die Ansicht, von der ich spreche, ist die, daß des Dich=
ters Geschäft im Ganzen und Großen in einer möglichst
treuen Copie der Wirklichkeit bestehe, wobei man denn aller=
dings zugiebt, daß dies Copiren nicht sowohl ein Abschreiben
Wort für Wort, sondern vielmehr ein vorsichtiges Auswäh=
len der interessantesten Momente und eine geschickt = geistreiche
Verbindung dieser einzelnen interessanten Momente sei. Nichts
in der Welt kann falscher sein als diese Annahme. Aller=
dings kann der Dichter eine möglichst scharfe Beobachtung des
wirklichen Lebens nicht nur nicht entbehren, sondern es läßt
sich füglich behaupten, daß seine Gebilde in dem Maße
lebensvoll sein werden, als diese Beobachtung scharf und viel=
seitig war; aber der schärfste Beobachter kann darum doch der
prosaischste Mensch von der Welt sein. Denn erst dann,
wenn diese Vorarbeit der Beobachtung vollständig abgethan
ist, beginnt die eigentliche dichterische Thätigkeit; dann muß
erst der ganze Rohstoff der Erfahrung in dem Feuer der
Phantasie eingeschmolzen und geläutert und immer wieder
geläutert werden, bis er würdig ist, in die dichterische Form
zu fließen. Die Metamorphose, die auf diese Weise mit dem
Rohstoff der Erfahrung vor sich gegangen ist, kann sich der
Laie kaum groß genug denken. Die Idee — oder um mich
eines weniger philosophischen Kunstausdruckes zu bedienen —
die Seele des Kunstwerks ist schlechterdings allmächtig; sie
schafft nicht nur die Form im weitesten Sinne; sie bedingt

nicht nur die Ausdehnung, Eintheilung u. s. w., sondern sie läßt auch nicht ein Atom des Erfahrungsstoffes zu, das sie nicht im Moment der Assimilation mit ihrer souveränen Gewalt ergriffe und so oder so nach den Umständen modificirte.

Jene realistische und — wie wir sahen — auf einer tiefen Verkennung des Wesens der Dichtkunst basirende Neigung des Publikums heftet sich nun natürlich in dem Maße, als die Bedeutung des Dichters wächst, an seine Person und seine persönlichen Erlebnisse. Das würde ja nun insoweit seine volle Berechtigung haben, und auch ganz lehrreich und interessant sein, wenn man sich dabei begnügen wollte, überall nachzuweisen, wie der Dichter den Rohstoff seiner individuellen Erfahrung verbraucht und verwerthet hat; aber dieses Spüren ist ganz kindisch und zwecklos, wenn man auf solche Weise die Dichtung selbst erklären zu können meint; ja, es ist unbedingt schädlich, indem durch dies fortwährende Schielen von dem Kunstwerk auf den Künstler und von diesem auf jenes der rechte Blick getrübt, und jene andachtsvolle, voraussetzungs- und interesselose Begeisterung, ohne welche man einem Kunstwerk nun ein für allemal nicht beikommt, geradezu vernichtet wird. Ich kann deshalb nicht umhin, anzunehmen, daß die fast totale Unkenntniß, in welcher wir uns über Shakspeare's Leben befinden, der ruhig-objectiven Auffassung und dem gründlichen Studium der Werke dieses Dichters nur vortheilhaft gewesen ist; und ich bin umgekehrt ketzerisch genug, anzunehmen, daß unsere allzu detaillirte Kenntniß von Goethe's Leben dem Verständniß des Dichters — ich will nicht sagen, geschadet — aber sicher nicht im Verhältniß mit der aufgewandten Mühe genützt hat. Wir wollen uns daher hier ausschließlich mit Goethe, dem Künstler, beschäftigen, wobei es denn allerdings, um die richtigen Standpunkte für unsere ästhetische Betrachtungsweise zu gewinnen, nöthig sein wird, von Zeit zu Zeit Excurse in das so überaus ergiebige und von den Laien doch so wenig gekannte Gebiet der Kunstphilosophie zu machen.

„Es giebt," sagt Goethe in seinen Noten zum Westöstlichen Divan, „nur drei ächte Naturformen der Poesie: die klar erzählende, die enthusiastisch aufgeregte und die persönlich handelnde: Epos, Lyrik und Drama." — Nun ist jedes dichterische Individuum, in Folge der eigenthümlichen Mischung seiner intellectuellen Kräfte, von vornherein mehr zu dieser oder jener Art der Dichtung disponirt. Ja, es giebt ganze Völker, welche vorzugsweise diese oder jene Dichtungsart cultiviren, und in den einzelnen Völkern Perioden, wo diese oder jene Form vorzugsweise im Schwunge war. Wiederum giebt es dichterische Individuen, die sich mit Leichtigkeit aus einer Form in die andere werfen, wie denn dasselbe bei ganzen Völkern stattfindet. Dies Alles ist natürlich nicht von ungefähr, sondern beruht auf Gründen, deren geheimnißvoller Natur die neuere Aesthetik nicht ohne Glück nachgespürt hat und nachspürt. Wir müssen uns hier vorläufig mit dem Satze begnügen, daß das dichterische Ingenium verschieden gestimmt sein kann, und, da die Phantasie das Organon oder Werkzeug des dichterischen Ingeniums ist, wir auch von einer verschieden gestimmten Phantasie, also etwa von einer lyrischen, dramatischen, epischen Phantasie zu sprechen haben.

Nun aber sahen wir schon vorhin, daß jeder poetische Stoff sich mit Nothwendigkeit seine Form schaffe; daß die letztere, wie schon ihr Name sagt, nur das Gefäß ist, welches ganz von dem Inhalt erfüllt und bedingt ist. Sie wissen ohne weiteres, daß ich hier von lyrischen, dramatischen, epischen Stoffen spreche.

Das specifisch gestimmte dichterische Ingenium auf der einen und der bestimmte, nach einer bestimmten Gestalt oder Form verlangende dichterische Stoff auf der andern Seite — sind also die beiden Momente, die zusammentreten müssen, damit aus ihrer Vereinigung, das Dritte: das Kunstwerk hervorgehe.

Es liegt auf der Hand und bedarf keines Beweises, daß nach dem Gesetze der Wahlverwandtschaft das so oder so gestimmte dichterische Ingenium sich den ihm homogenen Stoff wählen, und ebenso daß der Dichter, in dem Maße, als der gewählte Stoff seiner individuellen Dichternatur gut oder schlecht entspricht, denselben gut oder schlecht verarbeiten wird.

Wenn wir diese Sätze auf Goethe anwenden, so scheinen dieselben im ersten Augenblick für eine tiefere Einsicht in das Wesen seiner Kunst wenig ergiebig zu sein. Er hat sich seine ganze lange dichterische Laufbahn hindurch aller drei Hauptformen der Poesie wechselweise bedient, so daß sich verhältnißmäßig seine Leistungen auf allen drei Gebieten quan=

titativ die Wage halten. Sollen wir also zu einer wirklichen Erkenntniß der feinen Mischung seines wunderbaren Genies gelangen, so werden wir die Qualität seiner Leistungen
auf den verschiedenen Gebieten analysiren müssen.

Beginnen wir mit der Lyrik, als derjenigen Dichtungsart, welche man ihrem ganzen Wesen nach wohl die primi-
tive, die uranfängliche nennen kann. Nicht blos bei den Individuen, sondern auch bei den
Völkern. Homer erwähnt Päane, Siegeslieder, die auf ein
unendliches Alter zurückdeuten; Tacitus spricht von Gesängen,
welche die Germanen beim Angriff angestimmt haben sollen.
Es existirt kaum ein Volk, welches so ungebildet wäre, daß
sich nicht Spuren lyrischer Poesien bei ihm nachweisen ließen,
und was die Individuen betrifft, so ist es ja ein bekanntes
Wort, daß jeder nur einigermaßen geistreiche Mensch einmal
in seinem Leben Verse gemacht habe — einen Satz, den ich
durchaus nicht unterschreiben möchte, der aber unter andern
dem geistreichen Satyriker Lichtenberg so imponirte, daß er sich
im gereiften Alter zu einigen unbedeutenden Verslein verleiten
ließ. So viel steht freilich fest, daß viele gute Menschen, die
man in späteren Jahren beinahe beleidigen würde, wenn man
ihnen dichterische Gelüste zutraute, in gewissen Perioden ihres
Lebens schlechte Verse gemacht haben. — Was waren das
für „gewisse Perioden?“ Neunmal unter zehnmal solche, in
denen das Herz so oder so lebhaft erregt war, etwa durch
den Ueberschwall der Jugend überhaupt, die nicht genau weiß,
was sie will und soll, und in Folge dessen von verwor-
renen Empfindungen aller Art heimgesucht wird; oder durch
eine bestimmte Leidenschaft, am häufigsten wohl die holde Leidenschaft der ersten Liebe. Goethe läßt einmal seinen Franz
im Götz von Berlichingen sagen: „So fühl' ich denn, was
den Dichter macht: ein volles, ganz von einer Empfindung
volles Herz.“ Diese Definition des Dichters ist nun freilich
nicht ganz stichhaltig, denn in der That gehören, wie wir im
Verlauf sehen werden, zum Dichter noch ganz andere Eigenschaften; aber so viel ist gewiß, daß ein volles, ganz von
einer Empfindung volles Herz die conditio sine qua non
der lyrischen Poesie ist. Ein solches volles Herz hat das
unbezwingliche Verlangen, sich auszusprechen; aber nur, wenn
es zufällig ein Dichterherz ist, wird es ihm gelingen.

„Und wenn der Mensch in seiner Qual verstummt,
Gab mir ein Gott zu sagen, was ich leide!"

ruft Tasso aus und scheidet damit den Dichter von der übri=
gen großen Menge der Menschen ab, die weder für ihre
Qualen noch Wonnen den rechten Ausdruck, ja nur über=
haupt einen Ausdruck finden, und die Jean Paul mit einem
wunderschönen Worte: „Die Stummen des Himmels" nennt.

Was ist es nun, was der lyrische Dichter neben einem
von einer Empfindung ganz vollen Herzen haben muß, damit
er eben zum Dichter wird? Wir müssen dies zweite Mo=
ment als die Fähigkeit bezeichnen, das unmittelbar Empfun=
dene durch ein gewisses Medium so zu schauen, daß es nun
etwas Mittelbares, Empfundenes und — worauf jetzt der
Hauptaccent liegt — zugleich Gewußtes ist. Sokrates pflegte
zu sagen: alle Menschen seien in dem, was sie wüßten, hin=
reichend beredt. Der Dichter nun ist ein Wissender, ein
Wissender dessen, was, wie Goethe in dem herrlichen „an den
Mond sagt:

— von Menschen nicht gewußt,
Oder nicht bedacht,
Durch das Labyrinth der Brust
Wandelt in der Nacht —

und weil er das ist, weil er weiß, mit vollkommener Klar=
heit weiß, was anderen Menschen kaum oder nur halb zum
Bewußtsein kommt, deshalb vermag er in Fällen, wo Andere
stumm sind, oder verworren lallen, beredt zu sein, mit einer
Fülle des Wohllauts zu singen und zu sagen: was er leidet,
was ihn entzückt.

Es bedarf wohl kaum einer besonderen Erwähnung,
daß das Medium, durch welches der Dichter nun das un=
mittelbar Empfundene schaut, kein Anderes als eben die
Phantasie ist.

Dies Schauen oder dies Reproduciren durch die Phan=
tasie macht nun aus dem unmittelbar Empfundenen etwas
wesentlich Anderes. Es sublimirt die unmittelbare Empfin=
dung, bis nur noch die Quintessenz derselben bleibt, losgelöst
von allem Unlautern, Unreinen.

Haben Sie je in der Schweiz das Alphorn blasen
hören?

Es ist ein unförmlich Ding, dieses Alphorn, eine lange
Röhre, die sich unten zu einer trichterförmigen Oeffnung um=

biegt — und die Töne, die der Bläſer dieſem Inſtrument
entlockt, ſind freilich gewaltig genug, aber eben ſo rauh und
unharmoniſch, als ſie gewaltig ſind. Sie ſtehen und lauſchen.
Und nun kommen von den Felſenwänden — manchmal aus
ungeheurer Entfernung — dieſe Töne zurück — aber mit
welch' entzückendem Wohllaut, mit welch' wunderbarer Har=
monie! Oft bringt das Echo dieſelbe Cadenz drei= und vier=
mal, und immer ätheriſcher, immer wunderbarer werden die
Töne, ſo daß ſie gar nicht mehr dieſer Erde anzugehören,
ſondern aus einer anderen Sphäre zu uns herübergeweht
ſcheinen.

Ich wüßte die Metamorphoſe, welche mit dem Rohſtoff
der unmittelbaren Empfindung vorgeht, indem ſie ſich durch
das Medium der Phantaſie bewegt, nicht beſſer zu ſchildern, als
durch dies Bild. Was in dem Echo des Alphorns die
räumliche Entfernung, welche die Quinteſſenz des Tones
ſammelt und zurückgiebt, das bewirkt in dem geiſtigen Proceß,
in welchem das lyriſche Gedicht entſteht, die Phantaſie. Ja
ſelbſt eine gewiſſe zeitliche Diſtanz zwiſchen dem Moment des
Empfindens und dem des Producirens wird man als noth=
wendig erkennen müſſen, wenngleich die Größe dieſer Diſtanz
ganz relativ iſt zu der Wärme, mit welcher die Phantaſie den
Rohſtoff der Empfindung erfaßt. Nur ſo viel läßt ſich mit
Beſtimmtheit ſagen, daß aus der unmittelbaren pathologiſchen
Empfindung heraus nicht gedichtet werden kann. Ein Schmer=
zensſchrei, ein Schrei der Luſt mag ſehr ergreifend ſein, aber
er iſt kein Gedicht, oder wie Schiller es einmal ausdrückt:
„Die Hand, die vom Fieber der Leidenſchaft zittert, kann die
Leidenſchaft nicht malen."

Sie ſehen alſo ohne Weiteres, welches die zwei vorzüg=
lichſten Klippen ſind, an denen der lyriſche Dichter ſcheitern
kann: entweder er ſchreibt (wie es Bürger von Schiller
vorgeworfen wurde) in dem Fieber der Leidenſchaft, und iſt
dann roh; oder er hat überhaupt nicht empfunden, und ſein
ſogenanntes Gedicht iſt nichts weiter als ein kaltes Produkt
des Verſtandes, dem die Farbe der Empfindung ange=
logen iſt.

Drücken wir es poſitiv aus.

Der lyriſche Dichter muß mit der größten Erregbarkeit,
ja Leidenſchaftlichkeit' den ſtärkſten Zug nach einer durchaus
harmoniſchen Stimmung der Seele; mit der feurigſten Sinn=

lichkeit den Hang zu sinniger Beschaulichkeit verbinden; und er wird ein um so größerer lyrischer Dichter sein, je inniger sich diese scheinbar widersprechenden Momente in ihm durch= dringen.

Nun können wir es hier von vornherein aussprechen, daß in Göthe's dichterischem Ingenium diese beiden Momente, jedes für sich, in einer Mächtigkeit vorhanden sind, und dabei so wunderbar in einander fließen, wie, so weit meine Kennt= niß reicht, bei keinem Dichter weder alter noch neuer Zeit. Seine Seele ist wie eine Aeolsharfe, deren Saiten der leiseste Hauch in Schwingung setzt; wiederum kann man sich die Kraft, mit welcher sich bei ihm die Phantasie des in Folge der unglaublichen Receptivetät seiner Seele massenhaft herbei= strömenden Stoffes bemächtigt, kaum groß genug vorstellen. Er selbst giebt uns in Dichtung und Wahrheit einen merk= würdigen Einblick in dies elementarische Weben und Wirken seiner poetischen Kraft.

„Ich war dazu gelangt, sagt er, das mir innewohnende dichterische Talent ganz als Natur zu betrachten, um so mehr, als ich darauf angewiesen war, die äußere Natur als den Gegenstand desselben anzusehen. Die Ausübung dieser Dich= tergabe konnte zwar durch Veranlassung erregt und bestimmt werden; aber am freudigsten und reichlichsten trat sie unwill= kürlich, ja wider Willen hervor.

> Durch Feld und Wald zu schweifen,
> Mein Liedchen wegzupfeifen,
> So ging's den ganzen Tag.

Auch beim nächtlichen Erwachen trat derselbe Fall ein, und ich hatte oft Lust, wie einer meiner Vorgänger, mir ein ledernes Wamms machen zu lassen, und mich zu gewöhnen, im Finstern, durch's Gefühl, das, was unvermuthet hervor= brach, zu fixiren. Ich war so gewohnt, mir ein Liedchen vor= zusagen, ohne es wieder zusammenfinden zu können, daß ich einige Mal an den Pult rannte, und mir nicht die Zeit nahm, einen quer liegenden Bogen zurecht zu rücken, sondern das Gedicht von Anfang bis zu Ende, ohne mich von der Stelle zu rühren, in der Diagonale herunterschrieb. In eben diesem Sinne griff ich weit lieber zum Bleistift, welcher williger die Züge hergab: denn es war mir einigemal begegnet, daß das Schnarren und Spritzen der Feder mich aus meinem nächt=

wandlerischen Dichten aufweckte, mich zerstreute und ein kleines
Product in der Geburt erstickte. Für solche Poesie hatte ich
eine besondere Ehrfurcht, weil ich mich doch ungefähr gegen
dieselbe verhielt, wie die Henne gegen die Küchlein, die sie
ausgebrütet um sich her piepsen sieht."

Es ist unzweifelhaft, daß diese dämonische Gluth der
Phantasie sich in späteren Jahren bei unserem Dichter wesentlich abgekühlt hat, aber erloschen ist sie nie. Wir haben aus
seinen letzten Jahren Gedichte, die an Zartheit der Empfindung, an Wohllaut des Ausdrucks mit denen aus seiner besten
Periode wetteifern; und auch da, wo man, wie im Westöstlichen Divan und anderen späteren Producten hie und da die
zitternde Hand des Alters spürt, ist immer noch eine liebliche Unmittelbarkeit, eine erquickende Wahrheit. Niemals
„peitscht er sich die Seiten," wie man es von so vielen seiner
Vorgänger und Nachfolger sagen muß. Nehmen Sie ein Gedicht, das er im Jahre 1828 in Dornburg, einem herzog-
lichen Lustschlosse an der Saale, schrieb, wohin sich der Neun-
undsiebenzigjährige nach dem Tode Karl Augusts zurückgezogen
hatte, „um durch Arbeit und Naturgenuß über den schweren
Verlust Herr zu werden": *)

Dornburg, Sept. 1828.

Früh, wenn Thal, Gebirg' und Garten
Nebelschleiern sich enthüllen,
Und dem sehnlichsten Erwarten
Blumenkelche bunt sich füllen;

Wenn der Aether, Wolken tragend,
Mit dem klaren Tage streitet,
Und ein Ostwind, sie verjagend,
Blaue Sonnenbahn bereitet;

Dankst Du dann, am Blick Dich weidend,
Reiner Brust der Großen, Holden,
Wird die Sonne, röthlich scheidend,
Rings den Horizont vergolden.

Und wenn mich am Tag die Ferne
Blauer Berge sehnlich zieht,
Nachts das Uebermaß der Sterne
Prächtig mir zu Häupten glüht

---

*) Lewis.

Alle Tag' und alle Nächte
Rühm' ich so des Menschen Loos; —
Denkt er ewig sich in's Rechte —
Ist er ewig schön und groß!

„Ich war um so mehr dazu gelangt, das mir inne=
wohnende dichterische Talent ganz als Natur zu betrachten,"
sagte Goethe in der vorhin angeführten Stelle, „als ich
darauf angewiesen war, die äußere Natur als den Gegenstand
desselben anzusehen."

Es kann hier unmöglich meine Absicht sein, des Weiteren
auszuführen, was schon tausendmal gesagt und gedruckt ist,
daß Goethe, wie selten ein Mensch, organisirt war für die
Erfassung, für das Verständniß der Natur. Sie wissen, daß
er in mehr als einer Disciplin der Naturwissenschaften ein
Eingeweihter war; wissen, daß er — hier allerdings mit
weniger Glück — fast sein ganzes Leben lang sich abgemüht
hat, als Zeichner, als Kupferstecher, Thonbildner die Form
der Dinge nachzuschaffen. Hier interessirt uns nur die Frage,
wie Goethe sich als lyrischer Dichter zu der Natur verhält.
Dabei stellt sich nun das merkwürdige Factum heraus, daß
er, der nicht blos im ideellen Sinne mit allen seinen Kräf=
ten nach Natürlichkeit strebte, sondern auch die Natur, wie
sie uns in Wiese, Wald und Feld, in den himmlischen Ge=
stirnen und sonst in der Unendlichkeit ihrer Gestalten erscheint,
mit einer tiefen, stillen und doch glühenden Leidenschaft an=
betete, sie dennoch sehr, sehr selten zum Object seiner Dichtun=
gen hat, ich meine in dem Sinne Freiligraths und unzähliger
Anderer, besonders auch englischer und amerikanischer Dichter,
die genug gethan zu haben glauben, wenn sie eine möglichst
treue, höchstens eine phantastisch aufgeputzte Copie der Natur
gegeben haben. Vor einem solchen Fehler bewahrte ihn nicht
nur sein frühes Studium des Lessing'schen Laocoon, sondern
viel mehr noch sein genialer Instinkt, der ihm sagte, daß der
Dichter nicht mit dem Landschafter dürfe wetteifern wollen,
und daß sein Geschäft der Natur gegenüber kein Anderes sein
könne, als dieselbe zum Hintergrund seiner Seelengemälde zu
benutzen, oder vielmehr in ihrem unendlich mannigfaltigen
Leben wie in einem reinen Spiegel das unendlich mannig=
faltige Gemüthsleben des Menschen zu schauen. Keiner hat
mehr als er das Wort beherzigt, das zum Schluß des zweiten
Theiles des Faust der mystische Chor singt:

Alles Vergängliche ist nur ein Gleichniß; und selbst wo er, wie in: „Meeresstille und Glückliche Fahrt" an diese descriptive Manier streift, ist noch immer ein himmel= weiter Unterschied zwischen dieser Art der Schilderung und jener oben bezeichneten. Wie Goethe in seiner Lyrik sein Wort von dem Gleichniß, welches alles Vergängliche sei, be= herzigt, das mag das folgende Gedicht zeigen, welches um so charakteristischer für seine Methode ist, als in demselben die beiden Momente: Natur und Geist, Gedanke und Bild, auf das innigste in einander verwoben und doch auf den ersten Blick als zwei Momente erkennbar sind.

Gesang der Geister über den Wassern.

Des Menschen Seele
Gleicht dem Wasser:
Vom Himmel kommt es,
Zum Himmel steigt es,
Und wieder nieder
Zur Erde muß es,
Ewig wechselnd.

Strömt von der hohen
Steilen Felswand
Der reine Strahl,
Dann stäubt er lieblich
In Wolkenwellen
Zum glatten Fels,
Und leicht empfangen
Wallt er verschleiernd
Leisrauschend
Zur Tiefe nieder.

Ragen Klippen
Dem Sturz entgegen,
Schäumt er unmuthig
Stufenweise
Zum Abgrund.

Im flachen Bett
Schleicht er das Wiesenthal hin,
Und in dem glatten See
Weiden ihr Antlitz
Alle Gestirne.

Wind ist der Welle
Lieblicher Buhle;

Wind mischt von Grund aus
Schäumende Wogen.

Seele des Menschen,
Wie gleichst du dem Wasser!
Schicksal des Menschen,
Wie gleichst du dem Wind!

Und welche Vergeistigung unendlichster Naturschwelgerei ist in dem Gedichte Ganymed! und welche Vergeistigung jenes alten Mythos! Hier hat nicht ein gelangweilter Donnerer das tyrannische Gelüst, ein Menschenkind seiner Schönheit wegen zu rauben; hier wirft sich das Menschenkind selbst dem Allvater, dem großen Erzeuger an den Busen, weil es nur dort, an dem Urquell alles Seins, das tiefste Sehnen seines Herzens stillen zu können glaubt.

Dieses Gedicht, sowie auch das vorhergehende sind zugleich Proben von dem, was mir, in Ermangelung von etwas Anderem, Ausgeprägterem nach dieser Seite, Goethe's religiöse Lyrik nennen könnten. Wenn die Lyrik überhaupt der poetische Ausdruck der Empfindungen des Individuums ist, so will natürlich auch die religiöse Lyrik, oder der Ausdruck dessen, was das Individuum und wie sich das Individuum der Gottheit gegenüber fühlt, eine Stelle haben. In der Wasserwüste unserer Gesangbücher finden sich glücklicherweise einige Perlen von unschätzbarem Werth, Luthers: „Eine feste Burg;" und wahrhaft erhabene Gedichte birgt das alte Testament. Ich erinnere nur an jenen wunderbaren 104. Psalm: „Lobe den Herrn, meine Seele. Herr mein Gott, Du bist sehr herrlich; Du bist schön und prächtig geschmückt." Eine reiche Ausbeute gewähren auch die griechischen Tragiker, die uns Musterleistungen auf diesem Gebiet hinterlassen haben. Goethe nun substituirt, wie er das bei seiner pantheistischen Richtung auch wohl nicht anders konnte, das All oder die Natur an die Stelle des persönlichen Gottes; und wenn er es mit einem persönlichen Gott zu thun zu haben scheint, so ist es nicht der transcendentale christliche Gott, sondern, wie im Ganymed, der Vater der Götter und Menschen, der alte olympische Zeus und die übrigen selig lebenden Götter, die dann auch wieder schließlich nichts weiter sind, als Personificationen des Pan, des Alls. So in dem herrlichen Gedicht: „Grenzen der Menschheit."

Aber auf einem wie guten Fuße hier der Dichter mit

den Göttern zu stehen scheint, so ist er doch, wenn er die
Wahl hat, weit lieber unter seinen Menschenbrüdern, „denn
mit den Göttern soll sich nicht messen irgend ein Mensch."
In einem andern Gedicht schreibt er sogar einen offenen Ab=
sagebrief an die Götter. Es ist jenes berühmte „Prometheus"
überschriebene Gedicht, das, als es erschien, die ganze deutsche
Gelehrten= und Dichter=Republik iu Aufregung versetzte, und
für alle Zeit eines der erhabensten Denkmäler lyrischer Dicht=
kunst bleiben wird.

„Ein Geschlecht, das mir gleich sei!" Dieses Wort des
Titanen ist für Goethe unendlich charakteristisch; er hat es in
unzähligen Wendungen wiederholt; es ist, wenn Sie wollen,
der Schlüssel seiner Weltanschauung und seiner poetischen
Wirksamkeit. Er steht, wie kaum ein anderer Dichter fest
auf der wohlgegründeten dauernden Erde; dieser Erde, von
der er im Faust sagt, daß aus ihr des Menschen Leiden und
Freuden quellen, die ihm in jedem Sinne Heimath war. Und
auf Erden ist es eben das Geschlecht, das ihm gleich ist —
ist es der Mensch, von dem er an einer andern Stelle sagt,
daß er dem Menschen doch eigentlich das einzig Interessante
sei und bleibe, und in dem Menschen wieder das Herz, und
in dem Herzen die Liebe. Die Liebe! Dieses erste und haupt=
sächlichste Thema aller lyrischen Dichter — das Niemand so
ausführlich, so eindringlich, so seelenvoll und so geistreich be=
handelt hat, wie eben Goethe. Die ganze Scala der Liebes=
empfindungen vom ersten rührenden Aufdämmern der Gefühle
bis zur verzehrendsten Leidenschaft — der Bewunderungs=
würdige spielt sie hinauf und hinunter in allen Tonarten, in
allen Accorden, in allen Klangfarben mit der wunderbarsten
Anmuth. In dem ganzen Umfang der Lyrik giebt es We=
niges, was diesen Goethe'schen Liedern an die Seite gestellt,
nichts, was ihnen vorgezogen werden könnte. Diese Lieder,
sagt Heine, der wahrlich ein Urtheil in der Liebeslyrik hat,
„umspielt ein unaussprechlicher Zauber. Die harmonischen
Verse umschlingen das Herz wie eine zärtliche Geliebte; das
Wort umarmt Dich, während der Gedanke Dich küßt." Die
Heine'sche Liebeslyrik, welche der Goethe'schen noch mit am
nächsten kommt, unterscheidet sich von dieser sehr zu ihrem
Nachtheil durch den Mangel innerer Wahrhaftigkeit, der
durchaus nicht überall, aber doch an nur zu viel Stellen offen
zu Tage liegt. Wenn Heine sagt:

Nur einmal möcht' ich sie sehen,
Und sinken vor ihr auf's Knie,
Und sterbend zu ihr sprechen,
Madame ich liebe sie —

so glaubt kein vernünftiger Mensch an einen Schmerz, der so frivol über sich selbst witzelt. Dergleichen finden Sie bei Goethe nie. Er ist, wie es das echte Genie sein muß, immer und überall wahrhaftig, und weil er das ist, deshalb darf er so einfach, so ungeschminkt sein. Deshalb darf er auch Alles sagen. Es kommen in den Goethe'schen Gedichten man= cherlei Nuditäten vor; aber sie können das schamhafteste Ge= fühl so wenig beleidigen, wie die Nacktheit der Antike, und aus demselben Grunde, weil sie nichts Anderes sind, als die reine und deshalb keusche Natur.*) Dennoch bleibt Goethe niemals in der natürlichen Empfindung, die wir vom ästheti= schen Standpunkte vorhin als die rohe bezeichnen mußten, stecken. So wahr und innig das Alles empfunden ist, so künstlerisch ist es abgelöst von aller pathologischen Unmittel= barkeit. Diese Gedichte sind so wahr, wie sie schön und so schön, wie sie wahr sind; echte Lieder, von denen Beethoven sagen konnte, daß sie ihre Musik in sich trügen. Nehmen Sie ein Gedicht, wie das Haidenröslein, das uns anmuthet, wie Lerchengesang auf freiem Felde an einem stillen Sommerabend!

Und wo hat die jubelnde Lust der gläubigen, voraus= setzungslosen Liebe des Jünglings einen vollkommneren Aus= druck gefunden, als in dem herrlichen „Mailied?" Was kann wiederum schalkhafter, von frischester, reinster Sinnlichkeit inniger getränkt sein, als das allerliebste kleine „Im Som= mer" überschriebene Gedicht?

Und nun nehmen Sie zum Gegensatz dieser jauchzenden Glückseligkeit Lieder von so tiefer Wehmuth getränkt, wie „Herbstgefühl," „An ein goldenes Herz, das er am Halse trug," „Wonne der Wehmuth" und noch so manche andere.

Wir haben vorhin die Lyrik als den Ausdruck der Em= pfindungen des Individuums bezeichnet; genauer wäre es ge= wesen: der Empfindungen des Individuums gegenüber den

---

*) Ich spreche hier nicht von gewissen Producten eines tollen Humors, die Goethe nie für die Oeffentlichkeit bestimmt hatte, und für die wir deshalb nicht ihn, sondern diejenigen verantwortlich machen müssen, bei welchen der Sinn für historische Treue stärker ausgebil= det scheint, als das ästhetische Zart= und Feingefühl.

verſchiedenen Sphären des Daseins, gegenüber dem concreten
Zuſtand, in welchem die Menſchheit, ſpecieller das Volk des
Dichters, und die Geſellſchaft, auf welche er angewieſen iſt,
ſich befinden. Hier ſind nun zwei Möglichkeiten gegeben:
entweder der Dichter fühlt ſich in Uebereinſtimmung mit dieſen
Zuſtänden, oder er thut es nicht. Das Erſtere wird nur in
ſelteneren Fällen ſtattfinden, weil der Dichter, als Dichter,
die Vorſtellung einer idealen Welt in ſich trägt, mit welcher
die reale Welt ſtreng genommen nie übereinſtimmen kann.
Die größere Wahrſcheinlichkeit iſt alſo, daß eben die Uebereinſtimmung fehlt. Hier nun ſind wieder zwei Möglichkeiten.
Entweder der Dichter verſenkt ſich in den Schmerz, den ihm
die bewußte Trennung von der Wirklichkeit verurſacht; er be-
trauert direct das Nichtmehrvorhandenſein, reſp. das Noch-
nichtvorhandenſein ſeiner idealen Welt, und dergleichen Gedichte würden wir als elegiſch bezeichnen. Oder er zeichnet
auf den kraftvoll feſtgehaltenen Hintergrund jener idealen vollkommenen Welt die reale Welt mit allen ihren Unvollkom-
menheiten, Ecken, Kanten und dunklen Häßlichkeiten, die ſich
natürlich dann von dem lichten Hintergrunde mit ſonderbarer
Schärfe abheben. Wir nennen Gedichte dieſer Art ſatyriſch. —
Nun liegt es auf der Hand, daß ein Dichter, der, wie Goethe,
ſo feſt in der Wirklichkeit ſteht, der, wie wir ſahen, in „dem
Natürlichen“ die Wurzel aller Poeſie ſucht und findet, durchaus nach Verſöhnung mit der realen Welt ſtreben muß; und
daß, wenn einmal dieſes Streben nicht mit Erfolg gekrönt
iſt, der Zuſtand, in welchem er ſich dann befindet, noch immer
ſehr weit von der Verzweiflung ſein wird, die Byron in ſo
vielen melodiſchen Verſen ausgeſtrömt hat; ja ſelbſt von der
tiefen Schwermuth, welche die harmloſen Verſe von Oliver
Goldſmiths Deserted Village durchzittert. Und ſo iſt es
wirklich. Selbſt Goethe’s elegiſche Gedichte zeugen von der
robuſten Geſundheit ſeiner Seele; die Saiten ſeiner Leyer
können in den zarteſten, weichſten Accorden erbeben, daß es
iſt, als tropften Thränen aus geliebten Augen auf unſere
Hände — aber niemals wird eine Saite mit häßlichem Klang
zerſpringen, wie es ſo oft bei Heine und in der Heine’ſchen
Schule vorkommt. Selbſt ein Gedicht, wie das „Euphroſyne“
überſchriebene, dem Andenken einer nur allzu früh dahinge-
ſchiedenen vielgeliebten jungen Freundin und Schülerin ge-
widmet, iſt in dem Ausdruck ſeines tiefen Schmerzes von

einer Milde und Zartheit, die freilich für jedes feinfühlende Herz von einer erschütternden Gewalt sind.

Goethe's berühmteste Elegien sind die Römischen. Der Dichter hat sie nicht in Rom, sondern bald nach seiner Rückkehr von der Römischen Reise geschrieben; auch ist die Geliebte, welche diese Elegien feiern, keine dunkeläugige Römerin, sondern ein blondes deutsches Mädchen: Christiane Vulpius, die später des Dichters Frau wurde und sich ihm schon jetzt in herzlicher Liebe gesellt hatte — aber der ganze wunderbare Zauber der ewigen Stadt, wie er das Dichterherz Goethe's wie mit weichen Liebesarmen umstrickte, ruht auf diesen einzigen Gedichten, denen ich in diesem Genre im ganzen Umfange unserer Literatur nichts an die Seite zu stellen wüßte. Merkwürdigerweise sind diese Gedichte, wie ich häufig zu bemerken Gelegenheit gehabt habe, sehr wenig bekannt. Ich wüßte mir diesen Umstand nicht anders zu erklären, als dadurch, daß die Elegien in Distichen geschrieben sind, und die nicht klassisch gebildeten Leser — d. h. so ziemlich die ganze Damenwelt — eine unüberwindliche Aversion gegen alle Gedichte in antiken Versmaßen haben. Wie dem aber auch sein mag: die Römischen Elegien gehören zu dem Lesenswertesten, was überhaupt im Bereiche der Poesie existirt. Es ist diesen Gedichten der Vorwurf gemacht worden, daß sie in ihrer klassischen Schönheit das moderne Anstandsgefühl beleidigen. Ich kann auf diesen Vorwurf nur mit Schiller erwiedern: „Sobald mich Einer merken läßt, daß ihm in poetischen Dingen irgend etwas näher anliegt, als die innere Nothwendigkeit und Wahrheit, so gebe ich ihn auf."

Die Römischen Elegien sind das Gefäß, in welchem Goethe die Quintessenz des Natur- und Kunstgenusses seiner italienischen Reise gesammelt hat. Die sonnige Liebe, welche diese Elegien feiern, ist wie die üppige Vegetation, die im prächtigen Sonnenschein zwischen den Trümmern umgesunkener Tempel-Herrlichkeit wächst; ist, wie das Plätschern des ewig lebendigen Wassers aus den Röhren eines steinernen Brunnens, dessen kunstreiche Ornamente von Händen gemeißelt wurden, die seit Jahrtausenden zu Asche zerfallen sind.

In der Satyre, der Ergänzung und dem Widerspiel der Elegie, hat Goethe mehr geleistet, als es auf den ersten Blick scheint. Goethe hatte eine starke satyrische Ader, wie die Xenien, welche er mit Schiller gemeinsam verfaßte, und eine

Menge kleinerer Gedichte, in denen er zum Theil unglaublich derb werden kann, zur Genüge beweisen. Ich möchte mir hier nur erlauben, Ihre Aufmerksamkeit auf die „Venetianischen Epigramme" zu lenken, die sich zu den Römischen Elegien verhalten, wie die geistvollen Arabesken eines Wandgemäldes zum Gemälde selbst. Diese Epigramme haben übrigens durchaus nicht alle, wie das im Sinn des alten Epigramms auch gar nicht nöthig ist, eine satyrische Spitze. Bald ist es ein Bild des rasch pulsirenden italienischen Lebens, das ihm zum Gleichniß einer Idee wird; bald ist es nur ein geistreicher Einfall, der ohne alles Bild durch die knappe epigrammatische Form eine besondere Schlagkraft gewinnt. Hier je ein Beispiel für diese beiden Formen:

I.

Wie sie klingeln die Pfaffen! Wie angelegen sie's machen,
    Daß man komme, nur ja plappre, wie gestern, so heut!
Scheltet mir nicht die Pfaffen, sie kennen des Menschen Bedürfniß!
    Denn wie ist er beglückt, plappert er morgen wie heut.

II.

Jene Menschen sind toll, so sagt ihr von heftigen Sprechern,
    Die wir in Frankreich laut hören auf Straße und Markt.
Mir auch scheinen sie toll; doch redet ein Toller in Freiheit
    Weise Sprüche, wenn ach! Weisheit im Sclaven verstummt.

Es giebt eine lyrische Species, welche den Uebergang aus der lyrischen Gattung in die anderen beiden Hauptgattungen: in das Epos und das Drama, bildet. „Die drei Dichtweisen", sagt Goethe in der schon vorhin angeführten Stelle der Noten zum west-östlichen Divan, „können zusammen und abgesondert wirken. In dem kleinsten Gedicht findet man sie oft beisammen, und sie bringen eben durch diese ihre Vereinigung im engsten Raum das herrlichste Gebild hervor." Dieses herrlichste Gebild nun ist die Ballade der germanischen, die Romanze der romanischen Völker. Die Ballade unterscheidet sich dadurch wesentlich von allen übrigen lyrischen Species, daß sie die Empfindung des Dichters (die sonst immer direct gegeben wird) nur indirect geben kann, vermittelst der Weise, in welcher er uns ein gewisses Factum (den Gegenstand der Ballade) vorträgt, so daß sehr häufig das Lyrische an einer Ballade nur das Colorit ist, wie z. B. im „König von Thule". Dies Gedicht wirkt, wie sich Jeder überzeugt haben wird, der es einmal von einer wahren Künstlerin hat recitiren hören, wie die rührendste, directe Klage um ein unwiederbringlich verlorenes Glück und zugleich wie das ergreifendste Gelöbniß einer Liebe, die nur der Tod zu zerstören vermag, und doch handelt es sich immer nur um den alten König da oben in der sagenhaften Ultima Thule. Wie gesagt: die lyrische Wirkung liegt einzig im Colorit, und deshalb kann man sagen, daß die gesungene Ballade eigentlich erst die echte Ballade ist, wie der Vogel nur dann erst seine Wundernatur offenbart, wenn er sich über uns in den blauen Lüften wiegt. Es ergiebt sich aus diesem Satze mit nothwendiger Consequenz, daß die Ballade nicht ohne Gefahr eine gewisse Länge überschreiten kann, und daß der Dichter, wenn er sich nicht in der engen Grenze hält, Alles aufbieten muß, um durch ein möglichst kräftiges Colorit, durch Klangmittel aller Art die unmöglich gewordene Musik zu ersetzen. Sie sehen, daß Bürgers: „Hurre, hurre; hop, hop, hop!" und „Lose, leise, kling, ling, ling" nicht von ungefähr in die „Lenore" hineingekommen sind.

Von den Goethe'schen Balladen nun sind sehr viele so kurz, daß sie bequem gesungen werden können, wie denn auch die meisten von ihnen von verschiedenen Meistern componirt sind. Ich nenne außer dem König von Thule nur noch Mignon: „Kennst Du das Land"; das Veilchen: „Ein Veilchen auf der Wiese stand", der Fischer, der Rattenfänger, Erlkönig, die wandelnde Glocke. — Die längeren sind fast ohne Ausnahme getränkt mit lyrischen Klängen, zum Theil in wechselnden Versmaßen geschrieben, so daß sie, wenn man die contradictio in adjecto verstatten will, gesprochene Musik sind. Ich nenne: der Junggesell und der Mühlbach, der Müllerin Reue, der getreue Eckart, der Zauberlehrling, die Braut von Korinth, der Gott und die Bajadere, das Hochzeitlied.

Die letztgenannte Ballade ist trotz ihrer Länge, und zwar sehr trefflich, von Löwe componirt worden. Die Composition ist insofern merkwürdig, als sie offenbar nur das Bestreben hat, die bereits in dem Rhythmus des Verses und in den onomatopoietischen Klängen liegenden musikalischen Elementen des Gedichtes flüssig zu machen, was ihr denn in vorzüglicher Weise gelungen ist. Und welche Musik ist in den Versen, mit welchen die Braut von Korinth beginnt!

Von Korinthus nach Athen gezogen
Kam ein Jüngling, dort noch unbekannt.
Einen Bürger hofft er sich gewogen;
Beide Väter waren gastverwandt,
Hatten frühe schon
Töchterchen und Sohn,
Braut und Bräutigam voraus genannt.

Und welche tiefe, weltvergessene, indische Ruhe und wiederum welch' üppiges Leben ist in dem Rhythmus des Gedichts: der Gott und die Bajadere.

Als er nun hinausgegangen,
Wo die letzten Häuser sind,
Sieht er mit gemalten Wangen
Ein verlornes, schönes Kind.
Grüß Dich, Jungfrau! — Dank der Ehre!
Wart', ich komme gleich hinaus! —
Und wer bist Du? — Bajadere,
Und dies ist der Liebe Haus;
Sie rührt sich, die Cymbeln zum Tanze zu schlagen,
Sie weiß sich so lieblich im Kreise zu tragen,
Sie neigt sich und biegt sich und reicht ihm den Strauß.

. Es ist nicht wohl möglich, von den Goethe'schen Balladen zu sprechen, ohne dabei der Schiller'schen zu gedenken. Nach der Definition der Ballade, wie ich sie gegeben habe, wird man begreiflich finden, daß ich die Schiller'schen Balladen gar nicht so recht eigentlich für Balladen halten kann. Sie entbehren zu sehr des lyrischen Elements. Der Gang nach dem Eisenhammer, der Kampf mit dem Drachen, der Taucher und so weiter. Das sind gewiß treffliche Gedichte, die sich die deutsche Jugend niemals rauben lassen wird; aber zur Ballade fehlen ihnen noch so ziemlich alle Requisite, vor Allem die Mystik, das zauberische Halbdunkel, in welches bei der echten und eigentlichen Ballade, wie sie das Urgenie des Volkes producirt, und wie sie Goethe mit seinen leisen Dichterrohren dem Volksgenie abgelauscht hat, Alles verdämmert. Jede Dichtungsart hat ihre engumschriebenen Grenzen; die Niemand, und wäre es das größte Genie, ungestraft überschreiten kann; und in der Kunst und in der Natur sind diejenigen Gebilde die vorzüglichsten, welche die Gesetze ihrer Gattung am reinsten und vollkommensten zur Geltung bringen. Es ist Schiller niemals eingefallen, sich als Lyriker neben Goethe zu stellen; ja er hat seine Inferiorität auf diesem

Gebiete oft mit den klarsten Worten ausgesprochen. Er durfte
es um so eher, als er ganz unzweifelhaft auf einem anderen
und weiteren Gebiete, dem dramatischen, Goethe um eben so
viel überragt.

Wir haben, indem wir uns so die hauptsächlichsten Sei=
ten der Goethe'schen Lyrik wenigstens in ihren Hauptzügen
zu vergegenwärtigen suchten, eine bedeutende Seite seiner ly=
rischen Thätigkeit noch gar nicht in's Auge gefaßt: das sind
seine Gelegenheitsgedichte. Goethe hat, wie wir sahen, ein=
mal alle seine Gedichte Gelegenheitsgedichte genannt, und sie
sind es auch, aber freilich nicht mehr, wie bei jedem echten
Lyriker, der die Stoffe immer aus seinem Herzen, aus seiner
individuellen Erfahrung nimmt, und nicht, so zu sagen, aus
dem blauen Himmel herausschneidet. Indessen von dieser
Gelegenheit, die wir eben besser Erfahrung nennen würden,
ist jene andere wirkliche Gelegenheit, die von außen in Ge=
stalt von Verlobungs=, Hochzeits=, Geburts= und Jubelfesten
aller Art; bei Eröffnung von Logen, Bergwerken; bei Ab=
schieden, Bewillkommnungen, Genesungen, Todesfällen u. s. w.
an uns herantritt, sehr wohl zu unterscheiden. Goethe hat
für dergleichen Gelegenheiten unglaublich viel gedichtet; die
Gabe, für jeden Fall etwas Schickliches in einer gefällig=
geistreichen Wendung zu sagen, war ihm wie Wenigen gege=
ben. Er hat von dieser Gabe einen überfreien Gebrauch ge=
macht, wo er für seinen Dichterruhm vielleicht besser geschwie=
gen hätte, und bei anderen Gelegenheiten keinen Gebrauch
gemacht, wo uns sein Schweigen auf das schmerzlichste berührt.
Goethe, der seine hohen und niederen Freunde so schön zu
trösten wußte, wenn ihnen ein Leid begegnet war; er hat für
das Leid seines geknechteten Vaterlandes keine Verse gehabt;
Goethe, der die Geburt so vieler Prinzen und Prinzeßchen
gefeiert hat; er hat die Wiedergeburt seiner Nation — nein
doch, er hat sie wirklich besungen — in einem Festspiel „Epi=
menides' Erwachen", das am 30. März 1815 in Berlin auf=
geführt wurde, in sehr schönen, glatten Versen geschrieben,
aber wahrlich kein Gedicht ist, wie es ein so großer Genius
zu einer so großen Gelegenheit schreiben durfte.

Wunderbares Phänomen! Dieser große Dichter, dessen
Herz so weich war, daß ihn eine schöne Stelle in einem
Buche, ein Sonnenblick, der seine geliebte Erde küßte, zu
Thränen rühren konnte, dessen Herz so reich war, wie Pluto's

Schacht, so reich, daß noch unendliche Generationen aus seinem Reichthume schöpfen und schöpfen und ihn nicht erschöpfen werden, — dieser große Dichter mit dem großen,
weichen, reichen Herzen — er wandte sich mit einer Gleichgültigkeit, die bei ihm, dem empfindsamsten aller Menschen,
als Kälte bezeichnet werden muß, von einer Sache ab, für
die das Herz des armen Bauerburschen erglühte, dessen Gedanken kaum weiter als die Scholle reichten, die sein Pflug
durchschnitt. Wunderbares Phänomen, und doch auch wieder
nicht wunderbar, wenn Sie sich erinnern, was wir vorhin
als das Wesen des lyrischen Dichters festgestellt haben. Der
lyrische Dichter, sahen wir, muß mit der größten Erregbarkeit,
ja Leidenschaftlichkeit den stärksten Zug nach einer durchaus
harmonischen Stimmung der Seele; mit der feurigsten Sinnlichkeit einen unbezwinglichen Hang zu sinniger Beschaulichkeit verbinden. Von dieser harmonischen Seelenstimmung,
von dieser sinnigen Beschaulichkeit sind aber die ungeheuren
Mächte, welche in dem Kampfe der Völker entfesselt werden,
nicht zu bändigen. Dazu gehört die Riesenkraft, welche das
leidenschaftgetränkte Herz des dramatischen Dichters erfüllen
muß. Ob diese Kraft in Goethe's Dichterherzen wohnte,
— das werden wir schon jetzt bezweifeln dürfen; hier, wo
wir es nur mit dem lyrischen Dichter zu thun haben, müssen
wir constatiren, daß Goethe — wenn nicht das Pathos des
Völkerfreiheitskampfes — so doch — was er auch als lyrischer Dichter mußte — das Pathos des Kampfes um die
individuelle Freiheit, um die Freiheit von allem Aberglauben,
allem Vorurtheil, aller beschränkten Dogmatik; die moralische
Freiheit von allem Niedrigen und Gemeinen im höchsten
Grade empfinden konnte. Wollen Sie einen Beweis dafür,
so nehmen Sie sein ganzes Leben und Streben, das von Anfang bis zu Ende ein ununterbrochenes Ringen nach dieser
intellectuellen und moralischen Freiheit genannt werden muß;
wollen Sie einen speciellen, lyrischen Beweis, so nehmen Sie
das Gedicht, welches er dem geliebten Schatten seines dahin-
geschiedenen Freundes weihte, den „Epilog zu Schillers
Glocke", von dem Lewis sagt: „Wie Orgelton und Glocken-
klang tönt dies Gedicht; es ist ein mächtiger Fluthstrom, von
Freundschaft und Poesie geschwellt, der den Grabhügel des
großen Freiheitshelden unversiegbar umrauscht."

II. Goethe als Dramatiker.

Wir haben die lyrische Poesie als den poetischen Ausdruck der Empfindungen des Individuums den verschiedenen
Daseinssphären gegenüber bezeichnet. Die Lyrik hält sich also
durchaus auf dem Gebiet des Subjectiven; ein lyrisches Gedicht ist ein Naturlaut in der höchsten Steigerung, und deshalb kann der Goethe'sche Sänger mit Fug und Recht von
sich sagen:

> Ich singe, wie der Vogel singt,
> Der in den Zweigen wohnt;

und auch der Zusatz:

> Das Lied, das aus der Kehle dringt,
> Ist Lohn, der reichlich lohnet,

hat seine volle Wahrheit, da der Ausdruck der Empfindungen, wenn sie sich zu einer gewissen Höhe steigern, eine Nothwendigkeit, mithin eine Wohlthat für die Empfindenden ist,
— eine Wohlthat, welcher allerdings in ihrem vollen Umfange
nur der Dichter theilhaftig wird.

Diese Subjectivität, dieses Sich-selbst-Genügen der Lyrik geht so weit, daß der Sänger im Grunde des Publikums
gar nicht bedarf. Wir sahen, daß Goethe in seiner lyrischen
Vollkraft gewohnt war, sich ein Liedchen vorzusagen, ohne es
wieder zusammenfinden zu können; im Wilhelm Meister singt
der Harfner seine süßen Lieder auf seiner einsamen Dachkam-
mer; Clärchen im Egmont trällert ihr Leibstückchen von dem
Liebsten, der bewaffnet dem Haufen befiehlt, so oft es ihr zu
eng um's Herz wird, und Gretchen summt beim Auskleiden
die Ballade von dem König in Thule, der treu war bis an's
Grab. Und wer sind sie, die lieben, deutschen Menschen, die
uns die herzigen Volkslieder gesungen haben, welche Sie in
des Knaben Wunderhorn finden? Wer war der junge Gesell, dem auf der Wanderschaft über die Haide die köstlichen
Strophen von „Wär' ich ein wilder Falke" aus dem warmen,
treuen Herzen tropften? Keine Literaturgeschichte, die so viel
Namen armseligster Stümper aufzeichnet, meldet uns, wie er
hieß. Er sang eben „wie der Vogel singt, der in den Zweigen wohnet". Der empfindende Mensch will nichts, als sin-

gend sich von der Qual der Luft und des Schmerzes befreien. Was sollen ihm die Anderen?

Ein Jeder lebt, ein Jeder liebt,
Und läßt ihn seiner Pein.

Aber wenn der empfindende Mensch sich mit dem blo=ßen Ausdruck der Empfindung begnügt und sich auf diese harmlose Weise mit dem Leben auseinandersetzt, das er als eine befreundete oder feindliche Macht sich gegenüber fühlt, und demzufolge preist oder anklagt, immer aber, ohne einen directen Einfluß auf dasselbe üben zu wollen, so hat es der handelnde Mensch nicht ganz so leicht. Sobald der Mensch aus der Sphäre der Empfindung hinausschreitet in die prak=tische Sphäre, sobald er als ein Handelnder auftritt, ist es mit jener Selbstgenügsamkeit, die auch im besten Falle will=kürlich ist, vorbei. Handeln heißt in die verschiedenen Da=seinssphären eingreifen. Jede Handlung aber fordert eine Gegenhandlung, oder, wie der Schulmeister im Münchhausen sich ausdrückt: jeder Choc ein Gegenchoc. Nur im philolo=gischen Sinne giebt es ein Passivum und eine Passivität; im philosophischen Sinne nicht. Im philosophischen und auch im naturwissenschaftlichen Sinne ist selbst der scheinbar leidende Theil als Gegenwirkendes, als Reagens, noch immer activ. Deshalb ist jede Handlung, streng genommen, ein Kampf zwischen Zweien: denn, wie Wallenstein sagt:

Eng ist die Welt und das Gehirn ist weit,
Leicht bei einander wohnen die Gedanken,
Doch hart im Raume stoßen sich die Sachen.
Wo Eines Platz nimmt, muß das And're rücken.
Wer nicht vertrieben sein will, muß vertreiben;
Da herrscht der Streit und nur die Stärke siegt.

Indem nun aber zu jeder Handlung zwei Wesen gehö=ren, jedes Wesen aber vorläufig gleiches Recht der Existenz hat, in dem Kampfe aber, der jede Handlung ist, beide Theile geschädigt werden, so geht daraus mit Nothwendigkeit hervor, daß keine Handlung ohne eine doppelte Verschuldung stattfin=den kann.

Iliacos intra muros peccatur et extra: Innerhalb und außerhalb der troischen Mauern wird gefehlt, sagt Horaz, und spricht damit im Bilde eine Fundamental=Wahrheit aus. Jeder edlere Mensch weiß und hat es zu seinem Schmerze

taufendmal an fich erfahren, wie fchwer es ift, gerecht und
billig zu fein gegen geliebte Perfonen, gefchweige denn gegen
folche, die uns fremd, oder gar feindlich gegenüber ftehen.
Denken Sie an den raftlofen Streit um Mein und Dein, der
in der Kinderftube, ja auf dem Schooße der Mutter beginnt,
fich aus der Kinderftube auf den Schulhof, aus dem Schul=
hof auf den Markt des Lebens fortpflanzt, und bei dem Je=
der, fo lange die Welt fteht und ftehen wird, in feinem Rechte
zu fein geglaubt hat und glauben wird. Und wie viele Fälle,
die nach dem Buchftaben des Gefetzes fo oder fo entfchieden
werden, bleiben vor dem Richterftuhl des Philofophen noch
immer anhängig! Hegel nennt die Strafe das Recht des Un=
rechts, aber wie oft ift fie vielmehr das Unrecht des Rechts!
Wie oft hat an dem Verbrecher, der zum Tode geführt wird,
die Welt, die Gefellfchaft mehr gefündigt, als er fich jemals
an ihr verfündigen konnte!

Diefer Einblick in das Wefen der Handlung ift, für ein
weiches Gemüth fo entfetzlich, daß es vor aller Handlung zu=
rückfchaudert. Der indifche Büßer macht fich zum Baum=
ftumpf, zum Stein, um fo wenig als möglich mit einer Welt
zu thun zu haben, in welcher er keinen Schritt thun kann,
ohne ein Würmchen zu zertreten. Der Handelnde hat eigent=
lich immer Unrecht; Niemand hat Recht als der Betrachtende,
fagt Goethe; aber, fetzt Hegel hinzu: durch diefen Ge=
danken wird fich kein energifcher Menfch vom Han=
deln abhalten laffen; es ift die Ehre großer Cha=
raktere fchuldig zu fein.

Es ift die Ehre großer Charaktere fchuldig zu fein! Ein
merkwürdiges, gewaltiges Wort! ein Wort, das der Schlüffel
ift zu den Thaten der großen Revolutionäre und Reformato=
ren aller Völker und aller Jahrhunderte.

Der bedeutende Menfch thut das bewußt, was freilich
Jeder bewußt oder unbewußt thun muß: er nimmt die Fol=
gen feiner Handlungen auf fich; und fpricht: ich will han=
deln, nach meinem beften Wiffen und Gewiffen, komme dar=
aus, was will und mag, denn es ift beffer, daß wir, unbe=
kümmert um die Folgen, thun, was der Augenblick gebietet,
als daß wir in alle Ewigkeit nicht zur Verwerthung unferer
Kräfte kommen; es ift beffer, daß auch Unheil in die Welt
komme, als daß wir Alle in dem Sumpf des Nichtsthuns
verderben.

Je stärker nun dieses energische Lebensgefühl nach Be=
thätigung drängt, um so bedeutender wird es sich natürlich
äußern. Wie das Lebensgefühl die ganze Stufenleiter vom
bloßen Thätigkeitstrieb bis zur höchsten Leidenschaft durch=
läuft, so durchläuft auch die Aeußerung desselben die ganze
Stufenleiter vom bloßen Handeln des alltäglichen Lebens,
das wirklich nur ein Handeln, ein Feilschen um Mein und
Dein, ist, bis zu der gewaltigen That, deren Wirkung noch
nach Jahrhunderten empfunden wird. Wenn Jemand be=
hauptet: es sei noch keine große That im Leben ohne eine
große Leidenschaft zu Stande gekommen, so ist das eben
so richtig, als: daß es noch nie geblitzt hat, ohne daß eine
Spannung der Electricität vorausgegangen wäre. Die That
ist weiter nichts, als die explodirende Leidenschaft.

In unserer tiefsinnigen Sprache giebt es wenige Wörter,
die so tiefsinnig spielen, als das Wort Leidenschaft. Wer
immer schafft, schafft auch Leiden. Das ist der Grund jenes
Grauens, welches den edleren Menschen vor einer großen
That erfaßt:

> In meiner Brust war meine That noch mein;
> Einmal entlassen aus dem sichern Winkel des Herzens,
> ihrem mütterlichen Boden
> Hinausgegeben in des Lebens Fremde,
> Gehört sie jenen tückischen Mächten an,
> Die keines Menschen Kunst vertraulich macht.

Und bemerken Sie wohl: dieses geheime Grauen findet
nicht nur vor der That statt, mit deren Moralität es, wie
mit der Wallensteins, bedenklich steht — auch der Wohlthä=
ter der Menschheit, der große Reformator, weiß, daß er die
Gesellschaft nicht umgestalten kann, ohne sie in ihren Grund=
festen zu erschüttern, und wenn er auch in jener höchsten Lei=
denschaft, der Leidenschaft des Gedankens, seine That vollbrin=
gen muß und vollbringen wird — wie oft hat der Heros mit
sich gerungen, wie oft hat er den Angstschweiß von der kalten
Stirn gewischt, bis er jede andere Stimme in sich schweigen
machte, nur die eine nicht, die ihm ruft; thu's! es ärgere
sich daran die halbe oder die ganze Welt.

Wenn es nun aber ohne Conflicte im Leben ein für alle
mal nicht abgeht, so ist doch durchaus nicht nöthig, daß diese
Conflicte immer ernster, oder geradezu fürchterlicher Natur
sind. Im Gegentheil: von einem gewissen Standpunkte aus

und bis zu einer gewissen Höhe sind diese durch den alle Zeit
regen Egoismus aller Menschen entstehenden Verirrungen und
Verwirrungen, durch die hindurch sich die alte, solide Grundlage der Menschenvereinigung in ihrer inneren Kraft und
Ständigkeit unerschütterlich behauptet, geradezu ergötzlich.

> Der Menschen wunderliches Weben,
> Ihr Wirren, Suchen, Stoßen und Treiben,
> Schieben, Reißen, Drängen und Reiben,
> Wie kunterbunt die Wirthschaft tollert,
> Der Ameishauf durcheinander kollert —

Aber, es ist nicht jeder ein Hans Sachs, daß er den
Humor von der Sache wegbekäme; und oft ist die Sache auch
gar kein Gegenstand mehr für den Humor, so wenig, daß sich
der Narr aus dem Stücke schleicht und nicht wiederkommt;
so wenig, daß der arme alte König sich an den Kopf faßt,
und ruft: O, schützt vor Wahnsinn mich, vor Wahnsinn,
Götter! so wenig, daß Kent, voll bittrer Ironie, fragt: Ist
dies das verheißene Ende? und der muthige Edgar schaudernd
murmelt: Sind's Bilder jenes Grauns?

Ich brauche wohl kaum zu bemerken, daß jene erste Weltanschauung, welche das Dasein für eine mit manchen Unzulänglichkeiten behaftete, sonst aber recht wackre und treffliche
Einrichtung hält, das Leben komisch; und jene andere, welche
auf der Nichtigkeit der Dinge weilt, auf der Unzulänglichkeit
unsrer Kräfte, der Unausführbarkeit unsrer Entwürfe, der
Incongruenz unsrer Gedanken und Thaten, der Furchtbarkeit
der Leidenschaften, ohne die doch nun einmal nichts Großes
geschaffen wird, das Leben tragisch nimmt.

Wie steht nun der Dichter zu alle dem?

Wir sahen, daß der empfindende Mensch, wenn sich die
Phantasie der Empfindung bemeistert, es zu keiner anderen
Aeußerung, als eben zum lyrischen Gedichte bringen kann.
Ganz anders stellt sich die Sache für den Dichter, dessen
Geist mit leidenschaftlicher Erregung bei jenem Kampfe weilt,
aus welchem das handelnde thätige Leben fortwährend besteht. Wie der leidenschaftlich Handelnde nach einem unendlich tiefsinnigen Ausdruck unserer Sprache: „außer sich," d. h.
ganz in der That ist, die er zu thun gedenkt, oder eben thut,
so muß auch der Dichter des handelnden Lebens das Product seiner Phantasie aus sich herausstellen; er muß die
Handlung darstellen, so darstellen, als ob sie wirklich in dem

Augenblick geschehe. **Und damit haben Sie das Drama.**
Das Drama ist das Bild der Handlung im Spiegel der
Dichterphantasie, wie das lyrische Gedicht der Ausdruck der
Empfindung ist. Dort haben Sie, wie es der Begriff der
Handlung mit sich bringt, vollste Objectivität, während hier
Alles in der Sphäre der Subjectivität bleibt. Der lyrische
Dichter ist sich unter Umständen so selbst genug, daß er das
Gedicht, dessen Stoff er aus sich selbst nimmt, sich selbst
singt; der dramatische Dichter braucht, wenn er auch selbst
eine Rolle in der darzustellenden Handlung übernimmt, zum
mindesten noch Einen, der die zweite Rolle darstellt; und
da diese Beiden die Handlung nicht wirklich thun, sondern
nur so thun, als ob sie sie thäten, so müssen Sie Jemand
haben, dem das, was sie nur zum Schein thun, wirklich er=
scheint; d. h. sie müssen einen Zuschauer, oder vielmehr,
da die dargestellte Handlung einen ganz allgemeinen Sinn
hat, der sich an Alle wendet, so viele Zuschauer wie möglich,
d. h. sie müssen ein Publikum haben. Erst damit hat die
Idee der dramatischen Kunst alle ihre Momente durchlaufen.
Damit ein dramatisches Werk wirklich wird, bedarf es des
Dichters, der es dichtet; des Schauspielers, der es darstellt;
des Publikums, dem es dargestellt wird. Ein gelesenes
Drama ist nur ein halbes Drama, und eins, das gar nicht
aufgeführt werden kann, gar kein Drama. Die Darstellbar=
keit eines Dramas ist seine unfehlbare Probe.

Daß die Dramen, je nach dem Standpunkte, welchen der
Dichter der Welt gegenüber einnahm, sich in Tragödien
und Komödien scheiden, möchte nach dem, was ich vorhin
ausgeführt habe, sich von selbst verstehen.

Wir müssen hier, bevor wir weiter gehen können, noch
einen Begriff näher bestimmen, dessen ungenaue Fassung in
den Ansichten über das Drama eine unglaubliche Verwirrung
herbeigeführt hat. Sie können alle Augenblicke hören: es ist
keine Handlung in dem Stück, die Handlung kommt nicht aus
der Stelle — und doch wird fortwährend gehandelt. Wie
viele Köpfe werden im Götz von Berlichingen blutig geschla=
gen, und doch soll keine Handlung in dem Stücke sein! Kann
man es dem Laien verdenken, wenn ihn dergleichen scheinbar
unauflösliche Widersprüche stutzig machen? Hätte man in der
berühmten Definition des Aristoteles: „Die Tragödie ist die
Nachahmung einer Handlung, welche vermittelst des Mitleids

und der Furcht, die Reinigung dieser und dergleichen Leiden=
schaften bewirkt," hätte man, sage ich, hier statt des Wortes
Handlung das Wort That gesetzt, so würde dies die Frage
wesentlich vereinfacht haben. Die That ist die explodirende
Leidenschaft, und wie lang auch der Weg sein mag von der
ersten Regung des Begehrungsvermögens in dem tiefsten
Grunde des Herzens durch die Stadien der Erwägung, des
Schwankens, des Zweifels, bis die stetig wachsende Gluth der
Leidenschaft die starre Masse flüssig macht, daß sie sich er=
gießen kann, um in diesem Augenblicke für immer zu er=
starren — immer ist sie einheitlich im strengsten Sinne.
An diesem Begriff der That haben Sie einen unverrückbaren
Maßstab, den Sie mit vollkommner Sicherheit an jede Tra=
gödie legen können. Sie werden diejenige Tragödie für die
vorzüglichere halten, in welcher, wie im Wallenstein, alle
Phasen der That rein und klar heraustreten, und umgekehrt.
Auch ist nun sofort klar, weshalb der Hamlet eine so wun=
derliche Tragödie ist, da sich in derselben der Held fünf Acte
hindurch sträubt, die That, um die es sich handelt, zu thun.
In diesem Stück erfolgt die Explosion in der letzten Scene;
aus keinem andern Grunde, als weil die Leidenschaft (hier
die Rache) von einer so festen Hülle (Hamlets Bedenklichkeit)
umgeben ist, daß sie nicht zum Explodiren kommen kann. Am
Hamlet ist also, wie kaum an einem andern Stücke nachzu=
weisen, daß es sich in der Tragödie um eine Leiden=
schaft handelt, die sich vor unseren Augen zur
That verkörpern soll.

Offenbar hat diese Theorie nur Anwendung auf die
Tragödie, keineswegs auch auf die Komödie. Die Komödie
hat nichts mit der Leidenschaft zu thun, erfordert also auch
keine That; die Handlung in der Komödie ist durchaus in
dem lockeren Sinne des alltäglichen Lebens zu nehmen. In
den Komödien höchsten Styls, z. B. denen des Aristophanes,
in welchen sich, wie z. B. in den „Vögeln" der Unsinn in
der Gestalt des Rathe=Freund mit der Herrscherin Basileia
zum Himmel schwingt, ist so gut wie gar keine Handlung.
Wenn die Tragödie die entschiedene Tendenz hat, uns vom
Leben abzuwenden, indem sie uns an einem Beispiel beweist,
wie selbst das Höchste und Herrlichste dem Untergang ver=
fallen ist, so will uns im Gegentheil die Komödie mit dem
Leben versöhnen, indem sie uns freilich ebenfalls die Unzu=

länglichkeit alles Irdischen nachweist, aber nur, um uns zu
belehren, daß dies sein muß, weil nur in der Unzulänglich=
keit und Vergänglichkeit des Einzelnen die Vollkommenheit
und Ewigkeit des Alls sich behaupten kann. In der Tragö=
die tödten die Kinder der dunklen Leto die Kinder der Niobe;
in der Komödie aber erstehen diese letzteren wieder, und
sprechen: wir sind unsterblich wie ihr; was wäret ihr Götter,
trotz aller eurer Herrlichkeit, wenn ihr keine Menschen hättet,
die euch anbeteten! oder, wie es im Volkslied von den zwei
Hasen heißt, die der Jäger niedergeschossen hatte: Als sie
sich besannen, daß sie noch leben thaten, liefen sie von dannen.

Es ist nicht nöthig, daß ich hier die Theorie der Komödie
weiter entwickele, da Goethe verhältnißmäßig in der Komödie
sehr wenig geleistet hat, und wir überdies in der nächsten
Vorlesung, bei Gelegenheit des Romans, auf den Begriff
des Humors, aus welchem die Komödie erwächst, noch näher
werden eingehen müssen. Was die Mittelarten: die larmoyante
Komödie, das Conversationsstück, das Charakterlustspiel, Me=
lodrama und wie sie heißen mögen, betrifft, so kann ich nur
sagen, daß sie in demselben Grade weniger ästhetisch sind, als
sie sich nach dieser oder jener Seite hin von den einzig reinen
Formen des Dramas: der Tragödie und Komödie entfernen.

Untersuchen wir nach dem Einblick, den wir jetzt in das
Wesen der dramatischen Kunst gethan haben, von welcher
Mischung wohl die Seelenkräfte des Dramatikers sein müssen.
Der Grundton des lyrischen Gedichtes, sahen wir, war Em=
pfindung, der der Tragödie (denn die Komödie müssen wir
jetzt außer Acht lassen) ist die Leidenschaft. Der Lyriker
mußte ein empfindsames Herz haben, der Tragiker ein leiden=
schaftliches; der Lyriker durfte die Widersprüche des Lebens
beklagen; den Tragiker müssen sie empören, herausfordern,
quälen; der Lyriker wird die Wunden des Lebens mit dem
Schleier der Wehmuth zudecken; der Tragiker wird den
Schleier herunterreißen und die klaffenden Wunden zeigen;
der Lyriker wird den Bruch in der Rechnung des Lebens nur
andeuten; der Tragiker wird ihn bis auf die letzte Ziffer
herausrechnen. — Mit dem berühmten Worte Schillers: von
dem großen gigantischen Schicksal, das in der Tragödie her=
austreten und den Menschen erheben solle, indem es ihn zer=
malme, ist es so ein eigen Ding. Ich habe mich von der
stricten Wahrheit desselben nicht überzeugen können. Ich habe

nicht finden können, daß es etwas wesentlich Erhebendes für
den Betrachter haben könne, wenn im Hamlet, König Lear,
Macbeth, d. h. in den größten Tragödien, die wir besitzen,
Unschuldige mit sammt den Schuldigen in einem großen all=
gemeinen Verderben, wie in einem Höllenrachen, verschlungen
werden. Die Erhebung müßte in einem stoischen Trotz be=
stehen, der das Schicksal herausfordert, sein Aergstes zu
thun, — ein Trotz, der mit der Verzweiflung eine bedenk=
liche Aehnlichkeit hat. Auch finde ich die Bestätigung dieser
meiner Ansicht in den Aussprüchen zweier Philosophen, die
auf so wesentlich verschiedenen Standpunkten stehen, wie Wilh.
von Humboldt und Schopenhauer, der Eine ein Zögling der
heiteren Griechen, der Andere ein Adept der ascetischen Weis=
heit der Inder. Humboldt sagt in seinem trefflichen Buche
über Hermann und Dorothea: „Die Tragödie drängt uns in
uns selbst zurück, und mit demselben Schwert, mit dem sie
ihren Knoten zerhaut, trennt sie auch uns für einen Augen=
blick von der Wirklichkeit und dem Leben, das sie uns über=
haupt weniger zu lieben, als mit Muth zu entbehren lehrt;"
und Schopenhauer sagt in seinen Paralipomenen: „Auf der
höchsten und schwierigsten Stufe wird das Tragische beab=
sichtigt; das schwere Leiden, die Noth des Daseins wird uns
vorgeführt und die Nichtigkeit alles menschlichen Strebens ist
hier das letzte Ergebniß. Wir werden tief erschüttert und
die Abwendung des Willens vom Leben wird in uns angeregt,
entweder direct, oder als mitklingender harmonischer Ton."
Und noch ein Anderes spricht gegen Diejenigen, welche
von der Tragödie eine ähnliche Wirkung erwarten, wie etwa
von einer guten Predigt; das sind die Satyrspiele, welche die
feinfühlenden Griechen ihren tragischen Trilogien folgen ließen.
Die Weihe einer wirklichen Erhebung läßt sich ein gebildeter
Mensch nicht durch die tollen Possen eines Satyrspieles rau=
ben; wohl aber läßt er sich von dem Krampf, mit welchem
Furcht und Mitleid bei dem Anblick eines grimmigen Ver=
hängnisses sein empfindsames Herz zusammenschnüren, gern
durch ein übermüthiges Lachen erlösen, wie es die komische
Muse durch ihre geistvollen Carricaturen in uns erweckt.
Wie dem aber auch sein mag: in jedem Falle wird das
Tragödienschreiben kein Geschäft für einen vorzugsweise hei=
tern Menschen sein, kein Geschäft für Jemand, der nicht in
den Widersprüchen des Lebens, wie in einem grausen Laby=

rinth, umhergeirrt ist; kein Geschäft für einen Mann, wel=
cher die Aufgabe seines Lebens nicht in der energischen Theil=
nahme an dem Kampf des Lebens, sondern in einer möglichst
harmonischen Ausbildung seiner selbst erblickt; kein Geschäft
endlich für Jemand, der, wie Goethe, nicht in einer vorüber=
gehenden quietistischen Stimmung, sondern mit jener Ueber=
zeugung, die aus der Praxis eines langen Lebens heraus=
wächst, das Wort spricht: „Der Handelnde hat immer Un=
recht, Niemand hat Recht, als der Betrachtende," und, in
Folge dieser seiner Grundanschauung, mit dem Leben des han=
delnden Menschen, dem politischen Leben, ein für alle mal
nichts zu thun haben will.

„Zum Maßstab eines Genies," sagt Schopenhauer, „soll
man nicht die Fehler in seinen Productionen, oder die schwäche=
ren seiner Werke nehmen, um es dann darnach tief zu stellen;
sondern nur sein Vortrefflichstes. Was das Genie auszeich=
net und daher sein Maßstab sein sollte, ist die Höhe, zu der
es sich, als Zeit und Stimmung günstig waren, hat auf=
schwingen können und welche den gewöhnlichen Talenten ewig
unerreichbar bleibt." — Ein treffliches Wort, das dem gries=
grämigen Philosophen alle Ehre macht, und von dem ich an
dieser Stelle ausdrücklich sagen muß, daß ich es durchaus
unterschreibe, um mich von dem Vorwurf zu reinigen, als
könnte ich, wenn ich in dem Folgenden die Fehler in den
Productionen unseres Dichters hervorhebe, wenn ich auch der
schwächeren Werke Erwähnung thun muß, auch nur einen
Augenblick die Größe seines Genies verkennen, oder die Pietät,
die wir ihm schuldig sind, verleugnen. Aber wenn der obige
Maßstab auch da, wo es sich um eine Huldigung des Genius
handelt, der allein richtige ist, so paßt er nicht für uns, denen
es um eine unparteiische Würdigung seines Genies in den
verschiedenen Formen der Poesie zu thun ist. Unser Maß=
stab muß der ganz objective sein, den eine Definition der
Kunstform, wie wir sie eben versucht haben, in die Hand
giebt; und mit diesem Maßstab in der Hand müssen wir es
aussprechen, daß Goethe in dem Gebiet der eigentlichen Tra=
gödie Dichtern, die an Genie tief unter ihm stehen, die Palme
lassen muß. Zwar hatte er nur ein einziges seiner Dramen
„den Faust" als eine Tragödie bezeichnet, während er den
Clavigo, den Egmont, die Stella, die natürliche Tochter
Trauerspiele; und Tasso, Iphigenie, Götz von Berlichingen

sogar nur Schauspiele nannte, als wollte er sie von vorn herein vor den Angriffen principienwüthiger Kritiker sicher stellen, aber offenbar haben alle diese Stücke den Stoff zu Tragödien in sich und auf alle Fälle haben wir keinen andern Maßstab, mit dem wir sie messen könnten, als den eben genannten.

Beginnen wir mit dem Egmont.

Die unverhältnißmäßige Länge der Exposition — dieselbe reicht mit in den zweiten Act hinein — würde unter allen Umständen ein ästhetischer Fehler bleiben; aber man würde darüber wegsehen können, freilich nur unter einer Bedingung. Diese Bedingung wäre, daß aus dem breit gemalten Volksgrund nun die Gestalt des Helden, erfüllt mit dem ganzen Pathos des für die Freiheit seines Vaterlandes glühenden Patrioten, herauswüchse. — Möchte er immerhin von übergroßem Vertrauen überfüllt sein, aber dieses kühne Vertrauen müßte nicht aus ungerechtfertigter Achtung vor dem redlichen Willen des Königs und aus einem stolzen Gefühl seiner Unverletzlichkeit hervorgehen, sondern einzig und allein aus der hohen Meinung, die er von dem Muth, der Thatkraft, der Opferfreudigkeit des Volkes hätte, dem er die Eigenschaften, die ihn selbst im höchsten Maße schmückten, nach Art eines kühnen energischen Geistes unterlegte. — Auch in diesem Falle würde der Graf dem Vorwurf der politischen Blindheit nicht entgehen; aber wie ganz anders stände er dann dem zaudernden Oranien gegenüber! gegenüber dem Diplomaten, dem politischen Schachkünstler, der vor der frischen muthigen That, vor der Revolution zurückbebt! Sollte einmal der Geschichte Gewalt angethan werden, so mußte es auf diese Weise geschehen, und welch' fürchterliche Bedeutung würden dann die Volksscenen gewinnen, wie würde uns zum voraus das tragische Geschick des Helden, der sich auf solchen Boden zu stellen gedenkt, mit Furcht und Mitleiden erfüllen! Welchen Eindruck würde es machen, wenn er jetzt, wie es Clärchen hernach thut, zum Kampf riefe, die feige Menge, wie es hernach bei Clärchen geschieht, ihn im Stiche ließe, und er nun, kämpfend in der Mitte weniger Getreuer, dem tückischen Feinde in die Hände fiele. — Was geschieht statt dessen? Egmont tritt unter die hadernden Bürger, weist sie zur Ruhe, nicht etwa, weil jetzt die Zeit zum Losschlagen noch nicht gekommen sei, sondern, weil — ja, ich kann es nicht anders ausdrücken — weil Ruhe die erste Bürgerpflicht ist.

Egmont: „Was an Euch ist, Ruhe zu erhalten, Leute, das thut — Ihr seid übel genug angeschrieben. Reizt den König nicht mehr; er hat zuletzt doch die Macht in Hän= den. Ein ordentlicher Bürger, der sich ehrlich und fleißig nährt, hat überall so viel Freiheit als er braucht.“ Kann sich der Graf wundern, wenn die Leute, denen er diese quietistischen Lehren in's Herz gepredigt, hernach nicht Hand noch Fuß für ihn rühren? Kann er sich wundern, daß sie seine Worte „bleibt zu Hause: leidet nicht, daß sie sich auf den Straßen rotten. Vernünftige Leute können viel thun“ — daß sie diese Worte wörtlich nehmen? Nun ja! sie sind sehr vernünftig, bleiben zu Hause, rotten sich nicht auf den Straßen, und der Graf — muß unterdessen der süßen Ge= wohnheit des Daseins entsagen.

Es folgt die Scene zwischen Egmont und dem Secre= tär, in der abermals absolut nichts geschieht, außer daß wir noch einen tieferen Einblick in die sorglose Natur des Helden gewinnen. Die Worte, mit welchen sich der Secretär verab= schiedet: „O Herr! Ihr wißt nicht, was für Worte Ihr ge= sprochen! Gott erhalt' Euch!“ sind unter diesen Umständen das beißendste Epigramm, das dem Quietismus des Grafen geschrieben werden kann.

Die folgende berühmte Scene zwischen Oranien und Egmont ist von der schlagendsten Beweiskraft von der abso= luten Unfähigkeit Egmonts, so, wie ihn Goethe einmal ge= faßt hat, der Held einer Tragödie zu sein. In dieser Scene stellt er eine Theorie der Unthätigkeit auf, die das diametrale Gegentheil von der tragischen Theorie ist, nach welcher, wie wir sahen, der Held nur dadurch zum Helden wird, daß er die That und mit der That die Schuld der That auf sich nimmt, welche dann eben die tragische Schuld ist.

Egmont: Und der Krieg ist erklärt und wir sind Re= bellen. Oranien, laß Dich nicht durch Klugheit verführen; ich weiß, daß Furcht Dich nicht weichen macht. Bedenke den Schritt.

Oranien: Ich habe ihn bedacht.

Egmont: Bedenke, wenn Du Dich irrst, woran Du Schuld bist; an dem verderblichsten Kriege, der je ein Land verwüstet hat. Dein Weigern ist das Signal, das die Pro= vinzen mit einander zu den Waffen ruft, das jede Grausam= keit rechtfertigt, wozu Spanien von jeher nur gern den Vor=

wand gehascht hat. Was wir lange mühselig gestillt haben, wirst Du mit einem Winke zur schrecklichsten Verwirrung aufhetzen. Denke an die Städte, die Edlen, das Volk, an die Handlung, den Feldbau, die Gewerbe! und denke die Verwüstung, den Mord! Ruhig sieht der Soldat wohl im Kriege seinen Kameraden neben sich hinfallen; aber den Fluß herunter werden Dir die Leichen der Bürger, der Kinder, der Jungfrauen entgegenschwimmen, daß Du mit Entsetzen da= stehst und nicht mehr weißt, wessen Sache Du vertheidigst, da die zu Grunde gehen, für deren Freiheit Du die Waffen ergreifst. Und wie wird Dir's sein, wenn Du Dir still sagen mußt: Für meine Sicherheit ergriff ich sie.

Oranien: Wir sind einzelne Menschen, Egmomt. Ziemt es sich, uns für Tausende hinzugeben, so ziemt es sich auch, uns für Tausende zu schonen.

Brauche ich diese Scene noch zu commentiren? Ist Egmonts ganze Argumentation etwas Anderes, als eine Pe= riphrase der Goethe'schen Worte: Der Handelnde hat immer Unrecht; Niemand hat Recht als der Betrachtende? Und hätte Oranien nicht mit Hegels Worten erwiedern können: „Egmont, Egmont, es ist die Ehre großer Charaktere, schul= dig zu sein!"

In der That! mit jenen Worten streicht sich Egmont aus der Reihe der tragischen Helden aus, oder wir müßten denn, wie wir vorhin eine Tragik der Activität festgestellt haben, nun auch eine Tragik der Passivität statuiren; Eg= monts Worte, als er zur Execution geführt wird, scheinen das zu beanspruchen: „Auch ich schreite einem ehrenvollen Tode aus diesem Kerker entgegen; ich sterbe für die Freiheit, für die ich lebte und focht, und der ich mich jetzt leidend opfere."

Wir werden im Verlauf sehen, daß fast alle Goethe'schen Helden solche mehr oder weniger leidende Helden sind.

Niemand mehr, als „Eugenie", die Heldin jenes seltsa= men Stückes: „Die natürliche Tochter". Dieses Drama ist auf dem Repertoir der Theater niemals heimisch gewesen und jetzt schon lange und wohl für immer von demselben ver= schwunden; aber es wird auch nicht einmal mehr gelesen und doch ist das sehr schade, denn es ist in mehr als einer Hin= sicht höchst interessant, und ich möchte es allen denen, welchen es um einen mehr als oberflächlichen Einblick in das Wesen des Goethe'schen Genius zu thun ist, zum aufmerksamsten Studium empfehlen. Schon der Umstand, daß der Dichter in diesem Stücke den kühnen Versuch macht, die französische Revolution auf die Bühne zu bringen, dürfte genügen, um das Interesse Aller, die es noch nicht kennen, auf dasselbe zu lenken. Es ist seltsam, zu sehen, was Goethe aus diesem Stoffe gemacht hat. Zwar wird unser Urtheil immer ein hypothetisches bleiben, insofern, als das Ganze auf eine Trilogie angelegt war, von der nur das erste Drittel fertig geworden ist, und die erhaltenen Skizzen für den Rest in nicht allzufesten Linien gezogen sind; aber man braucht gerade kein ästhetischer Cuvier zu sein, um aus dem Vorhandenen auf den möglichen Bau der ganzen dramatischen Gliederung zu schließen.

Die Handlung des Stückes ist in Kurzem folgende: Ein Prinz, der Oheim des Königs, unter dem wir uns Ludwig XVI. von Frankreich denken mögen, hat eine natürliche Tochter, die er fern vom Hofe in der Einsamkeit hat erziehen lassen. Der Tod der Frau, welche dem Kinde das Leben gab, ebenfalls eine Prinzessin, macht es dem Vater möglich, die heißgeliebte Tochter, die sich unterdessen zur schönsten Blüthe der Jungfräulichkeit entwickelt hat, allmälig ihrer Einsamkeit zu entziehen und an den Festen des Hofes Theil nehmen zu lassen. Die Mutter hatte sich eines Kindes, das ihr stets ein lebendiger Vorwurf war, geschämt; der Vater ist stolz auf sie. Er präsentirt sie bei Gelegenheit einer Jagdpartie dem Könige, seinem Neffen. Der König nimmt das schöne Mädchen gnädig auf, und verspricht ihr, sie demnächst in feierlicher Audienz bei Hofe zu empfangen. Eugenie, in deren feurigem Herzen ein mächtiger Ehrgeiz flammt, ist entzückt; sie kann die Zeit nicht erwarten, wo sie in ihrer Herrlichkeit erscheinen soll; sie übertritt sogar das Verbot des Vaters, der ihr an's Herz gelegt hat, den kostbaren Schrank, in welchem er ihr die Ausstattung für ihr Erscheinen bei Hofe schickt, nicht zu öffnen. Unterdessen ist der nichts Ahnenden bereits das Netz des Verderbens über das Haupt geworfen. Der Prinz nämlich hat außer der illegitimen Tochter einen legitimen Sohn, einen wüsten, grausamen, ehr- und habsüchtigen jungen Mann. Dieser Prinz haßt die Schwester, die ihm sein Erbe zu schmälern droht und beschließt, sie zu vernichten. — Der Vater erfährt plötzlich, daß seine Tochter bei einem wilden Ritt gestürzt sei und einen entsetzlichen Tod gefunden habe.

Sein Jammer ist grenzenlos; er ahnt nicht, daß Alles ein Betrug, und die Nachricht, daß sie durch den Sturz bis zur Unkenntlichkeit zerschmettert sei, eine Lüge ist, erfunden, um ihn von der Ausführung des Wunsches, die Todte noch einmal zu sehen, abzuhalten. Unterdessen ist die Unglückliche durch die Partei des Prinzen, deren Seele der Secretär (der Prinz selbst tritt gar nicht auf) zu sein scheint, in Begleitung ihrer Hofmeisterin, der Verlobten des Secretärs, die sich halb gezwungen zu dieser Schandthat hergiebt, an einen Hafenort gebracht worden. Eugenie versucht ihr Haupt aus der verderblichen Schlinge zu ziehen. Sie beschwört die Hofmeisterin, die ihr nicht willfahren darf, selbst wenn sie wollte: sie wendet sich an den Gouverneur des Platzes, an eine Aebtissin, an das Volk selbst, Alles vergebens. Alle schreckt eine geheime Ordre, welche die Verschworenen gefälscht haben und die sich im Besitz der Hofmeisterin befindet, zurück.

Da, in ihrer äußersten Noth, entschließt sie sich, den Antrag eines Gerichtsraths, dessen Eintreten in die Handlung nicht sonderlich motivirt ist, anzunehmen und seine Gattin zu werden, um so, von ihm, der ihr versprechen muß, „sie nur als Bruder mit reiner Neigung zu umfangen," beschützt, im Lande zu bleiben und der Revolution, welche sie vorausahnt, Trotz zu bieten. Darauf deuten die Worte hin, mit denen sie sich selbst ihr Bleiben und das Annehmen des Antrages des Gerichtsraths motivirt:

Und solche Sorge nähm' ich mit hinüber,
Entzöge mich gemeinsamer Gefahr,
Entflöhe der Gelegenheit, mich kühn
Der hohen Ahnherren würdig zu erweisen;
Um jeden, der mich ungerecht verletzt,
In böser Stunde hülfreich zu beschämen?

Diese Verse zeigen mit Bestimmtheit die Richtung an, in welcher der Dichter das Werk fortzusetzen gedachte.

Demnach hätten wir dieses ganze fünfactige Stück nur als Exposition zu betrachten, und insofern könnte es eine gewisse Berechtigung haben, daß die Heldin bis jetzt leidet und nur leidet; denn gerade in der Schule des Leidens könnte sich ja ihr Charakter zu jener Stahlhärte kräftigen, welche allein die heroische That ermöglicht; auch daß der Dichter uns vorläufig in der schwülen Atmosphäre des Hofes gebannt hält, spricht nicht gerade gegen seinen historisch-dramatischen Sinn, denn es ist ja unzweifelhaft, daß die tiefe Verderbtheit der Höfe ein Haupthebel der Revolution war: überdies leitet er am Schluß des Stücks seine Heldin in die bürgerliche Sphäre hinüber; nichts desto weniger erheben sich schwere Bedenken, daß der Dichter auf dem eingeschlagenen Wege zu einem be= friedigenden Resultat gekommen wäre. Einmal ist es doch ein gar eigen Ding, ein Mädchen zur Heldin eines Stückes zu machen, das die Revolution von 1789 auf die Bühne bringen soll. Eine Revolution ist im intensiven Sinn Man= nesarbeit; Frauen können ihrer Natur nach in einem solchen Conflict nur leiden, wenn sie nicht mit dem ganzen politischen Pathos einer Charlotte Corday erfüllt sind. Und es ist gar nicht anzunehmen, daß Goethe seine Heldin von einer poli= tischen Leidenschaft hätte ergriffen werden lassen. Die bereits angeführten Verse zeigen zu deutlich, welcher Art die That Eugeniens sein sollte; noch deutlicher die folgenden:

> Und wenn mein Vater, mein Monarch, mich einst
> Verkennt, verstoßen, mich vergessen, soll
> Erstaunt ihr Blick auf der Erhaltnen ruhn,
> Die das, was sie im Glücke zugesagt,
> Aus tiefem Elend zu erfüllen strebt.

Also eine That des Opfers! eine That der Liebe, aber nicht der patriotischen, sondern der Verwandtenliebe. Was dabei aus der Revolution geworden wäre, mögen Apollo und die himmlischen Musen wissen.

Aber es bedarf dieser Vermuthungen gar nicht, um zu dem Schlusse zu gelangen, daß Goethe nicht der Dichter war, eine solche Aufgabe zu bewältigen. Wenn irgend eine, so erfordert diese eine Shakespeare'sche Kraft in der resoluten Bewältigung des Stoffes, eine Shakespeare'sche Hand, die mit zwei, drei kühnen Strichen einen Charakter zeichnet. Nun aber lese man das Stück, und man wird selbst bei der größten Bewunderung des Dichters seine Ungeduld und seinen Unmuth über das langsame Fortrücken der Handlung nicht bemeistern können. Und nun die Charakteristik, die keines= wegs flüchtig, sondern nur allzu detaillirt ist, und es doch nicht weiter bringt, als daß die Gestalten, wie sich ein neue= rer Literaturhistoriker ausdrückt, den Figuren auf alten abge= blaßten Tapeten gleichen! Und nun die Sprache! es ist die feinste Quintessenz der Sprache, so fein, daß sie oft an den

bekannten Ausspruch Talleyrands erinnert. Man höre z. B.,
wie sich der Gerichtsrath, der als ein durchaus edler Charakter
dargestellt wird, über die Willkür äußert, welche die Hand=
lungen der Fürsten kennzeichne.

Eugenie.

Was ist Gesetz und Ordnung? können sie
Der Unschuld Kindertage nicht beschützen?
Wer seid denn ihr, die ihr, mit leerem Stolz
Durch's Recht Gewalt zu bändigen euch berühmt?

Gerichtsrath.

In abgeschloßnen Kreisen lenken wir
Gesetzlich streng, das in der Mittelhöhe
Des Lebens wiederkehrend Schwebende.
Was droben sich in ungemeß'nen Räumen
Gewaltig seltsam, hin und her bewegt,
Belebt und tödtet ohne Rath und Urtheil,
Das wird nach anderm Maß, nach anderer Zahl
Vielleicht berechnet, bleibt uns räthselhaft.

Ich gestehe, daß die diplomatische = kühle Ruhe dieser
Sprache, so oft ich das Stück gelesen habe, mir im höchsten
Grade unheimlich gewesen ist, unheimlich wie tödtliches Gift,
das in zarten Krystallfläschchen verschlossen ist. Diese Men=
schen handeln, wie die Teufel und reden, wie die Engel. Ein
Charakter, wie der Secretär, der an entschlossener Schurkerei
kaum einem Jago etwas nachgiebt, kann seiner Braut, der
Hofmeisterin, den Entschluß der Verschworenen, ihren Zögling
schlimmsten Falls des Lebens zu berauben, mit folgenden
sanften Worten ankündigen:

Ergreife
Sie schnell die holde Tochter, führe sie,
So weit du kannst, hinweg, verbirg sie fern
Vor aller Menschen Anblick denn — du schauderst,
Du fühlst, was ich zu sagen habe. — — —

— Wagtest du, was ich dir anvertraut,
Aus guter Absicht irgend zu verrathen,
So liegt sie todt in deinen Armen! Was
Ich selbst beweinen werde, muß geschehen.

Ich zweifle sehr, daß die Thränen dieses Edlen reichlich
geflossen sein würden! — Und in dem Tone sprechen sie alle,
Einer wie der Andere!

Und nun kommt noch ein Umstand! Der Dichter hat dieses offenbar mit der größten Liebe ausgeführte Drama nicht vollendet, nicht einmal weiter zu führen versucht. Es finden sich, wie schon vorhin gesagt, in seinen Schriften nur sehr dürftige, kaum verständliche Andeutungen über die Fort= setzung. Weshalb hat er den Plan fallen lassen? Die un= glaubliche Kühle, mit welcher das Publikum das Stück auf= nahm, kann nicht der Grund gewesen sein, denn schon damals kümmerte sich Goethe grundsätzlich sehr wenig um das Ur= theil des Publikums, auch stand er — das Werk ist 1803 verfaßt — in der Vollkraft seiner Jahre und die innige Ver= bindung mit Schiller (der übrigens das Stück, obgleich mit einiger Zurückhaltung, lobte) hätte ihn zur feurigsten Verfol= gung eines bedeutenden Zieles anspornen sollen. Und den= noch! dennoch! das Wort muß ausgesprochen werden: der Dichter ließ das Werk fallen, weil es seinen Händen zu schwer wurde; weil er, wenn er noch einen Schritt weiter gethan hätte, aus der kühlen Hofluft in die heiße Revolutions= atmosphäre gekommen wäre; weil er, wenn er seinem Stoff gerecht werden wollte, die ganze wilde Leidenschaft, die in den Herzen eines bis in die tiefsten Tiefen erregten Volkes lebt, hätte zur Darstellung bringen und keine Heldin an die= ser Leidenschaft participiren lassen, weil er mit einem Worte eine Tragödie hätte schreiben müssen.

Wir haben schon beim Egmont gesehen, daß der Dichter an dieser Aufgabe vorübergegangen ist; ein nicht minder auf= fallendes Beispiel seiner Zaghaftigkeit, die tragischen Stoffe da zu suchen, wo sie liegen, bietet der Göß von Ber= lichingen, bietet es um so mehr, als dieses Stück nicht, wie die Natürliche Tochter, in einer Zeit entstanden, in welcher sich der Dichter mit voller Ueberzeugung in den Bann der klassischen Kunst gethan hatte; nicht, wie der Egmont, in großen Zwischenräumen langsam vollendet, sondern in jener Frankfurter Sturm= und Drangperiode in der unglaublich kurzen Frist von sechs Wochen, wie Minerva aus dem Haupte des Zeus, aus dem gestaltenbrütenden Hirn des jungen Ge= nies geboren wurde. Damals dachte Goethe noch nicht daran, etwaige Rücksichten zu nehmen auf die zarten Ohren durch= lauchtigster Zuhörer; damals scheute er sich gar nicht, die un= bändigsten Leidenschaften fessellos wüthen zu lassen, und wir können mit voller Bestimmtheit aussprechen, daß die Schran=

ten, an denen er damals stehen blieb, die Grenzen seiner Kraft waren. Goethe hat, wie Sie wissen, dreimal Hand an das Werk gelegt; alle drei Bearbeitungen, von denen die ersten zwei unmittelbar hintereinander abgefaßt wurden, — die dritte viele Jahre später für die Theateraufführung, — sind uns erhalten.*) Nun ist es ganz wunderbar, zu sehen, wie das Moment, welches meiner Meinung nach zum tragischen Angelpunkt des Dramas gemacht werden mußte: der Bauernkrieg nämlich, in jeder Bearbeitung eine geringere Wichtigkeit bekommt, bis es in der dritten fast ganz verwischt ist. Die erste Bearbeitung fängt, — mir zum unumstößlichen Beweis, daß der Dichter ursprünglich auf der richtigen Fährte war — mit einer Scene zwischen Metzler und Sivers, den späteren Führern der Bauern an, so daß schon auf der Schwelle ihre dunklen Schatten in die Geschichte des Ritters mit der eisernen Hand hineinfallen. Diese merkwürdige Scene ist schon in der zweiten Bearbeitung ganz und gar verwässert. Sivers sagt einmal: „dürften wir nur so einmal an die Fürsten, die uns die Haut über die Ohren ziehen" — das ist Alles.

Ich sagte, der Dichter war auf der richtigen Fährte, als er die grollenden Bauern in den Vordergrund des Bildes treten ließ. Wäre er dieser Fährte gefolgt, er hätte nicht nur eine dramatische Geschichte — er hätte ein Drama, er hätte eine Tragödie schreiben können. Wie die Sache jetzt liegt, ist der Bauernkrieg ein ganz äußerliches Motiv, gleichsam ein Deus ex machina, um die Katastrophe herbeizuführen. Götz wird zur Führerschaft gezwungen; seine That ist eine That, die keinen Werth hat, weder moralischen, noch dramatischen. Mochte er immerhin nicht gern, mochte er mit dem größten Widerstreben gehen in dem vollen Bewußtsein der Verantwortlichkeit des Schrittes; aber in seinem Herzen mußte eine tiefe Sympathie für die armen Gemißhandelten leben; er mußte sich bis auf einen gewissen Grad mit den Bauern identificiren. Und sage man nicht, daß so der Geschichte Gewalt angethan wäre! Um eine gute Tragödie zu schreiben, verlohnt es sich, von der historischen Wahrheit abzuweichen. Und war denn dem Helden vom Dichter nicht schon das menschenfreundliche, sympathetische Herz gegeben?

---

*) Band 9, 34 und 35 der Ausgabe von 40 Bänden.

tritt er nicht überall in dem Stück als der Hort der Armen, der Unterdrückten auf? Soll Bruder Martin ihn umsonst einen Mann genannt haben, „den die Fürsten hassen und zu dem die Bedrängten sich wenden?" Sind ihm die armen Bauern noch nicht genug bedrängt, und bedrückt und geknechtet und mißhandelt? — Freilich schon in der zweiten Bearbeitung ist davon kaum noch die Rede, und in der dritten sind sie weiter nichts als Mordbrenner und Räuber. In der dritten kann Götz, als sie ihn zum Hauptmann wollen, zu ihnen sprechen: „Ja von der Leber weg will ich zu euch reden; euch sagen, daß ich euch und eure Thaten verabscheue. Diese Piken, mit dem Blut so vieler Edlen getränkt, mögen sich auch in meines tauchen. Der Graf von Helfenstein, den ihr ermordet, wird im Andenken aller Edlen noch lange fortleben, wenn ihr, als die elendesten aller Sünder gefallen, vermischt unter einander im Grabe liegt. Das waren Männer, vor denen ihr hättet das Knie beugen, ihre Fußstapfen küssen sollen. Sie trieben den Türken von den Grenzen des Reichs, indeß ihr hinter dem Ofen saßt. Sie widersetzten sich den Franzosen, indessen ihr in der Schenke schwelgtet. Euch zu schützen, zu schirmen vermochten sie; diesen unschätzbaren Dienst leisteten sie euch, und ihr versagtet ihnen den Dienst eurer Hände, mit denen allein ihr euch doch nicht durchhelfen werdet. Eure Häupter sind sie, und ihr seid nur verstümmelte angefaulte Leichname. Grinst nur! Gespenster seid ihr, schon zuckt das geschliffene Schwert über euch. Eure Köpfe werden fallen, weil ihr wähntet: sie vermöchten etwas ohne Haupt."

Ganz anders steht die Sache in der ersten Bearbeitung. Die tödtliche Mißhandlung der Bauern durch ihre Herren wird bereitwillig zugegeben, und was den Grafen von Helfenstein anbelangt, der im Andenken aller Edlen noch lange fortleben soll, so werden in der ersten Bearbeitung so sonderbare Dinge von ihm berichtet, daß man in der That nicht weiß, woher in aller Welt er eigentlich die rühmliche Grabrede, welche ihm der Dichter dreißig Jahre später hielt, verdient hat.

Diese Scene (Gottfried von Berlichingen, fünfter Act), welche an titanischer Kraft keiner Scene in Schillers Räubern nachsteht, hat Goethe schon in der zweiten Bearbeitung verworfen, weil sie seinem zarten Schönheitssinn ohne Zweifel zu roh war. Später hat er sich mit ausgesprochenem Widerwillen von diesen Erzeugnissen seiner Sturm- und Drangperiode abgewandt; ich fürchte, nicht ganz mit Recht. Ich glaube, es wäre gar nicht so unersprießlich für Goethe und die deutsche Dichtung gewesen, wenn er kräftiger die volks= thümliche Richtung seiner ersten Periode verfolgt hätte. Es wäre ihm dann wohl nicht begegnet, daß er bei Gelegenheit eines Maskenzuges, welcher nach seiner eigenen Angabe „bei Allerhöchster Anwesenheit Ihro Majestät der Kaiserin Maria Feodorowna, den 18. Dec. 1818 in Weimar" in Scene ge= setzt wurde, auch Göz von Berlichingen auftreten und von dem Bauernkriege sagen lassen konnte:

> „Zur Seite steht des Landmanns Heiterkeit,
> Der jeden Tag des Leiblichen sich freut."

Man traut seinen Augen nicht! als ob der Bauernkrieg, bei dessen Erinnerung man zusammenzuckt, wie wenn ein bloß= liegender Nerv berührt wird, die lieblichste Idylle von der Welt gewesen wäre! Welche Umwandlung mußte mit dem Dichter vorgegangen sein in der Zeit, die zwischen diesen Ver= sen liegt und jenen ergreifenden Scenen der ersten Bear= beitung des Göz!

Um das Gesagte kurz zusammenzufassen: dieses Drama leidet an demselben Gebrechen, wie die beiden vorher be= sprochenen. Der Dichter geht an der tragischen Aufgabe vor= bei und liefert uns statt dessen einen Roman in dramatischer Form.

Und doch sind gerade diese drei Stücke so besonders wichtig für die Messung von Goethe's tragischer Kraft. Alle drei spielen auf dem Boden der Revolution, aber keines saugt seine Lebenskraft aus diesem Boden. Die Helden stürzen in den Schlund der Revolution, aber nicht, wie jener Curtius sich in den Schlund stürzte: der sich auf dem Forum Ro= manum geöffnet hatte, mit dem vollen heroischen Bewußtsein der That; nicht erfüllt von dem Pathos der weltgeschichtlichen Ideen, an deren Verwirklichung ihre Zeit sich abmühte, son= dern als Opfer eines ungeheuren Conflictes, dem sie inner= lich fremd sind. Sie sind und bleiben trotz ihrer stolzen historischen Titel im Grunde ihres Herzens Privatmenschen, selbst noch dann, wenn sie von dem Verhängniß in die Arena der weltgeschichtlichen Ereignisse geschleppt werden.

In den übrigen Trauerspielen des Dichters verlassen wir, auch wenn wir es wie im Tasso und der Iphigenie mit hiſtoriſchen und mythiſchen Perſonen zu thun haben, ſtreng genommen den Boden des Privatlebens nicht. In allen dieſen Stücken ſind die Helden weſentlich undramatiſch, denn ſie ſind alle viel mehr leidend, als handelnd. Clavigo iſt eine Puppe von Wachs in den Händen des Weltmannes Car= los; Fernando in der Stella iſt das Ideal jener Menſchen, die, von ihren Launen und Gelüſten umgetrieben, wie ein Kreiſel von der Peitſche des Knaben, es trotz all der uner= quicklichen Wallungen, von denen ſie heimgeſucht werden, nie zu einer herzhaften Empfindung bringen; Iphigenie, die herr= liche, blickt aus dem reinen Aether ihrer edlen Weiblichkeit ſternenhoch herab auf die erdgeborenen Leidenſchaften, deren wilde Wellen kaum den Saum ihres leuchtenden Prieſterge= wandes berühren; Taſſo kann nur ſchwärmen, klagen, ſchüch= tern die Hand nach dem Gegenſtand ſeiner Leidenſchaft aus= ſtrecken und wenn ihm dann dieſer Gegenſtand, wie die Wolke dem Irion, entſchwebt, ſich verzweifelnd dem Feinde in die Arme werfen. — In allen dieſen Stücken iſt von einer Hand= lung, geſchweige denn von einer That, wie ſie zu einer Tra= gödie nöthig iſt, nicht die Rede.

Dennoch, wenn ſie auch dem objectiven Erforderniß der Ariſtoteliſchen Definition, die Nachahmung einer Handlung zu ſein, nicht entſprechen, ſo unterliegt es doch keinem Zweifel, daß ſie das ſubjective Criterium: in dem Herzen des Zu= ſchauers Mitleid und Furcht zu erwecken, erfüllen. Es ſcheint ſomit, daß, wie wir ſchon oben andeuteten, außer jener eigent= lichen Tragik, die durchaus auf den Thaten des Menſchen beruht, eine uneigentliche, eine zweite untergeordnete Gattung zu ſtatuiren ſei, welche das Leiden des Menſchen ſich in der Art zum Vorwurf nimmt, daß ſie es weniger, als die Folge ſeines Thuns, als vielmehr ſeines Seins auffaßt, welches ſich in ſeiner Beſtimmtheit zu erhalten ſtrebt, und gerade, weil es etwas Beſtimmtes ſein will, nicht dauern kann, ſondern in das Allſein zurückſinken muß. Laſſen Sie uns dieſen Punkt ſchärfer in's Auge faſſen.

Das Fundamentalgeſetz alles Seins kommt uns nicht immer zum Bewußtſein, aber es drängt ſich uns mit dem Gefühl unbezwinglicher Wehmuth auf an einem ſchönen Sommerabend, wenn die Sonne über dem Meere, über der unermeßlichen Haide untergeht.

Es ergreift uns dieſe Empfindung auf Friedhöfen, oder

unter den Trümmern einer großen Vergangenheit; dieselbe
Empfindung, die sich in den rührend einfachen Worten des
Volksliedes zusammenfaßt „und scheint die Sonne noch so
schön, am Ende muß sie untergehn."

Was entstanden ist, muß vergehen, und wären es die
schönen Kinder der Niobe, und wäre es Patroklos, oder des
Peleus herrlicher Sohn. Was immer lebt, lebt auf Kosten
der Anderen, und deshalb muß es sterben; nur unter dieser
Bedingung entläßt der Urgrund alles Seins die Einzelnen
zum Leben und zum Handeln, das ja, wie wir wissen, ein
ewiger Kampf ist — ein Kampf, der unweigerlich mit dem
Unterliegen, d. i. dem Tode des Kämpfers endet. Daß wir
nur auf Kosten der Anderen leben, leben müssen, das ist die
Urschuld, der sich Niemand entziehen kann.

> Ihr führt in's Leben uns hinein
> Und laßt den Armen schuldig werden;
> Dann überlaßt ihr ihn der Pein,
> Denn alle Schuld rächt sich auf Erden.

Sie sehen, welch' gewaltiger Unterschied zwischen dieser
Urschuld ist, die wir auf uns nehmen müssen, wir mögen
wollen oder nicht, und die deshalb fast wie Unschuld aussieht,
und jener andern Schuld, die der energisch Handelnde mit
Bewußtsein übernimmt, weil er nur durch diese Schuld zum
Handeln kommt. Wie aber das Handeln, der bewußte Kampf,
einen tragischen Ausgang nimmt, so auch, freilich in etwas
anderer Weise, der unbewußte, nicht gewollte Kampf, in wel=
chen das Individuum dadurch geräth, daß es sich einfach in
seiner Individualität zu behaupten sucht. Dieser Kampf ist
nun offenbar ein Schauspiel, das ebenfalls Furcht und Mit=
leid in dem Herzen des Zuschauers erweckt, und dieser
Kampf ist das Thema so ziemlich aller Goethe=
schen Trauerspiele.

Denken Sie an Egmont, der sich nicht überwinden kann,
das Leben gar zu ernsthaft zu nehmen, der, wenn er nicht
als der heitere, sorglose, gutherzige, tapfere Cavalier leben
kann, lieber gar nicht leben will; nehmen Sie Eugenie, die
in stolzem Vertrauen auf die Reinheit ihrer Gesinnung, auf
den Muth, der mit der Fülle der Kraft und Gesundheit in
ihrem Herzen wogt, das Netz nicht sieht, nicht sehen will, das
ihr über das schöne Haupt geworfen wird; nehmen Sie den
biederen Götz, der nicht begreifen mag, warum die Staats=

raison einen braven Rittersmann, der sich seiner Haut wehrt
und sich der Bedrängten annimmt, wie es ihm das edle Herz
in der Brust gebietet und es seine Ritterpflicht ist, nicht un=
gehudelt auf seinem Schlosse hausen läßt; nehmen Sie den
Tasso, der, als ein Dichter, nichts weiter will, als dichten,
träumen, lieben, und den diese vornehme prosaische Welt wohl
träumen und dichten, aber nicht lieben lassen will, als ob der
Dichter lieben könnte ohne zu dichten, dichten könnte ohne zu
lieben! nehmen Sie Iphigenie, die Reine, Hehre, deren ganzes
Sein eine schwermuthvolle Melodie ist, die so tief erkannt
hat, daß der Frauen Schicksal beklagenswerth sei, das Schicksal
der Frauen — das heißt der Hälfte der Menschheit! und wie
es mit der andern Hälfte, wie es mit dem ganzen Geschlecht
der Menschheit steht, das sagt deutlich genug jener tiefsinnige
Gesang der Parzen, den ihr in der Jugendzeit die Amme
sang, und der ihr immer noch in den Ohren klingt:

> Es fürchte die Götter
> Das Menschengeschlecht!
> Sie halten die Herrschaft
> In ewigen Händen,
> Und können sie brauchen,
> Wie's ihnen gefällt.

Shakespeare drückt denselben Gedanken noch drastischer aus:

> Was Fliegen sind
> Den müß'gen Knaben, das sind wir den Göttern;
> Sie tödten uns zum Spaß.

oder wie Thekla im Wallenstein milder, weiblicher klagt:

> Da kommt das Schicksal, roh und kalt
> Faßt es des Freundes zärtliche Gestalt,
> Und wirft ihn unter'n Hufschlag seiner Pferde —
> Das ist das Loos des Schönen auf der Erde.

Dies Loos des Schönen auf der Erde ist, wie gesagt,
das Thema aller Goethe'schen Trauerspiele.

Götz, Egmont, Eugenie, Tasso tragen dieses Loos mit
einer gewissen Naivität; es kommt ihnen wohl zum Bewußt=
sein und preßt ihnen Klagen aus; aber keines weiß, —
Iphigenia etwa ausgenommen — keines wenigstens spricht es
aus, daß dieses Loos nicht etwa ein individuelles, sondern
ein allgemeines Menschenloos ist. Nun aber lassen Sie in

einem tiefsinnigen Geiste dieses Bewußtsein zum vollständigen
Durchbruch kommen; lassen Sie diesen Geist erkennen, daß
die Unzulänglichkeit der menschlichen Kraft nicht blos im
Großen und Ganzen des Menschenlebens, sondern in jeder
Regung, in jedem Augenblicke sich manifestirt; lassen Sie ihn
erkennen, daß dem Menschen nichts, aber schlechterdings nichts
Vollkommenes wird, daß sein Wissen Stückwerk, und seine
Liebe Stückwerk und sein Handeln Stückwerk und Alles, Alles,
Alles Stückwerk ist; lassen Sie diesen furchtbaren Gedanken
sich einbohren in eine große empfindsame Seele, so wird der
Menschheit ganzer Jammer diese Seele ergreifen, sie wird
gleichsam ein Gefäß sein, das bis zum Ueberquellen mit dem
tragischen Urstoff angefüllt ist. Eine solche Seele ist die des
Goethe'schen Faust. Faust ist die Personification jenes unge=
stümen Lebensdranges, der das Individuum in's Dasein rief,
um es hier ruhelos aus einer Phase in die andere, aus einem
Streben in das andere zu werfen, ohne daß es jemals fin=
det, was es sucht, nämlich die volle ganze Befriedigung, die
nur aus dem Zustand absoluter Vollkommenheit hervorgehen
könnte. Der Faust ist deshalb noch im andern Sinne sym=
bolisch, als es der Held jeder Tragödie ist; er repräsentirt
weniger eine bestimmte Richtung, eine bestimmte Menschen=
klasse, als die Menschheit überhaupt, in der Weise wie
Herakles und Prometheus typisch sind für die Anschauung,
welche sich der antike Mensch von der Menschheit machte.

Der Goethe'sche Faust hat, wie Sie wissen, unzählige
Commentare erdulden müssen. Diese Commentare gehen nicht
blos in der Erklärung des Einzelnen, sondern auch des Gan=
zen sehr weit auseinander; dennoch ist das Gedicht, abgesehen
von diesen und jenen dunklen Beziehungen, an denen beson=
ders der zweite Theil nur zu reich ist, im Ganzen und Großen
vielleicht doch nicht so schwer zu deuten. Was die Deutung
allerdings erschwert, ist eben die von uns betrachtete Eigen=
thümlichkeit, daß der Faust nicht eine Tragödie des Handelns,
sondern eine des Seins ist, daß Fausts tragische Schuld eben
darin liegt, daß er Faust, d. h. daß er ein echter Mensch ist,
der, gepeinigt von dem vollen Bewußtsein seiner Endlichkeit
und Unzulänglichkeit, gegen diese, als gegen ein ihm von der
Gottheit angethanes Unrecht remonstrirt, und da die Gottheit
ihn nicht erhören will, und wie die Dinge einmal liegen, auch
nicht wohl erhören kann, sich dem Teufel übergiebt. Dabei aber

vergeſſe man nicht, daß der Act der Seelenverſchreibung ein
rein formeller iſt, und Mephiſto's Wort: „Und hätt' er ſich
auch nicht dem Teufel übergeben; er müßte doch zu Grunde
gehen," buchſtäblich zu nehmen iſt. Fauſt iſt des Teufels,
lange bevor Mephiſto hinter dem Ofen hervorkommt; Fauſt
iſt des Teufels und bleibt des Teufels, ſo lange er Fauſt iſt.
Deshalb liegt in dem Vertrage, den er mit Mephiſto ab-
ſchließt, ein ganz offenbarer Widerſpruch.

Fauſt.

„Werd' ich zum Augenblicke ſagen:
Verweile doch! Du biſt ſo ſchön!
Dann magſt Du mich in Feſſeln ſchlagen,
Dann will ich gern zu Grunde geh'n."

Nein umgekehrt! ſobald Fauſt ſich auf den Standpunkt
des naiven Menſchen ſtellt, der ſich ſchmeichelnd belügt, daß
er ſich ſelbſt gefällt; der ſich mit Genuß betrügt, ſo hat der
Teufel keinen Theil mehr an ihm, ſo ſtreift er die Feſſeln ab,
in die ihn der Teufel bis dahin geſchlagen hatte. Aber das
Zurückfallen auf dieſen naiven Standpunkt des harmloſen
Genußmenſchen iſt für Fauſt unmöglich; und ſchließlich kommt
die Sache auch weſentlich anders. Fauſt, im hohen Alter,
erblindet, entzückt ſich an dem Gedanken, dem Meere ein
Land abzugewinnen, um darauf „auf freiem Grund mit freiem
Volk" zu wohnen.

„Zum Augenblicke darf ich ſagen:
Verweile noch: Du biſt ſo ſchön!
Es kann die Spur von meinen Erdentagen
Nicht in Aeonen untergeh'n.
Im Vorgefühle von ſolch' hohem Glück
Empfind' ich jetzt den höchſten Augenblick."

Fauſt ſinkt zurück, ſobald er dies verhängnißvolle Wort
geſprochen. Mephiſto will ſich nun der Seele bemächtigen, aber:

Gerettet iſt das edle Glied
Der Geiſterwelt vom Böſen,
Wer immer ſtrebend ſich bemüht,
Den können wir erlöſen —

ſingen die Engel, ſcheinbar mit Fug und Recht. Was kann
der Teufel, könnte man fragen, einer Seele anhaben, die im
redlichen Bemühen für das höchſte Ideal, das in der Bruſt

eines Menschen erglühen kann — für ein freies Volk, ihr Glück sucht und ihre Seligkeit findet? — Demnach hätte der Teufel sich beim Abschließen des Vertrages übertölpeln lassen und zum andern Male gezeigt, daß er ein dummer Teufel ist. Indessen der Teufel könnte sagen: Mit dem Glück suchen, mag es sein; aber mit dem seine Seligkeit finden, hat es weite Wege. Glaubt Ihr denn: Faust, wenn er nun wirklich den großen gemeinnützigen Plan ausgeführt, der Fluth das Land abgewonnen hat und nun auf freiem Grund unter freiem Volke wohnt — glaubt Ihr, daß er nun wirklich Befriedigung finden wird? Er, der noch eben das Menschenloos so be= zeichnet hat:

> Im Weiterschreiten find' er Qual und Glück,
> Er, unbefriedigt jeden Augenblick?

Wird ihm nicht vielmehr alsbald eine neue Unvollkom= menheit das hohe Glück vergällen? wird er nicht der alte Faust bleiben, „der Unmensch ohne Zweck und Ruh', der wie ein Wassersturz von Fels zu Felsen brauste, begierig wüthend nach dem Abgrund zu?" — Hat der Herr im Prologe nicht gesagt:

> So lang' er auf der Erde lebt,
> So lange sei Dir's nicht verboten.
> Es irrt der Mensch, so lang' er strebt. —

Ist diese göttliche Logik etwa nicht richtig? Irrt der Mensch nun aber, so lange er strebt, und strebt er, so lange er lebt, ist er dann nicht mein, so lange er lebt? — mein, von der Wiege bis zum Grabe? mein, durch alle Träume seiner Kinder= und Jünglingsjahre, mein, durch alles Streben seiner Manneszeit, durch alle wehmüthigen Reminiscenzen seines Greisenalters? Mein, durch alle Sphären, in denen er sich bewegen kann? Werde ich nicht immer das letzte Wort behalten? Wird er nicht immer meinem Rufe folgen müssen, dem Rufe, durch den der Dichter seinen ersten Theil schließt, dem verhängnißvollen Rufe „her zu mir?"

Es ist unleugbar, daß diese Argumentation Mephisto's, wenn wir uns einfach an das Goethe'sche Gedicht halten, un= widerleglich ist. Faust wird den Mephisto erst im Tode los; aber Faust selbst sagt: „Nach drüben ist die Aussicht uns verrannt," und ein ander Mal:

„Aus dieser Erde quillen meine Freuden
Und diese Sonne scheinet meinen Leiden
Kann ich mich erst von ihnen scheiden,
Dann mag, was will und kann geschehen."

Haben wir eine Veranlassung, den Horizont weiter zu
ziehen, als ihn Faust sich selbst gezogen hat? Haben wir
nicht vielmehr das Recht, uns gegen Alles, was uns nach
dem Tode des Helden Geheimnißvolles berichtet wird: von
Teufeln, Engeln, halben und ganzen Heiligen, Büßern und
Büßerinnen und wie die Gestalten eines phantastisch = aufge=
bauten katholischen Himmels sich sonst noch benennen mögen,
skeptisch zu verhalten? und Faust beim Wort zu nehmen,
wenn er sagt:

Thor! wer dorthin die Augen blinzelnd richtet,
Sich über Wolken seines Gleichen dichtet.

So scheint es mir in der That: Mephisto bleibt der
Sieger, Faust kann nicht erlöst werden, ohne daß eine Me=
tamorphose mit der Quintessenz seines Wesens vorgeht, die
ihn eben nicht mehr Faust bleiben läßt.

Wer sich, wie Faust, in das Menschenloos nicht finden
kann und will, dem bleibt nur ein Ausweg, und das ist der,
den Gretchen betritt: er muß entsagen, ohne alle und jede
Bedingung entsagen, das Leben verneinen, und zu dem Ge=
liebtesten, was die Erde ihm geboten, sprechen: „Mir grauet
vor Dir!"

Nur noch einige Worte darüber, ob der Faust nach dem,
was wir über das Wesen der Tragödie festgestellt haben,
eine Tragödie genannt werden kann.

Die Schwierigkeit der Beantwortung dieser Frage liegt
darin, daß diese Tragödie damit anfängt, womit die Anderen
aufhören: nämlich mit dem Einblick in die Tragik des Men=
schenlebens, welches dem Helden schon von vornherein in der
vollsten Klarheit aufgegangen ist, so daß sie eigentlich weder
ihm, noch uns, die er von vornherein zu Mitwissenden macht,
durch eine besondere That vermittelt zu werden braucht. Die
Folge davon ist, daß wir zu Ende um keinen Schritt weiter
sind, als wir es schon zu Anfang waren; daß Alles, was
Faust thut und thun kann, nur immer Variationen über das=
selbe Thema sind und sein können, das Thema: daß „dem
Menschen nichts Vollkommenes wird"; mithin Faust nicht so=

wohl eine Tragödie, als vielmehr eine endlose Reihe von Tragödien ist, da das Thema offenbar bis in's Endlose variirt werden kann. Und so müssen wir denn sagen, daß Faust das Grundthema aller Tragödien ist, die je geschrieben sind, oder noch geschrieben werden können.

Goethe hat von diesen Faust = Tragödien im engeren Sinne nur eine ausgeführt: das ist die Phase, wo der Held in der Liebe seine Befriedigung sucht und natürlich nicht fin=det. Die Darstellung dieses unseligen Liebeshandels ist eine wirkliche Tragödie mit Exposition, Entwickelung, Peripetie und Schluß. Aus Fausts maßloser Leidenschaft entspringt mit Nothwendigkeit seine tragische That und Schuld. Es ist da=her ganz gerechtfertigt und ein Beweis richtigen theatralischen Tactes, wenn die Librettisten der bekannten Gounod'schen Oper diesen tragischen Liebeshandel von dem Uebrigen abzu=lösen versucht haben. Was die Oper Margarethe vom dra=matischen Leben hat, hat sie dadurch. Die langen Monologe Fausts sind wesentlich undramatisch, sind lyrisch. Und hier berühren wir den Punkt, in welchem die höchste poetische Schönheit der Goethe'schen Dramen mit ihrer größten Schwäche als Dramen zusammentrifft. Sie haben sich sämmtlich, — den Clavigo etwa ausgenommen, der aber als Dichtwerk auf einer sehr viel tieferen Stufe steht — von dem mütterlichen Boden der Lyrik nicht ganz losgelöst, wie die ältesten grie=chischen Dramen; und aus demselben Grunde, weil sie mehr die schlimme Lage zum Vorwand haben, in welcher sich der Mensch von vornherein gegenüber dem Schicksal, oder wie Sie sonst den Urgrund der Dinge nennen wollen, befindet, als diejenige, in welche sich der trotzig handelnde Mensch durch seine Thaten bringt. Das, was Ihnen zuerst in den Sinn kommt, wenn Sie an Goethe's Dramen denken, sind Stellen hoher, lyrischer Schönheit: Tasso's, Iphigeniens, Orests Klagen, Gretchens Bekenntnisse im stillen Kämmer=lein, Fausts erhabene Hallucinationen. Ja, es ist bezeichnend, daß fast Alles, was von den großen, unausgeführten, tragi=schen Stoffen, mit welchen der Dichter sich trug, auf uns ge=kommen ist, Gedichte vom herrlichsten, lyrischen Schwunge sind, so: Prometheus und Mahomets Gesang.

Ebenso bezeichnend ist es auf der anderen Seite, daß die Dramen Goethe's mit epischen Elementen gesättigt sind, und daß gerade diese epischen Partien zu den allerschönsten gehören, so die Volksscenen im Egmont, zum Theil auch im Götz und Faust, die in einem Roman, mit epischer Behaglich= keit ausgemalt, Wunder thun würden. Ebenso die Fami= lienbilder: Clärchen und ihre Mutter; Götz mit den Seinen.

Sodann ist unverkennbar, daß alle Beziehungen, welche in die Sphäre des Privatmenschen fallen, — das Verhältniß des Bruders zur Schwester, des Freundes zum Freunde, des Herrn zum Diener, vor Allem aber die Liebe in ihren ver= schiedensten Seiten mit viel größerer Sorgfalt, mit einem viel größeren Verständniß, und in Folge dessen auch mit viel größerer Virtuosität behandelt sind, als die Partien, wo der Mensch gezwungen wird, herauszutreten aus dieser engen Sphäre in die Sphäre des handelnden, politischen Lebens, welches das unveräußerliche Gebiet der Tragödie großen Styls von den Persern des Aeschylus bis auf Schillers Wallenstein gewesen ist und in alle Ewigkeit bleiben wird.

Auf diesem Boden hat sich Goethe niemals heimisch, oder, um es positiv auszudrücken, stets äußerst unheimlich ge= fühlt, und wir müssen es nun aussprechen: Wie sehr auch sein Faust beweist, daß er sich des tragischen Urgrundes wohl bewußt war, dennoch blieb ihm die eigentliche Tragödie sei= ner Natur nach, und in Folge des eigenthümlichen Ganges, den seine Bildung genommen hatte, verschlossen. Er kann den Tragikern ersten Ranges: den Aeschylus, Sophokles, Shakespeare, Schiller nicht zugereiht werden.

Das hat der Dichter selbst nicht nur gewußt: er hat es zu wiederholten Malen mit vollkommenster Unbefangenheit aus= gesprochen; nirgends klarer, als in einem Briefe an Zelter, den Freund seines Herzens, vor dem er die wenigsten Ge= heimnisse hatte. „Ich bin," schreibt er, „nicht zum tragischen Dichter geboren, da meine Natur conciliant ist. Daher kann mich der rein tragische Fall nicht interessiren, welcher eigent= lich von Haus aus unversöhnlich sein muß."

Goethe durfte mit dieser heiteren Ruhe über seine poeti= schen Unzulänglichkeiten sprechen. Der Kranz, der seine ma= jestätische Stirn schmückt, ist auch so noch dicht genug. Die Vollendung, die ihm auf dem tragischen Gebiete versagt blieb, er erreichte sie auf dem lyrischen Gebiet — und ebenso auf dem epischen.

III. Goethe als Epiker.

„Der Handelnde hat immer Unrecht; Niemand hat Recht als der Betrachtende." Mit diesem Goethe'schen Wort, das wir nun schon mehrmals im Laufe dieser Vorträge erwähnen mußten, betreten wir das Gebiet des Epos. Wie sich uns das Wesen der Lyrik aus dem Begriff der Empfindung entfaltete; wie das Drama — das tragische Drama, mit dem wir es zu thun hatten — aus der eigenthümlichen Doppelnatur der Handlung, genauer der That hervorwuchs, so wird uns die Einsicht in das Wesen der Betrachtung, die Einsicht in das Wesen des Epos nach allen Seiten hin vermitteln.

Wer ist der Betrachtende? Der, welcher auf dem Markt des Lebens, die Hände auf dem Rücken leicht in einander gelegt, mit lässig-bequemen Schritten umherschlendert und mit ruhig-klaren Augen Alles beschaut und beobachtet, was nur in seinen Gesichtskreis kommt; manchmal auch, wenn irgend etwas seine Aufmerksamkeit in ungewöhnlichem Maße in Anspruch nimmt, stehen bleibt — aber immer etwas abseits — damit ihn das alte, keifende Hökerweib nicht in den Bereich ihrer Scheltreden zieht; damit er das junge Mädchen, das so lange am Brunnen steht, und das weltvergessen vor sich niederschaut, während das Wasser aus dem übervollen Eimer in den Bassin plätschert, nicht aus ihrem tiefen Sinnen aufschreckt. Denn das Hökerweib interessirt ihn, weil in ihrem Keifen und in ihren drastischen Geberden so viel Charakter sich ausspricht; und, das junge, hübsche Mädchen interessirt ihn, weil ihre niedergeschlagenen Augenlider und der tiefe Athemzug eine ganze Geschichte erzählen; auch der Schuljunge interessirt ihn, der, die Schreibtafel unter dem Arm, weinend zur Schule wandert und dabei von der sonnigen Wand, an welche er hinschleicht, die Fliegen zu haschen sucht; auch der Hochzeitszug, der eben in die Kirche geht; auch der Leichenzug, der von der anderen Seite aus der Nebenstraße auf den Markt biegt; auch der stattliche Herr, der mit hochgezogenen Augenbrauen und festgekniffenem Munde sich zur Rathssitzung begiebt, und der halbverhungerte Bettler, der dem stattlichen Herrn mit solch sonderbarem Zwinkern nachblickt — es inter-

6

effirt ihn eben Alles und Jedes, weil ihn im Grunde genom=
men nichts interessirt, d. h. weil er an alle dem, was er da
sieht, einen persönlichen Antheil gar nicht nimmt. Die Men=
schen und Dinge sind ihm gleicherweise Objecte seiner
Beobachtung; er will nichts von ihnen, als daß sie ihm ihre
Natur offenbaren, denn selbstverständlich ist sein Betrachten
kein blödes Anstarren der Außenseite, kein mechanisches Fest=
halten der Formen und Farben, sondern ein Schließen von
der Form auf den Inhalt.

> Der Schein, was ist er, dem das Wesen fehlt?
> Das Wesen wär' es, wenn es nicht erschiene?

Diese Interesselosigkeit unterscheidet die Methode des
Betrachters wesentlich von der Weise, mit welcher der prak=
tische Mensch in die Welt blickt. Dieser steht immer auf
einem bestimmten Standpunkt; er sieht gewissermaßen nur das,
was er sehen will: dasjenige, was den Gegenstand seines
Nachdenkens, seines Studiums, seines Geschäftes ausmacht.
Die Folge davon ist, daß er diesen bestimmten Gegenstand
allerdings mit ganz besonderer Schärfe, die übrigen aber, die
ihn nicht interessiren, weniger genau sieht, und seine Welt so
gewissermaßen einem großen Gemälde gleicht, auf welchem
vorläufig Einiges ausgeführt, das Andere hingegen nur um=
rissen ist; oder einem Geschichtenbuche, aus dem man immer
nur ein und dieselbe Geschichte, die Einem ganz besonders
gefallen hat, liest, ohne sich jemals entschließen zu können, die
übrigen anzufangen. Sancho Pansa schaut nur nach Wirths=
häusern aus und der edle Junker nach Ritterthaten; aber
das tiefklare Auge dessen, der unsichtbar mit ihnen die stau=
bige Straße der Mancha dahin zieht, sieht den Ritter auf dem al=
ten, abgemagerten Klepper und den Knappen auf dem Lang=
ohr, und den Schatten, den Thiere und Reiter auf den sonne=
beschienenen Plan werfen, und den blauen, spanischen Himmel,
der sich ehern über ihnen wölbt.

So ist denn das Auge des Betrachters ein ganz ande=
res als das des Arztes, der nur kranke und gesunde, des
Polizisten, der nur ehrliche Menschen und Schelme, des
Bettlers, der nur Leute sieht, die ihm hoffentlich etwas geben
werden; der Betrachtende sieht sie Alle und kennt eines jeden
Wesen und Eigenthümlichkeit, so daß, wenn ihm auch manche
Einzelheit entgeht, sein Ueberblick unendlich vollständiger ist.

als irgend Eines jener praktischen Menschen. Denn zu je=
dem zum Betrachter geborenen Menschen spricht die Muse
jene Worte, mit denen sie den braven Hans Sachs, als er des
Sonntags Morgens in der Werkstatt steht, zu seiner poetischen
Sendung weiht:

> Ich hab' Dich auserlesen
> Vor vielen in dem Weltwirrwesen,
> Daß Du sollst haben klare Sinnen,
> Nichts Ungeschicklichs magst beginnen.
> Wenn Andre durcheinanderrennen,
> Sollst Du's mit treuem Blick erkennen;
> Nichts verlindert und nichts verwitzelt,
> Nichts verzierlicht und nichts verkritzelt
> Sondern die Welt soll vor Dir stehen,
> Wie Albrecht Dürer sie hat gesehen,
> Ihr festes Leben und Männlichkeit,
> Ihr innre Kraft und Ständigkeit.
>
> (Goethe, Hans Sachs' poetische Sendung.)

In der That: dem Auge des Malers gleicht dasjenige
unseres Betrachters noch am meisten, nur daß jener, von der
wundersamen Fülle der Gestalten berauscht und von dem ein=
zelnen Schönen wie mit magischen Banden festgehalten, dieses
wiederum seinerseits festzuhalten und so durch den Schein in
das Wesen zu kommen sucht, während es Jenem vor Allem
auf Vollständigkeit seiner Beobachtungen und den sich dabei
ganz von selbst bloßlegenden Zusammenhang der Dinge an=
kommt. Was Beiden gemein ist, ist eben die Klarheit des
Auges, die aber bei dem Maler nicht eben so nothwendig,
wie bei dem bloßen Betrachter, mit der nicht minder großen
Klarheit der übrigen Sinne vereinigt sein muß.

Untersuchen wir nun, welchen Einfluß das Hinzutreten
einer mächtigen Phantasie auf die Betrachtung hat.

Der gewöhnliche, nicht mit Phantasie begabte Betrachter
ist ein Neugieriger, ein Flaneur, ein Schwätzer, der wahre
Typus jenes Lazaronithums, wie es jede große Stadt in
allen Formen vom zerlumpten, scheu blickenden Bummler bis zum
Dandy in Glace=Handschuhen und mit eingeklemmter Lorgnette
so massenhaft producirt; mit Nothwendigkeit producirt, denn
die Menge interessanter, der Betrachtung werther Objecte ruft
ganz von selbst den Betrachter hervor, und so schärft wiederum
die Masse der Objecte die Schärfe der Auffassung in wun=

derbarer Weise. Immerhin aber ist diese, ich möchte sagen: naive Art der Betrachtung ein sehr oberflächliches Geschäft, wenn man Geschäft nennen kann, was just das Gegentheil davon ist. Es kommt dem Flaneur auf nichts weniger an, als auf einen Zusammenhang seiner Beobachtungen, die durch= aus atomistisch, von dem Hundertsten in's Tausendste gehend sind, ohne daß ihn die Unendlichkeit seiner Beobachtungen je= mals beunruhigen und peinigen könnte, da er immer die erste über der zweiten, und die zweite über der dritten vergißt. Wie der Flaneur nur dem Augenblicke lebt, so sind seine Beobachtungen einem photographischen Bilde zu vergleichen, das mit vollkommenster Schärfe auf der Platte hervorträte, um im nächsten Augenblicke wieder zu verschwinden, weil die Kunst es noch nicht so weit gebracht hätte, es fixiren zu kön= nen. Dies Fixiren der sonst atomistischen, sich zersplitternden Beobachtung geschieht nun natürlich hier, wie auf jedem Ge= biete der Kunst, durch die Phantasie.

Wie verhält sich die Phantasie zu der unendlichen Fülle der einzelnen Beobachtungen? Ich habe bei meinen Unter= suchungen über diese geheimnißvolle Geisteskraft zwei Mo= mente gefunden, die in ihr gleicherweise mächtig sein und sich vollkommen die Waage halten müssen. Ich wüßte diese bei= den Momente nicht besser als durch die Worte: Expansion und Concentration: Auseinanderdehnung und Zusammen= ziehung, zu bezeichnen. In dem Momente der dichterischen Pro= duction durchläuft der Geist mit rapider Geschwindigkeit alle ähnlichen und gleichen Eindrücke, die das Gehirn jemals em= pfing, und in demselben Augenblicke verdichtet er die Masse dieser Eindrücke zu einem Etwas, das gleichsam die Quint= essenz aller jener Eindrücke ist, und in dem die Ueberlegung manchmal nur noch sehr Weniges umzuändern hat, um es dem Kunstwerk als integrirenden Theil einreihen zu können. Wenn aber das Organ der concentrirenden Thätigkeit der Phantasie der Tiefsinn ist, welcher in dem Aehnlichen das Gleiche erkennt, so ist das Organ jener andern expansiven Thätigkeit das Gedächtniß, welches seinerseits wieder durch die größtmöglichste Klarheit und Schärfe der jedesmaligen Auffassung bedingt ist, welche ihrerseits wieder auf der größt= möglichsten Klarheit und Schärfe der Sinne ruht. Es ist unglaublich, von welcher Zähigkeit das Gedächtniß des gro= ßen Künstlers ist. Der Maler, der Bildhauer vergessen kein schönes Gesicht, das sie jemals gesehen; der Musiker vergißt keine anmuthige Melodie, die er auch nur einmal hat summen hören; der Dichter keine interessante Situation, die er jemals beobachtet.

Wenn wir nun aber die Phantasie ganz allgemein als das Organ bezeichnen müssen, vermittelst dessen der Künstler die Summe der unmittelbaren, d. h. noch rohen Eindrücke auf einmal unter den Gesichtspunkt der Idee, welche er dar=stellen will, zu bringen vermag, so ist der phantasiebegabte Betrachter offenbar in einer ganz eigenthümlichen Lage, die von der seiner dichterischen Collegen sehr wesentlich abweicht. Der lyrische Dichter hat die Idee, d. h. das Urbild eines empfindenden Menschen, sagen wir eines glücklich oder un=glücklich liebenden Menschen; der tragische Dichter das Ur=bild einer Leidenschaft, sagen wir der Rache, die sich zu einer That zusammenfaßt, zu geben, — das sind Aufgaben, die sich vollkommen übersehen, mithin auch ausdrücken und dar=stellen lassen; aber der betrachtende Dichter! der betrachtende Dichter, dem es gar nicht auf eine bestimmte Empfindung, oder Leidenschaft, dem es überhaupt gar nicht auf irgend et=was Bestimmtes, Einzelnes, sondern auf die vollständige Uebersicht aller einzelnen Bestimmtheiten in ihrem Zusammen=hang ankommt! was kann er Anderes wollen, als diesen Zu=sammenhang zur Darstellung bringen, d. h. das Urbild nicht eines bestimmten Menschen, sondern der Menschheit geben? Diese Aufgabe löst nun allerdings indirect auch der Lyriker, auch der Dramatiker (indem jede Einzelidee in die Gesammt=heit aller übrigen Ideen hinüberweist); aber direct in An=griff genommen, wie es der betrachtende Dichter thun muß, scheint dieselbe sich von vornherein jeder Lösung zu entziehen. Wo ist da ein Anfang, wo ein Ende? wo sind die Grenzen, deren ein Werk der Kunst durchaus nicht entbehren kann? welcher Mittel will sich der betrachtende Dichter bedienen, um das, was er zu sagen hat, auszusprechen?

Was er zu sagen hat! denn daß er nur mit einem so gefügigen Werkzeug, wie es die Sprache ist, seinem so reichen Thema beizukommen, daß er nur mit der Unendlichkeit der Rede die Unendlichkeit seiner Aufgabe lösen zu können hoffen darf, liegt auf der Hand. Die Incongruenz jedes anderen Materials mit dem, was er auszudrücken hat, ist zu offen=bar. Nicht Meißel und Stein, nicht Pinsel, Farbe und Lein=

wand können ihm genügen. Wo gäbe es einen Rahmen für die kolossalen Dimensionen seines Gemäldes! Höchstens könnte ihm die unendliche Welt der Töne genügen, wenn das, was ihm die Welt vermittelt, nicht eben die Schärfe der äußeren Sinne, vor allen des Auges wäre. Er kann nicht singen — denn die Empfindung beschränkt; er muß reden, und selbst reden, nicht wie der dramatische Dichter Andere für sich re= den lassen, denn die Anderen wollen nur sich, ihre Ansicht, ihre Leidenschaft zur Geltung bringen, und ihm kommt es ja gerade auf die Sache an, auf die vollkommenste, ruhigste, klarste Uebersicht. Die kann Niemand haben, als er, einzig er, der weder von Empfindungen befangen, noch in den Streit um Mein und Dein verwickelt ist. Er plaidirt weder für sich, noch für Andere; er ist der Präsident des Hofes, der mit der vollkommensten Unparteilichkeit die Sache, welche sich durch die Leidenschaftlichkeit der Anderen scheinbar unauflöslich ver= wirrt hat, resumirt in übersichtlichster, durchsichtigster Klar= heit. Er kann keinem Anderen das Wort gestatten, er refe= rirt, was der und was jener, und der dritte bei der und je= ner und der dritten Gelegenheit gesagt hat; aber er und er allein spricht. Das griechische Wort „Epos" bedeutet „Wort"; der Epiker ist also der Wortemacher, der Wortreiche, dem die Fülle der Rede in unbegrenzter Weise zu Gebote stehen muß, um seinen Hörern — denn, wer gerne erzählt, will doch gehört sein — Alles zu erzählen, was er von sei= nem erhabenen Standpunkte auf der nährenden Erde und auf dem unendlichen Meere und in dem Himmel selbst erschaute, und „die Reihe der Lebendigen", die Geschlechter der redenden Menschen, an dem inneren Auge der Hörer vorüberzuführen, wie sie an seinem großen, klaren, durchdringenden Blick in unabsehbarem Zuge vorübergleiten.

Und hier scheint es nun, als ob der Epiker ein und die= selbe Aufgabe mit dem Historiker habe; und in der That kann die Geschichte im höchsten Sinne nur das wollen, was das Epos auch will. Die wahre Geschichte ist nichts ande= res, als das Epos der Menschheit in infinitum, wie das echte Epos die Geschichte der Menschheit gleichsam in der Abbre= viatur ist. Das Resultat ist im Grunde dasselbe; nur daß es sich bei dem Historiker mehr von selbst ergiebt und gleich= sam zwischen seinen Zeilen gelesen werden muß, während der Epiker mit vollster Absichtlichkeit darauf hinarbeitet, so daß

es unmittelbar aus seinen Zeilen heraus dem Leser entgegen=
tritt. So ist jenes berühmte Wort des Aristoteles zu ver=
stehen, daß die Poesie philosophischer sei, als die Geschichte.
Offenbar kann bei der Gleichheit des Zieles dieser feine
Unterschied des Resultates nur durch die Verschiedenheit der
Methoden, deren sich der Historiker und der Epiker bedienen,
herbeigeführt werden; und hier stehen wir zum zweitenmal
bei der Frage, welcher Mittel sich der Epiker bedient, um
eben schneller und sicherer, als der Historiker es vermag, zu
seinem Ziele zu gelangen.

Der Historiker steht der unendlichen Fülle seines Stoffes
gewissermaßen hilflos gegenüber; der Epiker ist in der glück=
lichen Lage, sich seinen Stoff wählen, oder vielmehr aus der
Unendlichkeit des Stoffes einen gewissen Theil auswählen zu
können; und er wird diese Wahl natürlich so treffen, daß in
dem Theile das Ganze, in dem Abbild das Urbild möglichst
vollständig und möglichst ungezwungen sich darstellt. Er wird
also eine bedeutende Begebenheit wählen, bedeutend insofern,
als in derselben durch das Zusammen= und Aufeinanderwir=
ken interessanter Charaktere möglichst viele Seiten des Men=
schenlebens aufgeschlagen werden, der Ausblick in das Men=
schenleben möglichst reich und mannigfaltig ist. Er wird die
Begebenheit so wählen, daß sie sich trotz ihres inneren und
äußeren Reichthums übersehen läßt, also einen Anfang und
ein möglichst ungezwungenes Ende hat, damit die noch immer
restirende innere Unvollständigkeit wenigstens äußerlich über=
wunden scheint.

Ich sage: der Epiker wählt sich eine Begebenheit,
nicht wie der Dramatiker, eine Handlung, eine That. Eine
That, die berichtet wird, muß sich doch schon begeben haben,
ist eine Begebenheit, kann unter Umständen allein die Bege=
benheit ausmachen, ebenso gut aber nur der integrirende
Theil einer Begebenheit sein, die sich erst aus einer Menge
von Thaten in ihrer Ganzheit zusammensetzt, und gerade
solche an Thaten reiche Begebenheiten wird sich der Epiker
vorzugsweise gern wählen:

Viel Wunderdinge melden die Mären alter Zeit
Von preiswerthen Helden, von großer Kühnheit,
Von Freud' und Festlichkeiten, vom Weinen und vom Klagen
Von kühner Recken Streiten mögt ihr nun Wunder hören sagen.

Oder:

Melde ben Mann mir, Muse, ben Bielgewandten, der vielfach
Umgeirrt, als Troja, die heilige Stadt, er zerstöret,
Bieler Menschen Städte gesehen und Sitten gelernt hat,
Auch im Meere so viel herzkränkende Leiden erdulbet, —

Das ist so das rechte Element und sind die rechten Au=
fänge für ein Epos.

Damit aber diese Wunder, welche der Epiker zu berich=
ten hat, nicht auseinanderfallen, bedarf er eines Mittels, sie
zusammenzuhalten. Dieses Mittel ist der Held des Epos,
an dessen Leben und Schicksalen sich die Fülle der Begeben=
heiten naturgemäß, wie die Perlen auf einen Faden aufreihen.
Ob der Epiker uns das ganze Leben seines Helden vorführt,
oder nur einen Theil desselben und ob dieser Theil eine Reihe
von Jahren oder nur wenige umfaßt — das ist ganz rela=
tiv zu der Fülle des Stoffes, welchen er in diesen Rahmen
hineinzubringen vermag. Genug, wenn es an dieser Fülle
nicht fehlt; genug, wenn das Bild der Menschheit innerhalb
dieses Rahmens das Urbild möglichst deckt.*)

_____

*) Die Zeit der Ilias sind wenige Wochen, die der Odyssee
zehn Jahre mindestens, denn Odysseus recapitulirt bei den Phäaken
seine ganze Leidensgeschichte von Anfang an. Wie sehr man auch
die Kunst bewundern muß, mit welcher die Sänger der Ilias durch
die Fülle der Episoden und breite Ausmalung der Einzelnheiten ein
ausführliches Bild des trojanischen Krieges nicht nur, sondern der
ganzen Menschheit einer Zeit zu geben im Stande waren, während
sie nur den Zorn des Peliden singen zu wollen vorgaben, so möchte
doch wohl die Odyssee, was den epischen Werth betrifft, noch höher
stehen. Man kann sagen, daß der Stoff der Odyssee für das Epos
einer abenteuerlustigen Jugendzeit der Menschheit der glücklichste ist,
der sich denken läßt. Dasselbe muß man von dem Charakter des
Helden sagen, der freilich, streng genommen, mit seinen Schicksalen
identisch ist. Achilleus ist in seiner Leidenschaftlichkeit viel mehr ein
dramatischer, als ein epischer Held; aber der Dulder Odysseus —
das ist der epische Held par excellence. Der epische Held darf kein
allzu cholerisches Temperament haben, kein besonders thatkräftiger
Charakter sein, aus dem einfachen Grunde, weil die Leidenschaft, aus
der die That geboren wird, ihrer Natur nach rasch und kurzlebig ist.
Mit dieser Rasch- und Kurzlebigkeit aber wäre dem Epiker, der zu
seinen Zwecken Raum und Zeit die Hülle und Fülle haben muß,
schlecht gedient. Man sieht: die vielbesprochene Passivität der mei=
sten epischen Helden ist nicht von ungefähr. Die Ilias gegen dieses

Ich sage möglichst, denn von einer vollständigen Con=
gruenz kann hier selbstverständlich nicht die Rede sein, auch
im besten Falle nicht, in dem Falle nämlich, daß der epische
Dichter das Glück hat, der Sohn einer Zeit zu sein, in
welcher die Menschheit, die er darstellen soll, verhältnißmäßig
einfach, und der Horizont, welcher diese Menschheit einschließt,
verhältnißmäßig begrenzt ist. Durch diese Umstände wird
seiner Phantasie offenbar die concentrirende Thätigkeit, welche
sie entwickeln muß, in hohem Grade erleichtert, in demselben
Maße als es ihr schwer wird, sich über den ganzen Kreis
der vorhandenen Erscheinungen auszudehnen. Nehmen Sie
dazu, daß das Volk des Dichters bei aller Beschränktheit
seines Gesichtskreises, bei aller Einfalt seiner Sitten, den=
noch gebildet genug ist, um die Grundverhältnisse der Mensch=
heit: der Eltern zu den Kindern, des Bruders zum Bruder,
des Freundes zum Freunde, des Stammesverwandten zur
Genossenschaft, zum Vaterlande nach allen Seiten hin zu ent=
wickeln; lassen Sie dieses Volk dabei sich auch nach außen in
kühnen abenteuerlichen Thaten versucht und von der weiten
Welt gerade so viel gesehen haben, um der unverbrauchten
Phantasie eine wunderreiche Ferne zu eröffnen; lassen Sie
den Dichter dieses Volkes bei dem, trotz aller Fülle ein=
fachen, übersichtlichen Stoff, eine Sprache vorfinden, die mit
der Naivität und Unmittelbarkeit einer primitiven Zeit eine
hohe Biegsamkeit der Formen und eine unbegrenzte Masse
des Wörtervorraths verbindet; lassen Sie diesen glücklichen
Dichter überdies in einer Dichterschule sich bilden, in welcher
die jahrelange, ununterbrochene Uebung eine vollkommene
Methode ausgebildet hat, so daß er sich der wohlerprobten
Formen ohne weiteres bedienen kann — denken wir uns die
Vereinigung aller dieser unschätzbar wichtigen Momente, und
wir werden vielleicht die Möglichkeit der Vollendung der
Homerischen Epen begreifen, die ohne das schlechterdings un=

Gesetz der Passivität des epischen Helden anzuführen, wäre mißlich,
denn Achilleus enthält sich des Kampfes; sobald er erst einmal seiner
Leidenschaft die Zügel schießen läßt, ist die Geschichte bald zu Ende.
Auch daß in den Nibelungen die That der Rache auf die Schultern
eines Weibes gelegt wird, die, voll Leidenschaft, wie sie ist, doch
erst auf einem langen Umweg zum Ziele gelangen kann, ist höchst
charakteristisch.

begreiflich wäre. Hier, in den Gedichten Homers haben Sie
die höchste Stufe, welche die epische Poesie aller Zeiten und
Völker je erstiegen hat; ja so vollkommen sind diese unsterb=
lichen Gesänge, daß man aus ihnen die ganze Theorie des
Epos mit unzweifelhafter Sicherheit abstrahiren kann. Von
dem Genuß, den es gewährt haben muß, diese Gedichte am
Hafen in der lauen Sommernacht, oder bei einem heitern
Mahle von den tönenden Lippen des Rhapsoden recitiren zu
hören, den tönenden Lippen, an denen das leichtbewegliche
Volk mit süßer Starrheit hängt — den Lippen, aus denen
keins der geflügelten Worte kommt, das nicht in den Herzen
der Hörer zündete, also daß die Begeisterung, welche der
Sänger in ihnen weckt, wiederum auf den Sänger zurück=
strömt — von diesem Genuß können wir nordische Menschen
des neunzehnten Jahrhunderts wohl kaum noch eine Ahnung
haben.

Und dennoch, so vollkommen diese Gedichte auch sind —
Niemand wird sagen können, daß sie ihre Idee — die Mensch=
heit — so vollständig darstellen wie ein vollendetes Werk der
Plastik, der Malerei; ja auch, wie ein vollendetes lyrisches
Gedicht oder Drama ihre Ideen darstellen. Das Urbild
schwillt nach allen Seiten über den Rahmen des Abbildes
hinaus, und doch hat der Dichter diesen Rahmen schon groß
genug genommen, ja so groß, daß sein Bild — und das ist
eine sehr bedenkliche Seite der epischen Dichtung — nicht
mehr, oder doch kaum noch zu überblicken ist. Und, was un=
endlich bezeichnend für die Incongruenz ist, welche in der
epischen Poesie zwischen dem Urbild und dem Abbild stattfindet
— kaum hat der Dichter einen solchen Gesang beendigt, der
Alles, was überhaupt von den Menschen und ihrem Treiben
auf der nährenden Erde und dem unwirthlichen Meere ge=
sagt werden kann, erschöpft zu haben scheint, so beginnt er —
oder beginnt sein Bruder Rhapsode — ein neues Lied, das
wieder neue und immer neue Seiten des Gegenstandes auf=
deckt, und so weiter in infinitum. Die neuere Forschung hat
ergeben, daß jene homerischen Gedichte, die man bis dahin für
einzig in ihrer Art gehalten hatte, nur Bruchstücke sind eines
ungeheuren Cyclus von Epen, die, die wie die Glieder einer
Kette ineinander greifend, die einzelnen Sagenkreise verherr=
lichten, und diese Kreise wieder ineinander schlingend, das
griechische Leben mit einem dichterischen Himmel, aus dem un=

zählige Sterne funkelten, überwölbt haben müssen. Die ein=
zelnen epischen Perioden der Völker, ja selbst die einzelnen
gebornen Epiker sind immer von einer unbegrenzten Frucht=
barkeit gewesen, weil der betrachtende Geist ein grenzenloses
Feld vorfindet.

Arme Phantasie! die du nur in der Concentration lebst,
der die Fülle eines Stoffes, den du nicht mehr zusammen=
ziehen, nicht mehr verdichten kannst, zur Qual wird —
was willst du, da dir schon die Darstellung einer verhältniß=
mäßig primitiven Menschheit unmöglich fällt, beginnen, wenn
diese Menschheit wächst und wächst und wächst — ein Riesen=
baum — in verwirrender Fülle der Aeste, Zweige, Blätter,
Blüthen und Früchte! was willst du beginnen, wenn deine
Ultima Thule immer weiter und weiter rückt, wenn deine
Säulen des Herkules brechen und jenseit der Wasser deines
Okeanos sich neue Welten in ungemessener Ferne erschließen!
Was beginnen, wenn diese Menschheit Stufe um Stufe
klimmt und klimmt und klimmt, als sollte die uralte semi=
tische Sage vom Thurm zu Babel doch noch Wahrheit wer=
den! Was beginnen, wenn diese Ausbreitung des äußeren
Lebens nur ein Spiegelbild ist des aufgeschlossenen Innern,
dessen Schätze in Künsten und Wissenschaften, in der zartesten
Durchbildung der Empfindungen bis zur Ueberfeinerung, ja
zum verzwicktesten Raffinement von Jahrzehnt zu Jahrzehnt,
ja von Jahr zu Jahr in geometrischer Progression wachsen
— was willst du beginnen gegenüber einem Stoff, dessen
Grenzenlosigkeit schlechterdings unübersehbar ist? Wird dein
Flug nicht erlahmen, wenn du noch kaum das diesseitige Ufer
dieses Meeres verlassen hast? Wirst du dir selbst nicht
trauernd sagen:

Kühne Seglerin, Phantasie,
Wirf dein muthloses Anker hie!

In dieser, so zu sagen, verzweifelten Lage befindet sich
der moderne Epiker. Er hat eine unendlich schwierigere Auf=
gabe, als der betrachtende Dichter jener einfachen Jugendzeit
der Menschheit, und er soll sie lösen mit denselben Mitteln,
die sich schon damals als unzureichend auswiesen! Anderes
kommt hinzu, seine Lage zu erschweren. Aus dem Erzähler
ist ein Schreiber, aus dem Hörer ein Leser geworden; der
ganze Zauber des gesprochenen Wortes, die ganze Fülle der
Beziehungen, die von dem Erzähler zum Hörer, vom Hörer

zum Erzähler hinüber und herüber webt; die Mittel des
Vortrags, wo ein einziger Accent eine lange Schilderung er=
spart, die poetische Form, die der Rhapsode vorfindet, eine
vollkommen für seine Zwecke durchgebildete Sprache, die für
ihn dichtet und denkt, eine Tradition, die in Mythos und
Sage einen bereits übersichtlich geordneten Stoff bietet, —
das Alles entbehrt der moderne Epiker. Wenn der antike
Rhapsode eine glatte Kugel nur im Rollen zu erhalten hatte,
so muß der moderne Epiker, der Romanschreiber, den rauhen
Stein des Sisyphus wälzen, der in dem Augenblicke, wo er
das Ziel berührt, unaufhaltsam in den Abgrund zurückstrebt.
Und hier in dieser seiner Noth tritt nun zu dem ver=
zweifelten Dichter ein wunderlicher Gesell, mit dem er bis
dahin niemals recht etwas hatte zu thun haben wollen; und
der muntere Gesell, um dessen feingeschnittene Lippen es so
spöttisch zuckt und dessen Augen doch so tief sind, wie der
blaue Sommerhimmel, spricht zu dem Dichter: „Vergebens,
Freund, Dein Mühen, durch Zusammenstellen, Zusammen=
rücken und Verdichten der scheinbar interessantesten Züge ein
Abbild von dem Urbild zu geben; vergebens Dein Mühen, in
einen Rahmen zu bringen, was nicht in einen Rahmen hinein=
geht. Laß den Rahmen weg! Kümmere Dich nicht um's
Ganze, das sich ja auch um Dich herzlich wenig kümmert.
Bedenke, daß Du freilich nicht ohne das Ganze, das Ganze
aber auch nicht ohne Dich sein kann, und nicht blos ohne
Dich, der Du ja doch immer ein großer Dichter bist, was
zwar auch nicht viel, aber doch etwas ist, sondern nicht ein=
mal ohne diesen Maikäfer hier, der auf dem Rücken liegt —
und der nebenbei als Bild creatürlicher Hülflosigkeit im All=
gemeinen vielleicht ganz gut verwendbar wäre; nicht einmal
ohne den Haushahn, den wackern Burschen, der seinen Kamm
so stolz aufgerichtet trägt, und in seiner Art so gut wie Euer
tragischer Prometheus „mit festen markigen Knochen steht auf
der wohlgegründeten dauernden Erde." Ohne Zweifel wird
der große Hahn dem kleinen Maikäfer gegenüber die Rolle
des gigantischen Schicksals übernehmen und ihn zermalmen
und obendrein verzehren; aber gräme Dich nicht! Auch im
nächsten Jahre wird es an Maikäfern nicht fehlen und ebenso
wenig an Haushähnen, obgleich diesem hier von der Köchin
der Untergang geschworen ist. Und so wird es sein und blei=
ben immerdar. Denn, siehst Du, mein Freund, — es ist

alles eitel unverwüstliches Leben und Weben vom Aufgang bis zum Niedergang und von Ewigkeit bis Ewigkeit. Das zeige auf, das weise nach; weise nach, daß in dem Armselig= sten und Gemeinsten die große Idee, die Du darstellen willst, sich fort und fort behauptet; ja sich um so herrlicher offen= bart, je armseliger, erbärmlicher das Geschöpf ist. Kümmere Dich nicht um's Ganze; sorge nur für die Pfennige, der Thaler wird für sich selber sorgen. Kümmere Dich nicht um die Menschheit: „greif' nur hinein in's volle Menschenleben, und wo Du's packst, da ist es interessant. Und wenn man Dich fragt, wer Dir das verrathen hat, so sage nur: der Humor habe Dir's gesagt; und an der Wahrheit dessen, was ich gesagt, daran zweifle nicht, denn siehst Du, lieber Freund: ich, der Humor, habe eben den Humor von der Sache."

Und sollte der Dichter nun ob dieser sonderbaren Zu= muthung staunen und nach reiflichem Ueberlegen erwiedern: daß bei dieser Methode, in welcher groß — klein, und klein — groß wird, an Proportion nicht zu denken, und überhaupt die Kunst, die nur in vollkommen übersichtlichen Gebilden be= stehen könne, rettungslos zu Grunde gehe, so wird der Hu= mor wahrscheinlich die Achseln zucken und sagen: dann siehe zu, wie du fertig wirst.

Das Genie braucht in seinem Schaffen nicht die Regeln eines strengen Systems fortwährend oder überhaupt nur im Auge zu haben, denn es trägt diese Regeln in sich, so sehr, daß wir hinterher aus seinen im Feuer der Schaffungslust, scheinbar regellos, entstandenen Werken den ganzen Canon der Aesthetik abstrahiren können. Aber auch das größte Ge= nie kann einmal gegen die Regeln dichten, freilich niemals ungestraft, niemals ohne eine Fehl= oder Mißgeburt zu schaffen, so daß gerade dadurch die Unantastbarkeit der Regeln um so herrlicher sich offenbart. Warum, so könnte ein mo= derner Epiker fragen — warum sollte ich nicht eine Fort= setzung der Ilias schreiben? ich fühle die Kraft in mir! frisch an's Werk! — Goethe hat sich einmal die Frage vor= gelegt, hat sie sich bejaht, ist frisch an's Werk gegangen; aber schon nach dem zweiten Gesange seiner „Achilleïs" legte er still die Feder nieder und stand ein für alle Mal von einer Aufgabe ab, von der ihm während des Versuches klar ge= worden war, daß sie gar nicht gelöst werden könne, und an die er — das können wir mit voller Sicherheit aussprechen — gar nicht gegangen wäre, unmöglich hätte gehen können, wenn ihm die epische Theorie zu jener Zeit klar gewesen wäre. Das Epos ist ein Versuch, durch Erzählung einer Begebenheit ein möglichst vollkommenes Bild des Menschenlebens zu geben, so daß aus diesem Bilde die ewige Idee der Menschheit überzeugend greifbar heraustritt. Dieses Bild vermittelt sich dem Epiker, wie wir sahen, durch die Betrachtung, durch die Beobachtung der unzähligen großen und kleinen charakteristischen Züge, die er sämmtlich gegenwärtig haben muß, mit einem Worte, durch die intimste Detailkenntniß seiner Zeit. Nun aber ist, wenn auch die Idee der Menschheit im Grunde stets dieselbe bleibt, die Erscheinung dieser Idee in jedem Jahrhundert, ja fast in jedem Jahrzehnt eine andere. Wie will der Dichter schildern, was er nicht selber sah? bei jedem Schritt und Tritt wird er sich sagen müssen, daß die geistreichste Intuition, das emsigste Studium den Mangel wirklicher Beobachtung nicht ersetzen; daß der Epiker die Menschheit nur in der Erscheinung, die er kennt, die er beobachtet hat, schildern kann. Und so dürfen wir denn wohl als ein zwingendes Gesetz aufstellen: Der Epiker kann nicht weiter zurückgreifen, als seine individuelle Erfahrung reicht, resp. eine reiche, die Deutlichkeit der Wirklichkeit fast erreichende Tradition. Geht er weiter, so verliert er den Boden unter den Füßen und wird phantastisch oder trocken, giebt uns Märchen oder Abstractionen. Ein Beweis nach dieser Seite hin ist Goethe's Achilleïs, sind es unzählige moderne Epen, die nichts weiter sind, als in Verse gebrachte Spezialgeschichten; für einen Beweis nach jener Seite möchte ich die phantastischen Epen der Italiener nennen, die mit richtigem Tact dem Wunder den breitesten Spielraum geben, und als weniger erbauliches Beispiel die sogenannten historischen Romane. Vielleicht ließe sich a priori nachweisen, daß ein historischer Roman ein Widerspruch in sich selbst ist und kein Epos in dem von uns entwickelten, höchsten Sinne sein kann; daß es sich a posteriori an unzähligen solchen Romanen nachweisen läßt, — dafür den Beweis beizubringen, werden Sie mir gern erlassen.

Warum ich nun von Goethe's drei Romanen: Werther, die Wahlverwandtschaften und Wilhelm Meister den zuletzt genannten am vollständigsten mit der von uns aufgestellten

Theorie der epischen Dichtung in Einklang finde, und demzu=
folge für den besten halte, bedarf jetzt wohl kaum noch einer
speciellen Auseinandersetzung. Ja, Sie werden mich jetzt
nicht mißverstehen können, wenn ich behaupte: er ist, ange=
nommen, daß in ihm auch nur die gleiche epische Kraft, wie
in den anderen, wirkte, schon deshalb der beste, weil er —
der längste ist. Ein guter Roman muß lang sein — ein
Satz, von dem ich zu Nutz und Frommen der deutschen Lite=
ratur wohl möchte, daß man ihn auch umkehren könnte! Aber
ein guter Roman muß in der That lang sein, weil er nur
so die Breite und Behaglichkeit haben kann, ohne welche die
Ruhe der Betrachtung und mit der Ruhe die Schärfe der
Beobachtung, und mit dieser die saubere Ausmalung des De=
tails unmöglich wird, d. h. diejenigen Bedingungen unerfüll=
bar sind, auf welchen die epische Dichtung ruht.

Zwar scheint dieser Satz auf den Werther und auf die
Wahlverwandtschaften keine Anwendung zu finden. Wo wäre,
könnte man sagen, eine schärfere Beobachtung, eine sauberere
Detaillirung denkbar, als in diesen bewunderungswürdigen
Werken? treten die Gestalten, die Situationen nicht mit plasti=
scher Wahrheit vor uns hin? glauben wir nicht Morgen=,
Mittag= und Abendsonnenschein, Regen und Wind, und Ge=
birg und Thal und Fluß und Wiese, Wald und Park und
Alles, was geschildert wird, selbst zu sehen, zu hören und
zu empfinden? Ohne Zweifel; aber man bedenke, daß dafür
auch der Kreis, in welchen uns der Dichter in diesen Werken
bannt, um so enger ist — eng, wie das Thal von Waldheim,
in welchem Werther mit dumpfem Hirn und schwerem Herzen
umhertaumelt, ohne den Ausgang in die weite Welt finden
zu können: eng, wie Eduards Parkanlagen im Verhältniß
zu dem ungeheuren Wirkungskreis, der dem thatkräftigen
Manne sich nach allen Seiten grenzenlos aufthut. Nicht, als
ob ich mein Auge gegen die schönen Fernsichten verschließen
wollte, die uns der Dichter selbst aus dem Waldheimer Thal
und aus Eduards Park in die Welt eröffnet! Ich bewundere
im Gegentheil die unerreichbare Kunst, mit welcher er im
Werther mit zwei, drei Strichen das dürre Philisterium und
den miserablen Adel jener Zeit zu skizziren weiß, so daß die
Trostlosigkeit dieser Verhältnisse den Entschluß des Helden,
eine so engherzige, ausgetrocknete, liebeleere Welt zu verlassen,
den nöthigen Schein der Berechtigung erhält; und ebenso

fehlt es in den Wahlverwandtschaften keineswegs an Ausblicken
in das bürgerliche Leben und vor allem in das Treiben des
Adels auf seinen Gütern und an den Höfen der Fürsten —
aber was will das Alles am Ende sagen, wenn wir an die
Weltweite denken, die der epische Dichter uns erschließen muß!
Daß diese höchste Aufgabe in diesen beiden Romanen nicht
zu lösen war, könnte man schon von vornherein aus der
Natur ihrer Stoffe schließen, von denen der des Werther
wesentlich lyrisch, der der Wahlverwandtschaften wesentlich
dramatisch ist, dramatisch, wohlbemerkt, in dem Goethe'schen
Sinne der passiven Tragik. Werther ist der empfindende
Mensch par excellence, deshalb ist dieser Roman auch in
Briefen geschrieben; aber die Briefe brauchten gar nicht an
eine bestimmte Person adressirt zu werden — es sind Tage=
buchblätter, oft nur lyrische Ergüsse, allerdings von höchster
poetischer Schönheit. Auf der andern Seite offenbart sich
uns in den Wahlverwandtschaften der tragische Urgrund, den
wir ja darin erkannten, daß das Individuum sich in seiner
Individualität erhalten, bedingungslos leben und lieben will,
und, damit gegen das Recht der andern Individuen sich ver=
sündigend diese zerstört, wie es von jenen wieder zerstört
wird. So gehen Ottilie und Eduard unter, und wenn der
Hauptmann und Charlotte die Katastrophe auch überleben,
so sind sie doch von da an gebrochene Existenzen, die ihres
Lebens nimmer froh werden können. — Schon daß die Hel=
den dieser Romane untergehen, ist ein Beweis, daß sie wesent=
lich unepischer Natur sind. Die Aufgabe des Epikers: ein
Abbild der unsterblichen Menschheit zu geben, wird dadurch,
daß der Held allen Gefährlichkeiten entrinnt, und endlich
glücklich in dem Hafen landet, nach welchem er so viele Jahre
das unwirthliche Meer des Lebens nach allen Richtungen
durchkreuzt hat, gleichsam symbolisch gelöst, und deshalb ist
der Schluß des Volksmärchens: wenn sie nicht gestorben sind,
so leben sie heute noch, echt episch. Kann der Epiker seinen
Helden nicht am Leben erhalten, so muß er wenigstens ihm
einen andern Helden substituiren, der dann der Träger der
unsterblichen Idee wird, und vor Allem muß er uns eine
mächtige historische Perspective eröffnen, die uns über die
innere Kraft und Ständigkeit der Menschenwelt vollkommen
beruhigt.
    Davon ist weder im Werther, noch in den Wahlverwandt=

schaften die Rede. Im Werther tragen die Handwerker mit
dem Selbstmörder gleichsam die Welt zu Grabe; und wenn
in den Wahlverwandtschaften auf den freundlichen Augenblick
vertröstet wird, in welchem die Liebenden, die nun neben=
einander im Grabe ruhen, dereinst wieder zusammen erwachen,
so ist damit auf das klarste ausgesprochen, daß dieser, wie
überhaupt jeder rein tragische Fall, von Haus aus, d. h. auf
Erden unversöhnlich ist und höchstens eine transcendentale
Lösung verstattet.

Ganz anders verhält es sich mit dem „Wilhelm Meister."

Schon der Plan des Wilhelm Meister ist episch im
höchsten Sinne. Wir könnten diesen Plan etwa so bezeichnen:
es handelt sich in diesem Roman um die Schilderung des
Lebensganges eines Menschen, der die ihm freilich im Anfang
dunkle, allmälig aber immer heller werdende Idee vollkom=
mener Bildung an sich zu verwirklichen strebt, und Alles und
Jedes versucht, und keine Mühe, keine Enttäuschung, keinen
Irrthum, ja keine Verirrung scheut, um dieses höchste Ziel
zu erreichen. Ich glaube: man kann behaupten, daß dieser
Vorwurf — ich will nicht sagen: das einzige und unverbesser=
liche Schema, jedenfalls aber für den modernen Roman der
besten Schemata eines ist.

Denn, wie sich der Dichter dieses Ziel höchster Bildung
auch denken mag, so viel ist ohne weiteres klar, daß er so
nicht nur veranlaßt, sondern geradezu gezwungen wird, seinen
Helden sich durch alle möglichen Lebenssphären hindurch be=
wegen zu lassen — einem Kometen gleich, der auf seiner
wunderbaren Bahn durch alle Sternbilder des Himmels
schweift — auf diese Weise die ganze Weite und Breite des
Menschenlebens in unabsehbare Fernen erschlossen werden muß,
und damit die höchste, ja streng genommen, die einzige Auf=
gabe des Epikers gleichsam spielend, absichtslos absichtlich ge=
löst wird.

Die Beantwortung der Frage: was Goethe nun als
das Ziel vollkommener Durchbildung ansieht, kann natürlich
im Grunde genommen nur das Kunstwerk, der Roman selbst
in seiner Ganzheit geben; wollen wir aber eine bestimmte
Antwort, so finden wir sie vielleicht in jener erhabenen Scene
der Wanderjahre, wo der Astronom Wilhelm in einer herr=
lich klaren Nacht von der Zinne des Schlosses die Wunder
des gestirnten Himmels schauen läßt.

„Ergriffen und erstaunt hielt er sich beide Angen zu. Das Ungeheure hört auf erhaben zu sein, es überwächst unsere Fassungskraft, es droht uns zu vernichten. Was bin ich gegen das All? sprach er zu seinem Geiste: wie kann ich in seiner Mitte stehen? — Nach einem kurzen Ueberdenken jedoch fuhr er fort. Wie kann sich der Mensch gegen das Unendliche stellen, als wenn er alle geistigen Kräfte, die nach vielen Seiten hingezogen werden in seinem Innersten, Tiefsten versammelt, wenn er sich fragt: darfst Du Dich in der Mitte dieser ewig lebendigen Ordnung auch nur denken, sobald sich nicht gleichfalls in Dir ein herrlich Bewegtes, um einen reinen Mittelpunkt kreisend hervorthut? Und selbst wenn es Dir schwer würde, diesen Mittelpunkt in Deinem Busen aufzufinden, so würdest Du ihn daran erkennen, daß eine wohlwollende, wohlthätige Wirkung von ihm ausgeht und von ihm Zeugniß giebt.“

Ich sagte: wie sich der Dichter dieses Ziel höchster Bildung auch denken möge: es müsse, wenn er uns seinen Helden auf dieser Bahn wandelnd zeigt, ein schönes episches Resultat erzielt werden; — daß dieses Resultat um so schöner sein wird, je höher dies Ziel gesteckt ist, und je weiter sich in Folge dessen nach und nach der Horizont der Menschheit dem Leser erschließen muß, bedarf wohl keiner weiteren Ausführung.

Man hat Wilhelm Meister vorgeworfen, daß nur der erste Theil: „die Lehrjahre“ von der ungebrochenen Kraft des Dichters getragen werde, der zweite dagegen: „die Wanderjahre“ unter den zitternden Händen des Alters zerbröckle. Der Bewunderer Goethe's kann es getrost zugeben; aber wenn man das Schematistische der zweiten Abtheilung nur aus der matter und matter werdenden Productionskraft des greisen Meisters erklären zu können glaubt, so irrt man sich doch gar sehr. Goethe hatte — davon bin ich auf's Tiefste überzeugt — das bestimmte Gefühl, daß die unermeßliche Aufgabe, die er sich gestellt, auf dem gewöhnlichen Wege der detaillirten Erzählung gar nicht zu lösen sei. Und weil er das sah und doch die ganze Tiefe seines Genies ausschöpfen wollte, doch seine Uebersicht der Menschheit ganz geben wollte — begann er zu generalisiren, zu schematisiren, zu symbolisiren, die mathematischen Formeln gleichsam zu geben anstatt des ausgeführten Exempels. Mir persönlich ist das nur ein Beweis mehr für die von mir aufgestellte Theorie, daß die Aufgabe des Epikers überhaupt unendlich, d. h. unlösbar ist; daß das Abbild nie das Urbild decken kann.

Goethe mußte sich dessen vollkommen bewußt sein: er hätte sonst nicht gegen das Ende der Wanderjahre Wilhelmen an Natalien schreiben lassen können: „Wenn ich nun aber nach dieser umständlichen Erzählung zu bekennen habe, daß ich noch immer nicht an das Ziel meiner Absicht gelangt sei, und daß ich nur durch einen Umweg dahin zu gelangen hoffen darf, was soll ich da sagen? wie kann ich mich entschuldigen? Allenfalls hätte ich Folgendes vorzubringen: Wenn es dem Humoristen erlaubt ist, das Hundertste in's Tausendste durch= einander zu werfen, wenn er kecklich seinen Lesern überläßt, das was allenfalls daraus zu nehmen sei in halber Bedeutung endlich aufzufinden, sollte es dem Verständigen, dem Ver= nünftigen nicht zustehen, auf eine seltsam scheinende Art nach vielen Punkten hinzuwirken, damit man sie in einem Brenn= punkte zuletzt abgespiegelt und zusammengefaßt erkenne."

Goethe's durch und durch künstlerischem Geist widerstrebte es: nach Art des Humoristen, das Hundertste in's Tausendste durcheinander zu werfen; er hat es positiv ausgesprochen: der Humor vernichtet zuletzt alle Kunst. Aber wird man fragen: vernichtet das Symbolisiren und Allegorisiren nicht auch alle Kunst? und sind die Wanderjahre dafür nicht der eclatanteste Beweis?

So viel scheint fest zu stehen: daß Goethe, weil er den Humor verschmähte, ihm zum wenigsten nur einen verhältniß= mäßig kleinen, zu kleinen Spielraum verstattete, die dadurch erzielte künstlerische Vollendung seiner epischen Dichtungen um einen schweren Preis erkaufte.

Was verstehe ich unter der künstlerischen Vollendung? Zuerst die in der vollkommenen Congruenz des Ausdrucks und des Gedankens beruhende Schönheit der Sprache, welche im Werther allerdings noch reichlich mit lyrischen Accenten gesättigt ist; in den Wahlverwandtschaften, dem tragischen d. h. raschlebigen Charakter dieser Dichtung gemäß, nicht selten in ein schnelleres, ich möchte fast sagen fieberhaftes Tempo ge= räth, das mit dem fieberhaft erregten Puls dieser unseligen Menschen Tact hält; und die im Wilhelm Meister ihren epischen Höhepunkt erreicht. Hier ist, selbst in den erregtesten Momenten und Situationen, eine Ruhe des Vortrags, die den

Leser zwingt, auch seinerseits ruhig zu bleiben, und mit dem Dichter in keinem Augenblick die Stelle des leidenschaftslosen, objectiven Betrachters der menschlichen Dinge aufzugeben; und wiederum ist in dieser Ruhe ein vollkräftiges Leben, oft eine seltsame unwiderstehliche Gewalt, daß ich diesen in schönen, wohllautenden Perioden dahinwallenden Vortrag nur mit der breiten Wassermasse eines mächtigen Stromes vergleichen kann, die, scheinbar kaum bewegt, dennoch in unaufhaltsamer Kraft „ohne Hast, aber auch ohne Rast" dem Oceane entgegen fluthet.

Sodann die unübertroffene, vielleicht unübertreffliche Kunst, mit welcher der Dichter seine Charaktere zeichnet, ohne daß wir auch nur jemals an das Modell erinnert würden, ohne daß wir auch nur jemals die allzuscharfen Conturen des Cartons durch die Farbe, oder an der Farbe noch die einzelnen Pinselstriche wahrnehmen könnten. Wie durch Magie hervor=gezaubert, so stehen diese Menschen vor uns da: Lotte, Werther, Albert, Eduard, Ottilie, der Major, Charlotte, Wilhelm, Marianne, Philine, Laertes, Serlo, Aurelie, Mignon, der Harfenspieler, und wie sie alle heißen; wir sehen sie, wir hören sie, wir glauben sie bis auf die feinsten Besonderheiten der Züge, der Haltung, der Ausdrucksweise, der Farbe der Augen und des Haares, des Tones der Stimme zu kennen, ohne daß wir kaum einmal anzugeben wüßten, wie dieses Wunder denn nun eigentlich hervorgebracht ist. — Dasselbe gilt von den Situationen, die stets mit herrlichster Klarheit und doch mit so wenig Linien gezeichnet sind, daß der Kenner, wenn er die Einfachheit, ja manchmal Dürftigkeit der ange=wandten Mittel mit der Größe, ja oft Gewaltigkeit der Wirkung vergleicht, bewundern und nur bewundern, lernen und nur lernen kann.

Zu der künstlerischen Vollendung rechne ich vor allem natürlich auch die Composition, d. h. den architektonischen Auf=bau des Planes, das Verhältniß der Theile zu einander und die Unterordnung der Theile zum Ganzen. Man müßte ein ganzes Buch schreiben, wenn man Goethe's Meisterschaft in diesem Punkte detailliren wollte — eine Meisterschaft, die allerdings am klarsten im Werther, den Wahlverwandtschaften und Hermann und Dorothea hervortritt, weniger klar im Wilhelm Meister, wo die von uns nun schon zum öfteren constatirte Incongruenz der epischen Mittel und des epischen Zweckes in dem Maße, als die Dimensionen des Gemäldes wachfen, deutlicher und deutlicher hervortritt und der Natur der Sache nach hervortreten mußte.

Diese künstlerische Vollendung, sagte ich, erreichte Goethe dadurch, daß er den Humor ausschloß, so gut wie ausschloß, den Humor, der, wie Sie es bei Jean Paul sehen können, den Styl zerhackt und zerbröckelt; der seiner Natur nach durchaus in's Grenzenlose treibt, wofür Sie wiederum in Jean Paul's Romanen und ebenso in den Werken des größten englischen Humoristen, Lorenz Sterne's, die eclatantesten Beispiele haben.

Und der schwere Preis, um den unser Dichter diese Vorzüge erkaufte?

Der Preis, daß er sich im Grunde immer nur mit der glücklich situirten Minorität, die unter vielen andern Vorrechten auch das hat, sich in schönen Formen bewegen zu dürfen, befassen konnte, und ganze weite Gebiete des Menschenlebens und Menschentreibens und somit natürlich des Menschenherzens entweder ganz vermeiden, oder nur so obenhin berühren durfte. Ein geistreicher Mann machte einmal gegen mich die Bemerkung, daß Goethe in seinen Romanen keine Bedienten kenne und wollte damit sagen, daß der Dichter uns fortwährend in Regionen halte, wo die menschliche Bedürftigkeit mit ihren niedrigen Zwecken und schwerfälligen Mitteln in Frage komme. Welchen ästhetischen Vortheil es gewährt, die Geschichte so immer über dem Kleinkram des Lebens schwebend zu erhalten, liegt auf der Hand; aber bedürfen denn nur die Gesunden des Arztes? Was soll denn aus den Kranken werden? den Armen an Geld und Geist und Tugend? den Narren, Steckenpferdreitern, Tölpeln und Kalibans? aus der ganzen breiten Schicht des Volkes, auf der sich der Wunderbau der modernen Bildung erhebt? aus der misera plebs contribuens mit ihren für den Glücklich=Situirten oft unverständlichen Leiden und oft nicht minder unbegreiflichen Freuden, mit ihren rauhen Wunderlichkeiten, lächerlichen Sonderbarkeiten und seltsamen Manieren, ihrer Beschränktheit, ihrem Eigensinn, ihrer Geschwätzigkeit und Stummheit? Sind alle diese klopfenden, zuckenden Menschenherzen verloren für den Dichter, weil sie nicht im ästhetischen Tact schlagen und das Tempo gar zu häufig wechseln, so daß der idealische Künstler, wollte er in seinem Werke diesen Herzschlag wiedergeben, auf die schöne Harmonie, die ihm doch das erste Erforderniß ist, verzichten müßte?

Sie würden verloren sein, wenn der Humorist den massen=
haften Abfall von dem Werke des schönen Künstlers nicht zu
verwerthen verstünde. Er und er allein sieht in den Ecken
und Kanten, die unter dem Meißel des Bildners von dem
Marmor sprühen, dasselbe Material, aus dem der Apoll von
Belvedere und die Venus von Milo geformt sind; sieht die=
ses Material selbst noch im Staub der Werkstatt, den der
emsige Meister mit Füßen tritt. Und weil sein Auge so ge=
feit ist, deshalb darf er sich mit Allem befassen; deshalb darf
er durch die engen, unsauberen Gassen eines Dorfes, durch
die unheimlichsten Quartiere einer Weltstadt streifen, ohne
daß er fürchten müßte, sich zu verunreinigen.

Goethe, als idealischer Künstler, fürchtet diese Verun=
reinigung. Er läßt sich selbst mit seinen Gauklern und va=
gabundirenden Komödianten — und diese sind im schlimmsten
Falle doch noch immer Proletarier der Kunst — nur
so weit ein, als es ihm convenirt d. h. so weit er sie für
seine künstlerischen Gebilde noch verwerthen kann. Was darüber
ist, ist ihm vom Uebel; ich meine vom ästhetischen Uebel, denn
daß Goethe, der Mensch, ein echtes, menschenfreundliches Herz
besaß, werden nur die leugnen, die ihn nicht kennen.

Seine idealische Natur zwang Goethen — denn das
ist der rechte Ausdruck — sich überall der Mittel der idealischen
Kunst zu bedienen. Was mit diesen Mitteln auf dem epischen
Gebiete zu erreichen ist, das hat er erreicht. Aber er hat
auch durch seinen Hermann und Dorothea auf das schlagendste
bewiesen, daß die ganz unvermischt reine Kunstform für den
modernen Epiker nur noch zur Schaffung einer — immerhin
vollendet schönen — Novelle, aber nicht eines Epos im großen
Sinne ausreicht; und durch seine Bearbeitung des Reinecke
Fuchs, durch die er sich gleichsam von seinem künstlerischen
Standpunkte aus mit dem Humor abzufinden suchte, daß der
Humor, der nicht aus dem vollen Menschenleben geschöpft
und in das volle Menschenleben gestreut wird, dem verschütteten
Salze gleicht.

Und hier entsteht nun die Frage: Was kann, was darf
und was soll der moderne Epiker thun, damit er nicht aus
der Scylla des sich im Kleinkram des Lebens verlierenden
Humors in die Charybdis des abstracten Symbolisirens ge=
räth und, so oder so, aufhören muß, als Künstler zu wirken?
Aber die Beantwortung dieser schwierigen, ja für den

modernen Dichter so verhängnißvollen Frage würde weit aus
dem Bereiche unserer Aufgabe fallen.

Ich habe sowohl in dieser Vorlesung als auch in den
vorhergehenden den Hauptaccent auf die möglichst vollständige
Analyse desjenigen Begriffs gelegt, aus welchem die Dicht=
art, mit welcher wir es gerade zu thun hatten, hervorwuchs.
Bei der Kürze der mir zugemessenen Zeit mußte ich suchen,
Sie auf einen Standpunkt zu führen, von dem aus Sie das
Gebiet mit einem Blicke überschauen konnten, so daß sich nun,
wie von selbst, alle Einzelnheiten an ihren richtigen Platz
stellten. Sie auf alle diese Einzelnheiten speciell aufmerksam
machen zu wollen, wäre eben so unmöglich gewesen, wie es
unnöthig war. Sie kennen Ihren Goethe nach der Seite
hin jedenfalls so gut, wie ich. Meine Aufgabe war, nachzu=
weisen, wie unser Dichter auf den verschiedenen Gebieten seiner
Thätigkeit sich zu dem unveränderlichen ästhetischen Kanon
verhält. Ich mußte mich hier gewissermaßen einem Kunst=
gärtner vergleichen, welcher Sie in einem herrlichen Gewächs=
hause herumführt. Sie brauchen den Mann wahrhaftig nicht,
um zu erfahren, daß eine Rose süß duftet, oder die Victoria
Regia eine prächtige Blume ist. Aber er kann Ihnen doch
vielleicht hier und da über die Natur der Pflanzen Aufschlüsse
geben — Aufschlüsse die Ihnen Ihre lieben Blumen erst recht
lieb machen werden. Unser Interesse an den Dingen und
unsere Liebe zu den Dingen wächst in dem Maße, als wir
tief und tiefer in ihren geheimnißvollen Kern dringen.

Goethe's Frauengestalten.

Die folgende Beschreibung von W. v. Kaulbachs: „Goethe's Frauengestalten" ist eine Zusammenstellung von Texten, welche ursprünglich als Beilage zu den einzelnen, nach und nach erscheinenden Blättern geschrieben wurden. Eine eigentliche kritisch-ästhetische Würdigung des Werkes war dabei von vornherein ausgeschlossen. Es wurde nichts weiter beabsichtigt als eine möglichst klare und bündige Darlegung der Intentionen des Künstlers, mit Hinzufügung einzelner literarischer oder biographischer Notizen, wie sie etwa dem weniger in Goethe's Werken Bewanderten wünschenswerth oder nützlich erschienen.

Kaulbachs Goethe-Gallerie ist bekannt wie kaum ein zweites Werk der Art. Man findet sie, in Form von kostbaren Stahlstich- oder Photographie-Albums, auf den Büchertischen der Salons; man sieht sie in einzelnen Blättern, an den Schaufenstern der Kunstläden, oder, unter Glas und Rahmen, als Schmuck der Wände in zahllosen Zimmern. So wird man es gewiß unverfänglich finden, wenn hier der Text ohne die Bilder geboten wird.

Zueignung.

Das Motiv zu dem Bilde, mit dem wir beginnen, ist jenem erhaben-lieblichen Gedichte entnommen, das in Goethe's Werken den Reigen eröffnet, und „die Zueignung" überschrieben ist.

Der Dichter kniet auf dem höchsten Gipfel eines Berges vor einer himmlischen Gestalt, die ihm aus dem Wolkendunst, der ihn rings umgiebt, entgegenschwebt. Es ist die Muse, die ihren Liebling zu seiner Mission weiht. Die Gestalt bedurfte der Flügel nicht. um ihre himmlische Abkunft zu beweisen. Hoheit und Milde thronen auf dem schönen Antlitz. Aus der über das Haupt erhobenen Rechten fließt ein Schleier in weiten, wehenden Falten herab; in der ausgestreckten Linken hält sie eine Lorbeerkrone über den Knieenden. Seine Augen sind in Andacht zu der himmlischen Erscheinung erhoben, die Arme in einer bescheiden dankbaren Haltung ausgebreitet; der leise geöffnete Mund scheint zu sagen:

> Du schenktest mir der Erde schönste Gaben,
> Und alles Glück will ich durch dich nur haben.

Es ist vielleicht eine unmögliche Aufgabe für den Künstler, den allegorischen Sinn des Gedichtes faßlich wiederzugeben. In dem Gedichte reicht die Göttin „den reinsten Schleier, der um sie in tausend Falten schwoll" mit den Worten:

> Empfange hier, was ich dir lang' bestimmt,
> Dem Glücklichen kann es an nichts gebrechen,
> Der dies Geschenk mit reiner Seele nimmt,
> Aus Morgenluft gewebt und Sonnenklarheit,
> Der Dichtung Schleier aus der Hand der Wahrheit.

Dieser allegorische Schleier konnte auf dem Bilde offenbar nur eine untergeordnete Rolle spielen. Die Ueberreichung desselben, nur angeschaut und nicht erklärt, läßt die der

Handlung zu Grunde liegende Idee nicht hervortreten. Der
Künstler, der an seine Mittel gebunden ist, hat es deshalb
vorgezogen, den Schleier nur zu einer Drapirung der Göttin
zu verwenden, und aus der Dichterweihe eine Dichter=
krönung zu machen.

Eine andere Schwierigkeit lag in dem Kostüm. Wer
denkt beim Lesen der „Zueignung" an Kostüm! Wer würde
nicht in eine Sphäre erhoben, „wo keine Kleider, keine Falten
umgeben den verklärten Leib!" Aber der Künstler mußte
daran denken und seine Wahl treffen. Unser Blatt zeigt uns
nun den schönen Jüngling = Mann, der an dem Hofe Karl
Augusts die Herzen im Sturm eroberte. Ein weißes Tuch
ist lose um den Hals geschlungen, ein Frack mit breiten
Schößen, aus dessen weiten Aermeln die kostbaren Manschet=
ten hervorsehen, umhüllt den Leib, kurze Beinkleider mit
Strümpfen und Schnallenschuhen vollenden den Anzug. Der
unvermeidliche Begleiter des prosaischen Fracks, ein wallen=
der Mantel, fließt von der Schulter und sucht, weit hinterher
auf der Erde schleppend, seiner poetischen Aufgabe möglichst
gerecht zu werden.

Haideröslein.

Auf der weiten Haide einer hügeligen Hochebene in Tyrol,
in Bayern, am Neckar, am Rhein — oder wo es dem Be=
schauer sonst gefallen mag — haben ein Knabe und ein
Mägdlein längere Zeit nah bei einander ihre Heerden gewei=
det. Der Knabe ist Ziegenhirt, und das Mägdlein, wie es
sich von selbst versteht, hält es mit den frommen Schäflein.
Der Knabe ist ein brauner Krauskopf von achtzehn Jahren,
das Mägdlein ist vielleicht sechszehn, und eine Fülle blonden
Haares, das sie hinten nur mit einem Bande oder einem
Kränzlein zusammenzuhalten pflegt, wallt ihr bis auf die Hüf=
ten herab. Der braune Ziegenhirte und die blonde Schäferin
sind nicht im Dienste eines Gebieters; auch gehört die Haide,
auf der sie ihre Heerden treiben, zween Herren, und ein
Grenzstein in Form einer alten Heiligenblende, um die ein
wilder Rosenstrauch seine Ranken gebreitet hat, zeigt deutlich

genug, wie weit die Schafe mit ihren Lämmlein sich wagen dürfen, und wo die Ziegen und die Ziegenböcke nichts mehr zu suchen haben.

Nun respektirt freilich das blonde Mägdlein diese genau bezeichnete Grenze sehr; sie treibt ihre Heerde lieber ein we= nig weiter weg, als daß sie dem fremden Gebiet allzu nahe käme; der braune Knabe aber hat die entschiedene Neigung, so weit zu gehen, als er irgend darf, und manchmal noch ein wenig weiter. Ja er ist keck genug, dem Mägdlein allerlei schelmische Worte zuzurufen, sobald sie irgend in den Bereich seiner Stimme kommt; auch an Zeichen und Geberden läßt er es nicht fehlen: er breitet die Arme aus und schickt Kuß= hände herüber; und wenn sie sich unwillig abwendet, lacht er wie toll, oder wirft sich am Fuße des Grenzsteines in das Haidekraut, nimmt die Geige, die er immer bei sich hat, und fängt an zu spielen, wilde, stürmische Weisen; dann aber ent= lockt er den Saiten andere Töne, so sanft und schmeichelnd wie der linde West, der mit der Ginsterblume kost.

Das blonde Mädchen würde den wilden Knaben, der sie immer nur neckt, dessen braune Augen so übermüthig leuchten, dessen schwarzer Lockenkopf so voller toller Streiche steckt, hassen, wenn nicht sein Geigenspiel wäre. Das aber hat sie gar zu gern. Wenn es so wehmüthig aus den Sai= ten klagt, ordentlich als ob ein Mensch, dem das Herz recht schwer ist, schluchze und weine — da haben sich ihr selbst die Augen schon oft mit Thränen gefüllt; und es ist ihr gewesen, als müßte sie dem Knaben um den Hals fallen und ihn bitten, in Zukunft nicht mehr so traurig zu spielen; sie wolle ihn auch lieb haben, sehr lieb, sie wolle Alles, was er wolle.

Und eines schönen Tages — am Himmel standen graue Wolken, aus denen es wohl noch vor Abend gewittern mochte, die Luft war weich und schwül und die weißen Schmetter= linge haschten sich in der weichen schwülen Luft — da spielte der braune Knabe schwermüthiger, als je zuvor. Die blonde Schäferin wußte nicht, wie ihr war. Es zog sie näher und immer näher zum Rosenstrauch am Heiligenschrein, an dessen Fuße der Geiger saß. Hinter ihr her zog die Heerde, eifrig grasend, froh des frischen Weideplatzes. Aber die Schäferin dachte diesmal der Heerde nicht; sie hörte nicht das Blöken einiger alter Mutterschafe, das schier ängstlich warnend er= scholl; sie hörte blos das Klingen und Singen der Geige,.

das immer schwermüthiger, immer weicher lockte, je näher sie
kam. Und da sank sie nieder auf dem Rain; der Geiger aber
spielte weiter, als wäre er allein in der Welt, mutterseelen-
allein, ohne einen Menschen, seine Freude, seine Schmerzen
zu theilen.

Dem Mädchen entglitt das Körbchen mit den feinen
Gräsern, die sie so zierlich zu flechten verstand, die Brod-
tasche entglitt ihr und der Schäferstab — sie beugte den Kopf
in die Hände und weinte bitterlich — sie wußte nicht warum.
Und plötzlich verstummt das Spiel; eine Stimme dicht an
ihrem Ohr flüstert: Röslein, Röslein, Röslein roth! Röslein auf der Haide! und zugleich fühlt sie, wie sich ein kräftiger Arm um ihre Hüfte legt!

Mit einem Schrei des Zornes halb und halb des
Schreckens springt die blonde Schäferin auf. Sie will
fliehen — die Füße versagen ihr den Dienst; sie will rufen
— die Kehle ist ihr wie zugeschnürt. Doch rafft sie sich
auf — sie flieht um den Heiligenschrein, der Knabe ihr nach.
Und wie sie ihn hinter sich wähnt, kommt er plötzlich ihr entgegen, ein übermüthiges Lachen auf den rothen Lippen, die
dunklen Augen lodernd in süßem Feuer. Das Mägdlein hebt
drohend den Stab, ihn abzuwehren:

Und ich will's nicht leiden!

— — — — — —

Röslein, Röslein, Röslein, roth!
Röslein auf der Haiden!

Der getreue Eckart.

Der getreue Eckart! Wer von uns hat sich nicht in seiner Jugend an diesem Gedichte, das mit dem feinsten Ohre
dem Volkstone abgelauscht ist, ergötzt! wer hat nicht den hohen
Eichwald brausen und rauschen und durch den brausenden und
rauschenden Wald die wilde Jagd heransausen hören, die graue,
schattenhafte! wessen Herz hätte nicht ängstlicher geklopft,
wenn sie näher und näher und immer näher kommt; und

weſſen Bruſt hätte nicht aufgeathmet, als nun aus dem Dickicht
hervor der alte Geſell, der Gute, Getreue, der Eckart tritt,
der die Kindlein liebt und ſo gern mit ihnen ſpielt und ihnen
ſo gute Lehren zu geben weiß, die ſie niemals befolgen!
Wußten wir auch nicht ſo recht, wer denn nun eigentlich „die
Unholden" ſeien, die den Kindern das Bier aus den Krügen
ſchlürfen; war auch über das ganze Gedicht ein eigenthümli=
cher Duft gebreitet — wie Waldesnebel faſt, in welchem jed=
wedes Ding phantaſtiſche Form annimmt — deſto beſſer!
deſto zauberiſcher, märchenhafter ward Alles, und das ſoll es
ja eben. Goethe ſagte einmal, daß ein gutes, lyriſches Ge=
dicht etwas Unerklärtes, ja vielleicht Unerklärbares haben
müſſe; und daſſelbe dürfte ſich von der Ballade behaupten
laſſen, kann man wenigſtens von allen Goethe'ſchen Balladen
behaupten, von dem „Getreuen Eckart" nicht zum Mindeſten.

Man ſollte meinen, daß ein Stoff, der, wie dieſer, ganz
in der Romantik des Zauberwaldes zu verdämmern ſcheint,
gar nicht darſtellbar ſei. Und doch geht Alles auf unſerem
Blatt ſo natürlich zu! Wie ſich das ängſtigt und die Köpfe
ſcheu verſteckt, um von dem Graus nichts zu ſehen und zu
hören! und auch wieder ſo neugierig hinſchaut mit jener dem
Kinderherzen angeborenen Luſt am Schaurigen! Scheint das
größere, braune Mädchen in der Mitte, die den vollen Krug
mit der Linken auf dem Kopfe trägt, während ſich an ihre
Rechte die vor Angſt in die Knie geſunkene Blondine klam=
mert — ſcheint ſie nicht mit dem halbgeöffneten Mund zu
ſagen: „Aber, ſo laßt doch nur! Sie werden uns ja nicht
gleich aufeſſen!"

Und welch' gutes, treues, ächt deutſches Geſicht hat das
brave Huzzelmännchen mit dem langen Bart in dunkler Ca=
puze und Filzſchuhen! Wie ſegnend ſtreckt er die braune,
runzlige Hand über ſeine lieben Kleinen! Alte, kinderfreund=
liche Seele! Nicht wahr, Du biſt nicht geſtorben in dieſer
nüchternen, proſaiſchen Zeit? Du lebſt und wirſt leben, ſo
lange noch der Abendwind über die Haide und durch den
Eichwald ſtreicht, und bange Kinder, die über den herrlichen
Spielen die Zeit vergaßen, mit kleinen ſorgenden, klopfenden
Herzen der elterlichen Hütte zueilen.

Und auch Ihr, Ihr Holden — Unholden, habt Euch
wohl nur tiefer in die Wälder zurückgezogen, ſo tief, daß
Ihr das Pfeifen der Locomotive nicht hört, wenn ſie mit dem

Zuge pfeilschnell auf den glatten Schienen vorbeiraft. Daher kommt es wohl, daß der gelangweilte Reisende von Euch nichts sieht, wenn er durch das geschlossene Fenster seines Waggons in die Dämmerung hinausblickt. Aber fragt den Jägersmann, der zu dieser Stunde allein über die Haide schreitet; fraget den Köhler, der, vor seinem einsamen Meiler sitzend, die goldene Schale des Mondes über die Wipfel der Bäume heraufschimmern sieht; fraget den Hirten, der an dem Waldessaume die Heerde hütet und die Sterne beobachtet, wie sie einer nach dem anderen aus dem Dunkelblau des Himmels aufblitzen — vielleicht können sie Euch noch Manches von Frau Holle erzählen und von dem, was sie treibt, im „Gethal und Gebirge."

Alexis und Dora.

Goethe's Elegien — diese Perlen der Perlen in dem lyrischen Schatze des Meisters, über deren unschätzbaren Werth die Kenner von jeher einig waren, sind merkwürdigerweise dem größeren Publikum nicht so bekannt, wie es im Interesse eben dieses Publikums gewünscht werden muß. Ist es nun die antike Form der Distichen, welche für Auge und Ohr des nicht klassisch gebildeten Lesers nichts Anziehendes, um nicht zu sagen Abstoßendes hat: ist es gar der Hauch der Antike, welcher für die Kenner der Alten so entzückend über diese köstlichen Dichtungen gebreitet ist, und der auf Andere erkältend wirkt — ungefähr wie die Weiße und Glätte des Marmors — so viel steht fest, daß Viele, die des Meisters Lieder und Balladen wieder und wieder lesen, über die Elegien wegblättern, als wären dieselben gar nicht für sie geschrieben. Alexis und Dora! Nun, die Namen kennt man wohl, aber was ist es nur gleich mit den Beiden? Eine kurze Geschichte, welche sich mit wenig Worten erzählen läßt: von zwei Nachbarskindern, die, scheinbar ohne Eines des Andern zu achten, in der südlichen Sonne, deren Gluth der frische Hauch des nahen Meeres freundlich kühlt, zu zwei schönen Menschenblumen herangewachsen sind — er zu einem herrlichen, braunen Jüngling, sie zu einer schlanken, blühenden Jungfrau —

er tüchtig zu jedem Manneswerk, sie geschickt in den Arbeiten der Frauen, allzeit geschäftig am Webstuhl, am Brunnen, im Garten,

> wo die Citronen blühn,
> In dunklem Laub die Gold-Orangen glühn,
> Ein sanfter Wind vom blauen Himmel weht,
> Die Myrthe still und hoch der Lorbeer steht.

Da kommt nun im Umlauf der Jahre der Tag, an welchem der Jüngling-Mann seine erste große Reise über's Meer antreten soll. Das Schiff liegt befrachtet auf der Rhede, der Schiffer, froh der günstigen Zeichen, die eine glücklich schnelle Fahrt verheißen, harrt ungeduldig seines Passagiers. Noch einmal umarmt Alexis die geliebten Eltern und geht. An dem Nachbargarten vorbei führt der Weg zum Strande und in der Thüre des Gartens steht die schöne Nachbarin. Er will grüßend eilenden Fußes vorüber, aber Dora hat ein Anliegen. Sie möchte, daß er ihr ein gülden Kettlein von der Reise mitbrächte, sie will es dankbar zahlen. Sorgsam, wie es dem Kaufmann geziemt, fragt Alexis nach der Form, nach dem Gewicht der Bestellung und blickt dabei unverwandt nach dem schönen Halse, welchen das Kettlein dereinst zieren soll. Wie träumend, wie von Götterhänden gezogen, folgt er dem Mädchen in den Garten. Sie will ihm ein paar Früchte für die Reise pflücken: Orangen und Feigen; sie pflückt und pflückt: „die goldene Last zieht das geschürzte Gewand;" und so treten sie in die Laube, wo sich ein Körbchen findet, in welches die Geschäftige zierlich die Früchte legt. Nun ist das Körbchen voll; aber Alexis hebt es nicht auf; seine trunkenen Augen ruhen auf den anmuthigen Zügen, auf der himmlischen Gestalt der Geliebten. Hat er sie, hat sie ihn zuerst umfaßt? Keines weiß es; Beide wissen nur, daß sie sich lieben, daß sie sich immer geliebt haben, daß die Trennung Tod sein würde, gäbe es nicht die Hoffnung des Wiedersehens. Thränen fließen von seinen, Thränen fließen von ihren Wangen und mischen sich in liebesheißeste Küsse, die von bebenden, stammelnden Lippen empfangen und gegeben werden. Da blickt der suchende Schifferknabe durch die Thüre herein; empfängt das Körbchen; Alexis folgt ihm, ohne zu wissen, was er thut — und kommt nicht eher zur Besinnung, als bis die purpurne Woge mächtig das Steuerruder des mit vollen Segeln in's hohe Meer hinstrebenden Schiffes umrauscht. Da nun durchschauert ihn die ganze Fülle seiner Seligkeit, seines Jammers, und in anmuthig melodischen Versen, in welchen man noch den holden Klang der Küsse, die auf seinen Lippen brennen, zu hören glaubt, strömt er aus, was wir in trockener Prosa kaum anzudeuten vermöchten.

Wer Kaulbachs Bild ansieht, den überkommt selbst eine Ahnung jener Wonne, welche die Herzen der Liebenden durchbebt haben muß an diesem ambrosischen Morgen. Das Schiff auf der Rhede, das Boot am Strande, der rufende Knabe, die Schwalben, die sich plätschernd in der Wasserschaale baden, der Morgensonnenschein, der so goldig durch die breiten Blätter der Feigen und des Weins strahlt und wechselnde Schatten auf die korinthischen Säulen streut, welche das Dach der Laube tragen: der weinlaubumrankte, traubengeschmückte Gartengott endlich, der so sinnend unter seiner Laubkrone hervorschaut, als träumte er von Jugend, Glück und Liebe den holden, unsterblichen Traum!

Gretchen.

I.

Die erste Begegnung Faust's und Gretchens ist, wenn man sich streng an die Goethe'schen Worte hält, kein günstiger Vorwurf für den Maler. Der Moment ist zu unruhig, zu flüchtig, und sowohl Gretchen wie Faust kommen dabei zu kurz; jene, weil „das Schnippische" leicht zu stark accentuirt wird, dieser, weil ein Verschmähter, er mag sich stellen, wie er will, immer etwas Lächerliches haben wird. Wenigstens muß es Kaulbach so erschienen sein; seine Auffassung weicht, wie der Leser sofort erkennen wird, ziemlich weit von dem Text des Gedichtes ab.

Die Scene ist der Platz vor dem Seiteneingange einer gothischen Kirche. Es ist vermuthlich schon etwas spät; das Geläute; das die Gläubigen in den Tempel des Herrn rief, hat schon einige Minuten aufgehört. Schon tönen Orgelklang und Gesang aus dem heiligen Raum. Eine Mutter mit ihrem halberwachsenen Töchterchen, das sie, es an der Taille umfassend, zu größerer Eile zu drängen scheint, und einem kleinen Knaben, den sie an der anderen Hand führt, tritt noch eben zuletzt hinein. Sobald sie herein ist, wird die Kirchenthüre geschlossen werden. Doch nein! Da kommt noch ein Gast zum Tempel des Herrn — ein wunderschönes Mädchen von sechszehn, siebzehn Jahren. Die hat sich noch mehr verspätet, aber sie ist nicht Schuld daran. Sie hat erst die ganze Wohnung säubern und fegen, sie hat dem Mütterchen, das krank zu Hause im Lehnstuhl sitzen bleibt, die Suppe kochen müssen, und hat sich dann erst anziehen können, wie es einem ehrbaren Bürgermädchen ziemt, das die ganze Woche arbeitet und dann am Sonntag zeigen will, daß es auch „guter Leute" Kind ist. Wenn sie gleich keine anderen Schmucksachen hat, als die dünnen Ohrringe, die vielleicht nicht einmal von Gold sind — um so sauberer muß die Krause sein, die den schlanken Hals umgiebt, um so knapper muß das Mieder den schönen Busen umschließen, um so sorgsamer muß das üppige blonde Haar aus dem Gesicht gescheitelt und in zwei Zöpfen geflochten werden, die so mächtig sind, daß sie des runden Nackens gar nicht einmal als eines Stützpunktes zu bedürfen scheinen. Ja, und weshalb soll sie nicht noch schnell in das Gärtchen hinter dem Hause eilen und sich ein grünes Kränzchen pflücken, es auf das schöne Haar zu setzen, und ein Blumensträußchen, es mit dem Gebetbuch und dem Rosenkranz in die Hand zu nehmen? — Darüber ist es denn allerdings ein wenig spät geworden, und das Mütterchen im Lehnstuhl hat zur Eile getrieben und ein wenig gescholten, zuletzt aber doch stolz = zufrieden gelächelt, als das schöne Töchterchen sich von ihr verabschiedet und mit einem „Behüt' dich Gott" zur Thüre hinausgeeilt ist.

Und da kommt sie nun in dem vollen Glanze ihrer morgenfrischen Schönheit! Sie hat, eiligen Schritts und mit der Hand das lange Gewand ein wenig hebend, die Kirchthüre fast erreicht, ihr Schatten fällt schon vor ihr her auf die Stufen — da — wer sind die beiden Gestalten, die in diesem Moment aus der engen Straße um die Ecke der Kirche treten? Den unheimlichen Gesellen mit den widerlich verzerrten Zügen und den Schielaugen, der die Kapuze über den Kopf gezogen, die Arme unter den Mantel geschlagen hat, und sich halb hinter den Andern versteckt hat, bemerkt sie wohl kaum — aber der Andere! Es ist eine hohe, majestätische Gestalt in ritterlicher Tracht, das Barett in der Hand, das Schwert an der Seite. Sein Haar bäumt sich wie eines Löwen Mähne über der stolzen, gedankenschweren Stirn und wallt in trotzigen Locken um das edle, schöne Antlitz. Er hat, wie er eben mit seinem Begleiter, der ihn wohl nicht absichtslos des Weges führte, an der Kirche, die für Jenen verschlossen ist, vorbei will, das Mädchen erblickt, und bleibt, wie vom Blitz getroffen, stehen, den linken Arm in Erstaunen und Bewunderung gehoben und dem herrlichen Kinde mit den dunklen und jetzt in Leidenschaft blitzenden Augen nachschauend. Und, Gretchen! Du hast in diese Augen geblickt und hast ihre Gewalt empfunden! Du wendest, unwillig über den kecken Blick des Unbekannten, das Gesicht ab und schreitest eilig weiter — aber Dein eigenes in süßer Starrheit niederwärts blickendes Auge zeigt, daß Dir in dieser Minute eine Offenbarung geworden, und daß Deine Ruhe hin ist, für immer hin! Nicht umsonst fiel ein dunkler Schatten vor Dir her auf die Schwelle des heiligen Gebäudes! Heute noch wirst Du aus dem vergriffenen Büchlein, das Du da mit dem Rosenkranz und dem frischen Blumenstrauß in der Hand trägst, Gebete lallen; aber nicht mehr „halb Kinderspiele, halb Gott im Herzen"; sondern ihn, einzig ihn, den schönen, stolzen, düstern Mann, der Dir da draußen vor der Kirche begegnete, und dem Du bald in dem lauschigen Garten hinter der Nachbarin Marthe Haus wieder begegnen sollst!

II.

Nicht umsonst fiel ein dunkler Schatten vor Dir her auf die Schwelle des heiligen Gebäudes! Armes, armes Kind, wie ist der holde Traum Deiner unschuldigen Liebe so bald verflogen! Arme, arme Rose, wie hat seitdem ein böser Wurm Deinen holden Schmuck zerstört! Da liegst Du nun in einer Seitenkapelle derselben Kirche auf den Stufen des Piedestals zu den Füßen der schmerzensreichen Mutter, die um ihre und ihres lieben Sohnes Noth, der todt auf ihrem Schoße liegt, seufzend zum Himmel blickt, und schreiest aus der Tiefe Deines Herzens: „Hilf, rette mich von Schmach und Tod!" — Jammer, Jammer, von keiner Menschenseele zu fassen! Die Aermste hat sich am frühsten Morgen aus ihrem Bette gestohlen. Sie hat nicht daran gedacht, das schöne Haar zu ordnen. Die üppigen Flechten fallen ihr, wie sie jetzt, zu-

sammengebrochen, mit tiefgebeugtem Haupte sich auf die gefalteten Hände stützend, knieend daliegt, aufgelöst über Nacken
und Arme. Sie hat nicht an Mieder und Kleid gedacht.
Sie hat sich nur ein weites Laken übergeworfen und das
Laken gleitet der Knieenden von den Schultern und zeigt
einen Theil des Halses und Busens und die Arme bis über
die Ellenbogen bloß. Durch ein Fenster in der Mauer links
fällt ein Sonnenstrahl in die graue Morgendämmerung der
Kapelle, über das Piedestal und über die Gestalt der Knieenden. Aber sie sieht die Sonne nicht; sie will, sie kann die
Sonne nicht sehen. Das schöne Haupt ist tief gesenkt, ach,
so tief! Wer von uns wagte einen Blick zu werfen in das
gramzerrissene Gesicht und die von Thränen überströmenden
Augen der Unglücklichen!

Von uns keiner — aber von den Weibern, die da um
den Brunnen auf dem kleinen Marktplatz, auf welchen wir
durch den weiten, offenen Bogen der Kapelle blicken, herum-
stehen und die Köpfe zusammenstecken, und sich in die Ohren
tuscheln von dem Gretchen, dem stolzen Ding, das doch nun
endlich zu Fall gekommen ist, und vor Verwunderung die
Hände zusammenschlagen und das Wasser aus dem Eimer
überlaufen lassen, von denen möchten es alle! Sie haben kein
Mitleid; sie empfinden nur gemeinste Schadenfreude, vor
allen das derbe, üppige Mädchen, das mit der Hand nach dem
armen Gretchen deutet.

Die rothen Sonnenstrahlen spielen um die alten Giebel-
häuser des Marktes. Die Tauben flattern aus dem Schlage
in dem Erkerthurm an dem Eckhause. Die Erde ist so früh-
lingsheiter, so jung; die Sonne so schön! Was weiß die Erde
von all' dem Jammer, den sie trägt; was weiß die Sonne
von der Unglücklichen, die vor dem Bilde der Mater dolorosa
sich windet in ihrer Todesnoth! —

*   •

Clärchen.

Clärchen im Egmont ist Gretchens Schwester — in mehr
als einer Hinsicht. Beide sind die Kinder des Dichterjünglings, empfangen in der Vollkraft poetischer Schaffungslust,
als die Welt noch morgenfrisch vor seinem trunkenen Auge
lag; in jener romantischen Zeit, deren poetischer Duft uns
noch entzückend aus den vornehm-ruhigen Blättern von „Dichtung und Wahrheit" anweht. Beide sind die Typen des
deutschen Bürgermädchens, in ihrer unschuldvollen Reinheit,
ihrer reizenden Naivität, in ihrer durch keine entnervende
Cultur gebrochenen, naturwüchsigen Kraft — voll kindlichen
Vertrauens, hingebend, ganz Entsagung, ganz Liebe — aber
auch sobald der „Ruf zur Leidenschaft" an sie ergeht, des
höchsten tragischen Pathos fähig; für ihre Ehre, für ihre
Liebe das Leben abstreifend wie ein Kleid. Und endlich sind
sie Schwestern in ihrem thränenreichen Geschick. Beide werden sie durch eine unwiderstehliche Gewalt der engen bürgerlichen Sphäre, in der ihnen ein ruhiges Glück gesichert schien,
entrissen, hinaufgewirbelt in die Sonnennähe, wo ihnen die
icarischen Flügel schmelzen und aus der sie hinabstürzen in
zerschmetterndem Fall.

Freilich, so ähnlich sie sich auf der einen Seite sind, so
verschieden sind sie auf der anderen. Clärchen tritt schon
deshalb in schärferen und bestimmteren Linien und Farben
vor uns hin, weil der Mann, mit dessen Schicksal das ihrige
verknüpft ist, eine historische, nicht, wie Faust, eine mythische
Persönlichkeit ist. Zeit und Ort im Egmont sind ganz genau
bestimmt. Gretchen wächst auf in ihrer Mutter einfacher
Wohnung, still und heimlich, wie ein Veilchen unter dem
Moose. Ihr Horizont ist von der alten Stadtmauer, über
welche die Wolken ziehen, begrenzt, und es ist nicht ohne
Bedeutung, daß auf Kaulbachs Bilde überall zwischen den
Steinen langes Gras in idyllischer Ruhe emporsproßt. Clär-
chen ist eine halbe Politikerin, sie verfolgt mit dem größten
Interesse die Ereignisse, sie kennt die Führer der Bewegung.
Gretchens Lieblingslied ist die ossianisch-schwermüthige Ballade
vom König von Thule, der seiner Buhle treu war bis über's
Grab; Clärchens Leibstück ist ein munteres Soldatenliedchen.
Gretchen hat, bevor sie Faust gesehen, wohl kaum von Liebe

geträumt; Clärchen versteht sich auf Herzensverhältnisse sehr
gut und sagt, von Brakenburg sprechend, mit einer Einsicht,
die einer Weltdame Ehre machen würde: „Ich hätte ihn heirathen können und glaube, ich war nie in ihn verliebt."
Clärchen hat, verglichen mit Gretchen, etwas Nüchternes,
Prosaisches, und erhebt sich erst, als das Unglück über ihren
Geliebten und sie selbst hereinbricht, zu der poetischen Höhe,
auf der sich Gretchen von Anfang an befindet.

Und hier auf der höchsten poetischen Höhe der tragischen
Leidenschaft hat der Künstler seine Heldin erfaßt. Es ist
die erste Scene des fünften Aufzuges. Clärchen hat Egmonts
Gefangennehmung erfahren und eilt, begleitet von Brakenburg,
durch die Straßen, die Bürger zum Kampf aufrufend.

Es ist Abenddämmerung; der Rauch aus den Schorn-
steinen der alterthümlich niederländischen Häuser mit den
hohen, vielstöckigen Giebeln, wälzt sich langsam und schwer
über die Dächer. Gespensterhaft blicken durch den Nebel die
hohen Thürme einer gothischen Kathedrale. Clärchen steht
auf der untersten Stufe der Treppe, die zu einem Hause
führt, im höchsten Affect die Arme in der Luft breitend. Die
Haare haben sich zum Theil losgenestelt; eine der Flechten
fällt halb aufgelöst über den Rücken. Ihre Augen blicken
stier, der Mund ist in scharfen Linien, wie der eines laut Ru-
fenden, geöffnet. Die Bürger, zu denen sie gesprochen hat,
drücken sich eben davon. Der Schneider Jetter, der sich mit
einem wunderbar albernen Gesicht halb umwendet, scheint
Brakenburg zuzurufen: „Schaff' sie bei Seite, sie dauert
mich!" Der Eine hat sich den Hut tief auf die Ohren gezogen und ballt die Hände in den Taschen; ein Anderer hat
Muth genug, die geballten Fäuste offen zu zeigen, aber dabei
ist er — charakteristisch genug — der Leithammel der lamm-
herzig, davonlaufenden Memmen. Das Auditorium, das dem
armen Clärchen noch bleibt, besteht aus Fischweibern, die mit
ihren Waaren auf den Stufen der Treppe sitzen. Die Eine,
mit einem Kinde an der Brust, blickt mitleidig zu dem unglücklichen Mädchen empor; eine andere, ein häßliches, altes
Weib, hält sich schreiend die Ohren zu — die Uebrigen starren in dumpfer Gleichgültigkeit oder thatlosem Staunen auf
die Heldin. Neben Clärchen steht Brakenburg. Er hat die
Hände flehend gefaltet; er ruft Clärchen die mahnenden
Worte zu: „Besinne dich, Liebe, wozu hilft es uns!" Armer

Brakenburg! Wie tief der Gram das schöne Gesicht zerwühlt hat, daß auch keine Spur von Jugendlichkeit und Frische mehr darin zu entdecken ist! Wie ihm das dunkle Haar wirr und lose über das blasse, lebensmüde Antlitz fällt! —

„Wie eine Fahne wehrlos ein edles Heer von Kriegern wehend anführt, so soll mein Geist um eure Häupter flammen, und Liebe und Muth das schwankende, zerstreute Volk zu einem fürchterlichen Heere vereinigen." Und wie eine wehende Fahne ist Clärchens schlanke, weit ausschreitende Gestalt mit den fliegenden Gewändern und den hoch erhobenen, wehrlosen Händen anzuschauen. So will sie dem Volk voranstürmen. Und nun, welch' grauenhafte Ironie! Dieses Volk, das nicht, einem Bergstrom gleich, hinter ihr herrast, sondern wie eine Schafheerde, die Köpfe duckend, vor ihr davonflieht! Diese Fischweiber, die sich die Ohren zuhalten! Dieser Brakenburg, das Bild hilflosen Mitleids! Und im Hintergrunde die Kriegsknechte Alba's, die auf ihre Hellebarden gestützt, grinsend auf die Scene herabblicken und zu sagen scheinen: „Ereifre dich nicht umsonst, Kleine! Dein Liebster sitzt in gutem Verwahrsam, und mit deinen wehrlosen Händen kannst du die Mauern seines Kerkers nicht einreißen!"

Adelheid.

Es ist bezeichnend für Goethe's Temperament, zum wenigsten für das Temperament des jungen Goethe, daß er sich, wie er selbst erzählt, von der Gestalt der Adelheid, die seine freie Schöpfung war — denn die Selbstbiographie des Ritters mit der eisernen Hand weiß wohl von einem Ritter Fabian von Walldorf, aber nichts von einer schönen Wittwe Adelheid von Walldorf — im Anfang gänzlich bezaubern ließ. Pygmalion entbrannte in Liebe zu seiner Galathea, der Schöpfer kniete anbetend vor seiner Statue! In der That ist die erste Bearbeitung des Schauspiels der beste Beleg zu diesem naiven Selbstbekenntniß. In dieser ersten Bearbeitung, die nebenbei die bei weitem genialste ist, spielt Adelheid eine noch viel bedeutendere Rolle, als in den andern beiden. Hier ist sie nur ein schönes, buhlerisches Weib; dort ist sie der

Dämon der sinnlichen Liebe selbst, vor der sich Alles in den Staub wirft: Ritter und Knappe, Zigeunerhauptmann und Zigeunerbub, der ausgesandte Mörder der heiligen Vehme: ein tödtlich schönes Gespenst, ein Vampyr, eine Teufelin, die sich mit dem Herzblut der Unglücklichen nährt, die ihr ver= sengender Blick getroffen hat.

Das Motiv zu dem Bilde ist aus der ersten Scene des zweiten Actes genommen.

Ein Saal im Palast des Bischofs zu Bamberg.

Der Bischof und Adelheid spielen Schach. Der Bischof, eine alte, zusammengefallene Gestalt im priesterlichen Haus= rock, das Käppchen auf dem kahlen Haupt, sitzt in einem großen Lehnstuhl dem Beschauer fast den Rücken zukehrend. Er geht ganz in dem Spiel auf; die herunter hängende Ober= lippe, das nachdenkliche Gesicht zeigen, daß er über den Zug, den er eben thun will, noch nicht ganz im Klaren ist. Adel= heid sitzt ihm gegenüber auf einem Sopha. Das Spiel in= teressirt sie nicht, oder wenigstens nicht mehr. Sie sieht den Bischof mit einem listigen Blick, der viel von dem Blicke der Katze hat, die nahe neben ihr auf dem Sopha liegt, an; aber sie will sich wohl nur versichern, daß die Aufmerksam= keit des alten Mannes ganz dem Spiele zugewendet ist, und schon im nächsten Momente wird sie nach links einen koketten Blick werfen, zu sehen, ob Franz, welcher, die eine Hand auf die Seitenkissen des Sophas stützend, in der Thür lehnt und sie mit dem verschlingenden Ausdruck glühendster, verzehren= der Leidenschaft anstarrt, wohl den Sinn des Liedes verstan= den hat, das zu ihrer Rechten der höfische Liebetraut zur Zither singt:

Mit Pfeilen und Bogen
Cupido geflogen,
Die Fackel in Brand —

Da fand er die Busen
Ach leider so bloß,
Sie nahmen so willig
Ihn all auf den Schooß.
Er schüttet die Pfeile
Zum Feuer hinein,
Sie herzten und drückten
Und wiegten ihn ein.
Hei ei o! Popeio!

Wie er sich hebt auf den Fußspitzen, der verlebte Höf=
ling, um mit widerlichem Lächeln den Anblick der Reize zu
genießen, die Cupido auf seinem Fluge „ach, leider so blos"
findet! Wie zierlich er die Leier hält, wie kokett er beim
Singen den durchaus nicht mehr mit allen Zähnen versehenen
Mund öffnet!

„Ich wollte meinen Vater ermorden, der mir diesen
Platz streitig machte!" — armer Franz! Aber solche Ge=
danken kommen einem Weltkinde wie Dir beim Anblick eines
solchen Weibes, beim Anhören solcher Lieder! Und was
flüstert Dir denn da der aufgedunsene Pfaff mit dem grotesk
sinnlichen Gesicht, der Abt, oder, wie ihn Liebetraut nennt,
das Weinfaß von Fulda, in's Ohr? Gewiß erklärt dir der
heilige Mann den Sinn und die Bedeutung der Wandge=
mälde: was es für eine Bewandtniß hat mit dem Apfel, den
Eva dem Adam zu kosten gab, und mit dem Baum der Er=
kenntniß, und wieso der Tod der Sünde Sold sei; und wes=
halb Moses ob deinem Haupte so feierlich auf die Gesetzes=
tafel deutet, und warum der Engel auf dem Knauf der an=
dern Säule so verzweiflungsvoll das Antlitz mit beiden Hän=
den verhüllt!

Leonore.

Leonore.

Zum erstenmal trat ich, noch unterstützt
Von meinen Frauen, aus dem Krankenzimmer,
Da kam Lucretia voll frohen Lebens
Herbei und führte Dich an ihrer Hand,
Du warst der Erste, der im neuen Leben
Mir neu und unbekannt entgegentrat,

Tasso.

Und ich, der ich betäubt von dem Gewimmel
Des drängenden Gewühls, von so viel Glanz
Geblendet, und von mancher Leidenschaft
Bewegt, durch stille Gänge des Palast's
An Deiner Schwester Seite schweigend ging,
Dann in das Zimmer trat, wo Du uns bald
Auf Deine Frau'n gelehnt erschienest — Mir,
Welch' ein Moment war dieser.

Es hat dem Künstler gefallen, anstatt eine Scene der Goethe'schen Dichtung nur die Schilderung eines Vorganges (Torquato Tasso, II. Act, I. Scene), die der ersten Begegnung des Dichterjünglings und der Prinzessin, wie sie in den oben citirten Versen erzählt ist, zur Darstellung zu bringen. Oder, um genauer zu sprechen, nicht ganz so, wie sie dort geschildert ist, sondern mit nicht unerheblichen Abweichungen, wie wir deren schon öfter auf diesen Blättern begegnet sind, und noch begegnen werden. Eine treffliche Scene in einem Drama oder Roman ist nicht immer ein gleich trefflicher Vorwurf für den Maler. Was war am Ende auch aus einer fürstlichen, jungen Dame, die sich, von einer schweren Krankheit kaum genesen, auf ihre Frauen gestützt, zum ersten Male aus dem Krankenzimmer in das Nebengemach wagt, malerisch viel zu machen? Für die Phantasie ist es immer ein rührendes Bild; aber die krankhafte Blässe, die Magerkeit der Formen, der leidende Zug in dem Gesicht einer Reconvalescentin, haben, auch von der Hand eines Meisters dargestellt, auf dem Papiere, auf der Leinwand wenig Anziehendes. Der Künstler nun, dem diese Scene, vermuthlich der begleitenden Frauen wegen, ein besonders günstiger Vorwurf schien, hat seitdem ein paar Sommerwochen vergehen und die Prinzessin zwischen Lorbeer- und Myrthenhainen in balsamischer, springquelldurchkühlter Gartenluft den zarten Glanz ihrer Schönheit und die liebliche Fülle der herrlichsten Glieder wieder gewinnen lassen, wenn auch die holden Wangen vielleicht noch um einen Schatten blasser sind und es um den reizenden Mund noch ein klein wenig melancholischer zuckt, als wie sonst.

Ein reicher Kranz charakteristischer Frauengestalten umgiebt die Prinzessin. Welch' herrlicher Mezzo-Sopran mag der vollen Brust der jungen Dame entströmen, die links neben der Fürstin im Vordergrunde mit der Laute in der Hand auf einem Tabouret sitzt, und unter der wir uns wohl Leonore Sanvitale (die andere Leonore) zu denken haben! Welch' Bewußtsein ihrer Würde in dem scharfgeschnittenen Gesicht der Frau Oberhofmeisterin, die eben aus dem Buche so eifrig vorgelesen hat, daß sie von dem jungen Hoffräulein in dem kokett ausgeschnittenen Kleide neben ihr erst auf das Hereinkommen des Dichterjünglings aufmerksam gemacht werden muß! Und nun, neben dieser jungen (und, wie wir fürchten, etwas genußsüchtigen) Schönen die Nonne mit den strengen,

weltentsagenden, schmerzensreichen Zügen, die so glücklich an
das edle Antlitz des Dichters der Divina Commedia erinnern!
Wohl mußt Du, schüchterner Sänger, vor all diesen
Blicken die Augen niederschlagen, welch' freundlich ermuthi-
gende Worte Dir auch Lucretia, die Schwester der Prinzessin,
die Dich einführt und deren geistreich gutes Gesicht liebenswürdig bemutternd auf Dich blickt, Dir auf dem Weg hierher durch den stillen Park gesagt haben mag. Oder hast Du
weder die Lautenspielerin, noch die Vorleserin, noch das Hoffräulein, noch die Nonne gesehen, sondern sie, einzig sie, zu
der Du bald sagen wirst:

> Was auch in meinem Liede wiederklingt,
> Ich bin nur Einer, Einer Alles schuldig!

Iphigenie.

„Trifft man denn gar wieder einmal auf eine Arbeit
von Raphael, oder die ihm wenigstens mit einiger Wahrscheinlichkeit zugeschrieben wird, so ist man gleich vollkommen
geheilt und froh. So habe ich eine heilige Agathe gefunden,
ein kostbares, obgleich nicht ganz wohlerhaltenes Bild. Der
Künstler hat ihr eine gesunde, sichere Jungfräulichkeit gegeben,
doch ohne Kälte und Rohheit. Ich habe mir die Gestalt
wohl gemerkt, und werde ihr im Geist meine Iphigenie vor-
lesen und meine Heldin nichts sagen lassen, was diese Heilige
nicht aussprechen möchte." (Ital. Reise.)
Wie weit die Gestalt der Iphigenie der vom Dichter
bewunderten Heiligen ähnlich ist — wir wüßten es nicht zu
sagen: das aber können wir mit Bestimmtheit behaupten:
wenn jenes Heiligenbild auszusprechen verdient, was Goethe
seiner Iphigenie in den Mund legt, so muß es ein überaus
herrliches Bild sein. Iphigenie ist vielleicht mehr als irgend
eine von Goethe's Frauengestalten der höchste Ausdruck seiner
Idee vom Weibe, der Inbegriff gleichsam des „ewig Weib-
lichen," das Ideal seiner Ideale, die Priesterin einer gütigen
Gottheit, ja die Vertreterin der Gottheit auf Erden, der beseligende Genius der Menschlichkeit, die da „edel sei, hülfreich und gut."

So wandelt die Hohe, Unvergleichliche durch Goethe's Dichtung, ein wildes Barbarenvolk zu milderen Sitten bekehrend, die rauhe Leidenschaft des Königs zügelnd, den unseligen Bruder von dem Fluch der Götter erlösend, die Arglist des Freundes mit ihrer Wahrhaftigkeit durchkreuzend, den jäh auflodernden Streit der Männer beschwichtigend, Alles mild und gut zum guten Ausgang führend, — und so hat sie der Künstler darzustellen versucht. Eben hat sie sich dem Bruder entdeckt, aber durch den Nebel des Wahnsinns, der seine Augen umschattet, weiß er die Gefundene nicht zu erkennen; schilt „einer Schwester reine Himmelsfreude unbesonnene, strafbare Lust." Und als er nun vor dem Strahl der Wahrheit, der von ihrer reinen Stirn leuchtet, das Auge nicht länger verschließen kann, da entzündet dieser Strahl in dem zerrissenen Busen nicht Glück und Entzücken, da sieht er nur in der Schwester die Priesterin der tödtlichen Gottheit, in sich selbst das Opfer, in diesem Zusammentreffen nur die letzte Folge des Fluches, der auf Tantalus Hause liegt. Er beklagt, daß Electra nicht zugegen sei, damit auch sie mit ihnen zu Grunde gehe; er dankt den Göttern, daß sie ihn ohne Kinder auszurotten beschlossen haben. Komm, ruft er der Schwester zu:

> Komm kinderlos und schuldlos mit hinab!
> Du siehst mich mit Erbarmen an? laß ab!
> Mit solchen Blicken suchte Klytemnästra
> Sich einen Weg nach ihres Sohnes Herzen;
> Doch sein geschwung'ner Arm traf ihre Brust.
> Die Mutter fiel! — Tritt auf, unwill'ger Geist!
> Im Kreis geschlossen tretet an, ihr Furien,
> Und wohnet dem willkomm'nen Schauspiel bei,
> Dem letzten, gräßlichsten, das ihr bereitet!

Und da treten sie heran, da lagern sie auf der Schwelle des heiligen Raumes, den sie nicht betreten dürfen. Orest verhüllt sein Antlitz, die Grauengestalten nicht zu sehen, sich selbst nicht zu sehen, denn sie sind — er selbst: sein eigenes Gewissen, „die ewige Betrachtung des Gescheh'nen," das Bewußtsein seiner Unthat, seiner Schuld; sie sind: die Verzweiflung und die Reue und das Mitleid, das thränenreiche, hülflose Mitleid, das wir, wenn das Unglück seine scharfen Krallen in unser Herz schlägt, mit uns selber haben.

Und unendliches Mitleid liegt in den feuchten, strahlen=
den Augen, in den leise zuckenden Lippen Iphigeniens, aber
es ist nicht hülflos dieses Mitleid, es ist der Hülfe voll, ist
voll der Kraft, zu lösen, zu erlösen. Erhebe Dich, Orest,
aus der Tiefe Deines Falls! Apoll gab Dir das Wort:

> „im Heiligthum der Schwester
> Sei Trost und Hülf' und Rückkehr Dir bereitet.
> Der Götter Worte sind nicht doppelsinnig."

Eugenie.

Ein hohes, stattliches Gemach, im reichsten Rococo ganz
im Charakter des Portraits an der Wand — im Vorder=
grunde ein wunderschönes Mädchen in prachtvoller Toilette,
knieend vor einem Stellspiegel im Begriff, sich ein Ordens=
band umzulegen, aufschauend zu einer älteren Dame, die nach=
denklich, und den Finger warnend erhebend, auf die junge
Schönheit herabschaut — auf dem Tische neben dem Stell=
spiegel Perlen und Diamanten, zu Füßen der Aelteren eine
geöffnete Truhe, die eine Welt von Schätzen zu bergen
scheint — — woraus ist doch nur gleich dies?
Goethe's „Natürliche Tochter" wird jetzt so wenig mehr
gelesen — auf der Bühne hat das Stück ohnedies niemals
heimisch werden können, und wird jetzt kaum wohl jemals
noch aufgeführt — daß manche unserer Leser es uns vielleicht
Dank wissen werden, wenn wir mit einigen Worten an den
Inhalt desselben erinnern. — Eugenie, die natürliche Tochter
des Herzogs, Oheims des regierenden Königs, soll bei Hofe
eingeführt werden. Ihr Bruder, der rechte Sohn des Herzogs
und sein Anhang haben dem jungen Mädchen den Untergang
geschworen. Man will sie nach den Colonien schicken, wäh=
rend man das Gerücht verbreitet, sie sei auf der Jagd durch
einen unglücklichen Zufall umgekommen. Die Seele dieses
Complotts ist der Sekretär, der Verlobte von Eugeniens Er=
zieherin. Er weiht seine Braut in das Geheimniß ein; sie
muß, will sie das geliebte Kind vor gänzlichem Untergange
bewahren, auf den Plan eingehen. Eugenie ahnt von dem
allen nichts, zum mindesten hält sie die Gefahr für lange

nicht so groß, sie ist voller Hoffnungen und Pläne für die Zukunft; ja sie ist leichten Sinnes genug, dem Gebot des vorsichtigen Vaters entgegen, die Truhe zu öffnen, in welcher er ihr den Schmuck sendet, den sie in wenigen Tagen bei Hofe tragen soll. Diamanten und Perlen, kostbare Gewänder findet sie in der Truhe. Sie freut sich des königlichen Glanzes, sie legt die Kostbarkeiten, eine nach der andern, an. Endlich findet sie das Ordensband.

> „Was seh' ich! diese Rolle! ganz gewiß
> Das Ordensband der ersten Fürstentöchter!
> Auch dieses werd' ich tragen! Nur geschwind!
> Laß sehen wie es kleidet? Es gehört
> Zum ganzen Prunk; so sei auch das versucht!

> O meine Liebe! Was bedeutend schmückt,
> Es ist durchaus gefährlich. Laß auch mir
> Das Muthgefühl, was mir begegnen kann,
> So prächtig ausgerüstet zu erwarten.
> Unwiderruflich, Freundin, bleibt mein Glück.

Menschenschönheit ohne Seelenadel ist im Grunde ein Widerspruch; und wenn „Adelheid" im Götz von Berlichingen auf Kaulbachs Bilde nicht schön genug vorkommt, möge das wohl bedenken. Hier ist wahre, d. h. seelendurchleuchtete Schönheit, hier in diesem jugendlichen, von Geist und Leben von Muth und Glück strahlenden Antlitz; ein unsäglicher Liebreiz in diesen weichen und doch so kühnen Zügen, in diesen schmachtenden und doch so hellen Augen, in dieser mädchenhaften und doch so gesättigten Gestalt!

Und nun wende man den Blick zu der älteren Dame, dem Schatten neben dem glänzenden Licht! Auch sie ist einst schön gewesen, vielleicht wäre sie es noch, wenn ein freundliches Lächeln die strengen Züge erhellte. Aber woher sollte das Lächeln kommen! Sie hat zu tief in diese Welt geschaut, die arge höfische Welt der Intrigue, der Kabale, des gottgesalbten Egoismus und der königlich bezahlten Schmeichelei, und darüber sind ihre schönen Augen starr und kalt geworden und ihre rosigen Lippen scharf und dünn, und jetzt erhebt sie warnend die Hand:

> O wär' es möglich, daß Du meinen Worten
> Gehör verliehest, Einen Augenblick!

Aber sie weiß, daß es nicht möglich ist, denn was die Unglückliche aufschrecken würde aus ihrem Traum — sie darf es nicht sagen. Ihre Lippen sind versiegelt. In ihrem verschlossenen Herzen lautet das Echo der letzten Worte Eugeniens: „Das Schicksal, das Dich trifft, unwiderruflich!"

Helena.

„Wer sie erkennt, der darf sie nicht entbehren." Wer die in der Person der Helena personifizirte klassische Schönheit, die Schönheit griechischer Sculptur und Dichtkunst, erkannt hat, der darf, der kann sie nicht entbehren — das ist die prosaische Erklärung der obigen Worte, die Faust, als er im Zauberspiele auf der kaiserlichen Hofburg die Vielumworbene zum ersten Mal erblickt, aus tief bewegtem Herzen ruft. Dieser unwiderstehliche, wahrhaft dämonische Drang: sich durchgeisten zu lassen von der idealen Weihe, welche die Werke aus der Blüthezeit der griechischen Kunst verklärt und sie für alle Zeiten dem strebenden Künstler zu einzig hohen Vorbildern macht, ist, wie es denn als das Merkzeichen unserer ganzen klassischen Dichtungsperiode bezeichnet werden kann, auch das Thema jenes wunderlichen dritten Actes im zweiten Theile des Faust: der Vermählung Fausts und der Helena, das heißt: des deutschen Geistes mit dem griechisch-antiken Geiste. Denn zur Darstellung dieses cultur-historischen Factums hat der Dichter das Motiv ausgebeutet, das ihm die alte Puppenkomödie bot. Dort ist der Besitz des schönsten Weibes einfach ein Sinnbild des ungemessenen irdischen Genusses, für den der Doctor Faustus seiner Seelen Seligkeit dem Teufel verkauft; aber der Goethe'sche Faust des zweiten Theiles wird nicht mehr von so naiver Genußsucht geplagt; er ist mittlerweile ein romantisches Gespenst geworden ohne eine Spur von der titanischen Kraft, die in dem Uebermenschen des ersten Theiles sprüht, ja selbst ohne Sinnlichkeit, denn seine Liebe zur Helena ist gespenstisch und traumhaft, wie die Frucht dieser Liebe, Euphorion — ein geistreicher Einfall des Dichters ist.

Der zweite Theil des Faust wird im Allgemeinen nur noch wenig gelesen, auch bedarf es einer genauen Kenntniß desselben zum Verständniß unseres Bildes kaum. Nur von Euphorion, dem wunderbaren Sohne, welcher dem hohen Elternpaare geboren ist, nachdem sie sich kaum unter schattigen Palmen in Liebe gesellt, scheint es nöthig, Einiges zu sagen. Bekanntlich ist unter diesem sonderbaren „Genius ohne Flügel, faunenartig ohne Thierheit" kein Geringerer als Lord Byron gemeint, dessen kurze merkwürdige Laufbahn der Dichtergreis mit dem lebhaftesten Interesse verfolgte, auf dessen „grenzen= lose Genialität" er wiederholt zu sprechen kommt, und dem er nun hier in der Gestalt des Euphorion, der, flügellos, den höchsten Flug wagt, und nach kurzem Aufschwung, wie einst Ikarus, auf der platten Erde jämmerlich zerschellt, ein freundschaftliches Denkmal gesetzt hat. Eine innere literarisch= historische Berechtigung hat es offenbar nicht, den Dichter des Weltschmerzes par excellence als den Sprößling einer sol= chen Vermählung aufzustellen; denn nicht die Byron'sche, son= dern die Goethe=Schiller'sche Poesie ist es, in welcher wir die schöne Frucht der Verbindung zu erkennen haben; es ist eben, wie wir oben uns zu sagen erlaubten, ein geistreicher Ein= fall, und jedenfalls ist der „Trauergesang," mit welchem der Chor das frühe Ende des Euphorion beklagt, charakteristischer, als das Spiel selbst.

> Ach! zum Erdenglück geboren,
> Hoher Ahnen, großer Kraft,
> Leider! früh Dir selbst verloren
> Jugendblüthe weggerafft;
> Scharfer Blick, die Welt zu schauen,
> Mitsinn jedem Herzensdrang,
> Liebesgluth der besten Frauen
> Und ein eigenster Gesang.

Das Scheusal schließlich mit dem geistreichen Gesicht, das aus der Rosenhecke auf die Liebenden schaut, ist Phorkyas, der Helena Haushälterin, alias Mephisto. Und nun die Lie= benden selbst! Bedarf die Situation, bedürfen die in der Wonne des höchsten Glückes halbgeschlossenen Augenlider des schönsten Weibes, die herrlichen Formen des unsterblichen Leibes, der sich so zärtlich an die Heldengestalt des hohen

Geliebten schmiegt, eines Commentars? oder wer weiß einen
verständnißinnigeren, als die Verse Freiligraths:

„In ihrer Liebe Nacht versunken,
Sind sie entfloh'n aus Welt und Zeit."

Lotte.

Wer kennt sie nicht, die reizende Geschichte, wie Werther
Lotten zum Ball abholen will und sie beim Butterbrodschnei=
den unter ihren Geschwistern überrascht! Diese so einfache,
unsterbliche Geschichte! Hat sie doch ein Jeder von uns ge=
lesen — nein nicht gelesen! mit erlebt; ist doch ein Jeder
von uns mit seiner Tänzerin, „einem guten, schönen, übrigens
unbedeutenden Mädchen," und ihrer Base in der Kutsche durch
den ausgehauenen Wald gefahren, um Charlotte S....
abzuholen, und hat die Sonne beobachtet, die nur noch eine
Viertelstunde vom Gebirge entfernt war und die weißgrauen
Gewitterwölkchen, und hat seine ängstlichen Begleiterinnen
mit anmaßlicher Wetterkunde getäuscht; ist dann, als der
Wagen am Hofthor hielt, hinabgesprungen, durch den Hof
nach dem wohlgebauten Hause gegangen, die vorliegende
Treppe hinaufgestiegen, in die Thür getreten und — welch'
ein Bild, das sich nun plötzlich seinen erstaunten Augen zeigt!
Da mitten in dem Zimmer und mitten in einer wimmelnden
Schaar von Kindern steht ein schönes, schlankes Mädchen in
einem einfachen geschmackvollen Ballanzuge — weißes, etwas
tief ausgeschnittenes Kleid, wie es die Mode verlangt. Das
schöne, reiche Haar gleichmäßig aus dem Gesichte gekämmt
und oben zu einem Toupet aufgebauscht, das ein Kranz von
natürlichen Rosen, der hinten in einer Schleife endigt, um=
giebt. Das ist, ein paar Schleifen an Busen und Armen
nicht zu vergessen, ihr ganzer Schmuck, nein, nicht ihr ganzer
Schmuck! Oder wäre das große Schwarzbrod, von dem sie
eben, es fest gegen den schönen Busen drückend, ein Stück
abschneidet, kein Schmuck für diese so holde, jungfräuliche
Mutter? Ihr Gesicht mit den bedeutenden Zügen ist ruhig
und ernst; die schönen, braunen Augen blicken auf die Kinder=
schaar herab und scheinen dasjenige aufzusuchen, welches „die=

fes Stück hier haben soll." Das Stück ist noch nicht ganz
abgeschnitten; es kann noch ein wenig größer gemacht werden,
und dann wird es wohl der pausbäckige prächtige Bengel be=
kommen, der ordentlich kläglich bittend zu der Göttergestalt
der großen Schwester hinaufschaut. Einige sind schon abge=
funden. Zuvörderst das Kind, bei dessen Geburt die Mama
starb und die achtzehnjährige Lotte zur Mutterstelle berufen
wurde, das hier rechts im Vordergrunde, auf dem hohen
Kinderstühlchen sitzt, in voller Werdelust sich schon beider
Schuhchen und eines der Strümpfchen entledigt hat und eben
daran ist, mit den kleinen, wie Hände beweglichen Füßen das
andere Strümpfchen auch herunter zu streifen. Alle zweiund=
dreißig Zähne hat es nun wohl noch nicht; jedenfalls müssen
die, welche es hat, gut sein, denn es beißt wacker auf sein
Stückchen Brod los. Auch der älteste Junge hat in sein
Brod schon tüchtig hineingebissen und seine ganze linke Backe
mit Butter beschmiert. Jetzt soll Schwester Sophie auch ab=
beißen; Schwester Sophie, die, wenn Lotte weggefahren ist,
das Regiment führt, trotzdem sie nur elf Jahre, und also
mehrere Jahre jünger als der Wildfang von Bruder ist, und
mit ihrer Haube auf dem Kopfe und dem Strickstrumpf in
der Hand die mangelnden Jahre durch ein klein wenig pe=
dantische Würde zu ersetzen sucht. Sie wird wohl ihre liebe
Noth haben, das kleine Hausmütterchen! Von dem zweit=
ältesten Bruder wenigstens, der hinter Lottens Rücken, halb
in Uebermuth und halb in schalkhafter Naschhaftigkeit, heim=
lich nach den Früchten in der Schaale auf dem Spiegeltisch
langt, sind wir nicht sicher, ob er nicht manchmal, wie z. B.
schon in diesem Augenblicke, die Ruthe verdient, deren Griff
so ominös gerade über seinem Lockenkopf hinter dem Spiegel
hervorragt. Und welch schalkhafter Humor in diesen Windeln auf
dem Kinderstühlchen; diesem Hemdchen, das so ungenirt aus
dem Höschen des kleinen Buben hervorschaut, der sich auf
die Fußspitzen hebt, und seiner Schwester, hoffen wir mit nicht
allzu schmutzigen Händen, in das schöne, weiße Ballkleid faßt!
Und nun schaue man auf dieses Paar im Vordergrunde, auf
dieses ausgeleierte Hottepferd mit dem eckigen Stumpfschwanz
und die Katze, die mit dem langen Schweif so zierlich rin=
gelt, wie sie sich, das todte Hottepferd und die lebendige Katze,
so grimmig aus ihren Schielaugen anblicken! —

Mignon.

Mignon gehört zu jenen räthselhaften poetischen Gestal=
ten, die geistreiche Dichter nur deshalb erfunden zu haben
scheinen, um der Mit= und Nachwelt etwas zu rathen zu
geben. Zum wenigsten sieht der prosaische Verstand in ihnen
nichts, als durchaus unberechenbare Phänomene, die man eben
in ihrer kometenhaften Natur gelten lassen muß, ohne zu fragen,
woher sie kommen, wohin sie gehen und wie der Kern ihres
Wesens denn eigentlich beschaffen ist. Auch hat der prosaische
Verstand von seinem Standpunkte aus Recht, wenn er sich
gegen Mignon und ähnliche Erscheinungen abwehrend ver=
hält. Sie gehören in eine andere Sphäre, wenn sie auch
unzweifelhaft ihre natürliche Basis in dieser urnatürlichen
Welt haben, so daß man, um genauer zu sprechen, sagen
müßte, sie wachsen in eine andere Welt hinüber, in die Welt,
die sich nur der geheimnißvollen Kraft, welche wir die Phan=
tasie nennen, erschließt.

Die Lösung des Räthsels hoffe man indessen nicht zu
finden durch eine möglichst sorgfältige und gewissenhafte Zu=
sammenstellung aller einzelnen Züge, die uns der Dichter von
seinem Lieblinge zu berichten weiß, denn aus diesen verschie=
denen Momenten würde sich nun und nimmer ein vollkom=
menes Gebild gestalten. Man glaube auch nicht, dem Wesen
Mignons dadurch beizukommen, daß man es rückwärts aus
der Idee des ganzen Werkes oder aus dem organischen Zu=
sammenhange, in welchem dieser Charakter mit den übrigen
Charakteren des Romans doch nothwendig stehen müsse, zu
erklären sucht, denn ein solcher organischer Zusammenhang
möchte sich schwerlich erweisen lassen; man gebe diese objec=
tiven Erklärungsversuche auf und halte sich an das dichtende
Subject, das möglicherweise in seiner dämonischen Natur und
den Bedürfnissen dieser Natur den Schlüssel des Räthsels
birgt. Man wolle nicht vergessen, daß auch in dem Herzen
des Dichters, dem es vor vielen möglich war, die individuell=
sten Erfahrungen in poetischen Gestalten zu verklären, ein
unverbrauchter, unbenutzter Rest zurückblieb, zu spröde oder
zu subtil, als daß er demselben auf die gewöhnliche Weise
hätte beikommen können. Man vergesse nicht, daß auch der

Dichter, dem vor so Vielen ein Gott gab, zu sagen, was er litt, was ihn entzückte, in gewisser Weise und bis zu einem gewissen Punkte zu jenen Menschen gehört, die Jean Paul mit einem unübertrefflich schönen Ausdruck: „die Stummen des Himmels" nannte. Und wenn nun, wie das bei einem so vollkommenen Dichter nicht anders sein kann, jener geheim= nißvolle Rest, von dem wir eben sprachen, dennoch an das holde Sonnenlicht der Poesie drängt, wenn jene Gedanken und Empfindungen, die im Grunde unsagbar sind, dennoch in Menschenrede sich vernehmen lassen wollen, — dann eben entstehen so wunderbare, räthselhafte, unbegreifliche Gestalten, wie Mignon, und diese Gestalten führen so seltsam dunkel= klare Reden und singen so berauschend süße, unergründlich tiefe Lieder, wie sie eben Mignon führt, wie sie eben Mignon singt.

Man halte diesen Gedanken fest, und man wird, glau= ben wir, Mignons Heimweh nach dem schönen Italien mit seinen Citronen und Orangenwäldern und Marmorbildern, und ihre sinnlich=übersinnliche Liebe besser verstehen, als wenn man sich die Mühe giebt, die Einwirkung ihrer geheimniß= vollen Abstammung auf ihr Gemüth nach der Erzählung des Dichters psychologisch und physiologisch abzuschätzen. Wollen wir aber die Quintessenz dieses Charakters mit einem Worte bezeichnen, so werden wir sagen müssen, daß Mignon die personificirte Sehnsucht des erdgeborenen Menschen nach den seligen Gefilden seiner mythischen Abstammung ist, wo sie wohnen, von denen das holde Kind so rührend singt:

> „Und jene himmlischen Gestalten,
> Sie fragen nicht nach Mann und Weib,
> Und keine Kleider, keine Falten
> Umgeben den verklärten Leib."

Kaulbach hatte zu seiner Darstellung den Moment ge= wählt, wo Mignon auf Nataliens Schloß im Kreise der Kinder, die sich zur Feier eines Geburtstages zusammenge= funden haben, als Engel erscheint, „in ein langes, leichtes, weißes Gewand anständig gekleidet, mit einem goldenen Gürtel um die Brust und einem goldenen Diadem in den Haaren." Ein Paar große goldene Schwingen sind an ihren zarten Schultern befestigt. So tritt sie unter die überraschten Kin= der und reicht das Körbchen mit den Gaben hin; dann

nimmt sie ihre Cither, setzt sich auf einen hohen Tisch und
singt:

> „So laßt mich scheinen, bis ich werde;
> Zieht mir das weiße Kleid nicht aus!
> Ich eile von der schönen Erde
> Hinab in jenes feste Haus.“

Der Gegensatz des schmerzensreichen, sehnsüchtigen Aus=
drucks im Gesichte der Sängerin und der ungebrochenen
Naivität in den Gesichtern ihrer kleinen Zuhörerinnen ist tief
empfunden und geistvoll dargestellt. Nur in dem Kopfe des
mit der Kapuze bekleideten Mädchens, rechts von der Sän=
gerin, scheint eine Ahnung jener Welt aufzudämmern, nach
welcher Mignon in Sehnsucht verschmachtet. Einen tieferen
seelischen Antheil nimmt auch wohl das schöne Kind links,
dessen Antlitz wir in scharfem Profil erblicken, aber in den
Gesichtern der Andern lebt nur die kindische Freude an der
wundersamen Gestalt und dem wundersamen Klang des Lie=
des, um dessen Inhalt sie sich nicht im Mindesten kümmern.
Welche mundaufsperrende Verwunderung in dem Gesichtchen
der Knieenden, die nicht umsonst das Schäfchen im Arm
hält! Welche händefaltende Andacht in der hübschen Blon=
dine rechts! Wie hausmütterlich verständig schaut das kleine
Persönchen mit den klugen festen Zügen unter dem linken
Flügel der Sängerin hervor! Noch ist der Knabe zu erwäh=
nen, der rechts im Hintergrunde an den Thürpfosten lehnt,
und bei dem der Künstler wohl an Felix gedacht hat, obgleich
Felix im Roman bei jener Scene nicht zugegen ist.

Dorothea.

I.

Aus Lessings Laokoon wissen wir, daß eine Situation,
weil sie dichterisch ist und von einem Dichter geschildert wurde,
darum noch kein günstiger Vorwurf für den Künstler zu sein
braucht; daß der Künstler diese Situation oft gar nicht dar=
stellen kann, oder gezwungen ist, sie wesentlich zu modificiren,
um sie für seine Zwecke brauchbar zu machen. Unsere Ga=
lerie bietet für diese ästhetischen Wahrheiten die merkwürdig=

ſten Belege; der nicht zum wenigſten merkwürdige iſt das vorliegende Blatt.

In dem Gedichte ſtrömt, als Hermann mit ſeinem Wa= gen aus der Stadt kommt, die zurückkehrende Menge der Bürger mit Weibern und Kindern ihm entgegen; der Zug der Vertriebenen iſt bereits fern, hat das Dorf, wo man zu übernachten und zu raſten ſich vorgenommen, wohl ſchon er= reicht; die Straße iſt wieder leer geworden; der Wagen, den Dorothea führt, iſt der letzte von allen. Indem der Dichter die Heldin ſo von dem wüſten Durcheinander der Auswan= derer abſondert, erleichtert er ſich offenbar ſeine Geſchäft weſentlich. Der Jüngling braucht nicht lange zu wählen, wem er die Liebesſpende reichen ſoll — hier iſt, was er ſucht. Dorothea ihrerſeits kann ſich ohne Unbeſcheidenheit an den Helfer in der Noth wenden. Das Zwiegeſpräch zwiſchen den Beiden iſt ſo ſchicklich wie möglich. Der Jüngling giebt ihr das alte Linnen hin, er giebt ihr auch die Vorräthe an Speiſen und Getränken, damit ſie dieſelben, bei den Ihrigen angekommen, nach ihrem beſſeren Ermeſſen vertheile.

Ohne Zweifel wird dem Künſtler, der an dieſe Scene herantritt, der Wagen mit der Wöchnerin, und dem ſchönen Mädchen, das neben den Ochſen „den größten und ſtärkſten des Auslands“ herſchreitet, die beiden gewaltigen Thiere mit langem Stabe klüglich lenkend, immer die Hauptſache ſein, denn das Alles giebt an und für ſich ſchon ein hübſches Genrebild. Die Ueberreichung der Gegenſtände ſelbſt iſt ein ſo complicirtes Geſchäft, das künſtleriſch nicht viel damit an= zufangen iſt; auch ſtört das Geſpann Hermanns, das den Raum unnöthig verengt und von dem ſich der Jüngling doch nicht weit entfernen kann, ſobald mit der Auslieferung der Liebesſpenden Ernſt gemacht wird. Aber dies iſt noch nicht Alles. Ein einzelner Wagen iſt noch kein Auswanderzug. Es fehlt der Duft — oder ſollen wir ſagen: der Staub? — der Situation, wenn wir von den Vertriebenen ſelbſt, von den Bewohnern des Städtchens, die den Zug an ſich vor= über ziehen laſſen, nichts mehr ſehen. — Das hat Kaulbach wohl bedacht und er hat deshalb mit kühner Freiheit in ſein Bild hineingezogen, was er als Künſtler nicht entbehren zu können glaubte.

Zuerſt der Zug der Auswanderer! In dem mehrfach gewundenen Thale zwiſchen den Hügeln wälzt er ſich heran

in unabſehbarer Länge: mit allerlei Hausrath, Frauen, Kin=
dern, Greiſen überladene, von Pferden hier, von Ochſen dort
mühſam fortgezogene Wagen. Der dichte Staub, der hinten
aufſteigt, zeigt an, wie viele noch nachkommen werden. Auf
dem mit einem Wäldchen gekrönten Hügel im Hintergruude
rechts haben ſich die Bewohner des Städtchens geſammelt.
Das Wäldchen iſt ein beliebter Vergnügungsort der ehren=
feſten Bürger. An Sonn= und Feiertagen erfreuen ſie ſich
dort mit Weibern und Kindern bei einer Taſſe Kaffe, bei
einem Glaſe Bier der lieblichen Abendkühle, des farbenreichen
Sonnenuntergangs. Wie anders iſt heut die Scene! Die
Jungen ſind in die Bäume geklettert und ſchreien Hurrah!
die Alten ſchreien nicht Hurrah! ſie ſtehen und wiſchen ſich
den Schweiß von der glühenden Stirn und fragen ſich mit
ſorgenvollen Geſichtern, wie lange es wohl noch dauern wird,
daß der Schäfer drüben ruhig ſeine Heerde weidet; wie lange
es dauern wird, bis auch durch dieſes Thales tiefen Frieden
des Krieges grimme Furie tobt?

So hat der Künſtler einen reichen Hintergrund gewon=
nen, der ihm eine Menge der fruchtbarſten maleriſchen Mo=
tive gab und überdies zur Erklärung der Scene des Vorder=
grundes weſentlich beiträgt. Jetzt weiß man, wie die Wöch=
nerin dort oben hinauf auf den vollgepackten Wagen kommt,
zwiſchen die Käſten, Körbe, Töpfe, Spinnrad und ſonſtigen
Hausrath, ſammt den Kindern, die durch ihre Unruhe das
unbequeme Netz noch unbequemer machen, und der guten
Alten, die mit dem einen Arm die wilden Jungen vor dem
Herunterfallen ſchützt und in der andern Hand den Schirm
über die arme Wöchnerin und den Säugling hält. Gute
Alte, was werden Deine zitternden Glieder vermögen in der
Stunde der Gefahr? ja, wirſt Du auch nur heute Abend im
Stande ſein, die beiden Stiere abzuſchirren? ſie zur Tränke
zu führen? ihnen Futter zu ſchaffen? und Brod für die
hungrigen Kinder, Speiſe und Trank der verſchmachtenden
Wöchnerin? — Du wirſt es nicht vermögen! und auch Du
nicht, prächtiger Junge, der Du ſo wacker das ſchwere Bün=
del an der Großmutter Regenſchirm auf dem Rücken ſchleppſt
und trotz Deines verwundeten Fußes ſo wacker ausſchreiteſt,
daß der große Neufunbländer ordentlich Mühe hat, mit Dir
gleichen Schritt zu halten! Ihr Beide könnt es nicht; nur
ſie kann es, vermag es, die Gute, Schöne, Euer Schutz und

Schirm, Eure Vorsehung — das schlanke, hochgewachsene Mädchen, das vor Euch herzieht, wie der Stern der Verheißung. Bist Du geblendet, Jüngling, der Du eben von dem Wagen gesprungen bist und Dir jetzt durch die Büsche zur Seite des Weges zu ihr hin Bahn brichst? Wohl darfst Du es sein! Ist doch das Weib die Krone der Schöpfung, und dieses hier ist in der Krone die schönste Perle!

II.

Die Goethe'schen Gestalten haben das Eigenthümliche, daß sie mit einer sinnlichen Klarheit und Schärfe der Umrisse gezeichnet sind, die sie aus dem Gebiete der Poesie hinaus in das der Malerei, oder noch besser, der Plastik zu rücken scheinen. Wilhelm von Humboldt hat in seinem geistvollen Essay über Hermann und Dorothea: „Aesthetische Versuche" das Geheimniß dieser Goethe'schen Kunst der Schilderung zu ergründen gesucht, und er findet es darin, daß unser Dichter immer nur das wahrhaft Charakteristische einer Gestalt hervorhebt und so die Phantasie des Lesers zwingt, genau in der von ihm gewünschten Weise und Richtung thätig zu werden. Allerdings ist gerade „Hermann und Dorothea" in jedem der neun Gesänge, ja wir möchten sagen, in jeder Zeile des Gesanges erfüllt von der herrlichen Kraft, mit welcher der Dichter Alles: die landschaftliche Scenerie und das Innere des Hauses, ebenso wie die Gestalten der Menschen, die sich in dieser Landschaft, in diesem Hause bewegen, zu schildern weiß. Wer hätte nicht Hermanns Mutter auf ihrem Gange durch den Garten und die Pforte des Gartens, den Weinberg hinauf, durch die Felder bis empor zum breitästigen Birnbaum, „dem großen, der auf dem Hügel stand, die Grenze der Felder, die ihrem Hause gehörten" — wer hätte — sagen wir — die treffliche Frau auf diesem Gange nicht begleitet und da Alles mit leiblichen Augen zu sehen geglaubt? und wer hätte jene Schilderung Dorotheens vergessen, wie sie Hermann den Freunden entwirft:

„Denn wohl schwerlich ist an Bildung ihr Eine vergleichbar,
„Aber ich geb' Euch noch die Zeichen der reinlichen Kleider:
„Denn der rothe Latz erhebt den gewölbten Busen,
„Schön geschnürt, und es liegt das schwarze Mieder ihr knapp an.
„Sauber hat sie den Saum des Hembes zur Krause gefaltet,

„Die ihr das Kinn umgiebt, das runde, mit reinlicher Anmuth;
„Frei und heiter zeigt sich des Kopfes zierliches Eirund;
„Stark sind vielmal die Zöpfe um silberne Nadeln gewickelt;
„Vielgefaltet und blau fängt unter dem Latze der Rock an,
„Und umschlägt ihr im Geh'n die wohlgebildeten Knöchel."

Wie können wir nur in der Nacht, da Hermann seine
Dorothea in die Wohnung seiner Eltern führt, die Liebenden
so treu begleiten! wie ist uns Alles so vertraut und heim=
lich, wenn der Dichter singt:

„Und so standen sie auf und wandelten nieder, das Feld hin,
„Durch das mächtige Korn, der nächtlichen Klarheit sich freuend:
„Und sie waren zum Weinberg gelangt und traten in's Dunkel.
„Und so leitet er sie die vielen Platten hinunter,
„Die unbehauen gelegt, als Stufen dienten im Laubgang.
„Langsam schritt sie hinab, auf seinen Schultern die Hände;
„Und mit schwankenden Lichtern, durch's Laub überblickte der Mond sie,
„Eh er, von Wetterwolken umhüllt, im Dunkeln das Paar ließ.
„Sorglich stützte der Starke das Mädchen, das über ihn herging."

Das ist die Situation, die Kaulbach zu seiner Darstel=
lung gewählt hat. Der Liebende führt die Geliebte, die er
sich in dem wüsten Drange des stürmischen Lebens durch die
Schnelligkeit seines Urtheils, die Kraft seines Entschlusses,
durch die Festigkeit seines Charakters, durch die Milde seines
Wesens redlich erworben, aus der Nacht, die mit einem Ge=
witter hereindroht, in die sichere Wohnung seiner Eltern,
welche mit ihren matt erhellten Fenstern aus dem friedlich
stillen Thale heraufblickt. Er hat noch kein Wort der Liebe
zu ihr gesprochen, und doch hofft er, daß sie ihn liebt. Sie
weiß noch nicht anders, als daß sie zum Dienst der Eltern
geworben ist, und doch ahnt sie, daß sich aus diesem dienen=
den Verhältniß ein ganz anderes, herrlicheres entwickeln wird.
Mit dem Blick unaussprechlicher Liebe schaut er ihr in das
holde Antlitz, und sie fühlt diesen Blick, ohne daß sie ihn
sieht, und senkt die dunklen Wimpern auf die erglühenden
Wangen. Selige Liebende! Liebende Selige! Ihr werdet
noch oft diesen Pfad den Weinberg hinauf durch die Korn=
felder zum Birnbaum wandern, aber nicht allein! Blühende
Kinder mit den treuen blauen Augen des Vaters und dem
dunkeln glänzenden Haar der Mutter werden Euch umspie=
len! Ein herrliches Geschlecht wird um Euch aufwachsen —

ein unſterbliches Geſchlecht, denn wißt, Ihr Liebenden, Ihr
ſeid nicht nur Geſchöpfe der Poeſie, Ihr ſeid, wahr und
wahrhaftig, der ewige herrliche Typus deutſcher Treue und
Keuſchheit, deutſcher Liebe und Bürgertugend.

Ottilie.

Ottilie — das iſt der ſchwermuthsvollſte Ton in jener
wunderbaren harmoniſchen Diſſonanz der Goethe'ſchen „Wahl=
verwandtſchaften". Sie iſt in eminentem Sinne, was der
Dichter in ſeinen ſpäteren Jahren „eine Natur" zu nennen
liebte, ein eigengeartetes, durch die ſtreng gezogenen Grenzen
ſeiner geiſtigen, moraliſchen und phyſiſchen Begabung ſcharf
begrenztes Weſen, das im vollſten Sinne des Wortes ſein
Geſetz in ſich ſelbſt trägt und deshalb im Conflicte mit einer
Welt, die der Menſchen Thun und Laſſen nach ein für alle
Mal beſtimmten Geſetzen regelt und richtet, nothwendig tra=
giſch untergehen muß. Ottilie kann nicht anders ſein, wie
ſie iſt. Wenn ihr ein neidiſches Geſchick mißgönnt, die rüh=
rende Geſchichte ihrer Liebe mit allen Wonnen und Schmer=
zen Capitel für Capitel und Zeile für Zeile zu Ende zu
bringen, ſo klappt ſie leiſe, ganz leiſe das Buch ihres Lebens
zu. Ihre Unterwerfung unter das allgemeine Sittengeſetz iſt
nur ſcheinbar. Sie fängt nicht, nachdem ſie daſſelbe einmal
in ſeiner Unnahbarkeit erkannt hat, eine neue Phaſe ihres
Daſeins an — ſie ſcheidet aus dem Daſein, wie der warme
Schein der untergehenden Sonne blaſſer und blaſſer wird in
den regungsloſen Wipfeln des ſtillen Pinienhaines, um end=
lich ganz zu verlöſchen — der letzte Schimmer von Wärme,
Licht und Leben in einer kalten, dunklen, todten Welt.

Es iſt hier nicht der Ort, zu unterſuchen, ob der Dich=
ter, oder, wie weit der Dichter, indem er für den Conflict
der Natur und der Sitte, den ſeine Dichtung behandelt, kei=
nen andern Ausweg als dieſen fand, das große Problem der
modernen Cultur gelöſt habe — wir haben uns an das zu
halten, was er gab, und das hat auch, wie billig, der Künſt=
ler gethan. Er hat in ſeiner Darſtellung Ottiliens den tra=
giſchſten Moment ihres tragiſchen Lebens gewählt — den

Augenblick, wo sie das Kind des Geliebten, das sie in mehr
als einem Sinne fast ihr eigenes nennen darf, ertrunken auf
ihrem Schooße hält.

Furchtbarer, ungeheurer Augenblick, von dessen schauder=
vollem Grausen der Künstler uns keinen beängstigenden
schmerzensreichen Zug erlassen hat. Da drüben, wo die
Hirsche aus dem dunkelnden Walde auf die im Nebel feucht
duftende Wiese treten, hat die Unglückliche gesessen, versenkt
in ihr Buch, „in sich selbst so liebenswürdig anzusehen, daß
die Bäume, die Sträucher ringsumher hätten belebt, mit
Augen begabt sein sollen, um sie zu bewundern;" dort hat
das liebliche Kind in voller Werdelust an ihrer Seite auf
sonnebeschienenen Rasen gespielt, dort ist sie an die Brust des
Geliebten gesunken, hat ihm versprochen, unter Thränen und
Küssen versprochen, die Seine sein zu wollen, „wenn Char=
lotte es vergönnt." Schwarz, wie die schwarzen Fittige des
Schicksals, die um das Haupt der Aermsten rauschen, gähnt
es aus dem Walde; mitleidslos, mit den Augen der mord=
lustigen Eule, blickt die Natur sie an. Keine Hilfe in der
Nähe und Ferne! Das Ruder, das ihrer Hand entfallen ist,
entführen die um den Kiel des Bootes plätschernden Wellen.
Der Abendwind treibt den Kahn in die Mitte des Sees.
„Von allem abgesondert, schwebt sie auf dem treulosen, unzu=
gänglichen Elemente." Und das Kind, das geliebte Kind,
todt auf ihrem Schooße! Giebt es einen Gott im Himmel?
Kann es sein Wille sein, daß diese rundlichen Glieder sich
nicht wieder regen, daß dieser reizende Mund nicht wieder
lallen, daß diese halbgeschlossenen Augen sich nie wieder
öffnen und „tief und freundlich" um sich blicken werden?
Giebt es einen Gott? Ottilie verzweifelt daran; in diesem
Augenblicke kann sie nicht anders als daran verzweifeln. Ihre
krampfhaft gefalteten Hände, ihre schreckensstarren Augen
sagen es, ihre zuckenden stummen Lippen sprechen es aus.
Es giebt keinen Gott im Himmel, keinen allgütigen, allbarm=
herzigen Gott! Er hätte das nicht zulassen können! Was
auch sein Geschöpf gefehlt haben mochte — er durfte es so
nicht strafen.

Ottilie ist vernichtet. Von so furchtbarem Schlage er=
holt sich ein so zart besaitetes Herz, wie das Ottiliens, nicht.
Mit Absicht hat der Künstler den Ausdruck des Schreckens
und des Schmerzes in ihrem Gesichte bis zum Wahnsinn

gesteigert und dem schönen Haupte das Haar der blumen-
streuenden Ophelia, oder des eingekerkerten Gretchens gegeben.
Für Ottilie ist mit diesem Moment die Welt aus den Fugen.
Für gewisse moralische Conflicte giebt es, in der Welt der
Kunst wenigstens, keine andere Lösung als Wahnsinn oder Tod.

Friederike.

Es waren sonnige Tage in dem sonnigen Leben des
Dichters — die Tage von Sesenheim. Als ob die Elemente
selbst die Liebenden in ihre gnädige Obhut genommen hätten,
„so durfte man sich nur der Gegenwart hingeben, um diese
Klarheit des reinen Himmels, diesen Glanz der reichen Erde,
diese lauen Abende, diese warmen Nächte an der Seite der
Geliebten oder in ihrer Nähe zu genießen. Monate lang be-
glückten uns reine, ätherische Morgen, wo der Himmel sich in
seiner ganzen Pracht wies, indem er die Erde mit überflüssi-
gem Thau getränkt hatte; und damit dies Schauspiel nicht
zu einfach werde, thürmten sich oft Wolken über den entfern-
ten Bergen bald in dieser, bald in jener Gegend. Sie standen Tage, ja Wochen lang, ohne den reinen Himmel zu trüben, und selbst die vorüberziehenden Gewitter erquickten das
Grün, das schon wieder im Sonnenschein glänzte, ehe es
noch abtrocknen konnte" *) .... ja, es waren sonnige Tage,
die Tage von Sesenheim! Und doch liegt für uns ein Duft
der Wehmuth über diesen sonnigen Tagen, nicht jener Wehmuth allein, mit welcher uns der Gedanke an eine schöne
Vergangenheit immer erfüllt, der Gedanke an Tage, die wie
glänzende Tropfen aus dem Becher der Zeit auf Nimmerwiederkehr hinabgetropft sind in das Meer der Ewigkeit —
mischt sich doch ein großer Schmerz in all' diese jauchzende
Lust: der Schmerz einer reinen, keuschen Mädchenseele um ein
so großes, unaussprechliches und, ach, so bald unwiederbringlich verlorenes Glück!

Es wäre hier der am wenigsten geeignete Ort, die tausendmal aufgeworfene Frage: ob Goethe Friederiken verlassen

---

*) Wahrheit und Dichtung. XI. Buch.

durfte, noch einmal aufzuwerfen, noch einmal zu unterſuchen, ob ihn die Götter mit Blindheit ſchlugen, als er an dem Hafen der Ruhe und der Liebe vorbei auf das grenzenloſe Meer des Ehrgeizes und Ruhmes ſteuerte; oder ob ſie viel= mehr in dem rechten Momente die Augen ihres Lieblings öff= neten, ſo daß er klar erkannte den einſamen Weg, welchen der Heros durch unendliche Arbeit hinaufſchreitet zum Hauſe des ewigen Vaters. Wir wollen annehmen: er that, was er zu thun gezwungen war, was er, als das auser= wählte Werkzeug, als der Fackelträger der modernen Bil= dung, thun mußte. Dürfen wir deshalb nicht um Friederiken trauern? Dürfen wir deshalb nicht all' den Jammer nach= empfinden, den auf den vornehm ruhigen Blättern von Wahr= heit und Dichtung die drei Zeilen bedecken — faſt wie ein Stein, der auf ein Grab gewälzt iſt: „In ſolchem Drang und Verwirrung konnte ich nicht unterlaſſen, Friederiken noch einmal zu ſeh'n. Es waren peinliche Tage, deren Erinnerung mir nicht geblieben iſt."

Peneidenswerthe Dichterſeele, die, wie die Sonnenuhren, nur die heiteren Stunden zählt, und die „peinlichen Tage" aus der Erinnerung wie mit einem naſſen Schwamm weg= löſcht! Wohl! Wir wollen deinem Beiſpiel folgen, wollen nicht an den Abſchied denken, nein, gar nicht, ganz im Ge= gentheil an das Wiederſehen des Geliebten, der heute Abend vielleicht, wahrſcheinlich — oder, wenn wir dem pochenden Herzen unter dem weißen Mieder trauen dürfen, gewiß kommt. Freilich verſprochen hat er es nicht, aber Friederike iſt ihrer Sache ſicher! Sie kann ganz ruhig ſcheinen, kann ſogar aus dem Buche vorleſen, das Weyland, der gute Ge= ſelle, das letzte Mal mitgebracht hat — aus Oliver Gold= ſmiths „Pfarrer von Wakefield". Der Wolfgang hat das Buch ſehr gelobt, hat ſelbſt — nicht ohne eine gewiſſe ner= röſe Unruhe — daraus vorgeleſen mit ſeiner tiefen, melodi= ſchen Stimme: da iſt das Buch natürlich Friederiken doppelt lieb. Und den Anderen auch. Iſt es ihnen Allen doch, als erblickten ſie in dieſem Buche, wie in einem Spiegel, ſich ſelbſt: verändert freilich, mit manchen fremden Zügen, die auf Rechnung des Dichters kommen, aber doch noch immer er= kennbar. Und Olivie hätte gar nichts dagegen, ſo ausneh= mend ſchön zu ſein; der gute Herr Brion gefällt ſich gar ſehr in der Maske des Mr. Primroſe; die Mama lächelt

und weiß, daß sie ein gut Theil gescheidter und energischer
ist, als ihre englische Collegin, und Moses würde sich nie
die grünen Brillen haben aufschwatzen lassen! Der Hund
aber links neben Olivien, der nicht in der unsterblichen Ge=
schichte erscheint und deshalb auch nicht die Verpflichtung hat,
zuzuhören, sieht, was bis jetzt außer ihm Keiner sieht, den
Reiter nämlich, der den Weg von Straßburg heraufgeritten
kommt, und dessen Ankunft wenige Minuten später die lieb=
liche Idylle zerstören wird. Dafür zur Strafe soll dieser
Reiter vorläufig noch sehr im Hintergrunde bleiben; die Küsse
von Friederikens thaufrischen Lippen entgehen dem Glücklichen
ja doch nicht.

Goethe in Frankfurt.

In „Wahrheit und Dichtung" lesen wir: „Ein sehr har=
ter Winter hatte den Main völlig mit Eis bedeckt und in
einen festen Boden verwandelt. Der lebhafteste, nothwendige
und lustig gesellige Verkehr regte sich auf dem Eise. Gren=
zenlose Schlittschuhbahnen, glattgefrorene, weite Flächen wim=
melten von bewegter Versammlung. Ich fehlte nicht vom
frühen Morgen an und war also, wie späterhin meine Mut=
ter, dem Schauspiel zuzusehen, angefahren kam, als leicht ge=
kleidet, wirklich durchgefroren. Sie saß im Wagen in ihrem
rothen Sammetpelze, der, auf der Brust mit goldenen Schnü=
ren und Quasten zusammengehalten, ganz stattlich aussah.
„„Geben Sie mir, liebe Mutter, Ihren Pelz!"" rief ich aus
dem Stegreife, ohne mich weiter besonnen zu haben, „„mich
friert grimmig.""
Auch sie bedachte nichts weiter; im Augenblick hatte ich
den Pelz an, der, purpurfarbig, bis an die Waden reichend,
mit Zobel verbrämt, mit Gold geschmückt, zu der braunen
Pelzmütze, die ich trug, gar nicht übel kleidete. So fuhr ich
sorglos auf und ab; auch war das Gedränge so groß, daß
man die seltene Erscheinung nicht sonderlich bemerkte, obschon
einigermaßen, denn man rechnete mir sie später unter mei=

nen Anomalien im Ernst und Scherz wohl einmal wie=
der vor."

Dieselbe Anecdote wurde Bettina gelegentlich einmal von
der Frau Rath erzählt, in ungefähr derselben Weise, nur mit
einigen kleinen Abweichungen, die nicht eben wichtig sein wür=
den, wenn sie nur für unseren Künstler in seiner Auffassung
der Scene nicht als Motiv gedient hätten. Nach Bettina
nämlich hatte Goethe selbst die Mutter an einem hellen,
frostigen Wintermorgen gebeten, auf das Eis zu kommen,
„um ihn fahren zu sehen". Die Mutter kommt. Da schießt
nun ihr Sohn wie ein Pfeil durch die Gruppen. „Der Wind
hatte seine Wangen geröthet und den Puder aus seinem brau=
nen Haar geblasen." Folgt die Mantelgeschichte. — „Und
da fuhr er dahin über das Eis wie ein Sohn der Götter.
O Bettina, wenn du ihn hättest sehen können! So was Schö=
nes sieht man heut zu Tage nicht mehr!" Und nun des Pu=
dels Kern: „Deine Mutter war auf dem Eise, und das Alles
geschah, um ihr zu gefallen."

Die Mutter Bettina's war Maximiliane Laroche, seit
kurzer Zeit verheirathete Brentano. Goethe kannte die junge
Frau schon aus den schönen Tagen, wo er auf seiner Rheinfahrt
herrlichste Tage im Kreise ihrer Eltern verlebte, tief in die
schwarzen Augen des schönen Mädchens schaute und dabei
(in Erinnerung der Wetzlar'schen Episode) die Bemerkung
machte: „es sei eine sehr angenehme Empfindung, wenn sich
eine neue Leidenschaft in uns zu regen anfange, ehe die alte
noch nicht ganz verklungen sei." Als Frau Brentano war Maxi=
miliane nicht mehr ganz so glücklich, wie in dem lieblichen
Thal von Ehrenbreitstein; Goethe verkehrte sehr viel in ihrem
Hause und Merck schreibt: „il a la petite Madame Brentano
à consoler." Hoffen wir, daß der Kummer der kleinen Frau
eben so leicht war, wie das Mittel, sie zu erheitern, welches
ihr Tröster in unserem Falle anwendet, unschuldig ist. Er
läuft „ihr zu gefallen," Schlittschuh, läuft so gut, wie er
kann und sieht dabei so schön wie möglich aus. Maximiliane's
glänzende Augen sagen deutlich genug, daß der Schalk seine
Absicht erreicht, nur zu gut erreicht hat, und daß er den
Schneeball, den sie in der erhobenen Rechten hält, redlich
verdient.

Eine prächtige Gestalt ist die Frau Rath. Gehüllt in

ihren Stolz auf den herrlichen Sohn, kann sie des rothen Sammetpelzes füglich entrathen. Vielleicht kämpft in diesem Moment die Freude über die ambrosischen, braunen Locken mit der Sorge, daß Apollo-Wolfgang sich einen göttlichen Schnupfen und einen unsterblichen Husten holen wird, wenn er den Hut, den er in der linken untergeschlagenen Hand trägt, nicht bald wieder auf die olympische Stirne setzt.

Nicht mit der überwallenden Liebe dieser Beiden, mit einer stillen, schwesterlichen Freude schaut Cornelia dem Bruder zu. Man erkennt sie an dem schönen Goethe'schen Profil, an dem geistigen, etwas minervaartigen Ausdruck der feinen Züge, und an dem aus der Stirn zurückgestrichenen Haar, dessen Goethe in seiner Biographie ausdrücklich gedenkt, nur daß der Künstler „die hohe, stark gewölbte Stirn" in eine von den zartesten Linien umschriebene verwandelt hat. Wer in dem jungen Mädchen, das rechts im Vordergrunde sitzt, Lili nicht erkennen will, der sehe in ihr ein hübsches Frankfurter Kind, das vor Bewunderung des „Frankfurter Löwen" — wie Lewes den Goethe dieser Periode bezeichnend nennt — den reizenden Mund aufsperrt und ganz vergißt, daß eine Dame beim Schlittschuhanschnallen vorzüglich Acht auf ihre Kleider haben muß.

Lili.

Elisabeth Schönemann — Goethe's vielbesungene Lili — ist neben Friederike Brion unzweifelhaft die lieblichste der lieblichen Gestalten, welche Phantasie und Sinne des jugendlichen Dichters mit Zaubergewalt umstrickten. Wie lieblich und wie liebenswürdig die siebenzehnjährige Schöne war, und wie sehr er sie geliebt hat, dafür sprechen die wunderbaren Gedichte, die in dieser Zeit seines Lebens entstanden — Gedichte, welche die Liebe selbst dictirt zu haben scheint; dafür spricht die leidenschaftliche Erregung, von der noch so viele Jahre später Herz und Hand des Mannes erzitterten, sobald auf den vornehm ruhigen Blättern von „Wahrheit und Dichtung" Lili's Name genannt wird. Warum er sich dennoch von ihr trennte? Warum er dennoch ein Band, das für die Ewigkeit geknüpft schien, zerriß? Die kurze, wenn auch nicht ganz richtige Antwort auf diese Frage wäre wohl die: weil es eben ein Band war, weil der Mann des Genies sich nicht binden lassen konnte, nicht binden lassen wollte. Eine aus= führliche, obschon ebenfalls nicht erschöpfende Antwort ist die Geschichte dieses Verhältnisses, wie sie der freundliche Leser in den Capiteln der Autobiographie des Dichters findet. Nur so viel müssen wir — schon zum Verständniß des vorliegen= den Blattes — erwähnen, daß Goethe wiederholt auf eine Eigenthümlichkeit in dem Charakter Lili's zu sprechen kommt, die wir als eine Art unschuldiger Koketterie bezeichnen müssen und die er selbst folgendermaßen schildert: „Sie konnte nicht leugnen, daß sie eine gewisse Gabe, anzuziehen, an sich habe bemerken müssen, womit zugleich eine gewisse Eigenschaft, fahren zu lassen, verbunden sei. Hierdurch gelangten wir im Hin= und Widerreden auf den bedenklichen Punkt, daß sie diese Gabe auch an mir geübt habe." Das Wahre an der Sache ist, daß Goethe selbst diese bedenkliche Gabe in einem bedenklich hohen Grade besaß und dieselbe bei Lili, wie bei seinen anderen Freundinnen, in Anwendung gebracht hat. Ihm freilich war es bequem, zur Abwechslung einmal den Ball zurückzuschleudern, um so bequemer, als sein Stolz unter der Ungleichheit des Verhältnisses zwischen der im modernen Sinne reichen Kaufmannstochter und dem wohlhabenden Patriziersohn alten Styls auf das Empfindlichste litt. Dazu kam, daß Lili's elterliches Haus, besonders zur Zeit der Messe, von Bekannten aller Art und Verwandten aller Grade, Jungen und Alten, Liebenswürdigen und Unliebenswürdigen wimmelte, also daß Goethe, in seiner doppelten Eigenschaft, als Genie und als Verlobter Lili's, längst gewohnt, die erste Rolle in dem geselligen Kreise zu spielen, oft mit seinen An= sprüchen in's Gedränge kam. Das Alles reizte, verletzte, quälte ihn, und einer solchen gereizten, verletzten, gequälten Stimmung, in welcher dann im Moment des Producirens der künstlerische Humor sein unveräußerliches Recht geltend macht, verdankt das wunderliche Gedicht „Lili's Park" seine Ent= stehung. Goethe selbst bekennt von diesem Gedicht, „daß es jenen zarten, empfindlichen Zustand nicht ausdrückt, sondern nur mit genialer Heftigkeit das Widerwärtige zu erhöhen,

und durch komisch = ärgerliche Bilder das Entsagen in Ver=
zweiflung umzuwandeln trachtet."

Der Künstler hat sich, wie billig, ohne zu untersuchen,
ob die Heldin in „Lili's Park" die historische Lili ist, oder
nicht, an das Gegebene gehalten und die muthwillige Schöne
so muthwillig und so schön gemacht, wie es eine kleine sieben=
zehnjährige Circe sein muß, die den sich seiner Genialität
vollauf bewußten Dichter des Werther und des Götz in einen
verliebten Bären, und die Schaar der Vettern ersten bis
zehnten Grades in schwirrende, girrende, flatternde, pickende
Tauben, in schnatternde, schreiende, zischende Gänse, stolzirende,
radschlagende Pfauen, krähende, gluckende, piepende Hähne
und Hühner, watschelnde, quakende Frösche, mit dummen,
blöden Augen blöde Bewunderung glotzende Karpfen umzu=
zaubern vermag. Daß der Illustrator des Reineke Fuchs in
allen neckischen Schattirungen einer solchen ovidischen Meta=
morphose gründlichst Bescheid weiß, daß er es in der ehr=
baren Gesellschaft an einem langsamen Schneck, der mit aus=
gestreckten Fühlhörnern vorsichtig tastend herankriecht, an einem
schlanken Eidechs, der die hellen Aeuglein neugierig nach der
Zauberin wendet, während das vorsichtige Schwänzlein noch
unter dem Brunnenrand verborgen ist — daß er es an diesen
und anderen schalkhaften Zügen nicht hat fehlen lassen, ver=
steht sich von selbst. Der arme verliebte Bär! Sieht er
aus seiner Bärenkapuze nicht mit Blicken hervor, die deutlich
sagen, „daß er mit Freuden sein Blut geben würde, um ihre
Blumen zu begießen?" Fällt denn aus der schönen Hand
keins der goldenen Körner auf ihn? Sollen die dummen
Gänse Alles haben? Sollen nur die naschhaften Tauben an
diesem Göttermunde picken? Die grausame Circe wird nicht
ganz so grausam sein. Hat sie doch auch

> „ein Fläschchen Balsam=Feuers,
> Wovon sie wohl einmal, von Lieb' und Treu erweicht,
> Um die verlechzten Lippen ihres Ungeheuers,
> Ein Tröpfchen mit der Fingerspitze streicht."

Lieb' und Treue! Vielleicht glaubt die kluge, junge
Schöne nicht so ganz an diese Liebe, an diese Treue; viel=
leicht thut sie wohl daran, mit ihren Liebkosungen gegen das
Ungeheuer möglichst sparsam zu sein; vielleicht weiß sie recht
gut, daß Gänse Gänse und Tauben Tauben bleiben, aber so

ein Bär ist im Stande, die Bärenkapuze vom Kopf zu schleu=
dern, sich auf seine Menschenfüße zu stellen und im Vollge=
fühl seiner genialen Souveränität auszurufen:

> „Nicht ganz umsonst reck' ich so meine Glieder:
> Ich fühl's! Ich schwör's! Noch hab' ich Kraft."

Goethe in Weimar.

„Nie werde ich den Eindruck vergessen, den Goethe als
Orestes im griechischen Costüm in der Darstellung seiner
Iphigenie machte, man glaubte einen Apollo zu sehen. Noch
nie erblickte man eine solche Vereinigung physischer und gei=
stiger Vollkommenheit als damals an Goethe."

Diese Worte, die Hufeland unter dem frischen Eindrucke
des Augenblicks schrieb, sind eines der vielen Zeugnisse, die
uns den überwältigenden Eindruck schildern, welchen Goethe
bei seinem Auftreten in Weimar auf Alle hervorbrachte, die
Augen zum Sehen, Ohren zum Hören und einen Geist zum
Verstehen und Begreifen solcher Vollkommenheit hatten. Ja,
die Lobpreisungen sind oft so überschwänglich, daß, wären der
Zeugen nicht so viele und die Aussagen so gleichlautend, ein
nur einigermaßen skeptischer Geist versucht sein würde, die gu=
ten Leute der Uebertreibung zu beschuldigen. Und doch ist
es so schön, an die Schönheit zu glauben; so erquicklich, zu
denken, daß einmal das Mögliche wirklich, das Ideal leib=
haftig, und dieses leibhaftige Ideal Niemand anders gewesen
ist, als unser Aller Meister und Lehrer, unser vielgeliebter,
größter Dichter: Johann Wolfgang Goethe.

Darum lassen wir uns willig von dem Zauber bestricken,
der über Goethe's erste Zeit in Weimar — die Tage von
Tiefurt, Ettersburg und Ilmenau — einen so romantischen
Duft verbreitet! und verargen wir es nicht dem Künstler, der
uns ein Bild aus jenen Tagen, ein Bild des Heros zu ge=
ben unternimmt, wenn er auch seinerseits von dem romanti=
schen Duft berauscht, von der heroischen Glorie geblendet ist!

Und da steht nun Wolfgang=Apollo, wie ihn Hufeland
schildert, nach der Darstellung seiner Iphigenie im Park zu
Ettersburg, in dem Costüm, in welchem er den Orestes ge=

geben, auf der Schwelle der Bühne vor der entzückten applau=
direnden Gesellschaft, zwischen Karl August, der den Pylades
gespielt hat, und jetzt seinen Erwählten triumphirend präsen=
tirt, und der schönen, „von den Musen mit jeder Kunst ge=
schmückten" Corona Schröter, die eben im Begriff ist, ihm den
Lorbeer auf die ambrosischen Locken zu drücken. Bescheidentlich
weist der Gefeierte den Ueberschwang der Huldigung mit leis
abwehrender Handbewegung von sich; sein halb nach oben
gerichteter Blick scheint in den rothen Abendwolken nach dem
Gott des Lichts, dem Vater der Musen, dem herrlichen Phö=
bus Apollo auszuschauen, der ihm der „Lieder süßen Mund"
gegeben, und dem deshalb die Ehre gebührt, denn „die Kunst
hat nie ein Mensch allein besessen."

Aber davon will die Gesellschaft nichts wissen; sie ver=
gißt die Gottheit über dem Priester und stimmt jauchzend in
Karl Augusts begeistertes Ecce homo! ein. — „Ein Pracht=
mensch, der Goethe!" scheint die Herzogin Amalie (ganz im
Vordergrunde) zu sagen, indem sie sich halb zu ihrem Wie=
land wendet, der „durchaus der Meinung Ihrer Hoheit" ist.
— Die Ruhigste von Allen ist die Herzogin Louise. — Das
Textbuch, in welchem sie geblättert hat, auf den Knieen, et=
was hinter den anderen Damen, sitzt sie, zurückgelehnt, still
sinnend, in dem Anblick des Helden versunken da. Auf ihrer
reinen Stirn liegt es wie der Schatten einer trüben Wolke.
Denkt sie wehmüthig der Flamme des häuslichen Heerdes,
die in dieser genialen Luft nur zu oft unruhig flackert, und
manchmal gar zu erlöschen droht? Sinnt sie dem Räthsel
nach von der Liebe und Treue?

Die Baronin von Stein (rechts neben der Fürstin) ath=
met desto wohliger in der genialen Luft, und in jeder der
schönen Hände einen Lorbeerkranz haltend, die sie, selbst halb
knieend, dem Geliebten zu Füßen legt, blickt sie, athmet sie
in diesem Augenblicke nichts als Liebe. In diesem Augen=
blicke! Was birgt die feine Stirn noch sonst hinter dem mo=
dischen Lockengekräusel? Das hätte Goethe selbst wohl manch=
mal gern gewußt: bescheiden wir uns denn, wenn auch wir
es nicht wissen.

Da hat man es leichter mit der offenen Stirn der klei=
nen Bacchantin, die den Kranz so schief auf das übermüthige
Haupt gesetzt hat und eben im Begriff ist, dem Sänger, der

auch ihr Held ist, eine ganze Ladung Blumen an den Kopf zu werfen. Es ist Amalie von Kotzebue.

An die Statue im Hintergrunde gelehnt (hinter dem Fräulein von Imhoff) steht Musäus. Er sieht die Scene, wie sie ist — als ein schönes Märchen, zur Freude der Mitlebenden und zum ewigen Ergötzen der nachwachsenden Enkelgeschlechter. — Herder, Knebel und Merck schließen den Kreis. Merck klatscht freudig in die Hände; er ist diesmal nicht der Meinung, daß „solches Zeug auch noch Andere, außer dem Wolfgang schreiben können."

Doch da kommen die Bedienten mit Punsch und Kuchen vom Schlosse her, und der schöne, weihevolle Moment ist vorübergerauscht, wie sie alle vorübergerauscht sind, die schönen Tage von Tiefurt und Ettersburg, vorübergerauscht wie Scherz und Kuß und Liebe und Schönheit und Ruhm vorüberrauschen, denn:

Scheint die Sonne noch so schön,
Am Ende muß sie untergehn.

Der Humor.

1858.

———

I.

Es ist eine anerkannte Thatsache, daß die Natur bei den Uebergängen aus einer Periode in die andere die wundersamsten, abenteuerlichsten, phantastischsten, organischen und unorganischen Gebilde producirte, und daß noch jetzt auf der Grenze zwischen zwei bestimmt von einander geschiedenen Gattungen schwer zu bestimmende, weil an beiden Gattungen participirende Wesen sich finden. Dies Phänomen, welches die Regellosigkeit zu proclamiren scheint, und trotzdem ganz besonders geeignet ist, darzuthun, wie die Natur überall nach Regeln verfährt und nirgends sprungweise ihre Resultate erreicht, läßt sich auch auf dem Gebiete der Kunst beobachten und gewährt auch hier, wie es die interessantesten Untersuchungen hervorruft, so auch die erfreulichsten Einblicke in die Gesetze der idealen Welt.

In voller Würdigung dieser Wahrheit hat die neuere Aesthetik vielleicht kein Kapitel mit so großer Vorliebe bearbeitet, als das so überaus schwierige, so tief in Geheimniß gehüllte Kapitel des Humors. Hegel, Solger, Weiße, Vischer, Ruge u. A. haben die ganze Fülle ihrer Gelehrsamkeit aufgewendet und ihren ganzen Scharfsinn aufgeboten, um die Natur dieses Proteus, der sich, so fest wir auch den Blick auf ihn heften, ja, man möchte sagen, je fester wir den Blick darauf heften, in immer neue und immer unfaßbarere Gestalten verwandelt, zu ergründen und zu erschöpfen. Es scheint daher, nachdem so viel Fackeln und Leuchten der Wissenschaft diesen Gegenstand in ein so helles Licht gesetzt haben, sehr überflüssig, ja wohl anmaßend, noch einmal darauf zurückzukommen, aber wenn auch für die Folge über den Humor im Ganzen und Großen nicht viel Neues wird vorgebracht werden können, so bleibt im Einzelnen doch noch gar Vieles zu erörtern und vor Allem der Versuch zu wagen, die disjecta membra der wissenschaftlichen Analyse zu einem überſichtlichen Ganzen zuſammenzuſtellen. — Als ein ſolcher beſcheidener Verſuch mögen die folgenden Zeilen gelten.

Das tiefſte Bedürfniß des Menſchen die causa movens all' ſeines Philoſophirens, Theologiſirens, Dichtens iſt das Streben des Individuums, ſich ſeiner Einheit mit dem Ab= ſoluten bewußt zu werden, oder, wie die Religion es bildlich ausdrückt, die Wiedervereinigung des verlorenen Sohnes mit dem Vater. Nun iſt zwar dieſe Wiedervereinigung in Wirk= lichkeit immer vorhanden, aber zu dem Bewußtſein, zu der vollen Gewißheit davon gelangt der Menſch erſt ſehr ſpät — in der Philoſophie, wenn er, wie Viſcher es ausdrückt, begreift, „daß die abſolute Idee auf keinem einzelnen Punkte der Zeit und des Raumes als ſolche zur Erſcheinung kommt, ſondern ſich blos in allen Räumen und im endloſen Verlaufe der Zeit durch einen beſtändig ſich erneuernden Proceß der Bewegung verwirklicht.“ Bis zu dieſem Reſultate iſt, wie geſagt, ein weiter Weg durch die ungeheuren, wundererfüllten, von Engeln und Dämonen wimmelnden Räume der Religion und durch die ſonnigen Gefilde der Kunſt, die mit den Dor= nenwäldern der Satire und zuletzt mit dem Gebiete endigen, das ſich der Humor zu ſeinem Reiche erkoren hat, ohne die Grenzen deſſelben weder ſelbſt genau innehalten, noch gegen ſeine Nachbarn auf beiden Seiten beſtimmen oder ſchützen zu können.

Daß der Humor genau auf der Grenze, und zwar auf der Grenze zwiſchen Kunſt und Philoſophie, ſteht, dafür giebt es keinen ſchlagenderen Beweis, als den Umſtand, daß ſich hier dieſelben Erſcheinungen wiederholen, die wir auf der Grenze nach der anderen Seite, wo die Kunſt ſich von der Religion noch nicht ganz frei gemacht hat, beobachten werden. Dort wie hier haben wir es — und es ſind dies die beiden einzigen Male, wo es auftritt — mit dem Häß= lichen zu thun. Aber die Geneſis deſſelben iſt in beiden Fällen ſehr verſchieden, trotzdem daß die häßlichen Produkte ſelbſt ihre Wahlverwandtſchaft nicht verleugnen können; oder wer hätte bei den Götterfratzen in den indiſchen und ägypti= ſchen Tempeln nicht an die Carricaturen im Punch und an= deren Witzblättern und umgekehrt bei dieſen nicht an jene denken müſſen? Es iſt der Mühe werth, dieſem Zuſammen= hang des Erhaben=Häßlichen mit dem Komiſch=Häßlichen ge= nauer nachzuforſchen.

Der religiös gestimmte Mensch bleibt bis auf Weiteres in der Sphäre der Empfindung. Er will das Absolute weder denken, wie der Philosoph, noch es darstellen, wie der Künstler; er will es in sich tragen, sich mit ihm so durchdringen, daß aller Unterschied aufhört, er gleichsam seiner Creatürlichkeit los und lebig wird, die natura naturata mit der natura naturans in einer mystischen Ehe zusammenfließt. So lange sich der Mensch auf diesem Standpunkte hält, liegt ihm nichts ferner, denkt er an nichts weniger, als aus sich heraus zu gehen, das, was in ihm ist, äußerlich darzustellen. Im Gegentheil, ein jeder Versuch dieser Art ist ihm eine Entweihung, eine Profanation, ein Gräuel und Scheuel. Alle Religionen fangen mit dieser tiefen Innerlichkeit an. Im Eichwald zu Dodona, wo die Seller, die „Nacktfüßigen", in heiliger Stille und Unschuld die Gottheit anbeteten, gab es keine Bildsäule des olympischen Zeus, und überall, wo die Religion sich nach einer Zeit der Indifferenz und der Oberflächlichkeit wieder vertieft, tritt sie bilderstürmerisch auf, erklärt sie die schönen Apollo- und Venusstatuen, die lieblichen Madonnen- und Heiligenbilder für gotterlästerliches, teuflisches Machwerk.

Nun ist es aber dem Menschen nicht gegeben, sich lange in dieser religiösen, abstracten Stimmung zu erhalten; es wird ihm bei seiner Creatürlichkeit sehr bald unheimlich in dieser mystischen Region, sehr leicht bange bei dieser Gottähnlichkeit; er fühlt das Bedürfniß, sich mit seinem Gotte auseinanderzusetzen, sich vor ihm niederzuwerfen und ihn anbeten zu können. Zu diesem Zwecke muß er das innere, allerdings äußerst vage Bild objectiviren. In demselben Moment aber, wo er hierzu den ersten Versuch macht, verläßt er die Sphäre der Religion, oder er setzt wenigstens einen Fuß auf das Gebiet der Kunst. Mit dem ersten Meißelschlage, den der düstere Aegypter gegen die Felsen von Abu Simbel that, sich einen Tempel zu wölben, sprangen alle Göttergestalten Griechenlands und Roms mit hervor, eröffneten sich eine unendliche Perspective in die heiligen Hallen der Kunst.

Aber die riesenweiten Vorhöfe zu diesen Hallen sind erfüllt mit gar seltsamen und 'zum Theil scheußlichen Gestalten — den Ausgeburten scheinbar einer Phantasie, die in der Erzeugung des grotesk Lächerlichen schwelgt. Und dennoch waren die Bildner dieser halb lächerlichen, halb scheußlichen Figuren, dieser Menschenleiber mit Sperberköpfen u. s. w., sehr ernste, von heiligem Eifer ergriffene Menschen, die nichts Geringeres beabsichtigten, als dem Gott, den sie anbeteten, einen Leib zu geben, die mit Ueberspringung der besonderen Ideenkreise, in welche sich die absolute Idee auseinanderlegt, diese selbst darzustellen versuchten. Aber gerade, weil das dargestellte Absolute eine contradictio in adjecto ist, gerade weil, was des Menschen Hirn kaum faßt, des Menschen Hand nicht tragen und halten kann, mußte dieser Versuch, dessen Kühnheit immer die Bewunderung jedes nachdenklichen Geistes fordert, scheitern, konnte dieser kreisende Berg nichts Anderes, als colossale Scheusale und scheußliche Colosse gebären.

Denn indem der religiöse Mensch das Absolute objectiviren will, ist er gezwungen, sich zu diesem Zwecke eines Organs, der Phantasie zu bedienen. Die Phantasie ist ein Denken in Formen. Die Form aber ist der Ausdruck einer bestimmten, nicht der absoluten Idee. Wenn nun der religiöse Mensch dennoch zur Form greift, so genügen ihm entweder nur die colossalsten Dimensionen, höhlt er Felsentempel von Ellore, baut er Pyramiden, baute er am liebsten babylonische Thürme in den Himmel; oder wenn er auf dieser Stufe, wo es ihm schlechterdings nur um Vergegenwärtigung des Absoluten zu thun ist, nichtsdestoweniger zum Besonderen, z. B. der Menschengestalt, seine Zuflucht nimmt, so sieht er sich gezwungen, die so entstandene Form wieder zu negiren, um auszudrücken, daß er gar nicht den eigentlichen Sinn dieser Form, sondern vielmehr etwas ganz Anderes, nämlich das Absolute, meine. In dieser Absicht zerstört er das Gebilde wieder, setzt einen Vogel=, einen Elephantenkopf auf den Menschenleib, oder verzerrt die Züge des menschlichen Antlitzes so, daß zuletzt nichts Menschliches mehr darin bleibt und der nüchterne Betrachter einer späteren Zeit darin nur noch eine lächerliche Caricatur erblickt.

Indessen, die durch so viele heterogene Elemente getrübte Phantasie klärt sich nach und nach. Das Mittel erweist sich mächtiger als der Zweck. Die Form verlangt nicht nur einen Inhalt, sondern einen bestimmten Inhalt; sie ist es nicht zufrieden, überhaupt eine Idee, sie will ihre besondere Idee ausdrücken, von ihr erfüllt sein, so daß Form und Idee sich

gegenseitig decken. Nur so können wir uns aus den scheuß=
lichen Götterfratzen semitischer Völker die wunderbar idealen
Bilder der Griechen entstanden denken. Und auch die Grie=
chen hatten ihre archaischen Bildwerke mit den ungespaltenen
Beinen und eng am Leibe klebenden Armen — Bildwerke,
die — was sehr bezeichnend ist — den Späteren heiliger und
göttlicher däuchten, als die herrlichsten Statuen aus der
Werkstatt des Phidias und Praxiteles, ebenso wie der gläu=
bige Katholik ein roh auf Holz oder Leinwand hingeklertes
Bild der schmerzensreichen Mutter mit dem lieben Sohne
den idealsten Gestalten Overbecks vorziehen wird. Denn in
demselben Maße, in welchem die Kunst gewinnt, verliert die
Religion. Wenn auch beide im Anfang Hand in Hand zu
wandeln scheinen, so trennen sie sich doch sehr bald, um sich
von nun an durchaus feindlich gegenüberzustehen. Die Re=
ligion, die nicht bilderfeindlich und bilderstürmerisch ist, hat
ihre mystische Tiefe, d. h. ihren eigentlichen Charakter, ein=
gebüßt, und diejenige Kunst, deren einziger Endzweck nicht
der schöne Schein ist, die noch etwas Anderes will, als in
der bestimmten Form eine bestimmte Idee zur Erscheinung
bringen, ist noch nicht oder nicht mehr eigentliche Kunst. Die
Kunst zerstört die Religion.

Wird sich die Phantasie ihrer Grenzen bewußt, so tritt
die absolute Idee in den dunklen Hintergrund, auf welchen
die jetzt erst möglich gewordenen Bilder der besonderen Ideen
als auf ihren gemeinschaftlichen Ursprung zurückweisen. So
ist für Homer die „Ate" dieser dunkle Hintergrund, so für
den Sänger des 104. Psalms, der die Werke Gottes (die
besonderen Ideen) so wunderbar schön preist, der Herr, von
dem er bei seinem Loblied ausgeht, um schließlich, nachdem
er die ganze Reihe der Geschaffenen an sich hat vorüberziehen
lassen, zu ihm zurückzukehren.

Nun erst, wenn der Mensch das ewige Schicksal als un=
erforschlich und den Herrn als unergründlich in den Hinter=
grund schob, wenn der Geist, ermüdet von dem Schweifen
in's Unendliche, das Unmögliche seines Versuchs, das, „was
in des Menschen Hirn nicht paßt," durch die menschliche Form
auszudrücken, erkannt hat, sich nun mit klarerem Auge um=
gesehen hat in der Welt und mit den einzelnen Kreisen des
physischen und psychischen Lebens vertrauter geworden ist,
tritt die Phantasie an ihre rechte Stelle, kommt sie zum

rechten Gebrauch ihrer vorher nutzlos vergeudeten Kraft. Nun erst wird das Schöne möglich, und wo die Verhältnisse (wie in Griechenland) ganz besonders günstig sind, wirklich. Hat die Phantasie aber einmal den rechten Kreis ihrer Wirksamkeit berührt, so ruht sie nicht, bis sie ihn erfüllt, bis sie alle Erscheinungen des Lebens in diesen Kreis gezogen hat. So darf uns die Ueberfülle der griechischen Göttergestalten nicht Wunder nehmen. Sie ergänzen sich gegenseitig, sie stellen jede eine besondere Modification der absoluten Idee (auf die es im Grunde immer ankommt) dar; sie sind die durch das Prisma der Kunst gebrochenen Farben des einen reinen Lichtes. Wie der Psalmist nur den Herrn preisen will, und dies doch nicht anders kann, als dadurch, daß er des Herren Werke preist und Erde, Meer und Himmel zu Zeugen seiner Herrlichkeit macht, so betet auch der Grieche die Gottheit in ihrem schönsten Werke, im Menschen, an und macht den olympischen Herrschergreis und den herrlichen Jüngling von Belvedere und die andern himmlischen Gestalten, deren verklärte Leiber der Kleider und Falten nicht bedürfen, zu Repräsentanten der Gottheit.

Denn diesen repräsentativen Charakter hat alle schöne Kunst, und dies ist ihre Achillesferse. Sie kann auf die Dauer die tiefe, unerschöpfliche Sehnsucht des Menschen nach dem Absoluten nicht befriedigen. Es kommen in dem Leben eines Jeden, und wäre er der Kunst noch so sehr zugethan, und hätte er bis dahin noch stets in ihr seine Seligkeit gefunden, Zeiten vor, wo er, wie Heinrich Heine, einsieht, „daß die liebe Frau von Melos keine Arme hat und ihm nicht helfen kann." Dann ist es vorbei mit dem Glauben an die beseligende Macht der schönen Kunst. Die Lösung des großen Problems, wie das Kind zum Vater zurückkommen, wie das in den Widersprüchen des realen Daseins verwickelte Individuum Theil haben könne an der ewigen Herrlichkeit der Idee, ist in der Kunst nur eine scheinbare. Damit die Kinder der Leto ewig leben, müssen die Kinder der Niobe sterben, d. h. damit das Kunstwerk schön sei, müssen alle Menschen häßlich sein. Der Erdenrest, von welchem die Gebilde der Kunst befreit sind, er lastet um so schwerer auf uns, den Künstlern. Sie sind enthoben dem Gemeinen, dem ewig Gestrigen, wir sind um so tiefer darein versenkt. Das unauslöschliche Gelächter der seligen Götter an der Tafel des

Zeus tönt wie ein Hohn in das Ohr des krankheitsgequälten, mühsalbehafteten Sterblichen. Er hat sie ausgestattet mit allen Herrlichkeiten, die seine schöpferische Phantasie hervor= zubringen vermochte, und sie lassen ihn in Elend und Noth verschmachten; sie haben „kein Ohr, zu hören seine Klage," sie haben „keinen Arm, sich des Bedrängten anzunehmen." Denn diese schönen Gestalten sind todt und sind nur dadurch schön, daß sie todt sind, da das Leben dem Schönen nur die Dauer eines Augenblicks gewährt, und was unsterblich im Gesang leben soll, im Leben selbst untergehen muß.

Die schöne Kunst sammelt die sich in den Individuen brechenden Strahlen der (besonderen) Idee (die absolute Idee unvermittelt darzustellen, hat sie längst als eine Unmöglich= keit erkannt) in einem Brennpunkt. Dieser Brennpunkt ist das Ideal, das Kunstwerk. Erfüllte nun das Ideal seine Aufgabe, der Träger der Idee zu sein, so wäre es gut und das Individuum könnte das Unglück, zur Gemeinheit ver= urtheilt zu sein, damit das Ideal schön und herrlich sei, zur Noth verschmerzen. Nun aber ist dies nicht der Fall, und daß es nicht der Fall ist, zeigt sich am deutlichsten da, wo der aristokratisch = repräsentative Charakter der schönen Kunst seinen höchsten Ausdruck gewinnt: in der Tragödie. In der Tragödie geht der Held, d. h. der Repräsentant der Idee, unter, zugleich aber auch die Idee, d. h. die ideale Kunst kann die Idee nicht retten, da sie nur das Ideal als den ein= zigen Vertreter derselben kennt und dieser unter der Last seiner Aufgabe zusammenbricht.

„Ist dies das verheißene Ende?" so fragt der Geist, der sich bis dahin gläubig dem Ideal anvertraute (um durch dasselbe zur absoluten Idee zurückzukommen), wenn er, an dieser jähen Kluft angelangt, für den Augenblick weder vor= wärts (zur Philosophie), noch rückwärts (zur Religion) ge= langen kann.

Und hier nun, in dieser Noth, tritt der Humor als Retter auf, der Humor, der das Individuum darüber belehrt, daß es, gemein wie es ist, dennoch Theil hat an der ewigen Herrlichkeit der absoluten Idee, daß die absolute Idee leer wäre, wenn sie sich nicht in den besonderen Ideen auseinan= derlegte, und daß die besonderen Ideen wohl durch das Ideal nothdürftig repräsentirt werden können, ihr eigentliches voll= kräftiges Leben aber doch nur in der Gesammtmasse aller ihrer Individuen haben, mithin die absolute Idee so wenig ohne das Individuum, wie das Individuum ohne die absolute Idee gedacht werden kann.

Dieses Resultat kommt offenbar nicht ohne Reflexion zu Stande, ist ohne Zweifel kein Product der Phantasie (des Denkens in Formen), sondern des eigentlichen, d. h. des speculativen Denkens. Es scheint also, als ob wir in dem Augenblick, wo wir zu dieser Einsicht gelangen, das Gebiet der Kunst verlassen und ihr Organ, die Phantasie, aufgeben müßten, um zur Wissenschaft überzugehen und fortan nicht mit Bildern, sondern Begriffen zu operiren.

Dies ist allerdings das Ende des ganzen Processes, aber, wie schon bemerkt, die Uebergänge aus einer Sphäre in die andere sind niemals so plötzlich, und wie auf dem Punkte, wo die Religion sich mit der Kunst berührte, der Menschen= geist erst nach und nach den alten Gehalt der neu ergriffenen Form zu accommodiren verstand, so sucht er jetzt die alte, liebgewonnene Form festzuhalten, obgleich der neue Gehalt nicht mehr dafür passen will, und wie dort die künstlerische Form endlich den Sieg über die religiöse Empfindung da= vontrug, so zerstört jetzt die humoristische Weltanschauung (ein Resultat des speculativen Denkens) nach und nach die künst= lerische Form.

Es ist bezeichnend für die amphibienhafte Natur des Humors, daß er, ebenso wie er in der Dialektik des Begriffs als Uebergangsstufe zweier geistiger Sphären erscheint, auch in der Geschichte der Individuen und der Völker in den Perioden auftritt, wo sich, oft unter inneren und äußeren Kämpfen, ein neues Leben entwickelt. Das naive Alterthum kennt den Humor so wenig, wie ihn das Kind kennt, das mit gläubigem Herzen zuhört, wenn ihm die Mutter erzählt von dem lieben Vater im Himmel, der Sonne, Mond und Sterne und Alles, was ist, geschaffen habe. Auch der Jüngling kennt den Humor nicht, so lange er noch an die Verwirklichung seiner Ideale glaubt und in diesem Glauben kühn hinaus= steuert auf das hohe Meer des Wettens und Wagens. Aber auf der Stufe, wo sich in dem unausbleiblichen Kampfe mit den Stürmen, die nun hereinbrechen, aus dem Jüngling der Mann entwickelt, in der Zeit, wo die Pfeile und Schleudern des wüthenden Geschicks ihm eine schöne Hoffnung nach der andern zertrümmern, und er noch nicht zur vollen Erkenntniß gekommen ist, daß diese schöne phantastische Spiegelung, die ihm die reale Welt verdeckte, versinken mußte, wollte er überhaupt jemals ein Mann werden — auf dieser Stufe, in dieser Zeit treibt der Humor die üppigsten Blüthen, lächelt der Jüngling = Mann in seinen Schmerz hinein, witzelt er über seine Verzweiflung so lange, bis er mit sich und der Welt in's Reine gekommen, das heißt, bis zur wissenschaftlichen Erkenntniß vorgedrungen ist.

Nicht anders ist es in der Geschichte der Menschheit. Als die griechische Kunst zusammen mit dem griechischen Leben den Höhepunkt erreicht hatte und nun, nachdem sie ihre Mission erfüllt, der Philosophie den Platz räumen mußte, trat für die kurze Zeit des Uebergangs das Interregnum des Humors ein. Aristophanes steht zwischen Sophokles und Aristoteles. So begleiten Humor und Satire den Verfall des römischen Reiches, so wuchert der Humor üppig empor gegen das Ende des Mittelalters, so findet er sich überall nicht nur auf der Schwelle weltgeschichtlicher Zeitabschnitte, sondern auch in dem Leben der einzelnen Völker, wenn für sie eine Uebergangsepoche gekommen ist. So hat, um nur ein Beispiel zu erwähnen, das Jahr 1848 bei uns neben so unsäglich viel Traurigem so viel Humoristisches nicht nur producirt, sondern auch consumirt, wie vielleicht sonst ein ganzes Jahrzehnt ruhiger Entwickelung.

Nachzuweisen nun, wie aus dieser Grenzstellung des Humors zwischen Kunst und Philosophie seine ganze scheinbar so wunderbare Natur einfach zu erklären ist, wie er, an der Natur beider Sphären participirend und von der einen die Form, von der andern den Inhalt entlehnend, jene zertrümmert, ohne doch diesem gerecht werden zu können — das soll die Aufgabe des folgenden Capitels sein.

II.

Wir sahen, daß der Mensch, wenn er zur Einsicht gelangt, wie die Kunst seine höchste Sehnsucht, die Sehnsucht, sich als theilhabend an der Herrlichkeit der absoluten Idee zu fühlen, nicht befriedigen könne, folgerichtig das Gebiet der Kunst verlassen und (nicht zur Religion, denn von dieser kommt er her, sondern) zur Philosophie fortschreiten müßte. „Denn," sagt Schopenhauer (die Welt als Wille und Vor-

stellung, II. S. 405), „die Antwort der Künste, so richtig sie
sein mag, wird jedoch immer nur eine einstweilige, nicht eine
gänzliche und finale Befriedigung gewähren. Sie geben immer
nur ein Fragment, ein Beispiel statt der Regel, nicht das
Ganze, als welches nur in der Allgemeinheit des Begriffs
gegeben werden kann. Für diesen daher, also für die Re=
flexion und in abstracto eine eben deshalb bleibende und für
immer genügende Beantwortung jener Frage zu geben, — ist
die Aufgabe der Philosophie.“

Indessen dieser Uebergang macht sich nicht so plötzlich,
zum mindesten nicht bei Völkern oder Individuen, welche es
sich ernst sein ließen mit der heitern Kunst und ganz ernstlich
in der Seligkeit des Schaffens oder nachschaffenden Genießens
eine finale Befriedigung zu finden hofften. Das Gefäß ver=
liert den Geruch von dem, womit es ursprünglich angefüllt
war, nicht so leicht. Der noch vor einem Augenblick dichterisch
erregte Geist, wenn ihm nun plötzlich die Einsicht von der
Unzulänglichkeit des Mediums, durch welches er zum reinen
Licht vordringen wollte, klar wird, kann sich nicht sofort in
die ruhige contemplative Stimmung versetzen, welche die con=
ditio sine qua non des wissenschaftlichen Erkennens, des
speculativen Denkens ist. Er weiß es, der Kampfplatz ist
ein anderer geworden, aber er legt deshalb die alten lieben
Waffen nicht aus der Hand. Er versucht es noch eine Weile
mit denselben Werkzeugen, in deren Behandlung er es zu
einer solchen Virtuosität gebracht hatte; er will durch das
Organ der Phantasie das Resultat, nicht dichterisch intuitiven
Schauens, sondern philosophisch speculativen Denkens dar=
stellen; er will noch ein Bild geben, ohne zu bedenken, daß,
so groß er auch die Leinwand spanne, was er abbilden will,
nach allen Seiten darüber hinausreicht, ja daß, streng ge=
nommen, was er abbilden will, ihm in keinem Augenblicke
wirklich sitzt, sondern in einer fortwährenden Metamorphose
begriffen ist.

Denn die Idee, die er bis dahin in dem schönen Kunst=
werk verkörpert sah, die ihm in dem Ideal ein Hic! zurief,
dem er mit gläubiger Seele lauschte, hat jetzt an die Stelle
des Hic! ein Ubique! gesetzt. Er, der früher das ganz Ge=
meine und ewig Gestrige so tief verachtete, hat nun erkannt,
daß die Idee sich gerade in dem Gemeinen und Gestrigen
fort und fort behauptet, daß die Idee auch nicht der Kleinsten

und Geringsten Eines verloren gehen läßt, sondern will,
daß Alles Theil habe an ihrem ewigen Leben. „Kommt her
zu mir Alle, die ihr mühselig und beladen seid, ich will euch
erquicken," so sagt die Religion der Liebe und so sagt der
Humor. Nicht an die Großen, die Weisen, die Reichen, die
Gesunden und Kraftvollen wendet er sich, sondern an die
Kleinen, die Einfältigen, die Armen, die Kranken und Schwachen.
Ja, er wendet sich an diese ganz vorzugsweise gern, weil,
wenn es ihm gelingt, den Beweis zu liefern, daß auch in
diese dunkeln Regionen das Licht der Idee dringt, sich die
Ubiquetät derselben gerade am herrlichsten offenbart. Dies
ist auch nebenbei der Grund, weshalb der eigentliche Humor
erst mit dem Christenthume möglich wurde. So lange die
Götter auf ihrem Olymp in unnahbarer Höhe thronten,
höchstens sich auserwählten Sterblichen dann und wann in
Liebe gesellten, mit ihnen Heroen und Heroinen, Helden an
Kraft und Wunder der Schönheit zeugten und so eine höchst
exclusive Aristokratie begründen halfen, die mit dem großen
Pöbelhaufen sehr wenig gemein hatte — oder so lange ein
Jehovah als absoluter Herrscher im Himmel regierte, der die
Erde zu seiner Füße Schemel hatte und sich nur durch den
Mund der Propheten und Priester, seiner auserwählten Werk=
zeuge, den übrigen Menschen offenbarte — so lange war das
erlösende „Wort bei Gott und Gott war das Wort;" so
lange galt nur, was durch Kraft und Schönheit seine Ab=
kunft von den Göttern documentirte, und selbst diesen weni=
gen Glücklichen wurde es oft bange bei ihrer Gottähnlichkeit,
und sie klagen bei Homer und bei den Tragikern in oft
rührenden Tönen über die Hinfälligkeit selbst der stolzesten
Kraft, über die fürchterliche Unsicherheit des Menschenlooses
und den grimmen Neid der Olympier. Das Antlitz des
Jehovah glättet nie ein freundlich mitleidiges Lächeln, wenn
er auf seine irrenden, strauchelnden Menschenkinder herab=
schaut, und wenn Zeus über all' den Erdenjammer einmal
gelegentlich nachdenkt, hat er nur das kalte, schneidende Wort:

ἐξ ἡμέων γάρ φασι κάκ᾽ ἔμμεναι· οἱ δὲ καὶ αὐτοὶ
σφῇσιν ἀτασθαλίῃσιν ὑπέρμορον ἄλγε᾽ ἔχουσιν.

Nein, das Wort mußte Fleisch, der Gottessohn als des
Menschen Sohn geboren werden, und, in einer Krippe lie=
gend, die Anbetung der Könige empfangen, bis sich der Mensch

bewußt wurde, daß, weil er klein und einfältig und sündhaft und krank ist, er darum noch nicht verstoßen ist, sondern daß Alle gleicherweise berufen sind. Nun erst werden diese un= geheuren Gegensätze, diese scheinbar unlösbaren Widersprüche des ganz Gemeinen, welches sich als kostbares Gefäß der Idee erweist, des unförmlichen Steins, der von den Bau= leuten verworfen und von dem Meister zum Eckstein gewählt wird, gelöst; nun erst beginnen die Saturnalien, in welchen den Sclaven der Sünde, des Lasters, der physischen und moralischen Häßlichkeit die Ketten abgenommen werden, sie sich als frei und rein und schön und mächtig fühlen. Des= halb der durch und durch demokratische Charakter des Humors. In der Religion herrscht der eine Jehovah und vor ihm sind wir „allzumal Sünder;" in der schönen Kunst zählen nur die Heroen, die Aristokraten der Schönheit, der Tugend (virtus), der Kraft und des Reichthums, alle Uebrigen sind Heloten, die so häßlich sind, daß sie selbst das Laster nicht häßlicher machen kann; aber der Humor verjagt die dreißig Tyrannen und proclamirt die Souveränität des Demos; in dem Gebiete des Humor herrscht kein Einzelner, weil sie Alle herrschen; ja der Humor ist so eifersüchtig auf die Volks= souverainität, daß er die Themistokles und Aristides lieber ostrakisirt, als sie in ihrer Tugend und Weisheit, gleichsam ein lebender Vorwurf für die weniger vom Schicksal Be= günstigten, gewähren ließe. Für den Humor existirt nichts Großes, aber auch nichts Kleines, ebenso wenig, wie für die Wissenschaft, denn er ist, wie diese, sich der Ubiquetät der Idee bewußt. Der Inhalt ist bei beiden genau derselbe; beide wollen den Nachweis liefern, daß in der Unendlichkeit des dialektischen und empirischen Zusammenhangs Alles ver= mittelt und jede sogenannte Unmittelbarkeit, sie möge einen Namen haben, welchen sie wolle, ein Product des Aberglau= bens oder der Unwissenheit ist.

Was den Humor von der Philosophie unterscheidet, ist also die Form. Die Wissenschaft operirt mit Begriffen, der Humor noch immer mit Bildern. Das Organ der Wissen= schaft ist das logische Denken, das des Humors noch immer die Phantasie. Der Humor weiß so gut wie die Wissenschaft, daß man der Idee in die Breite des realen Daseins folgen muß, will man sie in ihrer Wahrheit und Wirklichkeit er= kennen und begreifen; aber er schreibt deshalb keine philo=

sophischen, theologischen, juristischen, naturwissenschaftlichen Werke, sondern immer noch Dramen, Gedichte, Romane, thut also der Form nach scheinbar genau dasselbe, was der Dich= ter auch thut, um seinen poetischen Ideen einen Ausdruck zu geben.

Bevor wir uns indessen in der Werkstatt des Humors genauer umsehen und beobachten, wie seine wundersamen Ge= bilde zu Stande kommen, müssen wir noch einen Augenblick in der Vorhalle verweilen. Zu dem Humor, der selbst nichts weiter als eine Uebergangsstufe ist, gelangt man wiederum nur durch eine Uebergangsstufe, und diese ist die Satire. Es ist nicht möglich, sich einen richtigen Begriff von jenem zu verschaffen, wenn man sich nicht vollständig über das We= sen und die Bedeutung dieser klar geworden ist. In der Satire nämlich stehen noch die beiden Gegensätze, die Idee und die Realität, die in dem Humor ihre Versöhnung feiern, ganz unvermittelt nebeneinander. Wenn der Humor der Heiland ist, welcher seine Hand ausstreckt über die arme Sünderin und zu ihr spricht: „stehe auf, deine Sünde ist dir vergeben," so ist die Satire der Prediger in der Wüste, der das Laster mit Feuerworten geißelt, aber keinen Balsam hat für die Wunden, die er schlägt. Ja, der Satiriker ver= zweifelt an der Heilung dieser Wunden, aber er meint, daß die offene Wunde doch noch weniger gefährlich ist, als die, welche unter der trügerischen Hülle, mit der sie Heuchelei und falsche Scham verdecken, im Verborgenen forteitert, und des= halb reißt er erbarmungslos den Verband ab und hat kein Ohr für das Wehegeschrei des unglücklichen Opfers. Nie= mand kann von der unaussprechlichen Herrlichkeit der Idee tiefer durchdrungen, inniger gerührt sein, als der Satiriker, aber trotzdem oder vielmehr gerade deshalb findet auch Kei= ner die Wirklichkeit so unsäglich gemein, ist Keiner von dem Erdenrest, der allen Dingen anhaftet, empfindlicher beleidigt, als gerade er. Für ihn ist die helle Sonne am Himmel nicht ohne Flecken und an der köstlichsten Porzellanvase ent= deckt sein mikroskopisch scharfes Auge einen Makel, der den Werth des Gefäßes auf ein Kleinstel reducirt. Der Schmutz, der allen Dingen anhaftet, widert ihn an; der Mißklang, den sein Ohr in jeder Harmonie heraushört, bringt ihn zur Verzweiflung. Und in dieser seiner Verzweiflung wühlt er in dem Schmutz, lacht er schrill und gell in „das Tollhaus

von Tönen" hinein, streut er Asche auf sein Haupt, umgür=
tet er seine Lenden mit härenem Gewande, oder reißt, wie
König Lear, sich die Kleider vom Leibe und ruft: „fort, fort,
ihr Zuthaten! Der natürliche Mensch ist nichts weiter, als
solch' ein armes, nacktes, zweizinkiges Thier!" — Die Me=
thode, durch welche der Satiriker zu seinen Resultaten ge=
langt und die unübersteigliche Kluft zwischen der Herrlichkeit
der Idee und der Gemeinheit der Wirklichkeit mit einem so
grellen Licht erleuchtet, ist im Grunde außerordentlich einfach.
Er braucht sich nur zur Sonnenhöhe der Idee zu erheben
und von dort aus auf die reale Welt hinabzublicken, so wird
ihm Alles, selbst das menschlich Höchste und Größte, in
lächerlicher Kleinheit und Unbedeutenheit erscheinen, oder er
braucht sein Auge nur in nächste Nähe mit der Wirklichkeit
zu bringen, so werden ihm die unbedeutendsten Flecken und
Makel nicht nur nicht entgehen, sondern, weil aller Maßstab
fehlt, scheinbar in's Ungeheure wachsen. Swift, als er seine
berühmten Reisen Gullivers, dieses Musterwerk der Satire,
schrieb, war sich dieser Methode entweder deutlich bewußt,
oder hat sie, ohne es zu wissen und zu wollen, mit dem un=
fehlbaren Instinkte des Genies befolgt. Seine „Liliputaner"
und seine „Riesen von Brobignak" die Einen mit ihren win=
zigen Tugenden, die Anderen mit ihren colossalen Lastern,
sind die Menschen, wie sie der Satiriker sieht, je nachdem er
sie durch die concave oder convexe Seite seines Glases be=
trachtet. Der Satiriker ist der radicale Pessimist.

Er ist es gerade so, wie der Humorist der entschiedenste
Optimist ist. Wenn Jener die Menschen in Bausch und Bo=
gen für Zöllner und Sünder erklärt und in die Einsamkeit
flieht, um nichts mit ihnen gemein zu haben, so setzt sich Die=
ser mit ihnen zu Tisch und findet, daß die Leute, im Grunde,
genommen, gar so übel nicht sind, ja manche ganz schätzens=
werthen Eigenschaften besitzen; wenn Jenem die Fliege, die
ihn umsummt, das ganze köstliche Mahl des Lebens verdirbt,
so fängt Dieser den kleinen Störenfried, öffnet das Fenster
und sagt: die Welt ist groß genug für dich und mich. Der
Humorist ist nicht weniger durchdrungen von der Herrlichkeit
der Idee, aber er weiß von dieser aus einen Weg zu finden
hinab auf die platte Erde. Seine Methode ist der des Sa=
tirikers vielfach ähnlich und doch in der Hauptsache gänzlich
von jener verschieden. Jean Paul beschreibt sie, indem er

„die drei Wege angiebt, die er ausgekundschaftet habe, nicht um glücklich, aber glücklicher zu werden". „Der erste" meint er, „der in die Höhe geht, ist, sich so weit über die Gewölke des Lebens hinauszubringen, daß man die äußere Welt mit ihren Wolfsgruben, Beinhäusern und Gewitterableitern von Weitem unter seinen Füßen nur wie ein zusammengeschrumpftes Kindergärtchen liegen sieht; — der zweite ist, gerade herabzufallen in's Gärtchen und da sich so einheimisch in einer Furche einzunisten, daß, wenn man aus seinem Lerchenneste heraussieht, man ebenfalls keine Wolfsgruben, Beinhäuser und Stangen, sondern nur Aehren erblickt, deren jede für den Nestvogel ein Baum= und zugleich Regenschirm ist. — Der dritte endlich, den ich für den schwersten und klügsten halte, ist der, mit beiden zu wechseln." — Dieser dritte Weg nun ist der, welchen der Humor einschlägt, und aus diesem fortwährenden Wechsel des Standpunkts, von welchem aus der Humorist die menschlichen Dinge betrachtet, entsteht die eigenthümlich wechselvolle Beleuchtung, die das Charakteristische und zugleich der hohe Zauber aller humoristischen Producte ist. Der Humor ist ein Januskopf, dessen eines Gesicht sich stets gegen die Idee, dessen anderes sich fortwährend gegen die Wirklichkeit wendet. Er darf, will er nicht sofort aufhören, seinen Namen zu verdienen, diese nur in dem Lichte jener, jene nur als diese beleuchtend darstellen. Er muß uns jeden Augenblick anschaulich machen, daß die Idee weder ohne die gemeine Wirklichkeit, noch diese ohne jene sein und gedacht werden kann.

. Das ist es eben: der Humorist muß diese philosophische Wahrheit anschaulich machen; er darf uns nicht, wie der Philosoph, darauf vertrösten, „daß die Idee sich in allen Räumen und im endlichen Verlaufe der Zeit durch einen beständig sich erneuernden Proceß der Bewegung verwirklicht", darf uns nicht, wie der Künstler, mit dem schönen Scheine, als sei das ideale Kunstwerk wahrhaft der Repräsentant aller Individuen seiner Gattung, täuschen, sondern soll den Nachweis liefern, daß die absolute Idee in jedem einzelnen Punkte des Raumes und der Zeit zur Erscheinung kommt.

Diese Aufgabe vollständig zu lösen, ist offenbar unmöglich und gelingt dem Humor auch nicht, so sehr er sich darum bemüht. Der Kampf mit der Häßlichkeit und Gemeinheit, auf den er, der Optimist, der Alles, was ist, schön und sehr

gut findet, sich einlassen muß, ist ein verzweifelter. Verge=
gebens, daß er das ganze Arsenal seiner Waffen aufbietet
und ohne Aufhören ironisirt, parodirt, travestirt, carikirt —
es hilft Alles nichts, der Hydra wachsen immer neue Köpfe.
Der Humorist ist wie der Zauberlehrling in Goethe's Ballade.
Er hat den Zufall, den der alte Meister der schönen Kunst
sorgfältig einschloß, entfesselt, und der Zufall mit seinem gan=
zen Gefolge von Ungereimtheiten, Abgeschmacktheiten, Unge=
hörigkeiten ergießt sich nun in Strömen über ihn. Und
wenn er tausend Arme hätte, er kann die Fluth nicht bewäl=
tigen. Für den einen Fall, in welchem er uns die Berech=
tigung des Zufalls nachwies, sind unzählige andere, wo er
uns den Beweis schuldig bleibt. Es ist eben eine Arbeit in
infinitum, und deshalb hören so sehr viele humoristische Werke
(Sterne's Tristram Shandy, Sentimental Journey, die
meisten Romane Jean Pauls, die Komödien des Aristophanes
u. s. w. u. s. w.) nur auf, aber endigen nicht.

So zersprengt der philosophische Gehalt des Humors
die künstlerische Form, die er nicht aufgeben will, und Goethe
hat vollkommen Recht, wenn er den Ausspruch thut: „der
Humor zerstört zuletzt alle Kunst." Der Humor thut dies
nicht blos dadurch, daß er, um die Idee zu retten, die Häß=
lichkeit auf die Spitze treiben und zur Caricatur seine Zu=
flucht nehmen, die Form also geflissentlich zerstören muß, son=
dern vor Allem, indem er die Grenzen, welche den einzelnen
Künsten vorgeschrieben sind, nicht respectiren kann und in den
einzelnen Künsten wiederum die besonderen Gattungen durch=
einandermischt.

Der Humor, sich dieses seines kunstfeindlichen Wesens
wohl bewußt, wählt sich deshalb am liebsten diejenige Form
der Dichtkunst (denn die anderen Künste, vor Allem Plastik
und Baukunst, sind von so strengen Grenzen umschrieben,
daß der Humor, der so gern in's Grenzenlose schweift, eigent=
lich wenig oder nichts mit ihnen anfangen kann), in welcher
der Uebergang aus der Poesie in die Prosa so nahe liegt:
die Form des Romans. Fast alle, wenigstens die hauptsäch=
lichsten humoristischen Werke haben deshalb diese Form.

Aber wie springt selbst der Humor mit dieser Form um!
Wie weiß er sie nach allen Seiten für seine Zwecke auszu=
weiten! Man denke nur an Jean Pauls sogenannte Romane!
Die künstlerische Ohnmacht in jeder Beziehung ist es, was

Jedem, der frisch von der Lectüre der Alten oder Goethe's
und Lessings herkommt, in diesen wunderlichen Producten
zuerst auffallen muß: von dem zerbröckelnden, durcheinander-
gewirrten, künstlich herausgeputzten Styl bis zu dem gänz-
lichen Mangel an Gestaltungskraft, sei es nun in der Zeichnung und Durchführung von Charakteren, in den landschaftlichen Schilderungen, oder in den, wie der Styl, zerfahrenen
und zerbröckelnden Geschichten.

Der hauptsächlichste Grund dieser Erscheinung ist der,
daß der Humorist, obgleich er principiell nur eine von der
Idee durchleuchtete, also nicht mehr gemeine Wirklichkeit
kennt, dennoch den Hauptaccent bald auf jene, bald auf diese
legt und so alle Augenblicke in die Gefahr kommt, entweder
den Boden unter den Füßen zu verlieren und in vagen Abstractionen zu verschweben, oder in der platten Wirklichkeit
stecken zu bleiben und „seine Nase in jedem Quark" zu begraben. Auch dafür bietet fast jede Seite bei Jean Paul
einen Beleg. Er exaltirt sich zu unaussprechlichen Gefühlen,
er sucht gewaltsam alles Irdische von sich abzustreifen und
orakelt dann in „Träumen", vor deren Mysticismus der gesunde Menschenverstand im eigentlichsten Sinne des Wortes
stille steht; oder er führt uns seine „hohen" Menschen vor,
seine Albano's, Idoinen u. s. w. mit ihren Wolkenkukuks-
heimanschauungen und Empfindungen. Dann plötzlich, in der
Sonnennähe, schmelzen die Ikarusflügel und der Titane verwandelt sich in ein armes Schulmeisterlein im fadenscheinigen
Röckchen, und wir müssen mit ihm das harte, trockene Brod
seiner prosaischen Existenz kauen, bis wir den Fluch des
ewig Gestrigen und Gemeinen, dem wir eben bei dem Dichter
entrinnen wollten, wieder einmal recht drückend empfinden.
In welche öden Steppen der alltäglichsten Prosa führen uns
selbst die gefeiertsten Humoristen, Dickens z. B. und Thackeray,
auch die älteren englischen: Sterne, Smollet u. s. w. Wie
oft, wie sehr oft geht ihnen der Humor aus, und — wir
sitzen im Dunkeln!

Und meistens geht er gerade da aus, wo wir des Lichtes
und des Trostes am meisten bedürfen. Als das Unglück mit
unwiderstehlicher Gewalt auf den alten Lear einstürmt, schleicht
sich der Narr davon, denn er hat nichts mehr zu sagen. Vor
dem lauten Donner des Gerichts, das nun über Schuldige
und Unschuldige hereinbricht, verstummt sein Witz, und so

muß der Humor überall schweigen, wo es sich um Sein und Nichtsein, wo es sich um die Fragen handelt, welche die Menschheit in ihrem innersten Grunde aufwühlen. In allen solchen Fällen wird der ästhetische Mensch doch immer „Ruhe, Lust und Harmonie" in der idealen Kunst suchen, der Gläubige Rath und Trost aus der Religion schöpfen und der Denker von der Philosophie die „finale Befriedigung" erwarten müssen.

So sehen wir, wie der Humor nach allen Richtungen seine Unzulänglichkeit, seinen amphibischen Charakter eines auf der Grenze zweier Welten stehenden Wesens documentirt. Auch hat der Humorist eine deutliche Empfindung dieser Zweideutigkeit seiner Stellung und stets das Bedürfniß, sich selbst und sein Publikum darüber zu orientiren. Diesem Bedürfniß entspringen die „Parabasen" des Aristophanes, welche sich in anderer Form bei allen Humoristen finden. Weil sie sich selbst vor den Wasserfluthen, die sie heraufbeschworen, ängstigen, treten sie aus dem Rahmen des Kunstwerkes heraus, um sich in eigener Person über ihre eigentlichen Intentionen, über die eigentliche Bedeutung des Stücks möglichst verständig und verständlich auszusprechen. Ob ihnen dies aber nun gelingt oder nicht, jedenfalls wird durch ein solches Beginnen alle Illusion zerstört und der schlagendste Beweis geliefert, daß der Humor nicht sein Gesetz und seine Erklärung in sich trägt, sondern eben nichts ist, als eine Uebergangsstufe aus der Poesie in die Prosa, aus der Kunst in die Philosophie.

Fritz Reuter.

Eine Vorlesung. 1868.

Es gehört in Frankreich oder England nicht gerade zu den Seltenheiten, daß ein bis dahin unbekannter Autor durch ein einziges Buch, welches einschlägt, wie der Kunstausdruck lautet, seine Nation im Sturme für sich erobert. Er hat das große Loos gezogen, und die Welt beeilt sich, dem Sieger zu huldigen. Gestern noch „der Philosoph unter dem Dache", ist er heute der umworbene Liebling der Salons; das Band der Ehrenlegion ist unvermeidlich, eine Vorstellung bei Hofe so gut wie gewiß; die Schaufenster der Kunstläden prangen mit den Photographien des berühmten Mannes, die illustrirten Zeitungen bringen sein Portrait in Holzschnitt mit obligater Biographie. Zuletzt, doch nicht als Letzte, drängen sie sich herbei, die sonst so scheuen Verleger, mit offenen Armen und, was mehr sagen will, offenen Händen. Sie bieten; sie überbieten einander; der Glückliche hat nur die Qual der Wahl; man bezahlt dem großen Manne nach seinen Ruhm und vergoldet ihm seine Lorbeern.

Ich sage: so etwas gehört bei unseren gallischen Nachbarn und drüben bei unseren Vettern in England nicht zu den Seltenheiten; bei uns ist das anders. Bei uns giebt es keine Hauptstadt, aus der, als dem Centrum und Brennpunkte, die Strahlen des aufgehenden Lichtes nach allen Seiten zugleich bis an die fernsten Grenzen fliegen; bei uns giebt es keine tonangebenden Salons, welche den jungen Helden auf den Schild erheben und allem Volke zeigen und allen Völkern. Bei uns geht es auf literarischem Gebiete ungefähr zu, wie in den Schlachten des Homer. Da drängt sich das Fußvolk schreiend und lärmend und erregt viel Staub; aber Niemand achtet seiner, am wenigsten die Muse, und namenlos sinken sie hinab zum Orkus. Dann kämpfen, über das Blachfeld weit zerstreut, einzelne Heroen, ein kühner Roßlenker hier, ein schnellfüßiger Achill dort, mit der Lanze Dieser, mit dem Schwerte Jener, mit fürchterlichen Feldsteinen ein Dritter. Aber Keiner kümmert sich um den Anderen, am wenigsten behält der große Haufe seine Helden im Auge. Thun sie gewaltige Thaten — wohl! Das ist ihre Schuldigkeit! Aber Dank und Lohn? Das fehlte noch! Und kommt es wirklich einmal zur Theilung der rühmlichen Beute, gönnt Agamemnon nicht dem Achilleus die holde Briſäis; sie zanken sich fürchterlich, greifen zu den spitzigsten Federn, und beinahe immer fehlt es an der klaräugigen Athene, der Göttin der Weisheit, die dem erbosten Peliden zur rechten Zeit am blonden Haare zupft.

Dies ist die Regel; aber es giebt Ausnahmen; es kommen einzelne Fälle vor, wo ganz Deutschland wie mit Einem Schlage in ein vollständiges Begeisterungsfieber für einen Autor hineingeräth; wo wir mit einer Einstimmigkeit, die bei uns um so rührender ist, je seltener sie ist, sein Lob singen; wo alle Welt die Schriften des Gefeierten liest, nicht blos Damen, die von Natur „nichts Besseres zu thun haben", sondern selbst Männer, auf deren Atlasschultern vielleicht das Wohl des Staates ruht; wo wir — und dies ist das erhabenste Opfer, was wir bringen können — seine Werke nicht, wie gewöhnlich, von guten Freunden oder aus der Bibliothek leihen, sondern dieselben kaufen für eigene Rechnung und Gefahr — und sogar gebunden!

Die Wenigen nun, denen es gelungen ist, die Herzen ihrer Nation so opferfreudig zu bewegen; wie bald wären sie genannt! Ich habe hier glücklicher Weise nur Einen zu nennen, und es ist gerade der, welcher in Beziehung auf den äußeren Erfolg unzweifelhaft die erste Stelle beanspruchen kann: Fritz Reuter.

Oder wessen Name klänge vertrauter in Jedes Ohr? Wessen Werke fände man häufiger auf den Büchertischen der Salons, in den Händen der Leser aller Stände? wessen Werke würden häufiger aufgelegt, oder mit größerem Fleiße illustrirt, oder commentirt? Wer kann, wie er, sich rühmen, nicht blos von Denen gelesen zu werden, für die er einzig geschrieben zu haben scheint und anfänglich ganz gewiß geschrieben hat, sondern mit nicht geringerem Eifer auch von der zahllosen Menge solcher, die aus seinen Büchern ein Studium im eigentlichen Sinne des Wortes machen, die sich erst mit Hülfe eines Wörterbuches das Verständniß seiner Dichtungen mühselig öffnen müssen?

Ein solches Phänomen, für das wir uns vielleicht an dem ganzen Himmel unserer Literatur vergebens nach einem zweiten Beispiele umsehen würden, ist zu auffallend, zu merkwürdig, als daß wir nicht das lebhafteste Verlangen empfinden sollten, die Bahn, welche es bereits durchlaufen, zu messen, und die, welche es noch dereinst durchlaufen wird, wenigstens annähernd zu bestimmen.

Zwar der eine Theil von Fritz Reuters ungeheuren Erfolgen ist eben nicht räthselhaft, ist im Gegentheil begreiflich genug, und gerade deshalb wollen wir an diesem leicht zugänglichen, festen Punkte mit unseren Betrachtungen einsetzen und fragen: Was ist und was muß Fritz Reuter seinen Landsleuten sein?

Seinen Landsleuten im engeren Sinne nämlich, das heißt Denen, für die noch heutigen Tages die Sprache, in der er geschrieben hat, wahr und wahrhaftig Vater- und Muttersprache ist, das heißt also für die Mecklenburger und Pommern, und will man es ganz genau ausdrücken: die mecklenburgischen und pommerschen Landleute, an welche das Widmungsgedicht seiner größten und vielleicht am meisten geschätzten, am weitesten verbreiteten Dichtung: „Ut mine Stromtib", adressirt ist.

Was Fritz Reuter für diese seine „leiwen Landslüd' " sein muß und ist, mag sich freilich annähernd Jeder sagen, der seine Werke mit Liebe und erträglichem Verständniß gelesen hat; aber es wirklich wissen, so ganz nachfühlen in jedem Worte, in jeder Sylbe, in jedem leisesten Tone einer kaum angerührten Saite, in jedem muthwilligen Augenaufschlage — das kann, meiner Meinung nach, doch nur Jemand, der auf dem Boden gelebt, auf dem diese Geschichten spielen, der mit den Menschen, den Helden dieser Geschichten, manchen Scheffel Salz gemeinsam verzehrt, der die Sprache, die sie sprechen, von Jugend auf hat sprechen hören und selbst gesprochen hat — mit Einem Worte: Jemand, der, wenn nicht zu den „Landlüden", so doch wenigstens zu den „Landslüden" gehört.

Ich sage: meiner Meinung nach, und hätte sagen sollen: meiner gänzlich unmaßgeblichen Meinung nach, da ich nicht leugnen will und um des Folgenden willen nicht leugnen darf, daß ich selbst meine ganze Jugend und noch manche

Jahre meines späteren Lebens auf jenem Boden, unter jenen
Menschen verlebt habe, mithin berechtigt bin — wenn anders
die Eindrücke der Jugend auf die Signatur des Wesens
eines Menschen bestimmend wirken —, mich mehr als halb
zu den Landsleuten des Dichters zu zählen.

Wie dem aber auch sein mag: ich will mit Hülfe dieser
meiner Wissenschaft — die ich mir unter allen Umständen zu
keinem besonderen Verdienste anrechne — mit Hilfe von tau=
send und tausend mir lieben und trauten Erinnerungen, rück=
schauend in die Jahre, die da waren und nimmer wiederkeh=
ren, versuchen, zu sagen: welches der Zauber ist, der für seine
„leiwen Landslüd', be Landlüd' in Mecklenborg und Pom=
mern", über Fritz Reuters Dichtungen ausgebreitet liegt, wie
der würzige Brodem über einer frisch aufgeackerten Brache,
wie das goldene Sonnenlicht über einem im Sommerwinde
wogenden Aehrenfeld.

Dieser Zauber ist der alte, der schon auf Homers Ge=
dichten für seine „lieben Landsleute", die Milesier und Pho=
käer, lag und noch auf allen Dichtungen gelegen hat, die das
Publikum, für das sie gesungen oder geschrieben wurden,
mächtig packten: der Zauber des Spiegels nämlich: die un=
widerstehliche Anziehungskraft, die auf jeden Menschen, er sei
auch, wer er sei, sobald er nur noch natürlich fühlt, sein
eigen Bild ausübt: sein eigen Bild, dieser beseelte Schatten,
dieser sonderbare Doppelgänger, dieses wunderliche Nicht=Ich,
das, richtig angesehen, uns nicht blos klarer als alles Andere
sagt, daß wir sind, sondern auch, was und wie wir sind.
Ein Dichter, der seine Seele so zu einem hellen Glase schleift,
in welchem sich Himmel, Erde und Luft und die Menschen
seiner Heimath wiederspiegeln, kann seines Erfolges gewiß
sein, und Fritz Reuters Seele ist ein solcher Spiegel.

Es ist die Eigenschaft jedes Spiegels, das er aufnimmt,
was nur immer unter einem bestimmten Winkel in ihn fällt,
und genau so ist es mit eines Dichters Seele. Du bist mein,
sagt er zu allem, was er sieht, was er hört, was er selbst
erlebt, was Andere erleben. Du bist mein, denn ich will
nichts von dir, als dich dir selbst zurückgeben, dir deinen
Platz anweisen in der Reihe der Lebendigen, die ich an dir
vorüberführe. Der Lebendigen und — der Todten, denn
auch sie sind mein. Mein ist die ganze Seele meines Vol=

tes, wie sie, sich immer wieder neu erzeugend, in geheimniß=
voller Folge von einer Generation auf die andere vererbt,
stets die alte, und doch ewig jung, stets dieselbe und doch
immer wieder eine andere.

So, als die Personification der Volksseele müssen wir
uns jeden bedeutenden Dichter denken; und deßhalb wäre es
auch thöricht und vergeblich, bei diesen Universalerben des
ganzen Reichthums der Gedanken und Empfindungen, der
geistigen und moralischen Errungenschaften ihrer respectiven
Nationen von Diebstahl, von ordnungswidriger Aneignung
fremden Eigenthums zu sprechen. — Wenn man diesen Pro=
ceß gegen mich anstrengen wollte, sagt Goethe irgendwo ein=
mal bei Eckermann, müßte man mir auch alle Ochsen und
Kälber anrechnen, die ich mein Leben lang aufgegessen habe.
Nicht anders ist es mit Fritz Reuter.

Er ist, von diesem Standpunkte aus gesehen, ein ganz
ausschweifender Compilator und rücksichtsloser Plagiarius,
nicht, oder doch gewiß nur in den allerwenigsten Fällen, an
einer bestimmten, nachweisbaren Person — die nebenbei ge=
wiß keine literarische ist —, aber eben an dem Volksgeiste,
an der Volksseele. Welche landläufige Anekdote, und wäre
es eine, die Meidinger rettungslos verfallen schien, hätte er
nicht als gute Beute aufgegriffen und aufgefrischt! Welches
Läuschen, welche Schnurre oder tausendmal erzählte Jagd=
geschichte hätte er verschmäht! Mit welchem Schimpf= und
Scherzworte, wie sie dort oben unzählig als alltägliche Münze
coursiren, hätte er nicht gewuchert! Wann hätte es je einen
Autor gegeben, dem es scheinbar so wenig darauf angekom=
men wäre, originell zu sein! — der jene Ochsen und Kälber
Goethe's (die geräucherten Gänsebrüste und Spickflundern
nicht mitgerechnet) mit solchem Behagen vor allem Volke
öffentlich verzehrt hätte!

Das klingt wie Ironie und ist doch keine; ich wieder=
hole: der Dichter war in seinem vollen Rechte, wenn er mit
dieser Kühnheit hineingriff in das Leben seiner Landsleute,
wenn er sich den ganzen Inhalt ihrer Interessen, Anschauun=
gen, ihres Gemüthslebens, ihres Geschichten und Anekdoten=
stoffes assimilirte, sich den vollen Schatz ihrer Sprüchwort=
Weisheit, in welchen Jahrhunderte den Reichthum ihrer theo=
retischen und praktischen Erfahrungen niederlegten, zu eigen
machte. Er war in seinem vollen Rechte, doppelt in seinem

Rechte, da dieser Stoff, bis er kam, wirklich ein herrenloses Gut war, das wie Sommerfäden in der Luft schwebte, oder besser und richtiger: die gemüthliche Atmosphäre, in welcher diese Menschen dahinlebten, wie es ihre Väter und Großväter gethan hatten, ohne auch nur den Versuch zu machen, ihr geistiges und moralisches Soll und Haben zu buchen.

Daß er so mit seinem Talente auf einen jungfräulichen Boden gleichsam trat, daß er Menschen zu schildern bekam, die noch nicht hundert Malern gesessen hatten und am allerwenigsten gewohnt waren, vor sich selbst Komödie zu spielen — das ist ein Zufall, für den Fritz Reuter seinem guten Sterne dankbar sein mag.

Sehen wir uns diesen Boden, sehen wir uns diese Menschen ein wenig näher an!

Wir sind — in Mecklenburg und Neuvorpommern — auf dem Lande in des Wortes vollster Bedeutung. Hier ist Gebirge eine Fabel, und das Meer rauscht von fern herein, um das Gefühl, auf festem Boden, „auf dem Lande" sich zu befinden, nur noch lebhafter zu machen. Die atmosphärischen Niederschläge, die auf der endlosen Fläche keinen Abfluß haben, sickern in Gräben und kleinen Bächen unter verkrüppelten Weiden dahin und sammeln sich in Seen oder bilden große Moore, wo aus den schwarzen Torfgruben das Wasser blinkt, das sonst verrätherisch unter der Rasen= und Haidekrautdecke lauert. Die Städte sind mit wenigen Ausnahmen unbedeutend, und selbst in den bedeutenderen ist der Stand der Ackerbürger zahlreich vertreten. Der Ausdruck der Physiognomie der Landschaft ist eine gewisse Behaglichkeit und Behäbigkeit, ein träumerischer Friede, für den die überall verstreuten einzelnen Gehöfte, die sehr selten zu ganzen Dörfern zusammentreten und die noch dazu in vielen Gegenden durch sich dazwischenschiebende Streifen der großen Waldungen von einander getrennt sind, die recht eigentliche Wohnstätte scheinen. Freilich ist es oft genug nur ein Schein. An jenen von hohen Bäumen umragten stattlichen Häusercomplex, der fast immer der Hof eines Rittergutes oder einer Domaine ist, schließt sich eine Reihe von Hütten an, die man nicht sieht, bis man ganz nahe ist, und auch nicht wohl vorher sehen konnte, denn sie sind sehr niedrig und sehr klein und nur zu oft sehr schmutzig, mit erblindeten Scheiben in den winzigen Fenstern, und manchmal ist der obere Theil der jedenfalls nicht hohen

Thür auch zugleich der Schornstein.*) Hier wohnen die auf
das Gut gehörigen Arbeiter, die sogenannten Kathenleute,
deren Verhältniß zur Gutsherrschaft noch ziemlich stark nach
der Hörigkeit des Mittelalters schmeckt und deren Lage des=
halb — wie immer in solchen Fällen — unter einer wohl=
habenden und wohlwollenden Herrschaft sehr gut, und ein
ander Mal, unter einer verarmten und geizigen, übelwollen=
den sehr schlecht, außerordentlich schlecht ist. Immer aber
liegt eine Atmosphäre über diesen Gütern, die etwas Stilles,
Einschläferndes hat, wie das Wogen der unendlichen Korn=
felder, wie der Klang der Kirchenglocken, die weit hinein in
das überall ebene Land schallen. Wer hier auch nur eine
Zeit lang auf dem Lande gelebt hat, meint überall anderswo,
nicht auf dem Lande zu sein, wo eine zahlreiche Bevölkerung
sich in großen Dörfern, die schon wie kleine Städte aussehen,
zusammendrängt, wo hohe Fabrikschornsteine rauchen und die
Locomotive nach allen Richtungen durch die Felder braust.
Bis auf den heutigen Tag gehören in jenen Gegenden Fa=
briken zu den Seltenheiten, und wie lange ist es denn her,
daß für den neuvorpommerschen Landmann die „Iserbahn"
ein Märchen war!

Das ist das Land, und die Leute entsprechen diesem
Land. Zäh am Alten hangend, äußerst mißtrauisch gegen
jede Neuerung, argwöhnisch gegen alles, was sich über das
Niveau des Gewöhnlichen erhebt, zu herabsetzendem, manch=
mal hämischen Tadel viel mehr geneigt als zu warmem Lobe,
hartgesottene Realisten, voll crassesten Unglaubens gegen jedes
Prophetenthum, schwerfällig in ihren Formen, langsam und
breit in der Sprache, könnten sie einen lebhaften Süddeutschen
zur Verzweiflung treiben und möchten überhaupt für Jeden,
der sie nicht genauer kennt, eine Menschenrace von sehr frag=
licher Liebenswürdigkeit sein.

Dem freilich, der sie genauer kennt, zeigen sie sich in
einem wesentlich anderen Lichte.

Da ist kein unliebenswürdiger Zug, der nicht sein lie=
benswürdiges Compliment hätte. In dem zähen, conserva=
tiven Boden des Hangens und Klebens an dem einmal Ge=

---

*) Sollte diese Schilderung heute nicht mehr passen, so bitte
ich gern um Entschuldigung; vor zwanzig, dreißig Jahren sah es
zum Theil noch ärger aus, als ich hier angedeutet habe. A. d. V.

gebenen, Hergebrachten treiben ein ausgebildeter Familiensinn, treue Freundschaft und herzliche Liebe tief ihre zarten Wur= zeln. Die Basis jenes kalten, ablehnenden Wesens ist ein sehr gesunder Menschenverstand, dem ein X für ein U zu machen, schwer hält, und für den die breite Sprache mit ihrem glücklichen Realismus das passendste Vehikel ist. Der Sinn für das Schöne und Große aber ist wohl vorhanden, wenn er auch oft tief versteckt ist und sich auch nicht selten ge= flissentlich verbirgt, trotzdem aber bei tausend Gelegenheiten durchschimmert, manchmal in der überraschendsten Weise.

Ich stand einmal mit einem mir befreundeten Landmanne auf seinem Hofe in dem Augenblicke, als — es war an einem heißen Erntetage und alle Welt war draußen auf den Fel= dern — eine schwarze, Blitze schleudernde Wolkenwand mit fürchterlicher Schnelle heraufzog, die plötzlich daher stürmende Windsbraut die Strohhalme auf dem Hofe zu Thurmeshöhe emporwirbelte und ein wolkenbruchartiger Regen prasselnd und klatschend niederstürzte. Mein Freund blickte ruhig in den Sturm der entfesselten Elemente und sagte, mehr mit sich selbst, als mit mir sprechend: „Dat kostet mi twedusend Dah= ler, aber schön is't doch.“

Das einfache Wort ist mir immer sehr merkwürdig ge= wesen, weil es für das Wesen dieser Menschen so außerordentlich bezeichnend ist. Sie reduciren die Erhabenheit eines Ge= wittersturmes auf Thaler und Pfennige und haben für die= selbe Erhabenheit, die sie so scheinbar an die crasseste Prosa verrathen und damit rettungslos vernichtet haben, eine starke poetische Empfindung.

Aber, wie gesagt: diese Poesie steckt tief, so tief, daß Fremde sie meist gar nicht finden, und sie selbst äußerst ver= wundert sein würden, wollte man ihnen dergleichen „Narrens= possen“ andichten. Denn Niemand kann weniger geneigt und auch vielleicht geeignet sein, über sich selbst zu reflectiren, sich selbst zu objectiviren, als sie; sie, die einen Kummer, einen Schmerz jahrelang, vielleicht ihr Leben lang im Busen tra= gen können, ohne ihm jemals einen Ausdruck zu geben; sie, die selbst in der Freude stumm, oder, wenn sie laut sind — und sie können sehr laut werden —, es ganz gewiß ohne Re= flexion sind. Daher haben sie auch selten eigentliche Kunstbega= bung, außer für die Musik, diese innerlichste aller Künste.

Und nun lassen Sie unter diesen unreflectirten, im guten

Sinne des Wortes naiven Menschen Jemanden auftreten, bei
dem die Poesie nicht latent bleibt, der im Gegentheil, als
Künstler, was in ihm lebt und was in ihnen lebt — denn
er ist ja nur ein Theil von ihnen — in klar umschriebenen,
mit hellsten Farben getränkten Bildern herausstellt, so mögen
Sie sich nur schwer das Entzücken dieser Menschen vorstellen
können, weil Sie eben in Fritz Reuters Werken sich nicht selbst
im Spiegel sehen. Wenn Sie aber wissen wollen, was Fritz
Reuter seinen „leiwen Landslüden" ist, dann müssen Sie
eben einen dieser „leiwen Landslüd" seinen Fritz Reuter
lesen sehen: wie er bei der Lektüre die Augenbrauen in die
Höhe zieht, und dann wieder in sich hinein und das nächste
Mal laut heraus lacht, und auf der folgenden Seite sich die
Augen wischt, während seine Mundwinkel wehmüthig zucken.
Und wie sollte es anders sein! Hat er doch Alles, Alles,
wie es da steht, selbst gesehen, gehört! Kennt er sie doch
alle, diese Figuren: den armen Tagelöhner, den Kathenmann,
den Inspektor, den Pachter, den Ackerbürger der kleinen
Städte, den jüdischen Produktenhändler, den Rittergutsbesitzer,
den Pastor — von Kindesbeinen an! Und, nein, wie ist es
möglich, das ist ja doch Onkel Wilhelm, wie er leibt und
lebt! Und gerade so schilt Tante Lowising, wenn sie bös
wird! Und das ist Stining und Mining und Korling und
Jöching, und das ist meine Frau! Und — na, dit is doch
binah to dull: dit bin ik am Ende sülwst!

Dem Zeugnisse des Originals dürfen wir glauben, daß
das Portrait getroffen ist. Und wie die Menschen, so ist die
Landschaft, so sind Himmel und Erde mit Farben gemalt,
daß die Naturwahrheit nicht höher getrieben werden kann.
Das ist richtiges pommersches Erntewetter; das ist richtiger
mecklenburger Winterschnee! Und so, genau so sieht es auf
dem Lande aus: auf dem großen, adeligen Hofe, auf den wir
vorhin einen Blick geworfen, mit seinen riesigen Scheunen,
Viehhäusern und Pferdeställen, dem Herrenhause, hinter dem
der alte Garten mit den hohen Bäumen sich vornehm aus-
breitet; — auf dem Hofe des kleinen Pachters, wo Alles ein
wenig näher an einander rückt und die Passage, selbst bei
trockenem Wetter, nur dem derben Bauerstiefel, der vor nichts
zurückschreckt, möglich ist. So sieht es in dem reinlichen
Pastorhause aus, so in der rauchigen Kathenwohnung — mit
Einem Worte: wohin auch der pommersche und mecklenbur-

gifche Leser feinem geliebten Autor folgt — überall hat er
feften Boden unter den Füßen, überall darf er fich zu Haufe
fühlen, denn der Autor felbft ift überall zu Haufe, fogar in
den kleinften Einzelheiten der Landwirthfchaft, die er gründ=
lich genug kennt, um fich felbft in den Augen fo gewiegter
Beurtheiler nie die mindefte Blöße zu geben.

Und was nun das Entzücken des heimifchen Lefers über
diefe heimifchen Gefchichten vollkommen machen muß, ift, daß
diefelben ihm nicht in dem vornehmen Hochdeutfch, der Sprache
der Kirche, der Schule, der Gerichte, des Landrathamts und
der Controlverfammlungen, erzählt werden, fondern in feinem
vielgeliebten Platt, welches nicht blos die Knechte und Mägde,
fondern auch die Bewohner des Herrenhaufes, wenn fie unter
fich find, fprechen, und welches fo recht eigentlich feine Vater=
und Mutterfprache ift.

So decken fich Inhalt und Form vollftändig, und wie
jener fich durch Sachwahrheit auszeichnet, fo glänzt diefe nicht
minder durch Korrektheit und Fülle. Auch in diefem Punkte
dürfen wir uns auf die Ausfage der Experten verlaffen. Sie
können von jedem Plattdeutfchen hören, daß Reuters fprach=
liche Virtuofität bewundernswerth ift, daß, wer feine Mutter=
fprache auch noch fo gut zu kennen glaubt, noch immer von
ihm lernen kann, daß er aus dem allertiefften Born der
Sprache gefchöpft hat. Fügen wir noch hinzu — worauf wir
in einem anderen Zufammenhange zurückkommen werden —,
daß er diefe Sprache fixirte, indem er fie, die fonft nur noch
gefprochene, niederfchrieb, fo haben wir endlich alles beifam=
men, was Fritz Reuter feinen lieben Landsleuten, den Land=
leuten in Mecklenburg und Pommern, ift und fein muß. Man
fagt von Homer: er habe den Griechen ihre Götter gegeben
— ein prachtvolles Gefchenk, das der moderne Dichter in
einem unmythologifchen Zeitalter auf ein befcheideneres Maß
reduciren mußte. Fritz Reuter gab feinen Landsleuten ihr
eigenes Conterfei.

Indem wir uns bemühten, aufzuzeigen, was Fritz Reuter
feinen Landsleuten ift, und dabei immer und immer wieder
den provinziellen Charakter feiner Thätigkeit hervorheben
mußten, fcheinen wir uns die Erklärung des doch nicht min=
der offenkundigen Factums feiner gewaltigen Popularität weit
über die Grenzen feiner engeren Heimath hinaus wefentlich
erfchwert, ja, faft unmöglich gemacht zu haben.

Dennoch, da, wenn wir dem Philosophen trauen dürfen, alles, was ist, vernünftig ist, so muß sich doch auch für Alles eine vernünftige Erklärung finden lassen, und wir dürfen also getrost an die Beantwortung der zweiten Frage herantreten: Was ist Fritz Reuter seinen Landsleuten im weiteren Sinne, was ist er dem Leser, der kein Mecklenburger oder Pommer und auch kein Landmann, vielleicht überhaupt gar kein Mann, sondern eine Frau oder Fräulein ist, die sich auf dem Parquet des Salons mit vollendeter Grazie bewegt und so sich auch zweifellos auf dem Düngerhofe einer mecklenburgischen Bauernwirthschaft bewegen würde, nur daß sie leider niemals dort und überhaupt in ihrem Leben nicht auf dem Lande gewesen ist, man müßte denn eine Villeggiatura in Interlaken oder am Genfersee „auf dem Lande" nennen?

Oder sollten wir dem Philosophen auch nicht ganz trauen dürfen und sollte nicht alles, was ist, ganz vernünftig sein, z. B. die immense Begeisterung für Fritz Reuter in gewissen Kreisen? Die Begeisterung, besonders, wenn sie immens wird, pflegt es ja so wie so mit der Vernunft nicht allzu genau zu nehmen. Hat man es nicht schon erlebt, daß sie sich auf manche Dinge und Personen wirft aus keinem anderen Grunde, als weil sie Mode sind, und dabei alle Stadien bis zum Schwindel, zum vollkommenen Schwindel durchläuft, in welchem der Patient nicht nur nicht mehr weiß, wo ihm der Kopf steht, sondern selbst nicht einmal, ob er überhaupt noch einen hat? Und so wäre es ja wohl möglich, daß eine oder die andere schöne Seele zum Reuter=Enthusiasmus gekommen wäre, sie wüßte selbst nicht, wie, es hätte denn durch Contagium aus einem Salon in den anderen sein müssen; — es wäre möglich, daß Fritz Reuter in einer Gesellschaft vorgelesen würde, wo ihn von den zwanzig Anwesenden nur Einer versteht, und der Eine mißversteht, und beim Schlusse doch Alle einig wären, daß ein solcher Dichter noch gar nicht da gewesen sei: so naiv, so humoristisch, so pathetisch, so — mit Einem Worte — himmlisch! Und welches Glück, daß der Mann doch wenigstens Plattdeutsch geschrieben hat, in einer Sprache also, die man schon deshalb kennt, weil man doch am Ende Englisch von Grund aus kennt — mit dem das Plattdeutsche eine Aehnlichkeit — nein! Sie glauben es nicht, eine wie große Aehnlichkeit hat!

Wenn er nun Chinesisch geschrieben hätte! Man würde

auch damit fertig werden, wenn es sein müßte — natürlich — aber —

Aber reden wir ernsthaft! Reden wir nicht von Mög= lichkeiten, wo wir leider nur von traurigen Wirklichkeiten zu sprechen haben; nehmen wir an, was wir dürfen, daß, abge= sehen von jenen gewissen Kreisen, die Begeisterung für Fritz Reuter überall sonst echt, vollkommen echt ist, und sagen wir, was nach unserer Ansicht durchaus genügend die Begeisterung erklärt.

Hier nun treffen wir zuerst auf die Wahrnehmung, daß ein guter Theil des Reizes, welchen die Reuter'schen Dich= tungen auf die übrigen Leser ausüben, in einem Umstande liegt, der das genaue Gegentheil des Grundes ist, welcher die mecklenburgischen und pommerschen Land= und Landsleute an ihren Dichter fesselte. Für diese war es, wie wir sahen, der Zauber des Spiegels, die Befriedigung, die sie empfan= den, sich selbst zu sehen; für jene ist es die angenehme Em= pfindung, sich selbst nicht zu sehen, sich selbst nicht zu haben, sich selbst einmal gründlich los zu werden.

Dies scheint ein Paradoxon und ist doch keines, ist viel= leicht nur der einfachste Ausdruck einer gewissen melancholi= schen, aber nicht immer reizlosen Stimmung, welche für jede hochcultivirte Gesellschaft charakteristisch ist und sich am besten vergleichen läßt mit der Sehnsucht nach frischer Luft, die man empfindet, wenn man längere Zeit in der eingeschlossenen, beängstigenden Zimmerluft sich aufgehalten hat.

Eine solche Stimmung hat, auch wo sie noch nicht geradezu krankhaft ist, immerhin etwas Pathologisches. Sie ist die Reaction unserer gesunden Säfte gegen die gewaltsam gesteigerte Thätigkeit des Gehirns auf Kosten des übrigen Organismus; gegen die nervöse Reizbarkeit auf der einen, die Abstumpfung der Uebersättigung auf der anderen Seite; gegen das tödtliche Einerlei einer Arbeit, die, in Folge der immer fortgesetzten Theilung, stets einseitiger und unerquick= licher wird und mit deren Einerlei die verwirrende Vielheit der Eindrücke, die von allen Seiten auf uns einstürmen, in dem unvereinbarsten, widerwärtigsten Gegensatze steht. Aus diesen, wie es scheint, nothwendigen Consequenzen jeder hohen Civilisation wollen wir uns wenigstens hinausträumen, wenn die Verhältnisse es schlechterdings nicht verstatten, uns that= sächlich hinauszureißen.

Man hat es zu allen Zeiten gethan, so oft es den Menschen in ihrer Gottähnlichkeit gar zu bange und beklommen wurde. Oder was wären die Eklogen des Virgil, die Oden, in denen Horaz die Freuden des Landes besingt, „wo die gewaltige Fichte und die hellschimmernde Pappel ihre Schatten liebend vereinigen" — was wären sie anders, als die Träume eines Gefangenen der Cultur!

Kommt noch hinzu, wie das nur zu oft der Fall ist, daß jene dumpfe Luft einer überreizten Civilisation innerhalb der engen Wände des Absolutismus und der Polizeiwirthschaft verdickt und vergiftet wird, so nehmen die Träume immer phantastischere Gestalten an, die, wie bei Geßner, im weichen Nebel der Schäferempfindsamkeit zerfließen, oder sich bei Bernhardin de St. Pierre exotische Blumen in's Haar flechten, oder bei Rousseau zu Troglodyten werden, oder sich mit Goethe's Werther das pochende Gehirn durch einen Pistolenschuß zerschmettern.

Wir klügeren Söhne nun eines realistischen Jahrhunderts, die wir die Damon und Phyllis einfach lächerlich, die Paul und Virginien mindestens manierirt, die Naturmenschen unmöglich und das Erschießen bedenklich finden, haben unseren idyllischen Träumen eine verständlichere und greifbarere Form gegeben: die Form der Dorfgeschichte; und die Verbreitung dieser Dichtungsart über fast alle Nationen Europas könnte für einen Pessimisten allein den Beweis liefern, daß Europa nichts als ein einziger großer Kerker ist.

Und da ist es wohl nicht von ungefähr, daß wir Deutschen nach dieser Richtung hin allen anderen Nationen den Rang ablaufen. In der That wird bei uns das Ueberwuchern der Dorfgeschichte, außer durch jenen oben angeführten Grund, der mehr oder weniger auf alle Kulturvölker zutrifft, durch einen zweiten bedingt, der leider für uns allein Geltung hat. Für uns reichten nämlich die allgemeinen Leiden einer geschminkten, hektischen Civilisation, die Uebel eines im besten Falle aufgeklärten, in jedem Falle unleidlichen Despotismus noch nicht aus; für uns mußte noch die Schande der Zersplitterung der Nation in so und so viele Herrenländer und in Folge dessen die Schmach der politischen Ohnmacht hinzutreten.

Deshalb konnte uns unsere klassische Literaturperiode, so

siegreich sie auch gegen die Unnatur zu Felde zog, keine volle nationale Befriedigung gewähren. Sie hatte uns statt der Karrikatur mit Zopf und Perrücke den schönen, nackten Menschenleib gegeben, aber nur zu oft war es eine Statue, in deren Marmorbrust kein warmes deutsches Herz schlug. So träumten denn die Romantiker weiter von der blauen Blume, die sie tief im Mittelalter hinter den farbenstrahlenden Fenstern katholischer Dome suchten. Sie haben sie freilich auch dort nicht gefunden; aber dieses Sichversenken in unzweifelhaft deutsche Art und Kunst, die daraus hervorblühenden Literatur- und Sprachstudien, die Durchforschung der heimischen Sagen und Rechtsalterthümer, der Aufbau einer deutschen Grammatik von den höchsten Gesichtspunkten und mit einer das Große wie das Kleinste umfassenden Gelehrsamkeit — das alles hat doch mächtig geholfen zur Vertiefung unseres nationalen Lebens und unserer Literatur. Denn von der aus jenen Studien gewonnenen Einsicht, daß nur eine Nation, die wahrhaft eine Nation ist, eine nationale Literatur und Kunst haben könne, bis zu der anderen, daß Literatur und Kunst ihre Stoffe aus der Nation, und zwar aus der seienden, gegenwärtigen nehmen müssen, weil nur, was dem Leben entnommen ist, wiederum lebenskräftig sei — bis zu dieser Einsicht, sage ich, und zu dem Versuche, diese Einsicht zu bethätigen, waren nur noch wenige, wenn auch keineswegs mühelose Schritte.

Unsere ganze moderne Literatur ist dieser Versuch. Ueberall trachten die besseren Köpfe danach, den Inhalt der Zeit zum Ausdrucke zu bringen, die Probleme zu fixiren, um deren Lösung es sich handelt, nebenbei gleichsam ein Inventarium der noch vorhandenen lebenskräftigen nationalen Elemente aufzustellen — mit Einem Worte, zu dem Tempel einer wahrhaft volksthümlichen Literatur wenigstens den Aufriß zu machen und die Bausteine zusammenzutragen.

Und hier nun treffen wir zum zweiten Male auf die Dorfgeschichte.

Jenes treffliche Wort nämlich, das merkwürdiger Weise, nachdem es ausgesprochen, hier und da eine nicht immer einsichtsvolle Opposition hervorgerufen hat, das Wort: „der deutsche Roman solle das Volk bei seiner Arbeit aufsuchen," lebte schon längst unausgesprochen in den Köpfen der Besseren, war schon längst befolgt worden. Und wie wäre es anders möglich gewesen! Wenn man das deutsche Volk schildern wollte — und man hatte die ehrliche Absicht —, wo in aller Welt sollte man es suchen und finden, als bei der Arbeit! Denn das deutsche Volk ist ein im strengsten Sinne arbeitsames und arbeitendes Volk. Indem man nun an die Schilderung dieses Volkes von Arbeitern ging, mußte man mit Vorliebe den Typus wählen, wo die Sache am handgreiflichsten zu Tage lag und wo die Schilderung verhältnißmäßig einfach war, das heißt: den Arbeiter des Feldes, den Landmann, den deutschen Bauer. Hier war kein Irrthum über das Volksthümliche des Stoffes möglich: man hatte gleichsam das Volksthum auf den einfachsten Ausdruck reducirt. Hier war es erkennbar in ganz individuellen Sitten, Gebräuchen, in der Lebensweise, Tracht, Sprache. Nicht zum wenigsten in der letzteren. Das Hochdeutsche, nachdem es Weltsprache geworden, hatte nothwendig manches Charakteristische eingebüßt; in den Dialekten aber besannen wir uns gleichsam wieder auf uns selbst, wie man sich an dem sonneverbrannten, halb fremd gewordenen Gesichte eines aus der Fremde heimkehrenden Bruders wieder auf das alte, bekannte Familiengesicht besinnt. Das war wie ein Sonnenblick aus unserer Jugend, wie das Rauschen des Waldes, das unser Knabenherz durchschauert — das Rauschen der deutschen Eichen und der deutschen Tannen!

Und indem nun die Dorfgeschichte nach einander beinahe alle Stämme, die Arndts deutsches Vaterlandslied katalogisirt, an ihren heimischen Heerden aufsuchte und, ohne es zu wollen, ganz von selbst, durch die bloße Nebeneinanderstellung die Aehnlichkeit in der Unähnlichkeit, den Familienzug, der durch alle durchgeht, aufzeigte; aufzeigte, daß die Deutschen wahr und wahrhaftig, nach den Worten des Dichters, ein Volk von Brüdern seien, hat sie der politischen Bewegung, die sich jetzt eben vollzieht, mächtig vorgearbeitet. Es ist mehr als Phrase, wenn ich sage, daß die friedlichen Dorfgeschichtenschreiber jene famosen Annexionen, von denen jetzt die Welt voll ist, schon vorher in ihrer Weise vollzogen hatten, und daß die siegreichen Heere auf den Bahnen geschritten sind, die ihnen jene Apostel des nationalen Gedankens vorher geebnet.

Zu diesen Aposteln, deren stilles Wirken Kosten an Gut und Blut weiter nicht verursacht hat, gehört auch Fritz Reuter.

Und zwar gehört er in die erste Reihe; sein Name muß unmittelbar neben den klangvollsten der Gilde genannt wer= den. Wie Gotthelf uns die schweizer Bauern, Immermann den Westfalen, Auerbach den Schwarzwälder kennen gelehrt hat, so hat uns Fritz Reuter seine Heimath erschlossen. Und wahrlich für kein anderes deutsches Vaterland war dieser Lie= besdienst so nothwendig, wie gerade für das zollschranken= umgebene Mecklenburg, in welchem die Ueberreste des mittel= alterlichen Feudalismus sich so trefflich conserviren wie die Pyramiden und Mumien in der trockenen Luft Aegyptens, wo Fuchs und Hase noch in guter alter Weise von rothbe= rockten Junkern mit der Meute zu Tode gehetzt werden, wo der Stock noch sein ehrwürdig=absolutes Regiment führt und der Schulmeister aus höheren Kulturgründen schlechter situirt ist, als der Tagelöhner.

Aber von diesem Mecklenburg — dem Mecklenburg der Stockjunker und des Junkerstockes — hat er nur einmal den Vorhang weggerissen mit einer vor Erregung bebenden Hand und hat uns ein schauerliches Nachtstück gezeigt, auf welchem der Knecht, der den Herrn erschlagen, im Winterwald der heimischen Erde flucht, die ihm „kein Hüsung“ gewähren wollte. Dann hat er den Vorhang wieder fallen lassen, um ihn nicht wieder zu heben; und hat uns dann sein liebes Vaterland gezeigt mit den lieben, wunderlichen, treuherzigen Menschen, das Mecklenburg der Franz von Rambow, der Karl Hawermann, der Fritz Triddelfitz, der „Vadder Swart“ und „Vadder Witt.“ Und wenn Mecklenburg=Schwerin So= dom und Mecklenburg=Strelitz Gomorrha wäre, und es lebte da nur Ein Gerechter, und dieser Gerechte hieße „Entspecter Bräsig,“ welcher noch so erzürnte Donnergott würde seinem Zorn nicht Einhalt gebieten und sein angesammeltes Material an Feuer und Schwefel auf eine bessere Gelegenheit ver= sparen!

Das ist die patriotische Bedeutung von Fritz Reuters Dorfgeschichten. Ihre heilende Kraft für kulturüberbürdete Seelen liegt nicht minder offen zu Tage.

Freilich für diejenigen, welche sich, selbst wenn sie aus= nahmsweise ehrlich sein wollen, noch belügen; für die, welche noch den Frühling schminken und sich Polsterfauteuils in die grüne Wiese schieben müssen; für hohe Herrschaften, die auf die Mühle hinaus fahren, um ein ländliches Abendbrod zu

sich zu nehmen, das der französische Koch bereitet hat — mit
Einem Worte, für alle Humbugs und Schwindler, Pharisäer
und Heuchler der Einfachheit und Wahrheit ist Fritz Reuter
nichts. Er ist nur für die, welche Gott aus vollem Herzen
danken, wenn sie der parfumirten Langenweile der Salons,
dem öden Geklingel geistreicher Conversation, dem Bim=Bam
politischer Kannegießerei, der hirn= und nervenzerrüttenden
Arbeit wirklich einmal entfliehen können, um unter harmlosen
Menschen harmlos zu sein und in Feld und Wiese die müde
Brust mit gesunder, frischer Luft anzufüllen. Für diese aber
ist Fritz Reuter geradezu unschätzbar. Welch' strotzende Ge=
sundheit ist dies! Welch' ausgelassene Heiterkeit bei allem
tiefinnerlichen Ernst! Welcher ehrliche Haß aller Phrase!
Welcher treue Muth, die Dinge bei ihrem Namen zu nennen,
welcher Abscheu vor aller falschen Sentimentalität! O ja,
er kann sentimental werden, und sogar sehr und sehr leicht,
aber selbst diese Sentimentalität ist noch gesund, wie man es
gerade bei besonders vollkräftigen und vollblütigen Menschen
hat, daß ihnen die Thränen leichtlich in's Auge kommen. Ihn
hat sein gesundes Gefühl, die herzliche Liebe, die er für seine
Helden hegt, fast durchweg vor den Fehlern so vieler seiner
bukolischen Brüder bewahrt, welche die philosophische Pe=
danterie, die gesellschaftliche Verschrobenheit, denen wir gerade
entfliehen wollen, in ihre Dorfgeschichten mit hinüber nehmen.
Ja, es darf nicht verschwiegen werden, daß er manchmal, um
nicht in diese Fehler zu verfallen, in das andere Extrem ge=
räth und uns bei den Düngerhaufen und sonstigen wirth=
schaftlichen Nothwendigkeiten seiner Pachthöfe länger verweilen
läßt, als unbedingt nöthig. Indessen, diese Dinge gehören
doch schließlich dahin und duften für unverwöhnte Nasen ganz
gewiß nicht so schlecht, wie die parfumirten Räucherkerzen, mit
denen Andere die gesunde Luft, die über Dorfgeschichten und
in Dorfgeschichten wehen soll, verpesten.

Lassen Sie uns, meine Damen und Herren, an dieser
Stelle einen kurzen Rückblick auf den bisherigen Gang unserer
Betrachtungen werfen.

Wir haben die Fragen: Was ist Fritz Reuter seinen
Landsleuten im engeren Sinne? Was ist er dem großen
Publikum? zu beantworten gesucht, und indem wir dabei
eines nach dem anderen die Verdienste, welche er sich um
jene und um dieses erworben, gebührend hervorhoben, das

Räthsel seiner ungeheuren Popularität, wenn ich nicht irre, annähernd gelöst.

Aber der Kreis der Betrachtungen, die sich dem, welcher von dem Studium Reuters herkommt, erschließen, ist damit noch nicht durchmessen. Der Dichter selbst würde am wenigsten zufrieden sein, wollten wir hier abbrechen. Wir haben ihn bis hierher eigentlich nur immer unter dem Gesichtspunkte des Interesses gesehen, des Interesses, welches er seinen Landsleuten, welches er den Anderen abnöthigte. Dieses Interesse brauchte durchaus kein ästhetisches zu sein und ist faktisch zum großen Theil kein ästhetisches: ist ein egoistisches hier, ein patriotisches dort, ein pathologisches im dritten Falle. Nun wird es zu allen Zeiten Schriftsteller geben, die einem oder dem anderen Bedürfnisse der Zeit entgegenkommen, die deshalb eine Zeit lang von ihrer Nation auf den Händen getragen werden, um, wenn eine andere Conjunctur eintritt, eben so schnell, wie sie gestiegen sind, der Vergessenheit anheimzufallen. Wird dies auch Fritz Reuters Loos sein? Werden unsere Kinder und Kindeskinder sich um ihn so wenig kümmern, wie wir um so manche, bis auf die Namen Vergessene, die das Entzücken unserer Väter und Großväter waren? Oder, um alles dies zusammenzufassen — und dies ist die dritte und letzte der Fragen, die wir zu beantworten haben —: Was ist Fritz Reuter als Dichter, als Künstler? Was ist er der deutschen Literatur?

Diese Frage gehört auf das ästhetische Forum, auf das wir jetzt den gemüthlichen Dorfgeschichtenschreiber citiren müssen, weil nur hier über Sein oder Nichtsein, Lebenbleiben oder Vergessenwerden einer literarischen Erscheinung entschieden werden kann.

Denn der für den gemeinen Gebrauch bestimmten oder sonst kunstlosen Gefäße, und wäre ihr augenblicklicher Nutzen oder ihr materieller Werth noch so groß, achtet man nicht; man kann sie eben immer wieder schaffen und haben, und Gold und Silber verliert auch als unförmlicher Klumpen seinen Werth nicht; die wahrhaft kunstvollen aber, gleichviel aus welchem Metalle oder Stoffe und ob sie nutzbar seien oder nicht, überantwortet eine Generation pietätvoll der anderen zu ewiger Aufbewahrung; und gingen sie verloren, und wird die Aschendecke, unter der sie Jahrtausende verborgen lagen, entfernt, so sind sie schön, wie an dem ersten Tage,

an welchem sie vollendet aus der Hand des Künstlers hervor=
gingen.

Sind Fritz Reuters Werke solche kunstvolle Gefäße, deren
Werth für immer gesichert ist? Wir wollen die Frage nach
bestem Wissen und Gewissen beantworten, wie die vorher=
gehenden.

Oder wäre sie vielleicht schon beantwortet? Steht nicht
geschrieben von der Hand Jemandes, der in diesen und an=
deren Dingen wohl als Autorität gelten kann: daß, wer den
Besten seiner Zeit genug gethan, gelebt habe für alle Zeiten?
Und hast Du nicht schon selbst zugegeben, daß es auf die
Kostbarkeit des Materials oder, um es ästhetischer auszu=
drücken: auf den Inhalt nicht ankomme, wenn dieser Inhalt
nur vollkommen zur Erscheinung gelangt? Und daß dies bei
Fritz Reuter der Fall sei, dafür hatten wir ja die Zeugen=
aussagen seiner eigenen Landsleute, die sich in ihrem Conter=
fei Zug für Zug wiedererkannten! Soll der Schilderer der
Sitten und Zustände armer Dörfler, der Kundige ihrer Herzen
weniger gelten, als der Maler, der uns ein „Stillleben" malt,
oder ein Fruchtstück, oder ein Viehstück, oder — ja, was sind
denn so manche Gemälde jener niederländer Meister, die man
mit Gold aufwiegt und in den Galerieen als Kleinodien auf=
bewahrt, anders, als gemalte Dorfgeschichten? Und ist bei
unserem Reuter nicht noch eine ganz andere Nahrung für
Geist und Gemüth, als bei jenen Malern, deren Bemühen
nur zu oft darauf hinausläuft, mit einer Virtuosität ohne
Gleichen die baare, nackte Wirklichkeit, ja, manchmal Gemein=
heit zu fixiren?

Gemach, gemach, eifriger Freund! So viel ich sehen
kann, stimme ich mit Dir vollkommen überein; aber weshalb
so mit der Thür in's Haus? Komm, laß uns Alles der
Ordnung gemäß untersuchen, wie es sich für diejenigen schickt,
welche in kunstphilosophischen Dingen ein Urtheil fällen sollen.

Zuerst wäre da zu untersuchen, was es mit jener nun
schon zu wiederholten Malen rühmend hervorgehobenen Na=
turtreue der Reuter'schen Schilderungen für eine Bewandt=
niß hat.

Ein Portrait, weil es ähnlich ist, ist darum noch kein
Kunstwerk. Auch das Portrait läßt, wie Lessing anzumerken
nicht vergißt, ein Ideal zu; erst ein solches Ideal = Portrait
ist ein Kunstwerk.

Worin unterſcheidet ſich nun ein ſolches Ideal = Portrait von dem Machwerke eines gewöhnlichen Kopiſten? Darin, daß der Rohſtoff der Wirklichkeit durch den Geiſt des Künſtlers hindurchgegangen und auf dieſem Wege alles, was ihm von Zufälligem, Gleichgültigem anhaftete, verloren hat, ſo daß nichts übrig bleibt, als was wirklich die Idee, das Urbild — hier das Urbild des betreffenden Individuums — ausdrückt. Dies iſt der Zauber, welcher die Portraits eines Velasquez, eines Titian, eines Van Dyck umwittert und ihnen ihren ewigen Werth verbürgt. Dieſe Portraits gelten, wenn man will, gar nicht dem Individuum, das dem Maler ſaß, ſondern der Gattung, welche das Individuum repräſentirte, und ſo kann ihnen die Zeit, die das Individuum ſterben läßt, aber die Gattung immer wieder reproducirt, nichts anhaben.

Solche typiſche oder Gattungsbilder nun kann der bloße Kopiſt, der überall da zu Ende iſt, wo ihn das Vorbild im Stiche läßt, gar nicht ſchaffen; das kann nur der Künſtler. Oder dieſes Schaffen = Können iſt eben ſeine Künſtlerſchaft, und dieſer Prozeß iſt, mutatis mutandis, in allen Künſten derſelbe; nicht blos die Geſtalten des Malers, des Bildhauers, auch die des Dichters, falls er ein Künſtler iſt, ſind immer ſolche typiſche oder Gattungsbilder.

Sind das die Fritz Reuter'ſchen Geſtalten?

Die Beantwortung dieſer Frage iſt bei ihm ſchwieriger, als bei manchem Anderen, weil ſeine Geſtalten ſo keck gezeichnet, mit ſo kräftiger Farbe gemalt, mit einem ſolchen Reichthume ſcheinbar durchaus individueller Züge ausgeſtattet ſind, daß ſie gleichſam aus der Leinwand herauszutreten, daß ſie gar nicht mehr der Kunſt, ſondern dem wirklichen Leben anzugehören, demſelben wenigſtens von Kopf bis zu Fuß mit allen Einzelheiten entnommen ſcheinen. Dies iſt aber, wenn man genauer hinſieht, eben nur ein Schein. Es kommen Fälle vor, wo Reuter wirklich nur kopirt hat, ſo beſonders häufig in ſeinen „Läuſchen und Rimels," die deshalb auch nicht ſelten gänzlich aus der Kunſt herausfallen und, wie Photographieen nur für den Photographirten und ſeine ſpeziellen Freunde und Verehrer, ſo auch nur für die, an welche ſie adreſſirt ſind, alſo für die mecklenburgiſchen Landsleute und Kleinſtädter, ein Intereſſe haben. Aber dieſe Fälle gehören doch zu den Ausnahmen. Faſt alle Geſtalten in der „Reiſe nach Belligen," in „Hanne Nüte," „Kein Hüſung,"

in „Ut mine Stromtid,“ in „Durchläuchting“ sind typisch.
Ja, selbst in den Stücken, die Abschnitte seines Lebens und
was daran hängt zum Vorwurfe haben, also besonders die
biographische Skizze: „Meine Vaterstadt Stavenhagen“ in
Schurr = Murr, „Ut mine Festungstid,“ wozu wir noch, in
allerdings etwas locferem Verbande, „Ut de Franzosentid“
rechnen können — auch in diesen Stücken sind die Gestalten,
und wären es die seiner Eltern, Verwandten, Schulkameraden,
Mitbürger und Leidensgefährten — von lauter Menschen also,
die wirklich gelebt, ihm wirklich Modell gesessen haben —,
von jener typischen Vollendung und Totalität, wie sie eben
nur der Künstler zu schaffen im Stande ist.

Denn, um es noch einmal zu sagen: ohne Modell darf
der Künstler nicht arbeiten, aus dem einfachen Grunde, weil
er ohne Modell nicht arbeiten kann. Es kommt schlechter=
dings nur darauf an, daß es im rechten Geiste oder, sagen
wir: im Geiste geschieht. Dichtung und Wahrheit — das
ist die Inschrift über jeder Künstlerwerkstätte. Für den Künstler
giebt es nur Eine Wahrheit, das ist die dichterische, welche,
als die höchste, allgemeine Gültigkeit hat, auf Alle ohne Aus=
nahme den gleichen überzeugenden Eindruck hervorbringt.

Und dies eben ist der tiefere Grund von Reuters für
die deutschen Verhältnisse erstaunlicher Popularität. Es sind
eben Alle, ohne Ausnahme, von der Wahrheit seiner Gestal=
ten überzeugt und sprechen diese Ueberzeugung mit derselben
apriorischen Sicherheit aus, mit welcher wir vor einem Portrait
von Meisterhand, dessen Original wir nie gekannt, das viel=
leicht schon seit Jahrhunderten in Staub zerfallen ist, aus=
rufen: Wahrhaftig, als wenn er leibte und lebte!

So sind Fritz Reuters Gestalten.

Von seiner Erfindungsgabe im weiteren Sinne, das
heißt von seiner Kunst, diese Gestalten nur in Aktion zu setzen,
gilt im Grunde dasselbe. Auch hier dürfen wir uns nicht
dadurch irre machen lassen, daß er so Vieles aus seinem
eigenen Leben berichtet und so manches Andere, das er ganz
gewiß mit selbst erlebt hat, auch wenn er es nicht jedes Mal
ausdrücklich bemerkt. Als ob der Dichter nicht in gewissem
Sinne Alles selbst mit erleben müßte! Nennt doch auch
Goethe seine sämmtlichen Dichtwerke gelegentlich eine General=
beichte, und ganz und gar unterschreibe ich, was Fritz Reuter
einmal sagt: „Wenn Einer 'ne Geschicht ordlich wedder ver=

tellen will, dann möt Einer vor sülwst mit mang west sin,
oder taum wenigsten möt hei s'ut be Mund von de Lüd
hemm'n, de't wat angeiht."*)

Wohl dem Dichter nun, dem, wie Fritz Reuter, die
Muse vergönnte, viel — und zwar multa und multum —
zu erleben, recht oft „mit mang" gewesen zu sein; dem sie,
wie Fritz Reuter, erst die Feder in die Hand giebt, nachdem
er sich in allem Möglichen, „Klutentreten und Dungfahren,
Schulmeisteriren und Kinderschlagen und zuletzt noch in städti-
schen Angelegenheiten," versucht hat! Wohl dem, welchen sie,
wie Fritz Reuter, mit einer so reichen Erbschaft heimischer
herrenloser Geschichten, Läuschen und Scherzworte ausstattete!
Diese goldenen Gaben der Muse mögen ihm Andere neiden,
aber soll ihm Keiner schelten, und so wollen wir die Frage,
was unser Dichter überkommen und was er frei erfunden
hat, fallen lassen und lieber zusehen, was er aus diesen
Stoffen gemacht; ob er verstanden hat, sie zu verwerthen, wie
er sie verwerthet hat.

Hier ist nun allerdings zu sagen, daß die Composition
Fritz Reuters Hauptstärke gerade nicht ist, und dies fällt um
so peinlicher auf, als die Vorwürfe meistens so sehr einfach
sind und sich selbst von einem weniger geübten Auge leicht über=
sehen lassen. So ist die Fabel in „Ut mine Stromtid" ziemlich dürftig; von einer Harmonie der Theile zu einander und
einem richtigen Verhältnisse derselben zum Ganzen kann man
nicht wohl sprechen, denn ein Ganzes scheint von vorn herein
kaum beabsichtigt gewesen zu sein. Der Fluß der Erzählung
ist sehr ungleichmäßig; oft dreht er sich in episodischen Wirbeln, aus denen man nicht wieder herauszukommen fürchtet.
Etwas besser ist die Sache in „Durchläuchting," obgleich auch
hier gar viel an einer straffen Gliederung des so einfachen
Stoffes fehlt und überdies eine gewisse, bei diesem farben=
kräftigen Dichter doppelt auffällige Mattheit des Kolorits
manchmal daran gemahnt, daß der Autor zum ersten und,
hoffen wir, zum letzten Male von seinem eigenen Grundsatze
abgewichen und eine Geschichte erzählt hat, bei der er selber
nicht „mit mang" gewesen ist.

„Mit mang" ist er freilich bei den Ereignissen, die „Ut
be Franzosentid" zu Grunde liegen, auch nicht so recht eigent-

---

*) Schurr-Murr, S. 295.

lich gewesen, aber er hat dieselben doch wenigstens aus dem
Munde der Leute gehört, die es „was anging," und zwar
sehr viel anging, und die Helden der Geschichte, vor Allen
aber den prächtigen Amtshauptmann Weber, hat er selbst
noch gut gekannt. So mochte es denn geschehen, daß ihm
dieses kleine Stück Dichtung und Wahrheit mit dem großen
epischen Hintergrunde einer vielbewegten Zeit gar herrlich ge=
lang. Selbst die Erzählung ist hier straffer, die Gestalten
sind von einer ganz wunderbaren Kraft, das Ganze — man
kann hier von einem Ganzen sprechen — eine Perle in unserer
erzählenden Literatur von einem kaum zu überschätzenden Werthe.

Von den drei Geschichten in Versen ist die „Reise nach
Belligen" dem Stoffe nach die unbedeutendste, die Ausführung
vielfach in dem etwas flachen Geiste und Tone der Läuschen
und Rimels; in „Hanne Nüte" wird eine tiefere Wirkung
erstrebt, nicht immer ohne eine gewisse Absichtlichkeit, die ver=
stimmend wirkt. Dazu kommt, daß die bunten Arabesken der
Thiergeschichten sich hier und da allzu üppig in die Menschen=
geschichte hineindrängen und die Menschengeschichte überwuchern,
die wiederum für den leichten, zierlichen Rahmen mit einem
allzu schweren Erdenreste peinlich belastet ist. Auch dürfte
mit dem Dichter über seine Art, die Thiere zu personificiren,
ernstlich zu rechten sein. Ein Spatz, der sich mit seiner Frau
zankt — das ist vortrefflich; aber wenn derselbe Spatz am
offenen Fenster sitzt und der Frühjahrsabend, warm und feucht,
den weichen Arm um seinen Nacken schlägt und ihn auf die
braunen Backen küßt und ihm leise in's Ohr flüstert, daß er
den Kuß, den ihm die Natur schickt, weiterschicken soll — so
weiß man schließlich nicht mehr, ob man träumt oder wacht.
Vielleicht ist dies die Absicht des Dichters gewesen; dann
mußte sich aber, wie gesagt, die Menschengeschichte diesem
Traumwachen des Naturlebens etwas freundlicher anpassen.

Ganz in die Dornen der Wirklichkeit werden wir in
„Kein Hüsung" geschleudert, und doch empfinden wir dieselben
hier nicht peinlich, wie in dem vorhergehenden Gedichte, weil
wir hier nicht, wie dort, in luftige und lustige Vögelregionen
erhoben werden, sondern an die schwere, traurige Erde ge=
heftet bleiben, wie der Leibeigene, dem der Herr „Kein Hü=
sung" gewähren will. Es ist kein minnigliches Lied, „Kein
Hüsung," obgleich es eine Liebesgeschichte ist; es ist keine
Idylle, obgleich es auf dem Dorfe spielt; es ist das Lied vom

armen Manne, dem geknechteten, gehudelten, an die Scholle
gehefteten, in der schaurigen Weise, die aus den Bauernkriegen
durch die Jahrhunderte zu uns herüberklingt. Was in der
Seele des Dichters kochte und bebte an tiefem Groll und
mächtigem Zorn gegen die kopf- und herzlose Tyrannei des
Feudalismus, die wie ein finsterer Alp auf seinem lieben
Heimathlande lastet, er hat es in diesem Liede ausgegeben —
er, der für die Leiden, die er selbst von einer anderen Sorte
Tyrannei erduldet, noch immer ein humoristisches Lächeln hat.
Aber der Dichter ist immer jenes göttlichen Geistes voll, der
für die bittet, so ihn beleidigen und verfolgen; was ihr aber
dem Kleinsten der Seinen gethan gehabt — das habt ihr
ihm gethan.

Wir sind von der kritischen Würdigung der Werke un=
seres Dichters abgekommen, und das ist mir lieb. Es würde
mich viel zu weit führen, wollte ich nach dieser Seite hin
etwas Vollständiges geben. Wir müssen uns an die großen
Züge der Physiognomie halten, wenn wir das Portrait des
Dichters in einer einzigen, einstündigen Sitzung vollenden
sollen. Giebt es doch vielleicht selbst unter Ihnen noch Manche,
die in unserem Bilde einen Dichter nicht zu erkennen vermögen.
Die Stoffe, meinen Sie, seien, wie ich ja selbst schon ange=
deutet, doch gar zu einfach, gar zu unbedeutend; ein echter
Dichter müsse und werde seiner großen Aufgabe von einem
höheren Standpunkte aus, mit einem weiteren Blicke und
großartigeren Perspectiven gerecht werden.

Was ist darauf zu erwiedern?

Zuerst, daß, wenn die Vorwürfe wirklich gegründet sein
sollten, Fritz Reuter darum noch nicht aufhören würde, ein
Dichter, ein Künstler zu sein.

Es weist nämlich jede Idee — ich meine Idee im Pla=
ton'schen Sinne des Urbildes —, wenn sie nur vollendet dar=
gestellt wird, das heißt vollkommen zur Erscheinung kommt,
in den Kreis aller übrigen Ideen oder Urbilder hinüber, mit
denen sie sich als wahlverwandt, ja, als im tiefsten Grunde
identisch ausweist. Es ist das leiser oder stärker anklingende
Gefühl der Solidarität aller menschlichen Dinge, was uns
in der Darstellung des einfachsten menschlichen Vorganges
auf einem Meyerheimschen Genrebilde so entzücken kann; ja,
dieses Gefühl für alles Menschliche erweitert sich zu einem
Allgefühle, in welchem uns schließlich Alles, wenn es nur voll=

kommen erſcheint, auch vollkommen erſcheint, und lieb
und werth, als gehörte es zu uns. Ich wüßte ſonſt wahr=
lich nicht, was wir an ein paar einfachen Feldblumen der
Adelheid Dietrich oder einem Ochſengeſpann der Roſa Bonheur
ſo Großes zu bewundern fänden!

Ja, gerade die Simplicität des Stoffes kann uns unter
Umſtänden · den langen Weg bis zum Mittelpunkte der Ideen,
dem Urgrunde der Dinge, gleichſam abkürzen. Dieſer Ur=
grund deckt ſich vielleicht in der einfachſten Dorfgeſchichte leichter
auf, als in der komplicirteſten Haupt= und Staats=Aktion.
Es iſt gewiß ein gut Theil Wahrheit in dem, was Fritz
Reuter ſelbſt einmal ſagt: „Ich glaube, daß uns in den nie=
deren Ständen Tugend wie Laſter in größerer Nacktheit ent=
gegentreten, frei von jenen verhüllenden Gewändern die man
„Rückſichten,“ „Verhältniſſe,“ ja ſogar „Bildung“ zu betiteln
pflegt, und daß ſie uns deshalb poetiſcher erſcheinen müſſen.“*)

Indeſſen, wenn auch abſolute Bauern, die aus Unbildung
keine Rückſichten nehmen, abſoluten Königen, die kraft ihrer
exeptionellen Stellung keine zu nehmen brauchen und vielleicht
auch keine nehmen, unter dem äſthetiſchen Geſichtspunkte ein=
ander ſehr nahe rücken, — es wird immer eine gewiſſe Rang=
folge der Ideen zu ſtatuiren ſein, die nach dem Reichthume
der Modifikationen, welche in den betreffenden Ideen hervor=
treten, zu bemeſſen iſt. Die gerade Linie iſt auf äſthetiſchem
Gebiete nicht immer der kürzeſte Weg, und wenn auch die
Wahrheit überall gleich einfach iſt, ſo ſind es doch keineswegs
die Mittel, durch die man zu dieſem Reſultate gelangt. Es
iſt damit wie mit jenem fabelhaften Proteus, der nur ein
Geheimniß zu enthüllen hat, und mit dem wir doch in den un=
zähligen Geſtalten, die er anzunehmen vermag, ringen, den wir
in allen dieſen Geſtalten feſthalten müſſen, bevor er uns Rede
ſteht. Die Eule auf dem Fußgeſtell einer Pallas ſagt uns
viel, aber die Göttin ſelber ſagt uns mehr, und doch ſagt
ſie nicht Alles, denn auch Apollo hat ein Wort mitzuſprechen;
und Zeus, der Vater, weiß gar vieles, was ſeine Kinder nicht
wiſſen.

Ich kann hier nur im Vorübergehen an den Saum dieſer
tiefverhüllten kunſtphiloſophiſchen Geheimniſſe ſtreifen, und
ohne ihn weiter zu begründen, nur als Axiom, den Satz auf=

---

*) Schurr=Murr, S. 28 und 29.

stellen, daß, je weiter ein Künstler in jedweder Kunst, unter
übrigens gleicher Vollendung im Einzelnen, den Kreis seiner
Ideen zu ziehen vermag, er, in demselben Verhältniß, der
größere, der bedeutendere Künstler sein wird.

Nun giebt es aber eine Betrachtungs= und Darstellungs=
weise, in welcher und durch welche auch ein engerer und enger
Kreis über seine Peripherie scheinbar bis in's Unermeßliche
erweitert wird. Diese Betrachtungs=, diese Darstellungsweise
ist die humoristische, und sie ist es, die für Fritz Reuter
spezifisch ist.

Vielleicht wundert es Sie, daß ich bei einem Dichter,
der so par excellence als der Humorist gilt, vom Humor
zuletzt spreche; dennoch glaube ich das mit demselben Fug
und Recht zu thun, wie man ein Gebäude nicht von oben
nach unten, sondern von unten nach oben baut, wie man ein
Portrait allmälig aus der Untermalung herausarbeitet, bis
man das letzte Licht in die Augensterne setzt, und dieses letzte
Licht in den Augensternen unseres Dichterportraits, der feinste,
schönste Zug seiner Physiognomie und zugleich die letzte Er=
klärung, weshalb diese Physiognomie so Alle und Jede an=
muthet, ist allerdings sein Humor.

Worin besteht sein Humor? Darin, worin schließlich
jeder Humor besteht: daß er die kleine Welt, die er schildert,
von Herzen liebt und sein Blick doch weit über diese kleine
Welt hinausschweift in die große, um von dieser, mit den
höchsten Anschauungen gesättigt, zu jener kleinen zurückzukehren,
ohne auf dieser weiten Reise eine Spur von seiner Liebe ein=
gebüßt zu haben, im Gegentheil, um nun das Kleine erst
recht mit innigster Liebe zu umfangen, und es in dieser großen
Liebe und durch diese große Liebe gewisser Maßen selbst zu
einem Großen zu machen. Kommt her zu mir Alle, ruft er,
kommt her zu mir Alle, die ihr mit Wunderlichkeiten, Be=
schränktheiten, physischen, moralischen, intellectuellen, ästheti=
schen Unzulänglichkeiten aller Art beladen seid: kommt ihr
Fritz Triddelsitze, ihr Cantor Sur's, ihr Jochen Nüßler, ihr
Jud Moses', und vor Allen komm du, alter, ehrlicher „Ent=
specter Bräsig" — ich will euch erquicken, will euch erlösen
von eurer Gebundenheit, daß ihr frei schweben könnt in dem
Aether der Liebe, der aus meinem vollen Herzen über euch
und über die ganze Welt strömt! Ihr Armen, Einfältigen
Friedfertigen, ihr sollt erst recht meine Kinder, meine Brüder

sein; ich will euch vor dem scharfen Winde des Weltspottes,
der euch so unbarmherzig zerzaust, der die Blößen, die ihr
euch gebt, so mitleidslos aufdeckt, in den warmen Mantel
meiner Liebe hüllen!

Und so, indem ich euch frei mache, will ich auch den Leser
frei machen, will ihn befreien von seiner Einseitigkeit, seiner
Härte, seiner Lieblosigkeit, seinem Hochmuthe; will ihm zeigen,
daß das Kleine nicht kleinlich und das Gewöhnliche mit nichten
gemein zu sein braucht; ich will seine verwöhnte Hand mit
sanfter Gewalt auf den groben Kittel des Bauers legen, damit er fühle, daß unter diesem Kittel dasselbe Menschenherz
schlägt, wie unter dem Cambric-Linnen des Dandy, und er
nun, wenn er das gefühlt, das erkannt, den Blick demüthig
senke und spreche: Wir sind allzumal Sünder und ermangeln
des Ruhmes! oder lieber, tausendmal lieber das Auge freudig
erhebe und rufe: Wir sind allzumal Gottes Kinder!

Diese befreiende und beseligende Kraft, die aus den
Werken jedes wahren Humoristen und so auch aus Reuters
Werken auf den Leser überströmt, sie ist es in letzter Linie,
die ihm Aller Herzen in Ost und West und Nord und Süd
erobert hat, weil sich Keiner ihr entziehen kann, so wenig
wie der milden Frühlingssonne, die einen duftigen Pfingsttag
durchwärmt und durchleuchtet, und:

> — Dortau is't ein Jeder beden,
> De Lust to Leiw und Lewen hett.*)

Wie viele Tausende schon sind von diesem Liebesmahl in
allen Sinnen erquickt aufgestanden, wie viele Tausende! Und
wie viele Tausende werden nach ihnen kommen, und werden
auch erquickt aufstehen, und der Fülle wird kein Brosamen
fehlen! Weltumfassende, unerschöpfliche Freigebigkeit eines
Dichters! Wie armselig nehmen sich dagegen die Bettelbrocken
aus, welche die Könige der Erde mit allen ihren Millionen
vertheilen können!

Ist es eine Verkleinerung des Gastgebers, wenn man
darauf hindeutet, daß die Schätze, die durch seine segenspendende
Hand gehen, nicht alle von seiner Hand erworben sind? Ich
glaube kaum; ich glaube, man darf es, ohne ihm auch nur
das kleinste Blatt aus seinen Lorbeern zu rauben, aussprechen:

---

*) Kein Hüsung, S. 185.

Auch der Humorist Reuter mag seinem guten Genius, der
ihn unter diesen Menschen geboren werden ließ, dankbar sein,
wie es der Erzähler Reuter für den Reichthum des mühe=
los überkommenen Stoffes sein mußte. Man lese die köstliche
Relation seiner Jugendjahre, wie er sie in der biographischen
Skizze: „Meine Vaterstadt Stavenhagen," gegeben hat! Ich
wüßte kaum etwas in dem ganzen Bereiche unserer Literatur,
wo ein so vollkräftiger Humor göttlich spielte, wie in dieser
einfachen Geschichte, aber, wenn man genauer hinsieht, bemerkt
man, daß der Humorist nicht nur fast lauter komische Figuren
vorführt, sondern daß nicht wenige dieser Personen schon mehr
oder minder wirkliche Humoristen sind, d. h. das mehr oder
minder deutliche Bewußtsein ihrer komischen Persönlichkeit
haben und in diesem Bewußtsein mit sich und der ganzen
Welt ein behagliches Spiel treiben. Man denke nur an den
köstlichen Onkel Herse!

Die Onkel Herse aber und so manche ähnliche Gestalten,
welche die Lebenspfade des Dichters durchkreuzten oder mit
ihm Hand in Hand eine Strecke lang wallten, sind typisch
für den Charakter der Menschen jener Gegend. Ihr klarer,
unerbittlich=gesunder Menschenverstand ist der helle Hinter=
grund, auf den sie sich selbst mit allen ihren wunderlichen
Ecken und kuriosen Auswüchsen hinzeichnen, ohne daß es ihrer
Bequemlichkeit und Selbstgenügsamkeit einfiele, diese scharf
erkannten Auswüchse und Ecken weg zu poliren und zu beizen.
Sie haben darin eine große Aehnlichkeit mit ihren Stammes=
verwandten drüben in England, mit deren Sprache ja auch
die ihre aus einer und derselben Wurzel entsprossen ist.

Und welches Vehikel ist diese Sprache für den Humo=
risten, diese Sprache, die oft so schalkhaft den Sack schlägt,
wenn sie den Esel meint, und dann wieder so drollig kurz, so
naiv deutlich, so massiv grob sein kann, und, wenn sie will,
doch auch so schmeichlerisch weich; und als ob sie mit allen
diesen Eigenschaften ihrer humoristischen Laune noch nicht genug
thun könnte, aus sich das köstliche „Messingsch" erzeugt hat,
in welchem sie sich ganz offen über sich selbst und zu gleicher
Zeit über das Hochdeutsche lustig macht: über sich selbst, in=
dem es sich beliebig in das Hochdeutsche hineinstreut, so daß
es sich ausnimmt, wie wenn ein gesetzter Mann, während er
ehrbar daherschreitet, von einer tollen Laune ergriffen, plötzlich
einen Purzelbaum schlägt; über das Hochdeutsche, welches sie

auf die lächerlichste Weise verunstaltet, als wollte sie sagen: Siehst du, nicht soviel imponirst du mir! ich schlage deiner Wichtigthuerei ein Schnippchen, trete mit derbem Bauernstiefel auf die ellenlange Schleppe deiner vornehmen Phrasen!

Fritz Reuter hat aus diesem humoristischen Stoffe seiner Muttersprache die herrlichsten Vortheile gezogen; man kann in gewissem Sinne sagen, daß sie für ihn gedichtet und gedacht hat.

Ein so ungeheurer Dienst ist ohne äquivalente Gegenleistung nicht denkbar. Fritz Reuter ist seiner Muttersprache so sehr verbunden, daß er nun auch an sie gebunden ist; und dafür giebt es keinen schlagenderen Beweis, als den, daß ein in's Hochdeutsche übersetzter Reuter nicht mehr der Reuter sein würde, den wir lieben, so wenig wie ein Schmetterling, dem wir den Glanz von den Flügeln abstreiften, das anmuthige, glänzende Ding noch ist, das unseren Augen so wohl gefiel.

Und zwar müssen wir hinzufügen: es würde bei dieser Uebersetzung viel mehr verloren gehen, als etwa bei einer Uebertragung aus dem Englischen oder Französischen in's Deutsche. Aus einer Kultursprache in die andere gelangen wir so bequem, wie aus einem Zimmer in ein anderes, denn die socialen Verhältnisse und der Stand der Bildung hüben und drüben sind ungefähr dieselben, und der ununterbrochene Austausch der Erzeugnisse in allen Sphären nivellirt mit jedem Tage mehr die etwa noch bestehenden Höhenunterschiede. So ist es nicht vom Hochdeutschen zum Plattdeutschen; hier steigt man ganz unzweifelhaft eine Treppe hinab. Das Plattdeutsche ist dem Hochdeutschen nicht neben-, sondern untergeordnet, wie es nothwendig ein nur gesprochener Dialekt der Schriftsprache ist, in welcher die geistige Arbeit der Nation gethan ist und fort und fort gethan wird. So ist denn das Plattdeutsche einem Nebenflusse zu vergleichen, der seine Wasser dem großen Strome zuführt, durch dessen enges Bett aber der große Strom nun und nimmer den endlosen Schwall seiner Fluthen ergießen könnte. Eine plattdeutsche „Glocke," ein plattdeutscher „Faust," ein plattdeutscher „Nathan" sind undenkbar.

Aber auch der Humor wächst an Werth und Würde mit der Größe der Aufgaben, die er sich stellt. Es ist ein Anderes,

London zum Hintergrunde zu haben, ein Anderes — Staven=
hagen.*)

Ob Fritz Reuter die ungeheuren Prozesse der socialen
Fragen, in welche die Menschheit unserer Tage verwickelt ist,
das gewaltige Aufeinanderplatzen der Geister, den verwirrend
bunten Wechsel des modernen Lebens — ob er, sage ich, diese
großen Aufgaben hätte bewältigen, den Proteus hätte fassen
und halten können, falls er ihm nicht blos als Leu und Pardel
und mächtiges Waldschwein entgegengetreten wäre, sondern
als Wasser, das in alle Lande fließt, und als Baum, der in
die höchsten Lüfte sproßt — danach zu fragen, erscheint mir
ganz müßig. Vielleicht haben wir ihm außer für das Viele,
wofür wir ihm dankbar sein müssen, auch dafür zu danken,
daß er in weiser Erkenntniß seiner Kräfte niemals ihm viel=
leicht Unerreichbares erstrebt hat, daß er nie etwas Anderes
gewesen ist, noch hat sein wollen, als der fromme Knecht,
der mit Wenigem getreu war und deshalb über Viel, und,
fügen wir hinzu — über Viele gesetzt wurde.

*) Eine kleine mecklenburgische Stadt, Fr. Reuters Geburtsort.
Siehe Schurr=Murr: „Meine Vaterstadt Stavenhagen.“

Ueber Objectivität im Roman.

1863.

———

„Kein Begriff ist in der Theorie der Kunst so wichtig, als der der Objectivität, keiner erfordert zugleich eine so genaue und so ausführliche Erörterung," sagt Wilhelm von Humboldt in seinem trefflichen Buche „Ueber Hermann und Dorothea".

In der That ist Objectivität so sehr das Erforderniß eines Kunstwerkes, daß, bei dem Mangel derselben, das Werk aufhört, ein Kunstwerk zu sein; so sehr die charakteristische Eigenschaft des Künstlers, daß dieselbe ihn in erster, und man könnte fast sagen, auch in letzter Linie zum echten Künstler macht.

Worin besteht nun die Objectivität des echten Künstlers?

Darin, daß er ganz und gar seinem Geschäfte obliegt: sein Werk zum Ausdruck der Idee*) welche er eben darstellen will, zu machen. Nur die Idee im Auge habend; nur darauf bedacht, sie zur vollkommenen Erscheinung zu bringen, vergißt er und muß er darüber Alles vergessen: das Publikum, mit dem er durch sein Werk in Rapport steht und stehen will; sich selbst, an den zu denken er weder Zeit noch Veranlassung hat: weder Zeit, denn er muß sich beeilen, damit die in der Gluth der Phantasie flüssig gewordene Masse seines Erfahrungsstoffes nicht erstarrt; — noch Veranlassung, denn so sehr er Vater seines Werkes ist, so ist er doch mit seinem Werke so wenig identisch, daß er sich oft, wenn er wieder zu sich gekommen ist, in dem von ihm erzeugten und geborenen Werke kaum wiedererkennt.

---

*) „Idee" durchweg in dem Plato'schen Sinne eines Urbildes.
D. Verf.

Ich sage mit Willen: „zu sich gekommen", denn dieses
Sich-Versenken in das Werk, dieses Sich-Entäußern erscheint
dem nüchternen Zuschauer, ja dem Künstler selbst in unpro-
duktiven Momenten, als ein Außer-sich-sein, ja ist es auch
in einem gewissen Verstande; und so mögen sich denn die
Künstler immerhin gefallen lassen, daß man sie mit Nacht-
wandlern, mit Trunkenen vergleicht. Hingegeben der Idee,
welche sie darzustellen haben, werden sie alles Uebrige weniger für gering achten, als vielmehr gar nicht davon berührt
werden; und so, in dieser Abgezogenheit, Wirkungen hervor-
bringen, die dem Nüchternen, dem Beisich-Seienden, schlechterdings unerreichbar sind. Denn indem sie ihren Blick auf
den einen Punkt fixiren mit einer Energie, in welcher ein
großer Theil des Geheimnisses ihrer Künstlerschaft liegt,
müssen sie ja natürlich viel mehr sehen, als die Anderen, die
sich jedem Eindrucke offen erhalten. Die Welt vergessend,
um in seinem Werke zu leben, schafft der Künstler in seinem
Werke eine Welt.

Und zwar in doppelter Hinsicht.

Einmal dadurch, daß er, Alles in sein Werk hineinle-
gend, was der Idee, um die es ihm zu thun ist, zukommt,
und Nichts hineinziehend, was der Idee fremd ist, ein vollkommenes Ganzes, einen Mikrokosmos schafft, dessen Reichthum natürlich in dem Maße bedeutend ist, als die Idee
selbst bedeutend ist; und zweitens, weil jede Idee, sobald sie
vollkommen erscheint, mit Nothwendigkeit in die übrigen Ideen
hinüberreicht, die ja wiederum alle auf den Urgrund zurückweisen, wie die prismatischen Farben nur die Brechungen des
einen reinen Lichtes sind.

Was ist also ein Kunstwerk?

Eine zur Erscheinung gebrachte (objectivirte) Idee.

Wer ist Künstler?

Derjenige, welcher, innerhalb der Grenzen seiner Kunst,
d. h. mit den Mitteln seiner Kunst, eine Idee zur Erscheinung zu bringen (zu objectiviren) vermag.

Mit den Mitteln seiner Kunst! Dieser Zusatz erscheint
so selbstverständlich, daß er kaum erwähnt zu werden verdient; aber wir werden bald sehen, wie sehr, ja wie unglaublich dagegen gesündigt wird, und wie nothwendig deshalb eine
specielle Erörterung gerade dieses Punktes ist.

Zwar wird in den Kunstzweigen, welche ihrer Natur

nach den Künstler gleichsam zwingen, durch die Phantasie ver=
mittelst des bestimmten Materials auf die Phantasie (d. h.
objectiv) zu wirken, überall von einem Abweichen aus diesem
Geleise nicht viel die Rede sein können; zum wenig=
sten wird ein Abweichen sofort bemerkt und gerügt wer=
den. Das spröde Material, in welchem der Architekt und
der Bildhauer arbeiten, weist jeden Versuch des Künstlers,
sich von ihm loszumachen, streng zurück. Wenn der Architekt
nicht in seinen Säulen, seinen Architraven, seinen Pfeilern,
Kuppeln und Gewölben die Erhabenheit und Harmonie, die
er auszudrücken bestrebt war, auszudrücken vermochte, so
wird ihn eine Inschrift über der Thür, daß dieses Haus
einem Gotte geweiht sei, nicht wesentlich fördern; wenn der
Bildhauer seinen Marmor nicht zu beseelen verstand, so wird
das Wort „Apollo“, das er in das Piedestal meißelt, die
unbedeutende Gestalt mit den ausdruckslosen Zügen nicht zu
dem delphischen Gotte machen. Wir lächeln über die Ma=
ler des Mittelalters, die ihren Figuren Zettel aus dem
Munde gehen lassen, auf denen geschrieben steht, was der
Maler durch den Ausdruck nicht zu geben vermochte, und
mit Recht sind uns die Musiker verdächtig, deren prosaische
Kommentare länger sind, als ihre Partituren.

Anders verhält sich die Sache in der Poesie.

Da das Medium, dessen sich der Dichter bedienen muß,
um zu seinem Ziele zu gelangen, die Sprache, d. h. ein Ve=
hikel ist, welches von dem Verstande für den Verstand er=
funden wurde, so liegt für ihn die Versuchung nur zu nahe,
anstatt durch die Phantasie auf die Phantasie zu wirken, mit
dem Verstande sich direkt an den Verstand zu wenden, womit
denn natürlich zwar nicht die Wirkung (welche immerhin eine
sehr große sein kann), aber die künstlerische Wirkung aufgeho=
ben wird. Denn das Werk, welches auf diese Weise ent=
steht (sei es ein lyrisches Gedicht, Drama oder Epos) ist
nun nicht mehr jener Mikrokosmus, welchen wir vorhin in
jedem Kunstwerk fanden; nicht mehr jenes streng organische,
durchweg auf sich beruhende Ganze, das bis in seine entfern=
testen Theile von seiner Idee durchleuchtet ist, also daß es
sich vollständig selbst erklärt, sondern gleichsam ein Körper,
der sein Licht von außen her erhält, so daß er mehr oder
weniger, vielleicht ganz dunkel sein würde, wenn ihm dies er=
borgte Licht entzogen wird.

Um Dies an einem Beispiele klar zu machen:

Jedermann wird zugeben, daß in einem Roman (so gut, wie in einem Drama) nicht bloß die Hauptidee, um deren Darstellung es dem Dichter zu thun ist, sich aus dem Ganzen der dargestellten Begebenheiten (im weitesten Sinne) ergeben, sondern daß auch jeder der vorgeführten Charaktere durch Das, was er thut und sagt, sich selbst vollkommen erklären muß. Nun aber mache man den Versuch, in diesem Roman gewissenhaft Alles und Jedes zu streichen, was der Autor in Form von Betrachtungen, Reflexionen, Erörterungen und Auseinandersetzungen aller Art dem Leser zur Erklärung der Fabel und der darin vorgeführten Charaktere gleichsam privatim und vertraulich mittheilt — und man wird zu seinem Erstaunen finden, daß Das, was übrig bleibt, keineswegs vollständig sich selbst erklärt, mithin die Kongruenz zwischen Idee und Form (worin eben die Objectivität eines Kunstwerkes besteht) an dem betreffenden Roman nicht nachzuweisen ist.

Nicht ohne Grund habe ich den Leser gebeten, dies Experiment zuvörderst an einem Roman vorzunehmen, denn in der That eignen sich die Romane dazu am besten; aus keinem andern Grunde, als weil diese Kunstgattung am weitesten von dem Mittelpunkte der Kunst, gleichsam auf der Peripherie des Kunstgebietes, liegt, da, wo sich die poetische Kraft freilich am bedeutendsten äußern kann, ja, wenn das Ziel erreicht werden soll, äußern muß, aus eben diesem Grunde aber auch natürlich am schwächsten zu äußern pflegt.

In den übrigen poetischen Gattungen ist die Gefahr, nicht objectiv zu wirken, bei weitem weniger groß, zum mindesten liegt hier die Strafe viel näher bei der Uebertretung. Selbst das lyrische Gedicht zwingt den Dichter schon durch die Form poetisch, d. h. objectiv zu sein; das kostbare Gefäß duldet gleichsam keinen gemeinen, prosaischen Inhalt. Alles Ungehörige tritt alsbald hervor; das Platt=Prosaische erkennt man an dem öden Reimgeklapper, so daß man wohl sagen darf, daß ein gebildeter Mensch mit einem schlechten lyrischen Gedichte nicht leicht getäuscht werden kann.

Noch weniger ungestraft sündigt der dramatische Dichter gegen die Kongruenz zwischen Idee und Form. Daß ein Drama in sich abgerundet sein, die Idee vollständig ausdrücken, jeder Charakter sich selbst erklären und zur Heraus=

stellung der Idee des Ganzen beitragen, kein Wort zu viel und keines zu wenig sein, der Dichter durchaus hinter seine Gestalten zurücktreten müsse, durch Nichts an seine Person erinnern dürfe, und in dem Maße sein Ziel erreiche, als ihm Dies Alles gelingt, d. h. in dem Maße, als er sein Werk objectiv macht, so daß es weniger in der Zeit entstanden, als den unvergänglichen Gebilden der Natur zu gleichen scheint. — Dies sind Sätze, die seit Lessings Dramaturgie für Jedermann feststehen, und die betreffenden Falls in Anwendung zu bringen, dem Gebildeten kaum schwer fallen kann. Ja, selbst die große Menge, der man eine tiefere Einsicht in ästhetische Dinge ein für alle Mal abzusprechen nur zu geneigt ist, läßt sich gerade auf dem dramatischen Gebiet keineswegs leicht täuschen und findet oft mit überraschender Sicherheit die Schwächen eines neuen Stückes heraus, wie denn ihr Urtheil über das Ganze, so wenig sie sich auch dasselbe im Einzelnen zu motiviren versteht, fast immer untrüglich ist.

Nun scheint es freilich auf den ersten Blick, daß, diese Objectivität auf dem epischen Gebiete zu erreichen, wenn auch nicht minder schwer, so doch nicht eben schwerer fallen könne, und jedenfalls ein Fehlen gegen das oberste Gesetz aller Kunst (das der Objectivität) hier ebenso leicht, ja noch leichter und sicherer zu erkennen sein müsse. Denn, wird man sagen, wer hat weniger Veranlassung, seine Person in den Vordergrund zu stellen, oder wer ist überhaupt so darauf hingewiesen, die Sache und nur die Sache sprechen zu lassen, als gerade der epische, der erzählende Dichter, dessen Gemüth weder in lyrischer Wallung erregt, noch von dramatischer Leidenschaftlichkeit erschüttert ist, sondern dessen Element die ruhig-sinnige, Alles prüfende, Alles wägende, Alles umfassende Betrachtung ist — ein Seelenzustand also, der auf das Genaueste den Anforderungen der künstlerischen Objectivität entspricht. Denn gerade was das Kriterium der Objectivität eines Kunstwerkes ist, daß es nämlich die Wahrheit der Idee ausdrückt, die ganze Wahrheit und Nichts als die Wahrheit, ist genau Das, wonach die Betrachtung strebt. Sie will von dem Objecte Nichts und kann von ihm Nichts wollen, als daß es ihr sein Wesen, sein ganzes Wesen und Nichts als sein Wesen offenbare.

Hier scheint dem unberechtigten Vordrängen des dichterischen Subjects (welches einer der schlimmsten Feinde der Ob-

jectivität ist) gar kein Raum gegeben, und wirklich sehen wir
auch, daß das echte Epos — das Volksepos, das in den ho=
merischen Gesängen die denkbar höchste Vollkommenheit er=
reicht hat — das dichterische Subject, so zu sagen, gar nicht
kennt. Seit Fr. Aug. Wolfs Prolegomenen steht es fest,
daß die homerischen Gedichte, wie sie uns vorliegen, keines=
wegs von einem und demselben Dichter herrühren, daß lange
Stellen, vielleicht ganze Gesänge, von anderen gleichzeitigen
oder späteren Dichtern interpolirt sind — aber keine ästhetische
Analyse ist bis jetzt im Stande gewesen, in diesen verschied=
nen Dichtern verschiedene Dichterindividualitäten nachzuweisen.
Daß zur Hervorbringung dieses merkwürdigen Resultates an=
dere Momente: die Gleichmäßigkeit des Kulturzustandes und
der Bildung der Sänger, die zwingende Kraft der überkom=
menen dichterischen Methode, die zu dem epischen Zweck voll=
kommen durchgearbeitete Sprache mit ihren stehenden Bei=
wörtern und Phrasen u. s. w., beigetragen haben, stelle ich
keineswegs in Abrede; immer aber ist die Hingebung der
Sänger an ihren Stoff bewunderungswerth, daß so Viele
sich gleichmäßig ihrer Individualität entäußern konnten, um
nur in ihrem Gedichte zu leben. Nie wird im homerischen
Epos auch nur der leiseste Versuch gemacht, mit dem Publi=
kum in eine direkte Kommunikation zu treten; Nichts kommt
zum Hörer anders, als durch das Medium der Phantasie.
Von der ungemeinen, ja, man kann wohl sagen, unermeßli=
chen Kraft, mit welcher die Einbildungskraft in den home=
rischen Gedichten waltet, dafür ist vielleicht die Rolle, welche
in denselben die Götter spielen, das merkwürdigste Beispiel.
Von solcher Echtheit war die Phantasie dieser Dichter, daß
sie schlechterdings nichts Abstraktes (d. h. nur für den Ver=
stand Faßbares) duldete; das Schicksal, die Mächte der Na=
tur, ja selbst die Entschlüsse der Menschen müssen es sich ge=
fallen lassen, Form und Gestalt anzunehmen. Um den Dul=
der Odysseus von der meerumflossenen Insel und aus Nym=
phenarmen zu befreien, müssen die Götter zur Berathung
zusammentreten, muß Hermes die goldenen Sohlen unter die
Füße binden und über die öde Salzfluth zur Tochter des
Atlas schweben; ja, wenn auch nur des Alkinoos reizende Toch=
ter am nächsten Tage Wäsche halten will, muß die Göttin der
Weisheit sich zu Häupten des Bettes der Schlafenden stellen
und ihr den Gedanken dazu im Traume einflößen. So raubt

der alte Dichter sich alle Gelegenheiten, anders als objectiv
zu wirken, Gelegenheiten, über die der moderne Epi=
ter heißhungriger herfallen würde! Wie könnte er es sich
nehmen lassen, der Erörterung der Frage, über welche die
Götter im Eingang der Odyssee deliberiren: ob der Mensch
sich gegen den Willen des Schicksals Leiden bereiten könne,
oder nicht? ein Kapitel, oder doch ein paar Seiten, minde=
stens die ersten zehn Zeilen des betreffenden Kapitels zu wid=
men! Was ließe sich nicht Alles über die Gedanken junger
Mädchen in der Lage der Nausikaa beibringen! Wie könnte
man dem lieben Leser so klar auseinandersetzen: was Nau=
sikaa fühlte, warum sie es fühlte u. s. w., so daß alle und
jede Zweifel über den Seelenzustand des jungen Mädchens,
welche die leibig=geistlose objective Methode des alten Sän=
gers stehen gelassen hat, gründlich beseitigt würden! Im
Ernst! wenn unsere modernen Epiker, die Romanschreiber,
den Homer nicht auf ihren Bücherbrettern verstauben lassen,
sondern recht fleißig benutzen wollten, so könnten sie doch
vielleicht noch Eins oder das Andere von dem alten Heiden
lernen.

Freilich werden die Romanschreiber erwiedern: daß sich
nicht Eines für Alle schicke, daß der andere Stoff eine an=
dere Methode heische, daß, wenn sie sich die Umstände machen
wollten, die sich die alten Dichter gemacht hätten, sie nur
lieber ihr Geschäft gleich aufgeben könnten. Sie werden er=
wiedern: Ein antikes Epos und ein moderner Roman sind
zwei sehr verschiedene Dinge. Zwar ist im Grunde unsere
Aufgabe dieselbe, welche auch dem antiken Dichter gestellt war:
„eine solche dichterische Darstellung einer Handlung durch Er=
zählung zu geben, welche (nicht bestimmt, einseitig eine ge=
wisse Empfindung zu erregen,) unser Gemüth in den Zustand
der lebendigsten und allgemeinsten Betrachtung versetzt;" *)
oder, um es kürzer auszudrücken: wir haben, ebenso wie Je=
ner, die Menschheit, wie sie sich uns nun eben zeigt, darzu=
stellen. Aber der antike Dichter war in der glücklichen Lage,
einer primitiven Menschheit gegenüber zu stehen, an der über=
haupt nur erst die großen, allgemeinen Züge hervortraten,
und bei der von Individuum und Individualismus verhältniß=
mäßig sehr wenig die Rede ist. So konnte es geschehen,

*) W. v. Humboldt. Aesthetische Versuche. I. 218.

daß das Urbild, die Menschheit, in ihrem Abbilde, dem
Epos, noch so ungefähr zu erkennen war; und so mag denn
auch Wilhelm von Humboldt die homerischen Gedichte mit
abgeschlossenen Marmorgruppen vergleichen. Aber wir! Gü=
tige Götter! Wir sehen mit unseren modernen mikroskopi=
schen Augen eine Welt der mannichfaltigsten, heterogensten
Individuen, wo der alte Sänger nur eine einzige gleichför=
mige Masse sah. Wie sollen wir von dieser kaleidoskopisch
bunten Welt einen Abdruck, ja nur die äußersten Umrisse ge=
ben, wenn wir die schwerfällige Methode der objectiven Dar=
stellung beibehalten, und sie nicht vielmehr mit einer andern,
mit unserer Methode vertauschen, wo wir objectiv sind, so
lange es geht, und wenn es nicht mehr geht, dem Leser sa=
gen: so und so, und nun weißt du Bescheid, und wir Beide,
du und ich, haben Ruhe.

Wo es nicht mehr geht! Wo geht es nicht mehr? —
Das ist die große, die wichtige Frage, um deren Beantwor=
tung sich schließlich Alles dreht. Freilich, wenn wir uns an
die Romanschriftsteller halten, so scheint es kaum irgendwo
noch zu gehen. Da muß der Eine (der sein Werk einen hi=
storischen Roman nennt) einen halben oder einen ganzen Bo=
gen mit der Analyse dieser oder jener geschichtlichen Situation
füllen, als ob er nicht einen Roman, sondern eine Doktor=
dissertation schriebe; da muß ein Anderer (der seine Arbeit
ein Sittengemälde genannt wünscht) wer weiß wie viele Sei=
ten seines Buches moralisiren und reflectiren, als ob ein Ro=
mandichter und ein Professor der Moral nicht nur Dasselbe,
sondern auch Dasselbe in derselben Weise zu sagen hätten!
Der Roman ist ein Vehikel für alles mögliche Wissenswür=
dige und nicht Wissenswürdige geworden, für alle klugen und
albernen Gedanken, die den Leuten so durch den Kopf gehen
und von den Leuten für viel zu wichtig gehalten werden, um
dieselben in der gesellschaftlichen Conversation zu verbrauchen,
oder in dem verschwiegenen Dunkel ihrer Tagebücher zu lassen.
Daß aber der Romanschriftsteller aufhört, selbst auch nur der
Halbbruder des Dichters zu sein, ja mit dem Dichter in ir=
gend einer Verwandtschaft zu stehen, sobald er sich zur Er=
reichung seines Zweckes anderer, als dichterischer Mittel be=
dient, sobald er aufhört, sein einziges Geschäft darin zu
sehen, die Einbildungskraft seiner Leser fruchtbar zu machen
— Das scheinen überspannte Anschauungen einer veralteten

Aesthetik. Und doch stehen diese Sätze so fest, wie nur ir=
gend welche Grundsätze der Mathematik, — so fest, daß selbst
da, wo ein Goethe in seiner Praxis von ihnen abweicht, ich
keinen Augenblick Anstand nehme, sie zu Recht bestehend und
den Meister im Unrecht zu erklären. Ich rechne beispiels=
weise dahin Ottiliens Tagebuchblätter, die gegen ein Funda=
mentalgesetz objectiver Darstellung verstoßen, daß Nichts von
einem Charakter ausgehen oder behauptet werden darf, was
sich nicht aus seinem Wesen erklären läßt. Jene Tagebuch=
blätter sind aber keineswegs von Ottilie, sondern von dem
Dichter geschrieben, der sich hier also unbefugter Weise in
seine objective Darstellung eindrängt; ich rechne dahin im
„Wilhelm Meister“ alle die Stellen, in welchen der Dichter
sich mit seinen Lesern in directen Rapport setzt, um mit ihnen
Dies und Jenes, was auf „unsern jungen Freund“, oder auf
einen der anderen Charaktere, oder auf die Idee des Ganzen
Bezug hat, gleichsam hinter dem Rücken der Betheiligten pri=
vatim und vertraulich in Ordnung zu bringen. Diese Ver=
stöße gegen das Gesetz der Objectivität mehren sich in den
„Wanderjahren“ in dem Maße, als die Fülle des zu bewäl=
tigenden Stoffes wächst und die gestaltende Kraft des Dich=
ters ebenso abnimmt.

Und dies sind nun auch wirklich die hauptsächlichsten
Ursachen des unobjectiven prosaischen Verfahrens: Ueberfülle
des zu bewältigenden Stoffes und Mangel der gestaltenden
Kraft.

Offenbar stehen diese beiden Momente in einem relati=
ven Verhältniß. Auch eine große Kraft kann erlahmen,
wenn der Stoff zu spröde oder zu massenhaft ist; und wie=
derum kann eine kleine Kraft vollkommen ausreichen, wenn
der Stoff verhältnißmäßig leicht zu bearbeiten und zu bewäl=
tigen ist. Im Allgemeinen aber läßt sich sagen, daß sich das
Verhältniß bei uns Modernen unendlich viel ungünstiger stellt,
als bei den alten Epikern, und zwar in zwei Beziehungen,
einmal weil quantitativ der Stoff in's Unglaubliche zugenom=
men hat, und derselbe auch qualitativ ein anderer, ein mehr
innerlicher, geistiger geworden ist. Nun läßt sich freilich —
die großen Dichter haben es uns bewiesen — ein geistiger
Proceß nicht minder objectiv schildern, als ein äußerer Vor=
gang, z. B. daß der Held seine Waffen anlegt; aber wie ver=
lockend ist es für ein geringes Talent, einer solchen Aufgabe

aus dem Wege zu gehen! Ich verkenne keinen Augenblick
die Schwierigkeit, complicirte Seelenzustände objectiv darzu=
stellen, und wie sehr diese Schwierigkeit das Ueberwuchern
der Gesprächsform in den modernen Romanen begünstigt,
aber ohne alle Frage ist diese Methode, bei der doch die
handelnden Personen fortwährend in Thätigkeit bleiben, un=
endlich viel poetischer, als die reflectirende Methode, die mit
Phrasen einsetzt, wie: „X. war eine von jenen Naturen,“ oder:
„Wenn wir den Zustand in's Auge fassen, in welchem ein
Mensch von dem Charakter des Z.“ und anderen der Art.
Nur ein gänzliches Verkennen der Sachlage kann die häufige
Anwendung der Gesprächsform in den modernen Romanen
ohne Weiteres als einen Abfall von der reinen epischen Form
denunciren. Das Epos hat durchaus das Recht, den Men=
schen in seiner Haupteigenschaft eines redenden Wesens auf=
treten zu lassen, und alle Epiker haben von diesem Rechte den
umfassendsten Gebrauch gemacht. Und dann wolle man doch
ja nicht vergessen, daß in der modernen geistigen Welt die
Rede ein Moment von einer ganz anderen Wichtigkeit ist,
als in einer früheren materielleren Periode. Das Leben con=
centrirt sich jetzt mehr, als sonst, im Gehirn; die Muskeln
spielen eine untergeordnetere Rolle, und wenn in einem an=
tiken Epos oder in einem Ritterroman die Helden ihre Diffe=
renzen mit den Waffen entscheiden, so liefern sie sich jetzt in
der Kammer oder im Salon ein Wortgefecht, das ebenso lei=
denschaftlich, ja ebenso entscheidend und tödtlich sein kann,
wie jenes. Nein, nicht das Dialogisiren, oder auch das häu=
fige Dialogisiren ist anzugreifen, wohl aber, wenn die Ge=
sprächsform zu einem Vehikel gemacht wird, um alles Mög=
liche, das gar nicht zur Sache gehört, in die objective Dar=
stellung einzuschmuggeln. Jedes Wort, das der betreffende
Redner seinem Charakter nach nicht gesagt haben könnte, ist
zu verwerfen; jedes Wort, das nicht den Einblick in den
Charakter des Redenden oder doch einer der Personen des
Romans vertieft, oder das die Handlung nicht weiter bringt,*)
ist unerbittlich zu streichen; aber im Uebrigen lasse man ja das
Gespräch im Roman unangetastet, oder man weiß nicht, was
man will. Ich wiederhole es: ein Gespräch in dem eben

---

*) Wie sehr dies durch einen geschickt geführten Dialog ge=
schehen kann, davon haben freilich die Uneingeweihten keine Ahnung.

entwickelten Sinne ist unendlich viel poetischer, als die pro=
saische Reflexion, ja ich gehe so weit, zu behaupten, daß der
Romanschriftsteller, den es drängt, gewisse Dinge auszusprechen,
zu diesem Behuf einen besonderen Charakter erfinden und in
die Fabel verflechten muß, aber niemals es wagen darf, in
seiner Person von der Bühne herab zum Publikum zu
sprechen. Jede Reflexion, die nicht durch den Mund einer
der Personen' des Romans geht, und nicht in dem Munde
dieser Personen berechtigt und der Situation, in welcher sich
die Person befindet, genau angepaßt ist, muß als ein ästhe=
tischer Fehler gerügt werden. Denn schließlich sind doch nur
zwei Fälle möglich: entweder ist die dargestellte Handlung
der Art, daß für den denkenden Leser (und andere kennt die
Aesthetik nicht) die Reflexion von selbst daraus hervorgeht,
wie der Duft aus einer Blume, und dann ist sie überflüssig;
oder die Reflexion muß wirklich die dargestellte Handlung,
den vorgeführten Charakter erst erklären, und dann ist die
Darstellung unvollständig, d. h. nicht objectiv. Dieser Sach=
verhalt muß Jedem einleuchten, der die Biographie und den
Roman mit einander vergleicht. In jener ist die Reflexion
nicht nur verstattet, sondern nothwendig, denn der Biograph,
welcher aus dem fragmentarischen Rohstoff der Wirklichkeit
ein Ganzes zu machen hat, vermag die Lücken, welche er fin=
det, nur auf diese Weise auszufüllen; der Romandichter aber
kann sich seinen Stoff wählen, und muß ihn sich so wählen,
daß die Idee an ihm vollständig zur Erscheinung kommt.
Die abstracte Reflexion, eine Zierde der Biographie, ist im
Romane entweder ein Luxus, oder noch öfter ein Beweis der
Armuth.

Aber befinde ich mich nicht mit mir selbst im Widerspruch,
wenn ich einmal vom Romandichter kategorisch verlange:
er solle, wie jeder andere Künstler, in seinem Werke die ab=
solute Kongruenz zwischen Idee und Form zur Durchführung
bringen, und dann wieder zugebe, daß die Idee des Roman=
schreibers nichts Geringeres als die ganze Menschheit ist,
d. h. ein Vorbild, dessen Abbild überhaupt gar nicht in einen
Rahmen gebracht werden kann? Ich weiß sehr wohl, daß
hier ein Widerspruch vorliegt, und ich gestehe, daß ich eine
vollständige Lösung desselben nicht habe finden können. Der
Einwurf, daß der Romandichter sich ja doch einen bestimmten
Kreis abgrenze, den er müsse ausfüllen können, ist nicht stich=

haltig, denn offenbar weist dieser Kreis an allen Punkten über sich hinaus, und kann in der That auf allen Punkten beliebig in's Unendliche erweitert werden. Es ist ein bekanntes und ganz richtiges Wort, daß viele Romane (und nicht die schlechtesten) da aufhören, wo sie anfangen müßten, zum wenigsten anfangen könnten; und reiht sich doch im Volksepos ein Gesang an den anderen, daß jeder weniger ein Ganzes für sich, als das einzelne Glied einer unendlichen Kette zu sein scheint! Ebenso auffallend ist es, daß so viele und zum Theil die bedeutendsten Romane, sowohl idealisirende, als humoristische, wie Sterne's „Tristram Shandy" und Goethe's „Wilhelm Meister" weniger zu Ende kommen, als aufhören; und was das Allerbedenklichste ist: der Roman widerstrebt durchaus der eigentlich dichterischen Form — ein absoluter Beweis, daß nicht blos im humoristischen, sondern schon im idealisirenden Roman unauflösliche, prosaische Elemente liegen müssen. Goethe's „Hermann und Dorothea" ist nicht als Beweis dagegen anzuführen, denn dieses Gedicht ist kein Epos (Roman), sondern eine Novelle. Der Roman muß immer einen sehr weiten Horizont haben, damit der Kulturzustand der geschilderten Menschheit in möglichst vielen Punkten zur Sprache kommt. Eine Fülle der verschiedensten Charaktere, der mannichfaltigsten Begebenheiten, überhaupt ein großer, geistiger und sinnlicher Reichthum ist deshalb für ihn, wie für das alte Epos, unumgängliches Bedürfniß. Die Novelle dagegen schneidet sich einen ganz bestimmten, genau begrenzten Kreis aus, der sich nun zu der Aufgabe des Romanschriftstellers verhält, wie der Theil zum Ganzen. Deshalb ließe sich vielleicht die Behauptung aufstellen, daß zwar nicht der Roman, wohl aber die Novelle die streng dichterische Form zuläßt; zum wenigsten scheint „Hermann und Dorothea", in der ich, trotz meiner tiefen Bewunderung dieses Gedichtes, nie etwas Anderes als eine Novelle in Versen habe sehen können, die Behauptung zu bestätigen.

Warum aber — so höre ich die Romanschriftsteller fragen — warum sollen wir uns, da wir es nun doch einmal mit einer unendlichen Aufgabe zu thun haben und selbst die specifisch dichterische Form haben fallen lassen müssen, einer rigorosen Objectivität befleißigen? Wir geben zu, daß das Sich = Vordrängen des dichtenden Subjects nicht im eigent-

lichen Sinne poetisch ist, aber es ist doch interessant, sofern
nur das Subject geistreich genug ist. Oder kannst du leugnen, daß du die Parabasen, mit denen Thackeray und Andere fortwährend den Gang ihrer Begebenheiten unterbrechen,
mit Interesse gelesen? ja daß du gerade in diesen rein subjectiven und insofern durchaus unpoetischen Theilen Goldkör-
ner gefunden hast, die du ungern, sehr ungern missen würdest?

Was soll der Vertheidiger der wahren, der objectiven
Kunst auf diese Einwürfe erwiedern?

Vielleicht Folgendes:

Zugegeben selbst, daß die humoristisch-Jean-Paul-Sterne'sche
Theorie von der Ubiquetät der Idee gegenüber der Goethe-
schen Exclusivität Recht hat; zugegeben, daß die Menschheit
nicht mit dem Baron oder dem wohlhabenden Kaufmanns-
sohn, sondern schon mit einem Schulmeisterlein Wuz, oder
mit einem verwahrlosten Proletarierknaben anfängt, den der
Londoner Policeman aus dem Straßenschmutz halb verhun-
gert und gänzlich verwahrlost aufließt — versuche Jeder, der
idealisirende Dichter so gut wie der Humorist, wie weit sie
mit der rein darstellenden Methode kommen; gehe Keiner
einen Schritt weiter, als bis an die Grenze des Darstellbaren,
weise er jede Versuchung, anders als durch Darstellung auf
seine Leser zu wirken, zurück, wie verlockend sie auch immer
sein möge; bedenke er stets, daß er mit seinen Lesern nur
durch seine Personen verkehren darf, und bedenke er nicht
zum mindesten, daß er seine Leser nicht in Athem erhalten
kann, wenn er seine Personen nicht in Athem erhält.

Kann oder will er sich dieser Aufgabe (die freilich sehr
schwer, aber auch eben so dankbar als schwer ist) nicht unter-
ziehen, so schreibe er historische Monographien, oder moralische Abhandlungen, oder Leitartikel in einem satirisch-humo-
ristischen Blatte, aber mache er nicht weiter Anspruch auf
den Namen eines Dichters und mißbrauche er nicht weiter
die dichterische Form! Der Romanschriftsteller, der Grenzhü-
ter des Parnassus, hat mehr als jeder Andere Ursache, die
Gesetze, denen er unterworfen ist, heilig zu halten und des
Goethe'schen Wortes eingedenk zu sein:

> Vielen Boden hat die Erde,
> Und unheiligen genug!

William Makepeace Thackeray.

Eine Vorlesung. 1867.

Ein bekanntes Wort Goethe's über Goldsmiths Vicar of Wakefield in „Dichtung und Wahrheit" lautet so: „Der Verfasser hat ohne Frage große Einsicht in die moralische Welt, in ihren Werth und ihre Gebrechen; aber zugleich mag er nur dankbar anerkennen, daß er ein Engländer ist, und die Vortheile, die ihm sein Land, die ihm seine Nation darbietet, hoch anrechnen. Die Familie, mit deren Schilderung er sich beschäftigt, steht auf der letzten Stufe des bürgerlichen Behagens, und doch kommt sie mit dem Höchsten in Berührung; ihr enger Kreis, der sich noch mehr verengt, greift durch den natürlichen und bürgerlichen Lauf der Dinge in die große Welt mit ein; auf der reichen bewegten Woge des englischen Lebens schwimmt dieser kleine Kahn und in Wohl und Wehe hat er Schaden oder Hülfe von der ungeheuren Flotte zu erwarten, die um ihn hersegelt."

Vielleicht schrieb Goethe dies, nachdem er von einem Spaziergang durch den stillen Park von Weimar über die menschenleeren Gassen der Stadt in seine Wohnung zurückgekehrt war, und ihm, während seine Gedanken nach dem wogenumdonnerten England schweiften, das Nachgefühl der Stille und Leere, die ihn hier umgab, schier ängstlich auf's Herz sank. Diese stille Leere! wie liegt sie so sonnig in dem lauschigen Straßenwinkel hinter der Kirche in Wunsiedel, wo unser größter Humorist, Jean Paul, das Licht der Welt erblickte! wie mag sie lang und langweilig auf der Straße von Göttingen gelegen haben, wenn Lichtenberg, der Satiriker, am Fenster stand, und sich scheu hinter dem Vorhang verbarg, so oft ein Bekannter die öde Straße herauflam! Ach! der humoristisch satirische Roman, um dessenwillen der Herr Professor möglicherweise diese sonderbaren Fensterstudien machte, wurde nie geschrieben: „die Langsamkeit der deutschen Postlutschen würde ja jede Entführung in einem deutschen Roman von vornherein unmöglich machen," spottete gelegentlich der

witzige Mann; und langsam genug mögen sie gewesen sein
die schwerfälligen Fuhrwerke auf den unergründlichen Wegen,
wenn Börne noch ein halbes Jahrhundert später seine „Mo=
nographie der deutschen Postschnecke" schreiben konnte!

Nun sind sie freilich längst in die Rumpelkammer gestellt
und den Weg aller Dinge gegangen, die gichtbrüchigen Post=
schnecken, an Göttingen selbst führt jetzt ein Schienenweg vor=
über; auch ist die Zeit längst vorbei, in welcher Jemand, wie
Jean Paul spottet, wenn er seine Schuhschnallen verloren
hat, die betreffende Aufforderung an den ehrlichen Finder mit
einem bescheidenen: „das Wo erfährt man im Intelligenz=
comptoir" schließt. Wir tragen bereits seit einem Menschen=
alter keine Schuhschnallen mehr, sind auch gar nicht mehr so
bescheiden, haben es doch aber trotz alledem noch immer nicht
soweit gebracht, einen anderen Uebelstand zu beseitigen, den
Jean Paul ebenfalls hervorhebt, daß es nämlich in Deutsch=
land nirgends einen Ort gebe, den der Romanschriftsteller
frank und frei nennen und zum Schauplatz seiner Geschichten
machen könnte, mit andern Worten, daß wir noch immer kein
Centrum, keine eigentliche Hauptstadt haben.

Zwar scheint unter diesem Mangel weder der historische,
noch der idealisirende Roman zu leiden, der historische nicht,
weil selbstredend die Geschichte ein geschichtlich fixirtes Lokal
erfordert, überdies die Zeit das sonst Gemeine adelt; der
idealisirende nicht, weil er, wie allem Individuellen, so auch
der geographischen Genauigkeit feindlich ist. Der humoristische
Roman aber kann diese Bestimmtheit nur schwer entbehren;
der Held eines humoristischen Romans kann nicht wohl, wie
der Eduard der Wahlverwandtschaften, in einen abstrakten
Krieg ziehen; der Humorist wird immer streben, seine Ge=
bilde bis in's Einzelne zu individualisiren und dieser Indi=
vidualisationsprozeß wird durch den scheinbar ganz gleich=
giltigen Umstand, daß das Lokal des Romans von allen
Lesern gekannt ist, außerordentlich begünstigt.

Die englische Romanliteratur ist der beste Beweis dafür.
Fast alle humoristischen englischen Romane spielen entweder
ganz oder zum Theil in London, London der Weltstadt, wie
sie Dickens in seinem Barnaby Rudge schildert, „daß man
nur einen kleinen Kreis dort zu ziehen brauche, um in seinem
Umfang jedes Ding mit seinem Gegensatz und Widerspruch
zu haben: Reichthum und Armuth, Laster und Tugend,

Schuld und Unschuld, feiste Uebersättigung und nagendsten Hunger;" London, die Hauptstadt, die Jeder kennt, von der Jeder wenigstens so viel gehört und gelesen hat, daß der Autor mit einem Worte: London Bridge, Hyde Park, Charing Cross — das Lokal feststellt, und nicht nur das Lokal, sondern ich möchte sagen, auch die Atmosphäre sowohl im physischen als im moralischen Sinn.

Denn, was noch viel höher anzuschlagen ist: auf dieser alten, seit Jahrhunderten fest gegründeten, ununterbrochen benutzten Bühne, auf der jede Hintergrunds- und Seitencoulisse, jedes Versatzstück, jede Versenkung von dem letzten Proletarierbuben auf der Gallerie gekannt ist, bewegt sich ein Publikum, das wiederum seine verschiedenen Schichten und Klassen zu ganz bestimmten Typen ausgeprägt und mit ganz bestimmten Sitten und Gewohnheiten umschrieben hat. Der englische Autor braucht seinem Leser nicht nur nicht zu sagen, wo in dem Hause der drawing oder dinnerroom liegt, sondern auch nicht einmal, wie es dort aussieht, wie die dort versammelte Gesellschaft sich bewegt, wie sie sitzt, geht, spricht. Und wie in diesem Falle, so in tausend und tausend andern. Die festen Typen, die sichern Formen seiner Gesellschaft ersetzen dem englischen Romanschreiber bis zu einem gewissen Grade die Vortheile, welche dem antiken Epiker die Uebersichtlichkeit und Gemeinverständlichkeit seines durch so viele Hände bereits gegangenen Mythen- und Sagenstoffes gewährte. Die Wichtigkeit dieser Momente in ihrem ganzen Umfange zu schätzen, ist wohl nur der im Stande, welcher sich selbst an der undankbaren Aufgabe abgemüht hat, eine Gesellschaft zu schildern, in welcher jeder Einzelne sich seine Formen, ja, ich möchte sagen, sogar die Sprache selber schaffen muß.

Indessen: es ist dafür gesorgt, daß die Bäume nicht in den Himmel wachsen. So vortheilhaft dem Romanschreiber die genaue und gründliche Durcharbeitung der Formen ist, in welchen sich die Gesellschaft bewegt, so übel ist er daran, wenn diese Formen, wie sie es nur zu leicht thun, erstarren und verknöchern, und gleichsam aus dem Gesicht mit den leicht zu treffenden, energischen Zügen eine Fratze und Karrikatur wird. Ist er im Stande, sich innerlich ganz von dem Banne einer geisttödtenden Beschränkung des Fühlens und Denkens zu befreien, die plumpen Ketten eines sinnlosen Ceremoniells, das die „gute Gesellschaft" kanonisirt hat, zu zersprengen, die

chinefifche Mauer thurmhoher Vorurtheile und ellenbicker
Selbſtzufriedenheit zu überſteigen oder zu durchbrechen —
wird er freilich die Mit= und Nachwelt mit humoriſtiſchen
und ſatiriſchen Romanen im großen Styl beſchenken. Doch
wie Wenige ſind zu ſo Hohem beſchieden! Von ſo Vielen,
die ihrer Ketten ſpotten, iſt faſt keiner frei; die Meiſten klirren
und raſſeln im Anfang ſchier ungeduldig mit denſelben, dann
aber gewöhnen ſie ſich daran, halten ſie am Ende gar für
einen originellen Schmuck. Mit ſolchen gefeſſelten Händen
aber läßt es ſich ſchwer ſchreiben, am ſchwerſten humoriſtiſche
und ſatiriſche Romane im großen Styl.

Aber, höre ich Sie fragen, weshalb ſollen es denn ge=
rade humoriſtiſche nnd ſatiriſche Romane ſein? welches Recht
haben dieſe, vor den andern Gattungen genannt zu werden?

Wollte ich darauf antworten: wir leben eben in einer
Zeit, wo es ſchwer iſt, eine Satire nicht zu ſchreiben, ſo wür=
den Sie das mit Recht für eine Finte halten, mit der ich
Ihre Frage zu pariren ſuchte, und doch iſt es kaum zu viel
behauptet, daß dem Roman und ſpeziell dem humoriſtiſchen
Roman die Zukunft, auf ich weiß nicht wie lange gehört.
Der Roman, das Werk des betrachtenden Dichters, wie
W. v. Humboldt den Epiker definirt, der Roman, dieſe Grenz=
provinz der Poeſie nach der Proſa hin, iſt die bequeme Form,
zu der ein praktiſch=nüchternes und doch zugleich vielbeweg=
tes, vielerſtrebendes Geſchlecht immer greifen wird, um inner=
halb dieſes großen Rahmens die Breite und Weite ſeiner Erfahrung in einem Bilde wo möglich zu überſchauen. Wiederum iſt der Humor, wie wir ihn ſpäter definiren werden,
diejenige Weltanſchauung, welche für den mündigen Sohn
eines freigeiſtigen, wiſſenſchaftlichen, humanen Jahrhunderts
die ſchicklichſte iſt. So ſucht der Roman den Humor, um
den Ueberſchwall des Stoffes mit dem humoriſtiſchen Zauber=
ſtab des Hic et Ubique bewältigen zu können; ſo ſucht der
Humor den Roman, als das weite Gebiet, auf dem Ἑν καὶ
Πᾶν — Eines und Alles — Platz hat, und die Idee mit den
Dingen nach Luſt Verſteckens ſpielen kann.

Dieſe Prädiſpoſition der Menſchen unſrer Tage für den
humoriſtiſchen Roman iſt der innere Grund des Beifalls, mit
welchem das Publikum jedes humoriſtiſche Produkt begrüßt,
das ſich nur über das Niveau der Mittelmäßigkeit erhebt;
iſt auch der Grund, weshalb die Repräſentanten des eng=

lischen Humors so viel bei uns gelesen werden, daß sie bei=
nahe als deutsche Schriftsteller erscheinen. Dennoch stehen sie
uns wieder fern genug, daß wir hoffen dürfen, für ihre Wür=
digung die rechten Gesichtspunkte zu finden und fest zu hal=
ten, die sich bei der Beurtheilung Mitlebender und Streben=
der so leicht verrücken und verschieben, und gerade deshalb
habe ich die Wirksamkeit eines der ausgezeichnetsten Repräsen=
tanten dieser Richtung zum Gegenstand einer einzelnen Vor=
lesung machen zu dürfen geglaubt. Ich wüßte in der That
keinen Romanschreiber, bei dem, wie bei William M. Thackeray
die Vortheile, aber auch zugleich die Nachtheile, die dem eng=
lischen Dichter sein Land, seine Nation darbieten und brin=
gen, so gleichmäßig scharf hervorträten; keinen, an welchem
sich in Folge dessen die Theorie des humoristischen Romans
so gut demonstriren ließe, keinen endlich, aus dessen Wirken
und Streben, Irren und Fehlen man so viel praktische Lehren
ziehen könnte, wohin das Fahrzeug unseres eigenen humoristi=
schen Romans, das jetzt so fröhlich die Segel entfaltet, wird
zu steuern, welche Klippen es wird zu meiden haben.

„Ich sah die Sitten meiner Zeit und ich schrieb dieses
Buch," setzte Rousseau auf den Titel seiner neuen Heloïse,
und „ich sah die Sitten meines Volkes und schrieb dieses
Buch" hätte Thackeray auf das Titelblatt seines Book of
Snobs schreiben können, desjenigen Buches, das zuerst die
Aufmerksamkeit seiner Nation auf den kühnen Schriftsteller
lenkte und diese Aufmerksamkeit auch vollständig verdiente.
Denn wenn wir Thackeray nur als Satiriker nehmen, so hat
er weder vorher noch nachher etwas Besseres geschrieben.

„Ein Snob," sagt Thackeray, „ist der, welcher, niedrig
gesinnt, niedrige Dinge bewundert;" und zu dieser niedrigen
Bewunderung niedriger Dinge rechnet er vor allem den ab=
soluten, sich selbst wegwerfenden Respekt, dessen sich in dieser
Nation der „Freisten der Freien" der Adel erfreut, der Reich=
thum erfreut, und überhaupt jeder äußere Beweis von Er=
folg, gleichviel ob derselbe verdient oder unverdient, selbst er=
worben, ererbt oder sonst überkommen ist. Sie wissen das
und sie rühmen sich dessen. — Wir leben nicht von Almosen,
wir ernten das Brod, das wir essen; wir sind matter-of-fact
Menschen; wir leiden nicht, daß einer mehr scheint, als er
ist, wie die windigen Franzosen; wir halten nicht, wie die
bettelhaften Deutschen, dafür, daß einer einen abgeschabten

Rock und geflickte Stiefel tragen und doch ein Gentleman sein
könne. Das Maß der Respektabilität ist der jedesmalige Zu=
stand, dessen sich die glücklich situirte Minorität der Besitzen=
den erfreut; des Lebens höchstes, ja einziges Ziel ist, in die=
sen Zustand zu gelangen, resp. sich in demselben zu erhalten.
Deshalb sind wir das freieste, aber auch das konservativste
Volk der Welt, wir beugen uns vor einem Baronet und be=
rühren vor einem Lord dreimal den Staub mit der Stirn,
dafür vindiziren wir uns aber auch das Recht, auf den Nacken
Jedes, der weniger reich oder mächtig ist, als wir, die Hacken
unserer dicksohligen Stiefel zu setzen. In dem Kampfe des
Lebens verlangen wir keinen Pardon, aber wir geben auch
keinen. Wir wissen, daß es sehr heidnisch ist, zu fragen,
was man essen und trinken, womit man sich kleiden wird;
aber wir wissen auch (als ein eminent praktisches Volk), daß,
wenn wir uns nicht selbst um die Beantwortung dieser Fra=
gen kümmern, kein Mensch auf Erden und kein Vater im
Himmel dafür sorgen, und daß, wenn wir uns die Lilien auf
dem Felde und die Vögel unter dem Himmel zu Vorbildern
nehmen, unsere Carrière aller Wahrscheinlichkeit nach in
Fleet-Street endigen wird. Sind wir deshalb ein unchrist=
liches Volk? Gott behüte uns! nein! im Gegentheil! in
keinem Lande der uns bekannten Erde (und wir kennen so
ziemlich die ganze Erde, Herr, und beherrschen sie obenein
mit unserem Gelde und unsern Armstrong = Kanonen) — in
keinem Lande der Erde ist der Priesterrock so unbedingt ge=
achtet, existiren so viele in Saffian=Leder mit Goldschnitt ge=
bundene heilige Bibeln und Gebetbücher, wird — auch von
respektablen Leuten, Herr! — so viel gebetet und fleißig in
die Kirche gegangen. Dieses sonderbare Durcheinander von
Mannheit und Bedientenhaftigkeit, von Einfalt und Heuchelei,
von Bescheidenheit und Insolenz, das ist nun einmal unser
Element; wir fühlen uns wohl darin; wir sind stolz selbst
auf unsere Fehler, Herr! und müssen das auch, als Englän=
der und freieste Nation der Welt!

Ich glaube nicht, daß man mir wird vorwerfen können,
ich habe in dieser flüchtigen Kopie des Bildes, das Thackeray
im Snob=Buche von seinen Landsleuten entwirft, die Farben
zu stark aufgetragen. Es würde mir leicht sein, jeden einzel=
nen Zug mit des Mannes eigenen Worten zu vertiefen. Was
giebt es Schneidenderes, als seine Persiflage der Lordolatry,

des Götzendienstes, der mit der Lordschaft getrieben wird! —
„Irgend Jemand wird enorm reich, oder holt für einen Mi=
nister die Kastanien aus dem Feuer, oder gewinnt eine
Schlacht, oder bringt einen Vertrag zu Stande, oder ist ein
geschickter Anwalt, der einen großen Haufen Sporteln zu=
sammenträgt, und über diesen Haufen auf die Richterbank
steigt — und das Land belehnt ihn auf immer mit einer
goldenen Krone (mit mehr oder weniger Kugeln und Blättern)
und einem Titel und dem Range eines Gesetzgebers. Deine
Verdienste sind so groß, sagt die Nation, daß Deine Kinder
nothwendig über uns regieren müssen. Es thut ganz und
gar nichts, daß Dein ältester Sohn ein Dummkopf ist; wir
halten Deine Dienste für so ausgezeichnet, daß er in Deine
Ehren folgen soll, wenn der Tod Deine edlen Schuhe leer
macht. Wenn Du arm bist, wollen wir Dir eine solche
Summe Geldes geben, daß Du und der Erstgeborene Deiner
Familie für immer in Fett und Glanz leben könnt. Es ist
unser ausdrücklicher Wunsch, daß in diesem glücklichen Lande
eine ganz besondere Race bestehen soll, die den ersten Rang
einnimmt, für welche die ersten Preise reservirt werden und
die besten Chancen in allen gouvernementalen Möglichkeiten
und Patronaten." —

Sie sehen, wie ernst Thackeray hier die Sache nimmt.
Je heller die Flamme des Zornes in dem Satiriker brennt,
um so dünner pflegt der Schleier der Ironie zu werden. Ja,
manchmal fällt in dem Snob=Buche dieser Schleier ganz und
gar, und Thackeray zeigt die Wahrheit unverhüllt, mag sich
darüber ärgern, wer will und mag. „Ihr seid verhaßt über
ganz Europa wegen eures schändlichen Stolzes!" ruft er
seinen Landsleuten einmal zu; und ein anderes Mal: „die
Peerage ist des Engländers zweite Bibel!" und wieder: „Du
sollst nicht lieben ohne eine Kammerjungfer; Du sollst nicht
heirathen ohne eine Equipage; Du sollst kein Weib haben,
das Du in treuem Herzen hegst und keine Kinder, die Deine
Knie umspielen, ohne einen Pagen in Livree und eine fran=
zösische Bonne; Du sollst zum Teufel fahren, wenn Du
keinen Brougham hast! Heirathe arm, und die Gesellschaft
wird Dich verlassen; heirathe arm, und Deine Verwandten
werden sich von Dir wenden; heirathe arm, und Deine Onkel
und Tanten werden die Augen zum Himmel heben, und die

traurige, traurige Weise, in welcher sich Tom oder Harry verplempert hat, beweinen!"

Nun wohl! wenn dies der Zustand der englischen sogenannten guten Gesellschaft ist, wer soll es dem Satiriker verdenken, wenn er schon im Snob-Buche zu dem melancholischen Resultate kommt: „Jedes Herz ist eine Bude auf dem Eitelkeitsmarkt."

Ich habe mich länger bei dem Snob-Buche aufgehalten, weil es für den Genius Thackeray's ebenso charakteristisch ist, als es die Pickwick-Papers für Dickens waren. Das Snob-Buch ist der glänzende Speer, den der reisige Kämpfer, mächtig ausholenden Schwunges, weithinein in die Feinde schleuderte. Ja, man kann sagen, daß in dem Snob-Buche schon der ganze Thackeray steckt. Es ist eine Mappe mit Skizzen, die er hernach im Einzelnen seiner großen Romane und kleineren Erzählungen ausführte, und diese Skizzen haben ganz den eigenthümlichen Zauber, der Produktionen dieser Art für den Kenner so entzückend macht. Sie sind entworfen mit einer unnachahmlich leichten, scheinbar anmuthig spielenden, in Wahrheit grausamen Hand.

Ich muß nun eine ganze Reihe von kleineren Arbeiten übergehen, trotzdem sich unter denselben solche Perlen befinden, wie die „Yellow-Plush-Papers" und „the Hoggarty Diamond," um zu dem Werke zu gelangen, mit welchem Thackeray für immer seinen Namen in das goldene Buch der englischen Literatur eingetragen hat. Dieses Werk ist sein berühmter und berühmtester Roman: Vanity Fair, a novel without a Hero.

Es ist nicht leicht möglich, von diesem Werke mit zu großer Bewunderung zu sprechen. In den größten Verhältnissen angelegt, ist es bis in das kleinste und feinste Detail seiner fast überreichen Gliederung von demselben Geiste getragen, von derselben Kraft durchdrungen. Und dieser Geist ist der Geist eines Mannes, den das Leben in seine strenge Schule genommen und tüchtig befunden hat, und diese Kraft ist die Kraft eines Künstlers, der die Technik seiner Kunst in dem ihm überhaupt erreichbar höchsten Grade meistern lernte, während sein Genius noch in vollster Blüthe stand.

Der Roman hat wirklich keinen Helden, ja streng genommen (was natürlich auf dasselbe hinauskäme) auch keine

Heldin. Becky Scharp tritt zu oft in den Hintergrund; sehr
Vieles in der Geschichte steht zu ihr nur in einer sehr losen,
Manches in gar keiner Beziehung. Dennoch macht sich dieser
ästhetische Mangel sehr wenig geltend, er wird durch die
Gleichmäßigkeit des Kolorits, wenigstens für den Laien, voll=
ständig verdeckt. Wohin man auch blickt — es ist überall
Vanity Fair; überall dieselbe hier zu Petrefakt erstarrte, dort
in voller Auflösung begriffene Gesellschaft, deren Zustand, im
Grunde genommen, ein zum Theil versteckter, zum Theil ganz
offener Krieg Aller gegen Alle ist.

Und insofern qualifizirt sich Becky wenigstens zum genius
loci. Sie ist die inkarnirte Selbstsucht, „der Verstand ohne
Tugend," wie ein englischer Kritiker sie nennt; ein scharfer,
logischer Geist, der sich durch nichts imponiren läßt, was er
begreifen kann, und der bald begriffen hat, daß Selbstsucht
die große Rüstkammer ist für den Feldzug des Lebens, und
daß der Erfolg die Mittel heiligt. So wirft sich die Tochter
des armen verkommenen Malers in die Welt mit dem festen
Vorsatz, so oder so Carrière zu machen. Und sie macht
Carrière! Aus der Hülfslehrerin eines Mädchenpensionats
wird eine Governeß in der Familie eines alten herunterge=
kommenen Baronets auf dem Lande, aus dieser die Frau des
jüngeren Sohnes vom Hause, eines schwerfälligen Dragoner=
offiziers, der sich in Folge dieser Heirath mit seiner Familie
überwirft, und, da er selbst wenig Hirn hat, gezwungen ist,
von dem Verstande seiner Frau zu leben. Die Schilderung
der Wirthschaft dieses Paares in London ist ein Genrebild
von packendster Wahrheit. Becky, die sich in rasender Eile
zur vollendeten Schwindlerin entwickelt, wird von ihrem
Gatten in einem Tête-à-tête mit ihrem vornehmen Buhlen
ertappt und zum Hause hinaus getrieben. Von Jedermann
verlassen, eine Ausgestoßene der Gesellschaft, irrt sie auf dem
Kontinent umher, bis sie durch eine Reihe wunderlicher Glücks=
fälle am Ende der Enden zu einem kleinen unabhängigen
Vermögen (nebst obligater offizieller Kirchenfrömmigkeit) und
damit — natürlich! — zur Respektabilität gelangt.

Indem nun dieser wunderbare Wandelstern durch so viele
Sphären der englischen Gesellschaft schweift, erhält der Autor
Gelegenheit, eine derselben nach der andern „mit seinen eige=
nen Lichtern zu erleuchten". Da ist zuerst die City, vertreten
durch die Kaufleute Sedley und Osborne mit ihren Familien

und sonstigem Anhang; dann der Landadel: die Crawley's:
Sir Pitt Crawley auf Queens Crawley, das Muster der
Respectabilität in weißer Halsbinde und knarrenden Lackstie=
feln, Parlamentsmitglied, der es vielleicht noch zum Lord
Crawley bringt; der zweite Sohn, Rawdon Crawley, Becky's
unglücklicher Gatte, Dragoneroffizier, famoser Billardspieler
und Dandy, das Opfer seines kleinen Gehirns und seiner
ungezügelten Leidenschaften; Bute Crawley, der Bruder des
Baronets, Rector auf Crawley, der Rennbahnen frequen=
tirende, von Schulden erdrückte, Wein, Weiber und Würfel
liebende Diener der Hochkirche von England nebst respectabler
Familie. Dann die Armee, spezieller der Offizierstand: die
Capitäne Dobbin, Osborne, Crawley, der Major O'Dowd;
schließlich, dahinwandelnd über die niedrig geborne Menge
wie eine Schaar von Göttern oder Titanen: der hohe Adel,
vertreten durch den alten, verbuhlten caustischen Lord Steyne.
— Und nun nach allen Seiten die reichsten Perspectiven in
die verschiedenen Klassen der Gesellschaft. Der Mensch ist
dem Autor ein Heerdenthier; das einzelne Exemplar ist werth=
los und unverständlich; nur in der Heerde, in der Gemein=
schaft mit seinen schreienden, hungrigen, beißenden Gefährten
gewinnt es seine Bedeutung und Erklärung.

Ein höchst ausgezeichnetes Exemplar des Heerdenmenschen
— ja, vielleicht das ausgezeichnetste, wie er nun einmal diese
Spezies sah, schildert Thackeray in dem kleinsten und bei
Weitem besten seiner drei historischen Romane. Ja, dieser
Roman, den er „The Luck of Barry Lyndon" betitelte, ge=
hört nach meiner Ansicht zu dem Besten, was Thackeray ge=
schrieben hat, und rangirt unmittelbar neben dem Snob-
Buche und Vanity Fair, zu denen es auch nach der Zeit der
Entstehung gehört. Ich gehe noch weiter und behaupte, daß
Thackeray dem, was er — wie wir später sehen werden —
für das Höchste des Romanschriftstellers hält, niemals, selbst
nicht im Snob - Buche, selbst nicht in Vanity Fair, so nahe
gekommen ist, wie in diesem kleinen Meisterwerk. Nichtsdesto=
weniger ist dasselbe bei uns so gut wie nicht gekannt, und
auch die englischen Kritiker pflegen mit einigen höflichen Zei=
len an demselben vorbeizugehen. Freilich ist es nicht Jeder=
manns Sache, eine Zeit, wie die des siebenjährigen Krieges,
in welcher die Geschichte spielt, ohne Schminke zu sehen: mit
ihrer ganzen vollblütigen Derbheit, ja, Rohheit, mit ihrem

Zopf, der so pedantisch, mit ihrem Stock, der so brutal, mit
ihren Gamaschen, die so ledern waren! Und Thackeray geht
dieser Aufgabe so resolut zu Leibe, daß die Täuschung manch=
mal vollkommen ist, daß man in der That oft ein mit Ta=
baks= und Weinflecken gezeichnetes, vergilbtes Manuskript aus
jenen Tagen zu lesen glaubt. Der Dichter hat seine Absicht
vollkommen erreicht. Was um Alles in der Welt — und
wir werden diesen Punkt alsbald zu erörtern haben, — was,
sage ich, um Alles in der Welt, der Held eines Romans in
unseren Tagen nicht einmal denken, geschweige denn sagen,
oder gar thun dürfte, das denkt, sagt und thut frank und frei
der glücklicher situirte Barry Lyndon, Esquire, ein irischer
Abenteurer, Spieler und Schwindler, der auf der Höhe seines
Glückes mit Fürsten verkehrt, hernach die reichste Erbin
Englands heirathet, um schließlich am delirium tremens im
Armenhause zu sterben. An dergleichen Lebensläufen in auf=
und absteigender Linie findet, wie gesagt, nicht Jedermann
Geschmack; eben so wenig, wie an gewissen Bildern aus der
niederländischen Schule, deren derber Realismus zarte Augen
und Seelen so empfindlich beleidigt, während der Kenner
das saftige Kolorit, die reine Zeichnung, die Treue der Beob=
achtung, den kräftigen Humor nicht genug bewundern kann.

Es würde mich selbstverständlich viel zu weit führen,
wollte ich sämmtliche noch übrigen, zum Theil sehr bände=
reichen Romane unsers Autors ebenso ausführlich besprechen,
wie seine drei Meisterwerke. Glücklicherweise ist dies aber
auch nicht nöthig. Einmal werden wir noch auf fast jedes
derselben in einem anderen Zusammenhange zurückkommen
müssen, und dann ist noch ein tieferer Grund, der uns der
Mühe einer ausführlichen Analyse überhebt.

Mit den einzelnen Werken eines Romanschriftstellers ist
es wie mit den Ringen, welche ein in's Wasser geworfener
Stein auf der Oberfläche bildet. Die ersten Ringe, die dem
Mittelpunkte, von dem die Kraft ausging, zunächst auftauchen,
sind die energischsten; dann kommen andere, glattere, umfang=
reichere, weniger kräftige, und so zittern sie weiter und weiter,
bis sie den Rand des Teiches erreichen, oder die Kraft, die
sie hervorrief, erloschen ist. Der Romandichter, sagen wir,
ist der Beobachter par excellence; was er zu beobachten,
was er darzustellen hat, ist im Grunde nichts weniger als
— Alles, die Menschheit in dem Rahmen der Natur, oder

wenn das zu großsprecherisch klingt: die Menschen seiner Zeit, seines Volkes. Hier ist ihm dem Begriffe nach ein unend= liches, unerschöpfliches Thema gegeben, und so ist denn eben jeder neue Roman eines Autors ein Versuch, diesem Thema eine neue und immer wieder eine neue Seite abzugewinnen; aber da das Urbild im Grunde immer dasselbe ist, werden auch die Abbilder sich gleichen bis auf die Unterschiede, die durch den etwa veränderten Standpunkt des Beobachters, oder durch eine neue Methode und Manier, in die er sich hineingearbeitet hat, hervorgebracht werden. Diese Unter= schiede können nun allerdings selbst bei dem betrachtenden Dichter noch immer bedeutend genug sein, — und wir wer= den dergleichen auch bei unserem Autor konstatiren — im Allgemeinen aber läßt sich sagen, daß dieselben zwar fast nie= mals so groß sind, als sie scheinen, daß sie aber nirgends geringer sind, als bei dem humoristischen oder dem satirischen Dichter. Diese nämlich haben eigentlich jeder nur eine Weise, die Welt anzuschauen und auch nur eine Weise, sie darzu= stellen, sie müßten denn etwa, was sie freilich oft genug thun, ihre beiderseitigen Anschauungs= und Darstellungsweisen mit einander vertauschen — ein Rollenwechsel, der, wie wir sofort sehen werden, sogar in einem und demselben Autor füglich stattfinden kann.

Hier nun muß die Frage formulirt werden, die sich ge= wiß im Laufe dieser Betrachtungen schon mehr als einmal bei Ihnen gemeldet hat, die Frage nämlich nach jener spezi= fischen Eigenschaft, die unsern betrachtenden Dichter zu einem Humoristen oder Satiriker, vielleicht zu Einem und dem An= dern macht.

Die Beantwortung dieser Frage führt uns direct in eines der schwierigsten Kapitel der Aesthetik.

Aber mögen die Damen nicht fürchten, daß ich von einer so günstigen Gelegenheit, sie auf die dürre Haide der Spe= kulation zu locken, einen unbescheidenen Gebrauch machen werde. Wollen Sie mir nur gütigst verstatten, aus der Lehre vom Humor und der Satire diejenigen Sätze hervorzuheben, welche für unsern Zweck unbedingt nothwendig sind, weil das Verständniß derselben allein die Siegel löst, mit welchen uns das geheimste Wesen unsers Autors noch immer ver= schlossen ist.

So nehmen wir denn als feststehend an, daß die Welt=

anschauung des humoristischen Künstlers eine solche ist, welche die Endlichkeit nicht vom Standpunkte der Religion als heils- bedürftig und der Erlösung entgegenharrend; auch nicht, wie es der ideale Künstler thut, blos als Rohstoff für ideale Kunstgebilde ansieht, sondern als in jedem Punkte und in jedem Augenblicke bereits von der unendlichen Idee durch= drungen, also daß für ihn, den humoristischen Künstler, eigentlich gar nichts Kleines und Gemeines existirt, ebenso= wenig wie für den consequenten pantheistischen Philosophen, von dem er sich im Grunde nur dadurch unterscheidet, daß er, was jener begrifflich faßt und in dem reinen Aether des logi- schen Denkens schwebend hält, in die Sphäre der Phantasie hinabzieht, und durch das Medium der Phantasie, d. h. künstlerisch, den Sinnen faßlich, dem Herzen verständlich dar= stellen will.

Wenn der humoristische Künstler also theoretisch nur eine von der Idee durchleuchtete Wirklichkeit kennt, und seine Praxis darin besteht, die Wirklichkeit so darzustellen, daß sie in jedem Punkte eben von der Idee durchleuchtet, gleichsam transparent ist, so steht ihm scheinbar Niemand ferner als der Satiriker; der Satiriker, welcher, im diametralen Gegen= satz, die Idee und die Wirklichkeit nicht zusammenwirken lassen kann, sondern sie nur nebeneinander, oder vielmehr hintereinan= der stellt, und zwar so, daß sich die harte, spröde Wirklichkeit in scharfer, schwarzer Silhouette von dem leuchtenden Hinter= grunde der Idee abhebt. Ich sage: begrifflich sind die hu= moristische und die satirische Kunst prinzipielle Gegensätze, in Wirklichkeit aber berühren sie sich, wie das ja die Art der Gegensätze, alle Augenblicke, gehen mit Blitzesschnelle in ein= ander über, in einem beständigen Wechsel, der es dem Beur= theiler schwer und manchmal unmöglich macht, in jedem Augenblicke zu erkennen, ob dies noch Humor, ob es nicht schon Satire, oder ob es nicht vielmehr keins von Beiden, sondern die nackte Prosa ist.

Dies sonderbare Verhältniß erklärt sich leicht. Dem Humoristen nämlich kann es bei dem heiligsten Eifer nicht immer gelingen, die schwere, spröde Wirklichkeit zu bewältigen, ich meine zu durchhellen. Dann aber erscheint diese, da sie der Humorist nicht im Sinne des idealisirenden Künstlers verschönt hatte, als häßlicher Flecken auf der dahinterstehen= den Sonne der Idee — und die Satire ist fertig. Umge=

kehrt aber kann, wie der Humorist aus Ohnmacht gegenüber
der frechen Wirklichkeit zum Satiriker, so der Satiriker aus
Gutmüthigkeit, aus Mitleid mit dem Jammer der Endlichkeit,
davon er ja doch schließlich ein Theil ist, zum Humoristen
werden. Prosaisch werden beide: Humorist und Satiriker, in
dem Maße, als sich ihnen die Sonne der Idee verdunkelt,
oder gar untergeht; am drohendsten ist diese Gefahr für den
Satiriker, weil in seiner Weltanschauung die an und für sich
durchaus prosaische Trennung von Idee und Wirklichkeit von
vornherein gesetzt ist, und eigentlich immer nur scheinbar überwunden wird.

Je schwieriger nun aber, selbst für den Kenner, die Ent-
scheidung der Frage: ob Humor, ob Satire? nach objectiven
Kriterien ist, um so fester müssen wir uns an ein Unterschei-
dungszeichen halten, das wir in uns selbst wahrnehmen, und
über das sich auch der Laie nicht täuschen kann. Ist nämlich
ein Werk, mag es im Einzelnen sein, was es wolle, im Großen und Ganzen humoristisch, so wird die Wirkung, die es
auf uns ausübt, immer eine wohlthuende, die Empfindung,
die es in uns zurückläßt, immer eine von einer sanften Wehmuth leise ausgehauchte Heiterkeit sein; war hingegen das
Werk, wie auch immer die Details anders gefärbt sein moch-
ten, in seiner Grundtendenz satirisch, so wird es nothwendig
einen Stachel in unserm Gemüthe zurücklassen; das Lächeln
auf unsern Lippen wird ohne Süßigkeit sein.

Was hier von dem einzelnen humoristischen oder satirischen
Werke behauptet wird, muß sich natürlich auch auf die ganze
Wirksamkeit eines humoristischen oder satirischen Dichters anwenden lassen, und so formulirt sich jetzt unsere vorhin aufgestellte Frage so: Welches ist der Gesammteindruck von
Thackeray's Werken auf den Leser? wie ist das Weltbild gefärbt, welches vor unser geistiges Auge sich hinstellt, sobald
wir den Namen Thackeray aussprechen?

Ich glaube kaum einem Widerspruche zu begegnen, wenn
ich sage, daß dieses Bild, Alles in Allem, ein dunkles, daß
der letzte Schluß von des Dichters Weisheit ein trauriger,
traurig machender ist. Oder ist es· nicht traurig, zu wissen,
oder dafür zu halten, daß Alles eitel ist? daß diese Endlichkeit überall in sich zerbröckelt, um so, zerbröckelt und zerrie-
ben, vom Strome der Zeit fortgeschwemmt zu werden, und
wieder einer andern Zeit als Humus zu dienen, die auch wie-

der nur eine in sich zerbröckelnde und zerfallende Welt erzeu=
gen wird, und so fort in alle Ewigkeit?

Diese triste Ueberzeugung ist der Schatten, der auf
Thackeray's Welt liegt und selbst die Helligkeit von Freund=
schaft und Liebe abdämpft. Habe ich diesen Schatten zu
schwarz gemalt? ich glaube nicht. Ich kenne kein melancho=
lischeres Bild, als das, in welchem Thackeray in dem Vor=
worte zu seinem Meisterwerke den Titel desselben erklärt.
Hören Sie selbst:

„Wie der Director der Bude vor dem Eingang auf der
Plattform sitzt und auf den Markt herabblickt, überkommt
ihn, während er die bunte Scene überschaut, ein Gefühl tief=
ster Traurigkeit. Da wird gewaltig gegessen und getrunken,
da wird geliebt und kokettirt, gelacht und geweint, geraucht,
betrogen, gefochten, getanzt, gefiedelt; da ellbogen sich grobe
Gesellen breitspurig durch die Menge, da äugeln Stutzer nach
den Frauen, Spitzbuben sind an der Arbeit, Polizisten auf
der Wacht, Quacksalber (andere Quacksalber, der Teufel hole
sie!) schreien vor den Thüren ihrer Buden, Landleute blicken
staunend hinauf zu den beflitterten Tänzern und armen alten
Springern, während das Geschlecht der Langfinger hinten an
ihren Taschen seine Kunst versucht. Ja, das ist der Eitel=
keitsmarkt! Kein sehr moralischer Platz ohne Frage; auch
kein besonders lustiger, aber dafür desto lärmender. Sieh
dir die Gesichter der Acteurs und Spaßmacher an, wenn sie
von ihrem Geschäft kommen; sieh dir den armen Hansnarren
an, wenn er die Farbe von seinen Backen wäscht, bevor er
sich mit seinem Weibe und den kleinen Hansnarren hinter
dem Vorhang zu seinem Mittagsbrod setzt! Gleich wird der
Vorhang wieder in die Höhe gehen und er wird mit einem
Salto mortale hereinkommen: „Guten Tag! wie geht's!"

Preßt es einem nicht das Herz zusammen, wenn man so
eine Zeit lang still gestanden und mit verschränkten Armen
auf dies Bild geblickt hat? — Kein besonders lustiger Platz,
aber desto lärmender .. ja wohl! — Guten Tag, wie
geht's? .. schlecht geht's alter betrobbelter und geschminkter
Freund! Dir und mir, uns Allen Vanity Fair.

Und das Buch hält, was der Titel verspricht: es ist
wahrlich Vanity Fair. Thackeray nennt einmal Smollets
Humphrey Clincker die lachenswertheste Geschichte, die je
geschrieben worden; man könnte mit größerem Recht Vanity

Fair die düsterste, beweinenswertheste nennen. Was ist die ruling passion, die herrschende Leidenschaft aller dieser Menschen, die sich hier durcheinandertreiben, schwatzen und kreischen, lächeln und zornig blicken, intriguiren und kokettiren, einander lieben, hassen, verachten, beneiden, ein Bein stellen, zu Boden bringen, unter die Füße treten! Selbstsucht und abermals Selbstsucht! Selbstsucht bis in ihre Liebe hinein, in ihre reinste Liebe, auf deren Reinheit sie schwören würden bei Allem, was ihnen heilig ist, wenn ihnen überhaupt etwas heilig wäre, als sie sich selbst.

Ein schauerliches Resultat, dessen letzte Consequenzen zu ziehen, der Dichter den Muth hatte. Es ist von einer wahrhaft fürchterlichen Ironie, daß der einzig wirklich edle Charakter in dem Buche, der gute ehrliche Major Dobbin einsieht, einsehen muß, daß das Weib, um welches er länger gefreit hat, als Jakob um Rahel, — daß seine vielgeliebte, heißbegehrte, endlich gefundene Amelia ein kleingeistiges, bornirtes, verschwommenes, sentimentales Frauenzimmerchen ist mit einem so guten, so weichen und gelegentlich so grausamen Herzen, daß selbst Becky sie durch Gutmüthigkeit beschämen kann.

Und, bemerken Sie wohl, zwar nur das eine Werk heißt Vanity Fair, aber in Pendennis, den Newcomes u. s. w. — überall ist Vanity Fair; überall ertönt, bald näher und bald ferner, die Trauerklage: du Menschenkind, bedenke, daß du sterben mußt, und daß Alles, Alles eitel ist!

Eine besonders merkwürdige, ja in ihrer Art einzige Illustration zu dieser misanthropischen Lehre von der Eitelkeit der menschlichen Dinge bietet die Geschichte der Beatrix im Henry Esmond. Wer erinnert sich nicht mit Vergnügen dieser Gestalt, an die der Dichter die brillantesten Farben auf seiner Palette verwandt hat! Mit bezaubernder Schönheit, mit all' den holden Gaben der Aphrodite ausgestattet, geliebt von den Grazien, voll Geist und Witz, ein auserwähltes Wesen — so schwebt sie dahin durch den Roman, und die Straußenfedern ihres Barrets nicken von ihrem stolzerhobenen Haupte und die lange Schleppe ihres Kleides verwischt die Spur ihres elastischen Fußes auf dem Rasen des schattigen Parks von Castlewood. Zwar fürchtet der Leser von Anfang an, daß dies Meisterstück der Schöpfung in den Händen der Menschen möchte verdorben werden, und diese Furcht ist nur zu begründet. Beatrix zeigt sich ebenso herrschsüchtig, wie sie geistreich, ebenso launisch, wie sie anmuthig und ebenso leichtsinnig, wie sie schön ist; aber bis zuletzt und selbst noch in dem Augenblicke, wo sich ihr Schicksal erfüllt, wo sie dem unwürdigen Stuart nach Frankreich folgt, ist sie schön — wie die, welche einst Engel waren, in der Hölle selbst ihre hohe Abkunft nicht verleugnen können.

Wohl! und diese selbe Beatrix — nein! nicht dieselbe, aber doch: diese, einst so schöne, so anmuthige Beatrix, sie erscheint in den Virginians, der Fortsetzung von Henry Esmond, wieder, aber in welch' veränderter Gestalt! Aus dem jungen, liebreizenden Mädchen ist ein zahnloses, tabakschnupfendes, whistspielendes, habgieriges, ränkesüchtiges, medisantes, freches, kupplerisches altes Weib geworden, wie sie Thackeray anzubringen liebt, und wie er sie so meisterhaft schildert. Könnte man sagen: Dies ist Willkür, ist Verleumdung, ist eine Unmöglichkeit, man würde den Alp los werden, mit dem der Autor hier unsere Brust belastet; aber das Grauenhafte ist, daß man sich eingesteht: Dies kann, ja unter den gegebenen Verhältnissen mußte es sein, mußte aus der schönen Kokette diese Lastergestalt werden. Aber welche Verzweiflung an den menschlichen Dingen birgt nicht diese traurige Weisheit, und welcher kühle Muth gehört zu dieser Mitleidslosigkeit, mit welcher der Dichter sein eigenes Gemälde zerstört, als ob er nie selbst vor demselben angebetet, sein Herz nicht höher geschlagen hätte, während seine Künstlerhand diese wunderbaren Formen auf die Leinwand zauberte. Wahrlich, trostloser als die Geschichte der Beatrix ist nichts in dem trostlosen Candide des Voltaire!

So ist auch der Schluß der Newcomes offenbar auf einen Akkord der tiefsten Schwermuth angelegt. Das Schicksal des zum armen ungeschickten Maler herabgesunkenen, einst so glänzenden Clive, an der Seite einer unverständigen kleinen Frau, die ganz unter der Botmäßigkeit einer furienhaften Mutter steht; das Schicksal von Clive's Vater, des Oberst Newcome, des edelsten Charakters, den Thackeray je gezeichnet hat, der vom Unglück ganz gebrochen, halb kindisch geworden, in einem Armenhause stirbt; die leidvolle Vereinsamung der glänzenden Ethel, wiederum der schwungvollsten, nobelsten seiner Frauengestalten — das Alles ist von der

tiefsten Traurigkeit — ein nicht mißzuverstehender Kommentar
zu dem, was der Chor der Jünger im Fauſt ſingt:

Ach, an der Erde Bruſt
Sind wir zum Leide da!

Und dieſe Wahrheit wird noch ſchneidender dadurch, daß
der Autor ſchließlich, nachdem das Leid eigentlich kaum grö=
ßer werden kann, durch einige willkürliche, höchſt unwahr=
ſcheinliche Zwiſchenfälle, was nicht mehr zu retten iſt, rettet,
und die ſentimentalen Fragen ſeiner Leſer in einem Nachwort
mit bitterſter Ironie alſo beantwortet:

„Mach's, lieber Freund, ganz wie Du willſt! Richte
Dein Phantaſieland ganz nach Deinem Geſchmacke ein! Alles,
was Du willſt, ereignet ſich in Phantaſieland. Schlechte
Menſchen ſterben à propos (ſo war z. B. der Tod der Lady
Kew höchſt ſinnreich, denn ſiehſt Du nicht, lieber Leſer, daß,
wenn ſie nicht geſtorben wäre, Ethel ſchon in der nächſten
Woche Lord Farintoſh hätte heirathen müſſen!), langweilige
Menſchen gehen einem aus dem Wege, die Armen werden
belohnt, Hochmüthige zu Fall gebracht; die Fröſche berſten
vor böſer Wuth, die Füchſe fangen ſich in den Eiſen, das
Lamm wird vom Wolf befreit — Alles im rechten Augen=
blick! Und der Poet von Phantaſieland belohnt und ſtraft
abſolut. Er theilt großartig Säcke mit Gold aus, für die
man keine Dreierſemmel kaufen kann, bearbeitet den Rücken
der Schlechten mit Schlägen, die nicht weh thun! . . . ach,
glückliches, glückliches Phantaſieland!"

Man muß es Thackeray laſſen: er hat von dieſem ab=
ſoluten Rechte des Poeten von Phantaſieland herzlich ſelten
Gebrauch gemacht. Er weiß zu gut, wozu wir „an der Erde
Bruſt" da ſind; und will er es einmal vergeſſen, ſo erſcheint
ſein Spiritus familiaris. Der heißt „Aber". Er kennt den
ſonderbaren Geſellen gut genug; er ſagt von ihm: „Aber"
kommt, ohne daß wir ihn rufen. „Aber" iſt unſer beſſeres
Wiſſen; „Aber" iſt des Skeptikers unzertrennlicher Begleiter,
mit dem er einen Pakt gemacht hat. Und wenn er ſich in
anmuthige Träumereien verſenkt, oder ſich Luftſchlöſſer baut,
oder den Tönen ſüßer Muſik lauſcht, oder den Klängen von
Kirchenglocken — „Aber" klopft an die Thür und ſagt:
Meiſter, hier bin ich; Du biſt mein, aber ich bin Dein.
Gehe, wohin Du willſt, Du kannſt nicht ohne mich gehen.

Ich flüstere in Dein Ohr, wenn Du in der Kirche auf den Knieen liegst, ich werde an Deinem Hochzeitsbette stehen. Ich werde mich unter Deine Kinder mit zu Tische setzen. Ich werde an Deinem Sterbelager nicht fehlen. Das ist, was „Aber" ist.

Von jener Liberalität also der Dichter aus Phantasie= land, bei denen an jener Schwelle „Ende" genannt, immer ein Wagen mit Vieren hält, die glücklich Liebenden von da an sanft durch's Leben zu kutschiren, ist Thackeray frei zu sprechen. Aber so rücksichtslos er gegen die sentimentalen Gemüther ist, so rücksichtsvoll ist er gegen die respektabeln, und diese Rücksicht ist, wie wir gleich sehen werden, unendlich viel schädlicher, indem sie scheinbar seinem Humor zu Gute kommen läßt, was sie seiner Satire an Kraft raubt, in Wahrheit aber diese freilich ganz entschieden schwächt, aber ohne jenem wesentlich aufzuhelfen.

Bis jetzt war, wenn wir jenes subjektive Kriterium, wo= nach wir von satirischen Werken mit einem bitteren, von hu= moristischen Werken mit einem süßen Geschmacke scheiden, auf Thackeray anwandten, der satirische Eindruck ohne Frage der vorherrschende. Das Snob=Buch, Vanity Fair, die Geschichte von Barry Lyndon — d. h. seine drei besten Werke — sind alle in jenem satirischen, vernichtungsfrohen Geist concipirt und ausgeführt, der — wenn man Kleines mit Großem ver= gleichen darf — an den Gott Apollo erinnert, wie er von des Olympos Höhen herabschreitet, zürnenden Herzens, den Bogen um die Schultern, und den wohlverschließbaren Köcher, daherwandelnd, düsterer Nacht gleich; und sich nun entfernt von den Schiffen setzt, die tödtlichen Pfeile abschnellt, und Alles unterschiedslos trifft: Maulthiere, hurtige Hunde, Men= schen, also daß die Todtenfeuer unablässig brennen. Pen= dennis aber, die Adventures of Philip, Henry Esmond, die Virginians, zum Theil auch die Newcomes, machen einen wesentlich anderen Eindruck. Der Gott hat den Köcher wohl verschlossen, ist zu den Griechen in's Lager gekommen und schlendert zwischen den Zelten umher, ein halb gutmü= thiges, halb sarkastisches Lächeln auf den Lippen, im Uebri= gen aber sehr geneigt, die Dinge gehen zu lassen, „wie's Gott gefällt."

Dieser Schritt von der Höhe außerhalb des Lagers in

die Niederung des Lagers selbst, ist mit dem Uebergang von Vanity Fair zu Pendennis ganz entschieden gemacht. Wie unendlich bezeichnend ist es für dies letztere Werk, daß der Mentor des Telemach, der Major Pendennis, ein vollendeter Selbstling und Weltling, und der Telemach selbst, Mr. Arthur Pendennis, der würdige Schüler des Meisters ist. Der Einzige in dem Buch, welcher gegen diese eudämonistischen Weisheitslehren Protest erhebt, George Warrington, wird, troß der ganz augenscheinlichen Vorliebe, ja Bewunderung, welche der Autor für ihn empfindet, von dem jüngeren Freunde auf der Rennbahn des Lebens weit überholt. George brummt und schilt; aber im Grunde kann er nicht mitsprechen, denn er ist durch eine unkluge Heirath, die er als Jüngling schloß, und die ihm jetzt als unüberwindliche Last an den Flügeln hängt, so zu sagen, kampfunfähig und zur Entsagung gezwungen; Arthur aber lacht den Diogenes in der Tonne aus und zieht hin und gewinnt Reputation, Vermögen, die Braut und Alles, was noch sonst zur Respectability gehört. George ist ein Einzelwesen, ein Unicum, von dem sich keine Regel abstrahiren läßt; Arthur ist ein Heerdenmensch, ein Beispiel zur Genusregel, die durch ihn und in ihm für kanonisch erklärt wird.

Was kann Thackeren veranlaßt haben, seinen Standpunkt zu verlassen, oder, wenn das zu viel gesagt erscheint: sich von jetzt an weniger fest auf seinem Standpunkte zu halten? Eine kleine Geschichte, die er in der Vorrede zum Pendennis erzählt, und aus der er auch nicht vergißt, die Moral zu ziehen, mag uns auf die Spur leiten. Die Sache war, daß Mr. Arthur Pendennis, wie Sie sich vielleicht erinnern, im Laufe der Erzählung einmal auf dem Punkt steht, sich, wie Egmont, in ein hübsches Bürgermädchen zu verlieben, ich glaube, ihr sogar ein oder ein paar Küsse auf die frischen Lippen drückt. Diese Ungeheuerlichkeit in einem Roman, von dem jede nächste Nummer in unzähligen drawing-rooms von England, Schottland, Irland, die Kolonien nicht mitgerechnet, mit Ungeduld erwartet wurde, erregte einen Sturm von Indignation und Mißfallen. Die Abonnenten verließen den Erzähler schaarenweise; es blieb ihm nichts Anderes übrig, als einzulenken; seine einzige Genugthuung war, die kleine charakteristische Geschichte im Vorwort zu erzählen und hin-

zuzufügen: „Wir dürfen die Menschen unserer Zeit nicht zei=
gen, wie sie sind, mit den notorischen Schwächen und dem
Egoismus ihrer Lebensweise und Erziehung. Seit der Ver=
fasser des Tom Jones begraben wurde, ist es keinem Dich=
ter unter uns erlaubt gewesen, mit der ganzen Kraft, die
ihm zu Gebote stand, einen Mann zu schildern. Wir müssen
ihn drapiren und ihm eine gewisse conventionelle Scheinhei=
ligkeit geben. Die Gesellschaft will die Naturwahrheit in
unserer Kunst nicht. Ihr wollt nicht hören, was in der
wirklichen Welt vor sich geht: in der Gesellschaft, in den
Klubs, Schulen, Lesezimmern, — was das Leben und das
Gespräch eurer Söhne ist. Etwas mehr Freimüthigkeit als
gewöhnlich ist in dieser Geschichte versucht worden, hoffen
wir, mit keiner schlechten Absicht von Seiten des Autors und
keinen schlimmen Folgen für irgend einen der Leser." . . .

Etwas mehr Freimüthigkeit! mit keiner schlechten Absicht!
hoffend, daß es keine schlimmen Folgen habe! — Ist das
die Sprache eines Mannes, der, wenn einer, zum Richter
berufen war in Israel? Darf die Hand, welche mit Geißeln
und Skorpionen züchtigen kann, so streicheln? Kommt diese
milde Rede, durch welche ein Pater peccavi leise hindurch=
klingt, von den Lippen des Predigers in dieser Wüste des
Lebens, auf diesem Markt der Eitelkeiten? Ist das tausend=
köpfige Thier doch mächtiger gewesen als Herakles! Findet
er es bequemer, anstatt den nutzlosen Kampf weiter fort=
zusetzen, sich mit dem Drachen in einem Sumpfe anzu=
siedeln?

Thackeray, ich meine den Thackeray des Pendennis, der
Virginians, der Adventures of Philip, würde allen diesen
Fragen mit einem Achselzucken begegnen, oder, wenn er die
Wahrheit sagen wollte, antworten müssen: Mein lieber Herr!
Was Sie da sagen vom Prediger in der Wüste und von
Herakles — das ist Alles recht schön und gut, aber ich bin
kein Heros und habe auch keine Flüsse durch die Ställe des
Augias zu leiten. Am allerwenigsten bin ich aber oder möchte
ich ein Prediger in der Wüste sein. Ich bin ein englischer
Gentleman, an dessen Respektablität nicht der leiseste Flecken
haftet, ich bin Mitglied von mehreren Klubs, die zu fre=
quentiren mir Bedürfniß ist. Ich bewege mich viel in der
Gesellschaft, die mir meine Stoffe liefert und mit der ich es

schon aus dem Grunde nicht verderben möchte. Meine Ro=
mane sind ein treues Bild der Gesellschaft; was würde aus
der Gesellschaft werden, wenn jeder seine Meinung frei her=
aussagen wollte? so geschieht das auch in meinen Romanen
nicht. Ich bin in Vanity fair, Barry Lyndon und dem
Snob=Buche weit genug gegangen; noch weiter, würde zu
weit sein. Lassen wir es dabei bewenden!

Sehr wohl; aber in eben dem Vorwort zum Penden=
nis, in welchem er sich so bitter darüber beklagt, daß seit
Fielding kein Romanschreiber in England einen Mann habe
schildern dürfen, wie er in Wirklichkeit ist, in eben dem Vor=
wort findet sich folgende Stelle:

„Wie wir eines Menschen Charakter, in dessen Gesell=
schaft wir uns lange bewegt haben, nicht nach einer seiner
Reden beurtheilen, oder nach einer seiner Stimmungen oder
Ansichten, oder nach dem Gespräche eines Tages, sondern nach
dem Gesammteindruck seiner Haltung und Conversation; so
müßt ihr auch bei einem Schriftsteller, der sich euch ohne
Rückhalt hingiebt, fragen: Ist er ehrlich? spricht er im All=
gemeinen die Wahrheit? scheint er von dem Verlangen, die
Wahrheit zu finden und auszusprechen, getrieben? Ist er ein
Charlatan, der Empfindungen fälscht und nach Effekt hascht?...
Ich habe kein Recht zu verlangen, daß ihr meine Kunst feh=
lerlos findet, oder daß ihr nicht über meinem Buche einschlaft,
aber ich bitte euch, zu glauben, daß der Verfasser die Wahr=
heit sagt. Ist das nicht der Fall, so ist das Ganze keinen
Strohhalm werth.“

Wie steht es nun mit Thackeray, wenn wir ihn nach
diesen seinen eigenen Grundsätzen, die gewiß zu Recht bestehen,
richten sollen?

Sprechen wir es aus:

Thackeray sagt, mit Ausnahmen, die wir anerkannt ha=
ben, wohl die Wahrheit, aber nicht, wie es in der rheini=
schen Schwurgerichtsformel heißt, die ganze Wahrheit, oder
er läßt sie nur für den Scharfsichtigen zwischen den Zeilen
lesen; und er thut es, weil er so ganz ein Mitglied der
Gesellschaft ist, die ihn umgiebt, daß er sich gar nicht von
ihr loslösen kann; thut es, weil er für den moralischen
Comfort dieser Gesellschaft ein lebhafteres Gefühl hat, als
für die Wahrheit, und wenn Beide, wie sie es jeden Augen=

blick müſſen, in Konflikt kommen, in ſeinen ſpäteren Schrif=
ten immer geneigt iſt, dieſe jenem zu opfern.

Dies iſt ein harter Vorwurf, den wir unſerem Autor
nicht erſparen können, und bei dem wir uns einer Erfahrung
zu erinnern haben, auf die wir ſchon im Anfang hindeuteten,
und die wir jetzt noch einmal ſchärfer formuliren müſſen,
nämlich: daß der Vortheil, in einer Geſellſchaft und für eine
Geſellſchaft zu ſchreiben, deren Phyſiognomie ſehr ſcharf ge=
prägt, deren Sittengeſetz bis in die kleinſten Einzelheiten der
Gebräuche des gewöhnlichen Lebens ausgearbeitet iſt, in den
empfindlichſten Nachtheil umſchlage, wenn der Schilderer die=
ſer Sitten die Ketten ſelbſt trägt, deren er ſpotten ſollte,
wenn er keinen feſten Punkt einer hochſinnigen Philoſophie
findet, auf welcher fußend er dieſe ſchwere proſaiſche Welt aus
den Angeln hebt.

Man wandelt nicht ungeſtraft unter Palmen; und iſt
nicht ungeſtraft ein Liebling der Drawing rooms. Die
Wahrheit ſagen und auch kein zärtliches Gewiſſen beleidigen
wollen, geht nicht, geht eben ſo wenig, als vor der Elite der
Londoner Geſellſchaft des Jahres 1851, vor Allem, was auf
Rang und Faſhion und Bildung Anſpruch macht, Vorleſun=
gen halten über Gullivers Travels, Tom Jones, Peregrine
Pickle. Kann die Inkongruenz des rohen Stoffes und der
quinteſſentirten Feinheit des Auditoriums größer ſein? „Le
rire est un enfant nu,“ ſagt Balzac; aber wenn das Lachen
eines eleganten Franzoſen des neunzehnten Jahrhunderts
ſchon ein nacktes Kind iſt, — was iſt das grobe, lärmende,
cyniſche Gelächter, das die engliſchen Humoriſten und Sa=
tiriker des achtzehnten Jahrhunderts aufſchlugen? Wir wiſ=
ſen, wie höchſt beneidenswerth Thackeray in der Tiefe ſeines
Herzens die unbedingte Freiheit fand, deren ſich ſeine lite=
rariſchen Vorfahren von damals erfreuten; wir wiſſen, daß
er, um dieſer Freiheit theilhaftig zu werden, ſeinen Helden
Barry Lyndon in die derbe Maske des vorigen Jahrhunderts
ſteckte; er mochte ſich bewußt ſein, daß er auch ſo ſein Ideal
nicht ganz erreicht, und an die ſchmerzlichen Worte denken,
die er wenige Jahre zuvor geſchrieben: „Seit der Autor des
Tom Jones begraben iſt, hat kein Dichter unter uns einen
Mann ſchildern dürfen, wie er iſt;“‘ aber Angeſichts dieſer
ſtolzen, engliſchen Damen, vor deren ſteifleinener Prüderie

er so oft den Hut so tief gezogen, mußte er ein Kreuz vor
seinen guten Gesellen schlagen, und bekennen und sagen: „Ich
denke dieser Schriftsteller der Vergangenheit und Eines, der
jetzt unter uns lebt, und bin dankbar für das unschuldige
Lachen und die lieblichen, unbefleckten Blätter, welche der
Dichter von „David Copperfield" meinen Kindern giebt.

Also der Humor in usum Delphini! Die Satire für
Kinder und solche, die es bleiben wollen — das wäre das
Höchste! Apollo und den neun Musen Dank, daß Aristophanes und Lucian, Rabelais und Fischart, Cervantes und
Molière, Fielding und Sterne anders gedacht haben! und
daß auch Thackeray nicht blos — Vorlesungen über Snobs
gehalten hat. Nein! das war nicht seine ernstliche Meinung,
das war nicht die Wahrheit, ohne welche, wie er selbst zu-
gesteht, das Ganze nicht einen Strohhalm werth ist. Wollte
er die Wahrheit sprechen, mußte er sagen: Wenn, wie es
zur Zeit Fieldings notorisch der Fall war, der Roman fast
ausschließlich von Männern für Männer geschrieben wird, so
wird er ohne Zweifel an manchen rohen Auswüchsen einer
Kraft, die sich nicht zu bändigen weiß, leiden. Das ist nicht
gut. Schlimmer aber ist, wenn in einer hochcultivirten
Epoche der Roman, ich will nicht sagen, ausschließlich von
Frauen, so doch fast ausschließlich für Frauen geschrieben
wird. Dann wird die Furcht, nicht verstanden, oder, wenn
verstanden, mit dem Anathema der guten Gesellschaft belegt
zu werden, den Dichter abhalten, sich auf die hohen Probleme
der Philosophie und Politik tiefer einzulassen, die tiefschnei-
denden Conflikte der Ehe und Liebe bloßzulegen, in die klaffenden Abgründe der sozialen Fragen seine Fackeln zu schleudern. — Er wird dem Götterroß die Flügel stutzen, wird
es vor den Karren des Alltagslebens spannen, und so gedul-
dig die lange langweilige Pappelchaussee der sogenannten guten Sitte dahintrotten.

Und das ist es denn auch, was Thackeray auf nur zu
vielen Seiten seiner bändereichen Romane wirklich thut. Was
Philosophie! was Politik! was sociale Fragen! Es ist, als
ob alle diese Dinge für seine Menschen nicht existirten. Sie
alle sind Privatmenschen, oft in des Wortes schlimmster Bedeutung. Ueber den engen Horizont der Familienbeziehun-
gen reicht ihr Blick nicht. Es zu einer respektablen Stellung

in der Welt zu bringen, das ist ihr höchstes, ja ihr einziges
Lebensziel; die dahin einschlagenden Fragen zu erörtern, die
Chancen für und wider zu erwägen, werden sie und wird der
Dichter nicht müde; oft dreht sich, wie in den Iffland'schen
und Kotzebue'schen Stücken, der ganze Jammer nur um ein
paar tausend Thaler oder Pfund; der Lenker des Schicksals
des Helden ist ein alter Onkel oder eine alte Tante, und die
Geschichte endet in dulci jubilo, sobald diese hartherzigen Per=
sonen den Daumen vom Geldbeutel nehmen.

Daß dies nicht übertrieben ist, wird, glaube ich, Jeder,
selbst der Bewunderer Thackeray's, zugeben müssen. Eine an=
dere Frage ist die: wie tief der Dichter selbst mit seinem ge=
heimsten Denken und Empfinden in dieser hausbackenen Phi=
losophie und Moral steckt, und wie viel davon nur Accom=
modation an die Denk= und Gefühlsweise eines philiströsen
Publikums ist. Die Sache ist sehr schwierig und wohl kaum
befriedigend zu entscheiden, trotzdem Thackeray, wie alle Hu=
moristen und Satiriker, nichts weniger als hinter seine Per=
sonen zurücktritt, sondern im Gegentheil eigentlich gar nicht
von der Bühne herunterkommt. „Bei seinem beständigen
Verkehr mit dem Leser," sagt er einmal (ebenfalls in der Vor=
rede zum Pendennis) „ist der Autor zur Freimüthigkeit des
Ausdrucks gezwungen, ist gezwungen, seine individuelle Mei=
nung, seine speciellen Empfindungen mitzutheilen. Es ist eine
Art vertraulichen Gesprächs zwischen ihm und dem Leser, das
oft langweilig, oft geistlos sein muß. Im Verlauf dieser
wortereichen Bekenntnisse muß der beständige Sprecher noth=
wendig seine eigenen Schwächen, Eitelkeiten und Eigenheiten
aufdecken." Und ein anderes Mal: „Wenn die geheime Ge=
schichte von Büchern geschrieben und des Autors private Ge=
danken und Meinungen an dem Rande seiner Geschichte no=
tirt werden könnten, wie manche unschmackhaften Bände wür=
den interessant werden, und langweilige Geschichten den Leser
erregen!"

Nichts kann mehr für die Wahrheit dieser Behauptun=
gen sprechen, als eben seine Werke selbst. Welches Interesse
dieselben noch hätten, wenn er seine Privatgedanken nicht, wie
er es thut, am Rande notirt hätte, ist schwer zu sagen. Das
aber ist gewiß, daß sie dadurch nach der Seite des psycholo=
gischen Interesses unendlich verloren haben würden; ja, es

ist nicht zu viel behauptet, daß er selbst, der Autor, mit
Ausnahme vielleicht des einen Warrington, die einzige geist=
volle Person in allen seinen Werken ist. Wir erfahren von
dem Autor Aufschlüsse über die vorgeführten Charaktere, die
uns sonst verborgen bleiben würden. Er sagt uns, daß Becky
Sharp im Grunde nicht schlimmer ist, als sie alle, und gleich=
sam nur das enfant terrible der Gesellschaft, welches aus=
plaudert, was die Anderen klug verschweigen; er läßt durch=
blicken, daß er im Grunde vollständig damit einverstanden
sei, daß Lady Clara in den „Newcomes" ihrem tyrannischen,
niedrig gesinnten Gatten habe entfliehen müssen, und daß er
gar nicht zufrieden ist mit der Gesellschaft, die sie steinigt;
er steht offenbar auf der Seite der armen Portiertochter in
Pendennis, und hat keine rechte Sympathie für die hoch=
moralischen Damen, die die arme Kleine von dem Kranken=
bette des Helden vertreiben; aber, wenn er so auf der einen
Seite entschieden über dem Niveau steht, auf dem sich seine
Helden bewegen, und seine „Privatgedanken" aus einer tiefe=
ren Seele stammen, so verwirrt er uns auf der anderen Seite
wieder vollständig und drückt uns auf das Niveau seiner Ge=
sellschaft herab, wenn er sich an unzähligen Stellen selbst zu
den Sätzen dieser Eudämonisten und Latitudinarier bekennt,
wenn er findet, daß seine schlechten Menschen gar nicht so
schlecht sind, wie man glauben möchte, und — wie er es selbst
wiederholt ausdrückt — der Teufel gar nicht so schwarz ist,
wie man ihn malt.

Damit aber, mit dieser eudämonistischen Philosophie des
Latitudinariers, verdunkelt er den leuchtenden Hintergrund der
Idee, von dem sich, wie wir sahen, die Gestalten des Sati=
rikers dunkel abheben müssen, so weit, daß nur noch eine
Dämmerung von Grau in Grau übrig bleibt, um so mehr,
als er durch das Princip des Lebens und Lebenlassens noch
keineswegs zum Humoristen wird, dessen Aufgabe ja nim=
mermehr die sein kann, uns zu zeigen, daß Alles gleicherweise
klein und ärmlich und gemein ist, sondern vielmehr, daß die
Herrlichkeit der Idee sich unverwüstlich fort und fort in dem
scheinbar Kleinen, scheinbar Aermlichen, scheinbar Gemeinen
behaupte.

Fassen wir die Resultate dieser langen und verwickelten
Untersuchung zusammen, so werden wir sagen müssen: die

Grundfärbung von Thackeray's Ingenium ist satirisch, wenn
dieselbe auch oft genug in den Humor hinüberspielt. Aber
seine Satire und sein Humor sind im besten Falle weder von
der Höhe noch der Echtheit, für welche Swift und Cervantes ewig gültige Muster sind. Er geht den höchsten Pro-
blemen des religiösen, philosophischen, poetischen und praktischen Menschengeistes geflissentlich aus dem Wege, sei es in
dem Gefühl eigener Schwäche, sei es aus Concession an das
Publikum, sei es, was das Wahrscheinlichere ist, aus beiden
Gründen, und er entfernt sich auf diesem Wege von der
Höhe des humoristisch-satirischen Ideals so weit, daß er sich
häufig in den Niederungen der Prosa, die es nur zu einer
ideenlosen Kopie der Wirklichkeit bringt, vollständig verliert.

Und damit gelangen wir zu dem letzten Theil unserer
Betrachtungen, nämlich zur Beantwortung der Frage nach
Thackeray's ästhetischen Leistungen im engeren Sinne. Freilich konnten wir die Höhe und Tiefe seines ideellen Gehalts
nicht auszumessen versuchen, ohne die Formfragen zu berühren, ja zum voraus zu beantworten. Ist doch die Form
überall nichts Anderes, als der sich objectivirende Gehalt und
Inhalt, vollständig abhängig von jenem, ja im tieferen Sinne
mit demselben identisch.

So brauchen wir denn auch nur zurückzugreifen zu jenem
Satz, daß Humor und Satire in ihrem Princip zwar durchaus verschieden zu sein schienen, es aber schon deshalb nicht
sein könnten, weil sie sich in ihren Aeußerungen vielfach ähnel-
ten, berührten, ja, in einander übergingen. Was sie beide
von der idealen objektiven Kunst unterscheidet, ist, daß sie
den Glauben an das Ideal, die Möglichkeit, durch Aus-
merzung des Zufälligen und Hervorhebung des Nothwendigen, in dem Kunstgebilde die Idee rein herauszuarbeiten, auf-
gegeben haben, und an Stelle der Aesthetik des Schönen, die
Aesthetik des Häßlichen setzen. Nämlich so: Der Humorist
und der Satiriker können das Kleine, Gemeine, Zufällige,
also Häßliche, dem der ideale Künstler sorgsam aus dem
Wege geht, gar nicht entbehren, im Gegentheil: es ist ihr
Reich. Um aber zu zeigen, daß sie dies nicht meinen, müssen
sie gewissermaßen einen Idealisations-Prozeß mit ihm vornehmen, nur daß dieser Prozeß die genaue Umkehr von dem
ist, welchen der idealisirende Künstler mit dem Rohstoff seiner

Erfahrung vornimmt. Wie dieser das Zufällige entfernt, die Auswüchse wegschneidet, so accentuiren Humorist und Satiriker diese Zufälligkeiten, treiben die Auswüchse auf die Spitze. So entsteht die Karrikatur. Die Karrikatur ist das Ideal des Satirikers und Humoristen. Aber mit einem sehr bedeutenden Unterschied. Der Satiriker läßt dieses dunkle Zerrbild vor dem leuchtenden Hintergrunde der Idee getroffen stehen; der Humorist sagt: Trotz alledem und alledem bist du der Idee theilhaftig, die, indem sie dich, Zerrbild, durchdringt und erhellt, nun erst recht in ihrer vollen Glorie erscheint.

Klassische Beispiele für diese verschiedenen Methoden giebt es wenige, wie denn das Vollkommene, Mustergiltige in jeder Kunst unendlich selten ist; aber es giebt deren doch. So sind jene wunderbaren Swift'schen Geschöpfe: die Zwerge von Liliput, die Riesen von Brobignag, die affenmenschlichen Jahao's im Lande der edlen Pferde, solche auf den Hintergrund einer zwischen den Zeilen hindurchschimmernden Idee schroff hingezeichnete groteske satirische Karrikaturen; und wollen Sie mustergültige humoristische Karrikaturen, wo sollten wir sie suchen, als in dem unsterblichen Buche des Cervantes, in den Gestalten jenes hagern Ritters und seines dickwanstigen Knappen, die, soweit sie auch von der Schönheitslinie abweichen, dennoch den Adel des Menschthums nicht prostituiren, sondern gerade durch die Verirrung und in der Verirrung auf das herrlichste dokumentiren. Wenigstens gilt dies vollständig von Don Quixote, und wer wäre je von Sancho geschieden, ohne der biederen Seele aus vollem Herzen die plumpe unsaubere Hand gedrückt zu haben!

Von der Höhe dieser humoristisch-satirischen Kunst finden wir, wie zu erwarten stand, Thackeray weit entfernt. Jene Höhe ist nur den tiefsten, feurigsten Geistern erreichbar, Geistern, die eben Bürger in dem Geisterreiche sind, das sichtbar unsichtbar die alltäglichen Dinge umwittert, Geistern, die gewohnt sind, den Dämonen der wildesten Leidenschaft in die glühenden Augen zu schauen, vielleicht gar, wie Swift, so lange und so tief in die uns umgebenden Abgründe des Wahnsinns starren, bis sie selbst hineinstürzen. — Zu solchen Geistern, sehen wir, gehörte Thackeray nicht, und so ist auch, wie seine Stoffe nicht aus der Tiefe genommen sind, seine Behandlung eine diesen Stoffen angepaßte, man möchte sagen:

nüchterne, weltmännifche. Wie bei Thackeray — und das ift
fehr bezeichnend für ihn — niemals heroifche oder dämonifche
Menfchen auftreten, aber auch keine eigentlichen Böfewichter
eine Rolle fpielen, fo hat er auch keine Karrikaturen. Selbft
Geftalten wie Joe Sedley in Vanity Fair, wie Mr. Foker
im Pendennis verletzen noch keineswegs die Befcheidenheit der
Natur, und ich für mein Theil war erftaunt, als ich fand,
daß Thackeray, der Zeichner, viel kühner zu Werke geht, als
Thackeray, der Romanfchreiber. Nach meinem Gefühl decken
fich die Illuftrationen und die entfprechenden Scenen oder
Geftalten in Vanity Fair nicht. Es bleibt ein bedeutender
Ueberfchuß von Komik auf Seiten der Zeichnungen.

Im Gegentheil ift die eigentliche Signatur von Thackeray's
Geftaltengebung ein forgfames, ja fkrupulöfes Streben nach
Naturwahrheit. Wenn — um das viel umgetriebene Wort
nicht zur Ruhe kommen zu laffen — fein Genre nicht groß
ift, fo ift er groß in feinem Genre. Seine Menfchen fprechen,
bewegen fich, daß es nicht natürlicher fein kann, ganz wie
der bunte Schwarm der Geftalten einer großen Gefellfchaft
fich vor unfern Augen in Gruppen fondert, in Paaren oder
einzeln an uns vorüberftreicht, bis plötzlich Jemand, den wir
beffer kennen, als alle Jene, der Gaftgeber und Autor nämlich,
uns in eine Ecke zieht und, mit den Augen verftohlen zwinkernd,
uns fchnell ein paar Züge aus der geheimen Gefchichte eines
oder des Andern, der unfere Aufmerkfamkeit ganz befonders
gefeffelt hat, zum Beften giebt, oder uns mit einer philo=
fophifch=moralifchen Bemerkung à propos gleichfam auf die
Höhe der Situation bringt. Und wie unfere Bekanntfchaft
mit allen diefen Menfchen, wenn wir es recht bedenken, oft
nur eine gefellfchaftliche oberflächliche mehr mit ihrem Aus=
fehen und ihren Manieren und dem Ton ihrer Stimme, als
mit ihren geheimen Gedanken ift, und noch viel oberflächlicher
fein würde, wenn uns nicht eben der Gaftgeber und Autor
mit feinen Privatbeobachtungen zu Hülfe käme, deren Rich=
tigkeit er aber auch nicht immer auf fich nehmen will, fo
haben diefe Thackeray'fchen Geftalten noch diefes mit den
Menfchen einer Gefellfchaft gemein, daß, fo deutlich fie in
dem Augenblick find, wir fie bald vergeffen, wenn fich die
Thür oder das Buch hinter ihnen oder uns gefchloffen hat.
Wenige, wie Becky Sharp, Warrington und einige Andere,

die wir gleichsam mit in's Leben hinausnehmen, in unsere eigne Existenz verweben, die wir nicht wieder vergessen. Und doch ist grade das die Probe zu dem Exempel, eine Probe, die aber nur die Gestalten des wahren Dichters, gleichviel ob des idealischen oder des humoristisch-satirischen, aushalten. Wer vergißt jemals Hermann und Dorothea, Mignon nnd den Harfenspieler? Wer Don Quixote und Sancho? Wer Pickwick und Sam Weller? Nur die wahrhaft typischen Figuren, die schönen oder humoristischen Ideal-Gestalten prägen sich dauernd dem Betrachter ein; keine noch so reiche Ausstattung mit individuellen Zügen kann die Alltagsmenschen und Alltagsgesichter vor dem Fluch der Vergessenheit retten.

Wenn so Thackeray's Gestalten selten die typische Vollendung erreichen, die der große Humorist oder Satiriker (von dem idealistischen Dichter zu schweigen) ihren Gattungs-Repräsentanten zu geben wissen, so ist er allerdings auch der Gefahr, welcher jene so oft unterliegen, nämlich: daß sich ihnen ihre Geschichten unter der Hand zerbröckeln und zerfasern, bis auf einen gewissen Punkt wenigstens, entgangen.

Wie nahe diese Gefahr liegt, wird Jeder leicht ermessen. der bedenkt, daß dem Humoristen und Satiriker, welche der Idee überall in der Zerbröckelung der Wirklichkeit nachspüren, oder die zerbröckelte Wirklichkeit ein für alle Mal der Idee entgegenstellen, es prinzipiell gar nicht darauf ankommen kann, ein im idealen Sinne künstlerisches Ganzes zu geben, sondern daß sie vielmehr der von den Idealisten so mühsam erstrebten Totalität in jedem Augenblicke und Punkte theilhaftig zu sein glauben. Was kümmert sie eine Grenze, die für sie nicht existirt? Tristram Shandy, die meisten sogenannten Jean Paul'schen Romane, hören auf, aber endigen nicht. Selbst der Don Quixote geht zuletzt bedenklich in die Breite, und der Held stirbt am letzten Buche, wie nach einer witzigen Bemerkung Lessings, so viele Trauerspielhelden am fünften Akt.

Ungefähr so ist es auch mit Thackeray's Romanen, aber auch nur ungefähr. Zwar fließt die Erzählung meistens sehr langsam fort, dreht sich, wie das Wasser eines trägen Tieflandflusses, oft in irgend einer stillen Ecke in unendlichen Wirbeln, erweitert sich dann einmal zu einem See und scheint ganz still zu stehen, bis gegen den Schluß meistens die Geschwindigkeit in bedenklicher Weise wieder zunimmt, oder gar

einige ganz unmotivirte Wasserfälle das Ganze unerwartet
schnell zu Ende bringen. Die Form der Biographie, die
Thackeray den meisten seiner Romane giebt — einer Bio=
graphie, in die der Biograph fortwährend sich selber redend
einführt, ist der Hauptgrund jenes bald springenden, bald
tastenden Fortschreitens, vor allem jener Retardationen, an
denen die Thackeray'schen Romane Ueberfluß haben. Es giebt
immer noch etwas zu rekapituliren, zu berichtigen, zu ergänzen.
Diese Methode, die im Anfang etwas Gewinnendes hat, er=
müdet auf die Dauer sehr, und macht die Lektüre besonders
seiner letzten Werke: „Virginians" und „Philip" zu einer
schweren Aufgabe.*) Dazu kommt, daß es den Thackeray=
schen Geschichten geht, wie den Kindern des Pfarrers von
Wakefield: eine Familienähnlichkeit herrscht in den Phy=
siognomien aller; und so kommt es, daß man diese Geschich=
ten, in denen es sich ewig um Mein und Dein handelt, in
denen die Leute ewig in Verzweiflung sind, wenn sie nicht zu
Mrs. So und So Ball geladen werden, oder über eben diese

---

*) Es existirt das Fragment eines Romans, den Th. im März
1864, dem Jahr seines Todes, in dem von ihm gegründeten, da=
mals aber bereits in andere Hände übergegangenen Cornhill Ma-
gazine zu veröffentlichen begann. Das Märzheft bringt das erste,
das Maiheft das letzte, noch von seiner Hand corrigirte Capitel, das
Juniheft ein paar Seiten mehr und eine Reihe von Noten, die man
in seinem handschriftlichen Nachlasse fand. Der Roman war „Denis
Duval" betitelt, sollte in der letzten Hälfte des vorigen Jahrhun=
derts spielen, den amerikanisch=englischen Krieg, die französische Re=
volution ꝛc. zum historischen Hintergrund und England, Frankreich,
vielleicht auch Amerika zum Schauplatz haben. Die englischen Be=
wunderer des Dichters behaupten, Denis Duval würde Thackeray's
Meisterwerk geworden sein. Ich glaube kaum. So weit das ver=
hältnißmäßig dürftige Fragment und die wenig ausgiebigen Noten
einen Schluß auf das Ganze gestatten, hätte dieser Roman der Phy=
siognomie des Dichters schwerlich einen neuen Zug hinzugefügt. Es
sind die alten bekannten Typen, die alte biographische Manier, die
alte utilitarische Weltanschauung, wie sie in dem Kopfe des Helden
und Autobiographen Platz hat — eines Mannes, der viele Länder
und Städte gesehen, sich aus einem Seeoffizier in einen Farmer ver=
wandelt hat, und gelegentlich mit Genugthuung berichtet, daß, als
er sich das letzte Mal in einer Reihe mit seinem Mastvieh wägen
ließ, „er 14 Stein und drüber" gewogen habe.   A. d. V.

Leute eben derselbe Spott, oft in eben derselben Form aus=
gegossen wird — daß man, sage ich, diese Geschichten willig
aus der Hand legt, wie man ohne großes Bedauern aus einer
bekannten Gesellschaft scheidet, besonders wenn man mit ziem=
licher Sicherheit voraus weiß, daß man sie morgen wieder=
finden wird.

Denn nicht nur die Geschichten, die Konflikte, die
Situationen wiederholen sich bei Thackeray in verwirrender
Weise, sondern, wie sich das eigentlich nach dem Gesagten
von selbst versteht, auch die Personen. Besonders ist die
Aehnlichkeit der Helden eine ganz auffallende: Arthur Pen=
dennis, Clive Newcome, Harry Warrington in den Virginians,
Philip Firmin — das ist Alles Fleisch von einem Fleisch und
Bein von einem Bein. Alle lieben sie das Vergnügen, essen
und trinken gut, wenn sie können, sind keine großen Denker,
aber desto stärkere Raucher, sind etwas leichtsinnig, aber im
Grunde die ehrlichsten Menschen von der Welt und Gentlemen
born and bred. Dann ist in jedem Roman ein alter, witzi=
ger, cynischer Lord, der nur manchmal die Stelle mit einer
nicht minder alten, nicht minder witzigen und cynischen Lady
Dowager wechselt, ein verständiger Mentor des unbesonnenen
Telemach in der Person eines um wenige Jahre älteren Freun=
des — und was dergleichen immer wiederkehrende Typen
noch mehr sind.

Diese Wiederholungen der Personen, die so weit gehen,
daß manche dieser Figuren unverändert, mit demselben Namen
sogar, in zwei, drei Romanen auftreten, wird dadurch beson=
ders begünstigt, daß Thackeray seine Romane immer in den=
selben Schichten der Gesellschaft spielen läßt. Wie er keine
Tugendhelden und keine großen Verbrecher kennt, so weicht
er den Extremen auf der gesellschaftlichen Skala geflissentlich
aus: Bettler und Könige kommen in seinen Romanen nicht
vor. Auch sind die Repräsentanten der hohen Aristokratie
sehr vereinzelt. Das Hauptkontingent für seine Personen
stellt der mittlere Adel (die Baronetcy) das Banquier= und
Großhändlerthum, und dann das Literaten= und Künstler=
thum, das aber nie von seiner interessanteren Seite, von
der Seite der inneren Kämpfe und des Ringens nach großen
künstlerischen Zielen dargestellt wird, sondern vielmehr stets
von der Seite der materiellen Interessen, wo sich diese Kreise

wieder vielfach mit jenen ersteren berühren. Auch weiß der Dichter es immer so einzurichten, daß der Schriftsteller oder Maler aus einer sehr respektabeln Familie stammt und aristo= kratische Verwandte hat, die sich seiner weiblich schämen.

Dies Alles, wie ich es hier in flüchtigen Umrissen zu skizziren versucht habe, wird nun von Thackeray in einer Sprache vorgetragen, die den Kenner, wie den Laien entzücken muß, und in der That ein unumstößlicher Beweis für des Mannes hohe epische Begabung ist. Selten ist die moderne englische Sprache mit solcher Virtuosität und dabei mit sol= cher Reinheit geschrieben worden. Sein Wörtervorrath ist außerordentlich, seine Phraseologie reich und biegsam; und was besonders für seine dichterische Begabung spricht: seine Bilder und Vergleiche sind fast immer trefflich, und werden mit jener Festigkeit durchgeführt, die nur die Hand dessen hat, dessen inneres Auge sieht, was die Hand malt. Daß diese Bilder meistens eine humoristisch = satirische Färbung haben, daß er gern die Schicksale alter Fabelhelden oder die großen Tragödiennamen auf seine modernen Menschen anwendet und dadurch oft die köstlichsten Wirkungen hervorbringt, versteht sich bei dem Humoristen und Satiriker von selbst. Wenn er z. B. den gefühlvollen Leser versichert, daß er lieber senti= mentale, als pessimistisch=satirische Töne anschlüge, und diese Behauptung durch das Bild des Diogenes illustrirt, der in seiner Tonne bei der Lektüre einer sentimentalen Novelle flennt; oder wenn er ein anderes Mal die stolze britische Tapferkeit unter dem Bilde eines Löwen verhöhnt, der den Tiger aus dem Walde zum Kampf herausfordert, in seiner Ungeduld eine Gans zerreißt, die ihm über den Weg läuft, und den Schweif einklemmt und sich davon macht, als nun anstatt des einen Tigers sechs Tiger zwischen den Bäumen hervortreten — wer sollte an dieser liebenswürdig geistreichen Weise, die sich nie widerwärtig = effekthascherisch aufdrängt, nicht seine Freude haben? wer unter diesen zierlichen Palmen und Sycomoren, in deren breiten Blättern sich närrische Vögel wiegen und neckische Aeffchen spielen, nicht die Wüstenweite vergessen, die man bis zur Oase durchwandern mußte?

Es war eine Zeitlang bei uns kaum möglich, Goethe's Namen zu nennen, ohne in demselben Athem Schillers Er= wähnung zu thun, und so scheint es jetzt unvermeidlich, Dickens

heranzuziehen, wenn man von Thackeray spricht. Nun wäre
mir in der That nichts lieber, als hier eine spezielle Ver-
gleichung dieser beiden Autoren anstellen zu können, aus der
auf so manchen Punkt des Verhältnisses vom Humor zur
Satire, den ich nothgedrungen habe im Dunkeln lassen müssen,
das wünschenswerthe Licht fallen würde. Leider bin ich gezwungen, auf diese dankbare Aufgabe zu verzichten; ich muß
mich damit begnügen, auszusprechen, daß Dickens ebenso viel
mehr Humorist ist, wie Thackeray Satiriker. Man halte nur
die Pickwick-Papiere neben das Snob-Buch, und erinnere sich,
was wir über das subjektive Kriterium des süßen und bittern
Nachgeschmacks humoristischer und satirischer Werke festgestellt
haben. Und dies gilt nicht minder für die lange Doppelreihe
ihrer Romane, trotzdem in denen von Dickens unendlich viel
mehr gesellschaftliches und moralisches Gesindel auftritt, ja
grimme Verbrecher ihr schauerliches Wesen treiben. Aber
immer — oder doch fast immer — und dies ist der funda-
mentale Unterschied zwischen Beiden — triumphirt bei Dickens
die Liebe, so oft ihr auch freilich der Weg des Triumphes
künstlich genug geebnet ist. Wenn Dickens den Menschen zu
definiren hätte, würde er ihn als ein Wesen bezeichnen, welches lieben kann und soll; während Thackeray's ceterum
censeo ist, „daß jedes Menschenherz eine Bude sei auf dem
Eitelkeitsmarkt.“

Dazu kommt, daß Dickens, der, als Humorist, die Auf-
gabe hat, die Idee in ihrer Verwirklichung im Einzelnen und
Einzelsten zu zeigen, viel mehr durch die Phantasie auf die
Phantasie, d. h. künstlerisch wirkt, und die Karrikatur, das
häßliche Ideal des Humoristen, viel energischer handhabt, als
Thackeray. Auch ist in demselben Maße der Faden seiner
Geschichten straffer gesponnen, schon deshalb, weil er, ein
größerer humoristischer Künstler, jener längeren und kürzeren
Parabasen entbehren kann, in denen sich der Satiriker mit
seinem Leser über die ihm unversöhnlichen Gegensätze von Idee
und Wirklichkeit auseinandersetzt.

Eines aber haben sie nicht blos unter sich, sondern mit
fast der ganzen zeitgenössischen englischen schönen Literatur gemeinsam, das ist die Abneigung, sich in jene Sphären zu erheben, in welchen es dem hochstrebenden Geiste erst wohl
wird: in die Sphären des philosophischen, künstlerischen, po-

litischen Denkens. Und mit dieser Scheu vor dem Geiste und seinen Thaten kommen sie freilich auch um die interessantesten Kämpfe, Konflikte, Irrungen und Triumphe des Herzens. Die Liebe eines geistvollen, eines genialen Menschen ist, wie sie auch manchen Trübungen ausgesetzt sein mag, welche die des Alltagsmenschen nicht kennt, auf der andern Seite auch einer Glorie fähig, welche die Liebe Jenes niemals umstrahlt; bietet auf jeden Fall dem Psychologen einen reicheren Stoff, als die eines vulgären Menschen, mag er auch äußerlich den Anstand und die Manieren eines Gentleman haben.

Und hier kommen wir zu dem Punkt zurück, von dem wir ausgegangen sind. Wir sprachen von dem Neide, mit welchem der deutsche Romanschriftsteller auf seinen englischen Bruder in Apollo blicke, und haben uns im Laufe dieser Untersuchungen über das Genie und die Werke eines der bedeutendsten englischen Dichter der Neuzeit überzeugt, daß nicht Alles Gold ist, was glänzt; wir haben gesehen, daß die unleugbar großen Vortheile, welche dem englischen Romanschreiber der Anblick einer Gesellschaft gewährt, die sich in festen Formen bewegt, auf der andern Seite durch den Zwang, den eben diese Formen auf ihn ausüben, beinahe paralysirt wird. Fügen wir hinzu, daß, wenn auch für unsere Väter jener Neid nicht ohne allen Grund war, das jetzt lebende Geschlecht durchaus keine Ursache zur Verzweiflung hat. Wie die Metallfluthen auch augenblicklich durcheinanderkochen und oft seltsame Blasen treiben — die Mischung ist im Fluß; die Glocke wird sich gestalten und wird Concordia heißen, wenn auch die endliche Form mit der heute beliebten vielleicht nicht ganz identisch ist. Dann wird aus dem großartigen politisch-socialen Leben auch eine Fülle kräftigsten individuellen Lebens erblühen, und der deutsche Romanschreiber wird genug zu thun haben, den reicher und immer reicher anschwellenden Stoff zu bewältigen.

Freilich wird er dabei der alten Warnung nicht vergessen dürfen: daß es nichts hilft, die ganze Welt zu gewinnen, wenn man darüber Schaden leidet an seiner Seele! Die Seele des Deutschen aber ist die Liebe zur Wahrheit, die ihm den Muth giebt, in die tiefste Tiefe zu tauchen, und ihn nicht schwindeln läßt auf der höchsten Höhe; die heilige Scheu der Schönheit in allen Gestalten, mag sie nun in Sammet und

Seide glänzen, oder durch die Riffe eines Bettlerkleides
schimmern.

Dann, wenn der Deutsche die Seele seiner Seele keusch
bewahrt, wenn er hochsinnig an seinen Idealen festhält, und
es ihm zugleich gelingt, was der sterbende Faust als das
Höchste preist: auf freiem Grund mit freiem Volk zu stehen
— dann — aber auch nur dann, werden wir aufhören, unsere
Nachbarn zu beneiden, werden wir — gleich viel, ob idealische
oder humoristische — Meisterwerke schaffen; und unsere litera=
rischen Nachkommen werden die Schwierigkeiten kaum noch
verstehen, mit denen die jetzt Lebenden und Strebenden —
ach! wie so oft vergebens ringen.

Die Liebe, von J. Michelet.

1857.

17*

Bekanntlich ist es eine schwere Aufgabe, viele Köpfe unter einen Hut zu bringen; indessen, schwer wie sie ist, mag sie doch wohl einmal gelöst werden, aber ein Buch über die Liebe zu schreiben, das die Herzen aller Leser befriedigte, das sich die Herzen aller Leser gewinnen könnte, ist geradezu unmöglich. Die Liebe ist eben wesentlich eine Herzensfrage, die von Jedem je nach der Verschiedenheit des Geschlechts, des Alters, des Temperaments, der Lebensstellung, der individuellen Erfahrung, der Bildung, ja der Nationalität anders beantwortet wird. Besonders der Nationalität. Sollte Jemand dies letztere Moment gering anschlagen, so wird er von seinem Irrthum zurückkommen, wenn er ein Buch, dessen Gegenstand wesentlich von der nationalen Atmosphäre influenzirt ist, ein Buch, in welchem das Herz des Autors nicht minder hörbar schlägt, als das Herz der Nation — wenn er Michelets Buch: „Von der Liebe" liest.

Die Aphrodite von Melos ist nicht verschiedener von der Mediceischen Venus, als deutsche Liebe von dem französischen amour.

Dieses Moment des nationalen Unterschiedes wird der deutsche Leser von Michelets Buch festhalten müssen, oder er läuft Gefahr, seinen Autor sehr häufig entweder gar nicht zu verstehen, oder, was eben so schlimm ist, ihn falsch zu verstehen und falsch zu beurtheilen; ihn hier der Uebertreibung anzuklagen, wo er in seinem Sinne durchaus nüchtern ist, ihn dort der Frivolität zu zeien, wo sein Herz von den wärmsten, ja heiligsten Gefühlen erfüllt war. Der Deutsche ist bekanntlich ein Virtuos in der Kunst, sich mit Leichtigkeit in fremde Stimmungen versetzen, den Kreuz= und Quersprüngen der abenteuerlichsten Phantasie mühelos folgen zu können. Der Leser von Michelets Buch wird dieses sein Talent auf mehr als eine harte Probe gestellt sehen. Wenn Michelet z. B. in einem gewissen Falle dem Gatten nicht nur das Recht zuspricht, seiner schuldigen Gattin eine körperliche Züchtigung angedeihen zu lassen, sondern ihn sogar auffordert, von diesem seinem guten Rechte Gebrauch zu machen, so dürfte uns Deutsche diese Lösung des gordischen Knotens denn doch

ebenso sonderbar, als widerwärtig bedünken. Freilich soll
die Medicin nach Michelets Recept nur in geringer Dosis,
und auch so nur in dem Falle verabreicht werden, daß
die Patientin ein entschiedenes Verlangen darnach äußert und
sich für den heilkünstlerischen Gatten aus der Diagnose des
Falls die Nothwendigkeit besagten Medicaments herausgestellt
hat! Dergleichen ist eben nur erklärlich aus dem französi=
schen Naturell, das sich eine lebhafte Freude nicht gut ohne
obligates Feuerwerk, und einen tiefen Seelenschmerz nicht ohne
eine leidenschaftliche Scene mit wüthenden Deklamationen,
Zornausbrüchen, Fußfall, Thränengüssen und – wie hier –
gelinder körperlicher Züchtigung denken kann. Ja, wir glau=
ben nicht zu irren, wenn wir in dieser Stelle, wie noch oft
im Buche, den Einfluß eines anderen Elements zu verspüren
glauben, das sich allerdings besser mit der celtisch=romanischen,
als der germanischen Natur verträgt. Bekanntlich ist Miche=
lets Stellung zum Katholicismus eine entschieden oppositio=
nelle. Wer das noch nicht wüßte, könnte es aus diesem Buche
lernen. Das Mittelalter, und Alles, was wir aus dem
Mittelalter herübergeschleppt haben, ist ihm antipathisch. Er
läßt sich keine Gelegenheit entgehen, wo er der verknöcherten
scholastischen Wissenschaft, die das Weib für unrein erklärte,
und einer religiösen Richtung, welche dem Weibe in der Kirche
und außerhalb der Kirche den Mund verbietet, einen Hieb
versetzen kann. Und natürlich, wer, wie Michelet, mit Recht
die Basis unsers Lebens in der Familie findet, wer in der
Ehe ein Institut erblickt, das uns besser als irgend ein an=
deres zu jeder Menschen= und Bürgertugend erziehen kann,
wer die Heiligkeit der Ehe proclamirt und das Eindringen
jedes Dritten, er habe einen Namen, welchen er wolle,
bekleide ein Amt, welches er wolle, auf das entschiedenste
zurückweist, — der kann sich wohl nicht anders, als oppo=
sitionell gegen eine Anschauung verhalten, die den Schwer=
punkt der Erziehung zur Heiligkeit in eine ganz andere Sphäre
verlegt. Dadurch wird uns auch nur erklärlich, warum Mi=
chelet wieder und immer wieder darauf zurückkommt, daß der
Gatte der Gattin alles in allem, und besonders ihr Beichti=
ger sein müsse; und warum er die junge Frau in Fällen, wo
sie von Gedanken heimgesucht wird, die sie dem Gemahl noch
nicht zu gestehen wagt, nicht in die Kirche an den Beichtstuhl,
sondern in ihren Garten an ihre Schwester, die Rose, weist.

Und allerdings ist die junge Frau, wie Michelet sie schil=
dert, der Unterweisung aller Art gar sehr bedürftig, denn sie
tritt eben völlig unwissend in die Ehe — eine Annahme, die
mit des Verfassers eigener Aeußerung, daß die Französin sehr
früh reif sei, und daß die katholische Erziehung, besonders
die Beichte, zu dieser Frühreife sehr viel beitrage, scheinbar
im Widerspruch steht. Aber auch nur scheinbar. Denn wenn
einerseits der Katholicismus wohl den von Michelet behaup=
teten Einfluß haben kann, so hat doch auch derselbe Katho=
licismus die Nonnenklöster und die von Nonnen geleiteten
Pensionate gestiftet, in welchen die meisten jungen Französin=
nen aus den besseren Ständen erzogen werden. Diese klöster=
lich=strenge Schule erhält die Mädchen lange jung, aber auch
lange unwissend, ist die Pflegerin jener „holden Ignoranz,"
die Heine scherzend seiner Mathilde vorwirft, als sie ihm
wieder einmal Gelegenheit giebt, über „die Lacünen der fran=
zösischen Erziehung" von seinem deutschen Standpunkte zu
staunen. Michelet hingegen nimmt diese holde Ignoranz als
eine Thatsache hin, die er vorfindet, und von der er überall
in der Erziehung, die er den Gatten mit der Gattin vorzu=
nehmen lehrt, ausgeht.

Dies führt auf einen anderen Punkt, der ebenfalls den
deutschen Leser befremden könnte. Es ist in dem Buche von
dem Brautstand, diesem in Deutschland so überaus wichtigen
Stand, so gut wie gar nicht die Rede, aus dem sehr triftigen
Grunde, weil der Franzose dies Verhältniß so gut wie gar
nicht kennt. In Frankreich verlobt man sich, um in acht
Tagen, in Deutschland, um vielleicht nach ebenso viel Jahren
zu heirathen. In Frankreich kommt es nicht selten vor, daß
sich die jungen Leute an ihrem Verlobungstage zum ersten
Mal im Leben sehen — eine Art der Ueberraschung, die man
in Deutschland höchstens fürstlichen Personen reservirt. Das
französische Mädchen wird, selbst außerhalb des Klosters, zu
Hause von seiner Mutter sehr streng erzogen. Die franzö=
sischen Mütter, sagt Michelet, sind „terribles"; und er weiß
viel von der Eifersucht der Mütter auf ihre Töchter zu er=
zählen, wie knapp die arme Kleine gehalten wird, und wie
sie alle Abend zu hören bekommen kann: die Tochter ist nicht
übel, aber was ist sie gegen die Mutter! Daraus erklärt
sich Michelets Paradoxon: „In Frankreich werden die Leute
(vor allem die Frauen) mit der Zeit jung;" erklärt sich auch,

warum in der Ehe, wie er sie schildert, vieles vorkommt, vieles verhandelt wird, worüber die jungen Leute in Deutsch= land meistens schon vor ihrer Verlobung vollkommen einig sind. Wer diesen wesentlichen Unterschied der nationalen Er= ziehung nicht im Auge behält, den dürfte, wie gesagt, vieles in dem Buche befremden.

Wie Lessing in seinem unsterblichen Werke von der Gruppe des Laokoon seinen Ausgang nimmt, so stellt Miche= let an die Schwelle seines Buches die Gruppe der Befreiung der Andromeda des Bildhauers Puget. Dies Werk ist ihm mehr als ein Ausgangspunkt, mehr als ein geistreicher Ver= gleich. Die an den Felsen der physischen Nothwendigkeit mit den Ketten der Unwissenheit gefesselte Frau, wie er sie schil= dert, ist wirklich jene hilflose Andromeda, und der Mann, der sie aus dieser zwiefachen Gefangenschaft befreien soll, wirklich jener liebenswürdige Perseus. Ja, das Werk des Bildhauers ist so sehr ein Prototyp seines eigenen Werkes geworden, daß man auf sein Buch deutlich anwenden kann, was er von jener Gruppe sagt: „Ein liebliches, leidenschaft= liches Werk, das in einer Beziehung albern ist, und doch auch gerade dadurch seine Leidenschaft beweist. Der Künstler hat uns so für seine Kleine zu interessiren gesucht, daß er sie ganz klein gemacht hat, von der Größe eines Kindes mit den Formen einer Frau." Michelets Heldin ist auch nur der Form nach eine Frau, im Grunde aber ein wahres Kind, hülflos, abhängig, der physischen Nothwendigkeit rettungslos verfallen. Und er, der sie befreien soll, gleicht auch nur all= zusehr jenem Perseus; auch er ist „der schwächliche Hercules eines Epigonengeschlechts, wie ihn ein frauenhaft gesinntes Jahrhundert sich denken mochte und wie ihn das starke Alter= thum nie concipirt hätte."

Michelet erzählt uns, daß er sein Leben lang gegen die Anmaßung des Materialismus gekämpft habe; und in der That, es thut Noth, zum mindesten für den weniger scharf= sinnigen Leser, daß er das ausdrücklich versichert, denn nach diesem Buche zu schließen, würde man ihn eher für alles Andere, als für einen Gegner des Materialismus halten. Von einer Spontaneität des Willens ist selten die Rede; fast überall erscheint die Frau als sklavisch abhängig von den Einflüssen ihrer eigenen Organisation; fast überall unter der Botmäßigkeit der Naturgewalten. Die Zahl der Vorsichts=

maßregeln, deren Befolgung dem Gatten in dem Umgange mit seiner Gattin zur strengsten Pflicht gemacht wird, ist deshalb unerhört. Arme Männer! Ihr wähnt, was heute Recht ist, sei am nächsten Tage nicht Unrecht, und was am Morgen Vernunft, am Abend keine Thorheit; und bedenkt nicht, daß zu dem, was Ihr frei treibt, wie Essen und Trinken, für die Frau noch Eins, Zwei und Drei und Tausenderlei kommen muß. Ihr glaubt es mit einem Vernunftwesen zu thun zu haben, und habt es mit einer Sensitive zu thun, auf die Licht und Dunkel, Wärme und Kälte, Abend und Morgen, heiterer Himmel und Gewitterwolken, und Gott weiß, was noch sonst Alles mit solcher Gewalt wirken, daß ihre Spontaneität beinahe Null ist. „Die Willenskraft," sagt Michelet, „ist nicht ein Riegel, den man einfach vorschieben und zurückschieben könnte; sie ist eher einem in unendlich viele Grade eingetheilten Thermometer zu vergleichen." Und nach dieser Thermometer-Theorie theilt er beispielshalber den Willen einer Frau, die ihre Tugend gegen die Zudringlichkeit eines Frechen zu vertheidigen hat, in dreißig Grade. Davon kommen zwanzig Grad auf die Ueberraschung u. s. w. u. s. w., und wie viel bleibt schließlich für den freien Willen? Sage und schreibe: ein Grad! Ich glaube, jede verständige und edle Frau wird sich einen Anwalt verbitten, der, um seine Clientin besser zu vertheidigen, sie zu einer Idiotin macht.

Allerdings läßt Michelet diese sklavische Abhängigkeit der Frau von den Naturgewalten, je weiter sie sich entwickelt, desto mehr in den Hintergrund treten; aber wahrhaft von ihnen emancipirt erscheint sie eigentlich doch nur erst — als Greisin. Erst dann ist sie ihm das Vernunftwesen, als welches wir sie sehen möchten, sobald der erste Rausch der Jugend verflogen ist.

So ist denn die Moral, die Michelet lehrt, nicht ganz die rechte Moral, seine auf dieser Moral basirte Liebe nicht ganz die wahre Liebe, und die nothwendige Folge dieser Halbheiten ist denn auch, daß seine Gatten trotz der undenklichen Mühe, die sich der Gatte giebt, trotz der Willfährigkeit, mit der die Gattin diesen Bemühungen des Mannes entgegenkommt, es nicht zur wahren Einigkeit, zur rechten Seelenharmonie bringen. Und weil sie es auf Erden nicht dazu bringen, auch so nicht bringen können, — deshalb und nur deshalb mußte Michelet auf sein irdisches Drama einen

Epilog im Himmel folgen laſſen. Das Kapitel, überſchrie=
ben: „Die Liebe über das Grab hinaus," iſt dieſer Epilog.
Es iſt unmöglich, dem Autor hier noch folgen zu können,
wenn man mit Fauſt der Anſicht iſt, daß dem Tüchtigen dieſe
Welt nicht ſtumm ſei, und ſich unter andern die rechte Ver=
einigung zwiſchen zwei Gatten ſchon hier auf Erden vollkom=
men bewerkſtelligen laſſe.

Wenn nun ſo der Weisheit letzter Schluß nicht befrie=
digt, kann man der irdiſchen Klugheit des Buches ebenſo
wenig unbedingten Beifall ſchenken. Ja, um es offen heraus=
zuſagen: vieles Einzelne erſcheint in hohem Grade unprak=
tiſch, und das Ganze erinnert ein wenig an den Bogen in
einer von Leſſings Fabeln, den Bogen, welchen der Verfer=
tiger ſo künſtlich drechſelte und ſo kunſtvoll zurechtſchnitzte,
daß er zerſprang, ſobald der Jäger ihn zu ſpannen verſuchte.
Die Gründe, welche verhindert haben, daß dem Werk die
rechte Lebensfähigkeit wurde, ſind zweierlei. Sie liegen ein=
mal in der Natur des Gegenſtandes und zweitens in der
Natur des Autors.

Michelet erzählt uns in der Einleitung die Entſtehungs=
geſchichte ſeines Buches, kommt dabei auf ſeine eigene Lebens=
geſchichte zu ſprechen und giebt uns eine ſehr intereſſante
Skizze ſeiner Individualität. Wie weit das Portrait ähnlich
iſt, bleibe dahingeſtellt; wir müſſen uns vorläufig an ſeine
eigenen Worte halten.

Und ſo ſehen wir denn einen Mann, der, in ſein Mu=
ſeum gebannt, die Welt kaum einen Feiertag, nur ſo von
weitem ſieht; einen Mann, der, „allem Coteriewesen fern
ſtehend, unberührt von den Fragen der Zeit, ſich in ſeine Ge=
danken einſpinnt"; der, in natürlicher Folge dieſer Verein=
ſamung, „oft alte, längſt gefundene und bekannte Dinge von
neuem ſuchte und fand;" der, wie ſich dann wohl von ſelbſt
verſteht, „die Menſchen nicht kennt, und den deshalb auch
Niemand haßt; deſſen Schlachten die einer Idee gegen eine
andere Idee waren." Zu dieſem einſamen Denker, der nur
durch ſeine Vorleſungen in directe Berührung mit dem Pu=
blikum kommt, fühlen ſich nun die Leute, beſonders die jun=
gen, außerordentlich hingezogen. Das Dunkel, in welches er
ſich hüllt, verleiht ihm in den Augen der frivolen Menge
eine gewiſſe myſtiſche Erhabenheit. Man wallfahrtet zu ihm
in ſein Studirzimmer, wie zu einem frommen Einſiedler in

der Wüste. Mit einem Worte, man treibt einen Cultus mit ihm, der mehr oder weniger übertrieben, und deshalb wie alles Uebertriebene mehr oder weniger lächerlich ist. Ein Arzt in der Provinz, den er nicht kennt, schreibt ihm, daß er seine Braut, die er in einigen Tagen heirathen wollte, ver= loren habe. Der Arme will nichts, als einem Manne, dem er Herz zutraut, sein Leid klagen. Besonders sind es die Damen, die sich gläubig an ihn wenden, um ihren Herzens= kummer, ihr tausendfaches Weh zu beichten. Die Correspon= denzen, die er mit seinen Anhängern und Anhängerinnen in Nähe und Ferne über die zartesten Geheimnisse des Men= schenherzens pflegt, wachsen zu Bergen. Aus diesem und ähnlichem Material sammelt der Menschenscheue seine Men= schenkenntniß. Da kommen die Jahre 1848 und 1849 mit ihren socialen Trauerspielen. „Eine fürchterliche Kälte ver= breitete sich in der Atmosphäre; es war, als ob sich alles Blut aus unsern Adern zurückgezogen hätte." Der längst gehegte Plan, seinem Volke, „das Buch der wahren Liebe" zu schreiben, reift zum Entschluß.

Nun fragt man sich doch unwillkürlich: ist dieser Mann, der noch eben von sich selbst behauptete, „daß seine Einsam= keit ihm für das, was der Augenblick heischt, das rechte Ver= ständniß raubte," der rechte Mann für ein Werk, das mehr als jedes andere, die intimste Kenntniß der Gesellschaft, für die es geschrieben wird, voraussetzt? Man fragt sich: kön= nen dergleichen vertrauliche Mittheilungen, die sich der Mit= theilende nach Menschenart doch erst sorgfältig zurechtlegt, die eigene Anschauung ersetzen? Wird der einsame Gelehrte nicht Vieles vorbringen, worüber der Mann von Welt nur lächeln wird? Und dieser Mangel der frischen Luft des realen Le= bens macht sich denn auch in dem Buche sehr bemerkbar. Nicht, als ob nicht Michelet anderweitig zur Lösung seiner Aufgabe in einem eminenten Grade befähigt wäre! Im Ge= gentheil! Es möchte wenige Geister von solcher Geschmei= digkeit, solcher Zartheit, solcher Feinfühligkeit geben; vor allem wenig Männer, die einen so mikroskopischen Blick für die geheimsten Falten des Frauenherzens hätten — eine solche außerordentliche Gabe der Divination und Intuition, in wel= cher Michelet vielfach an Leopold Schefer erinnert. Aber selbst diese wunderbare Begabung wird für Michelet ver= hängnißvoll. Er lebt das Alles, was er seine Gatten erle=

ben läßt, so sehr selbst mit, daß er selten über seinem Ge=
genstande steht. Michelet richtet nicht, denn die Thränen,
die er mit seiner büßenden Magdalene weint, ersticken seine
Stimme. Keine Spur in ihm von drakonischer Strenge!
Weiß er doch mit mathematischer Gewißheit, die Aermste hatte
·nur über den dreißigsten Grad ihres freien Willens zu ver=
fügen. Wer wollte da hartherzig sein!
Und nun spielt ihm seine unendlich bewegliche Phantasie
die wunderlichsten Streiche. Dieser Phantasie erscheint nichts
unmöglich. Ueber berghohe Hindernisse fliegt sie weg, leicht
wie ein Vogel. Sie schafft sich, was sie braucht, mit einer
Ungenirtheit, die den durch die Taschenspielerkunststücke des
Grafen von Monte=Christo verwöhnten Franzosen allerdings
weniger auffallen mag, als uns nüchternen Deutschen, die
wir noch immer die alberne Gewohnheit haben, nach wie?
wo? und warum? zu fragen. — Eine junge Kaufmannsfrau
langweilt sich in ihrem düstern Laden; sie läßt sich aus lieber
langer Weile von einem hübschen Kunden den Hof machen.
Nun wohl! Bringt sie hinauf in das vierte Stockwerk, daß
die frische Luft und das helle Licht ihr die finstern Gedanken
verscheuchen und der Blick auf eine Kette schneebedeckter Alpen
ihre gedrückte Seele aufrichte. Eine Kette schneebedeckter
Alpen! So etwas macht Michelet nicht mehr Schwierigkeit,
wie einem Coulissenmeister ein anderes Versatzstück. — Oder
die junge Frau hat sich in einen Ausländer verliebt; sie hält
ihn für einzig in seiner Art, für ein Unicum, für einen
Phönix. Wie sich da helfen? Nichts leichter als das.
Bringt sie in die Heimath des blonden Sohnes von Albion,
in das Vaterland des dunkeläugigen Südländers. Dann
wird sie sehen und erfahren, daß es noch mehr blauäugige,
langbeinige, oder schwarzlockige, schlanke Jünglinge unter der
Sonne giebt, und sie wird curirt sein. Aber Reisen kostet
Geld; vielleicht hast du keins im Ueberfluß. Bete zum hei=
ligen Monte=Christo!
Und ist der Fall sehr bedenklich, hängt der Himmel von
Paris zu schwer über der armen Frau, so gilt es, auszuwan=
dern in eine ganz neue Umgebung, unter wildfremde Men=
schen, wo möglich unter die Wilden. Dort wird die Thörin
erkennen, was sie an dem Gatten besitzt, wird sich eng an
ihn schließen und Alles wird wieder gut werden. Aber der
Mann ist gefesselt an die Scholle, an seinen Beruf, mit tau=

fend Ketten gefeffelt an fein Vaterland. Bleibt mir zu Haufe, herrfcht ihm Michelet entgegen, der hier wirklich einmal die Geduld verliert, bleibt mir zu Haufe mit Euren jämmerlichen Bedenklichkeiten. Zerreißt alle Bande und wandert aus — oder? Ja, wem nicht zu rathen ift, dem ift auch nicht zu helfen.

Wer wollte leugnen, daß die Aufgabe, die fich Michelet ftellte, in fich felbft faft unüberwindliche Schwierigkeiten hat? Worauf mußte in diefer Schilderung des ehelichen Lebens nicht alles Rückficht genommen werden! Schiffte er an der Scylla, allzu fpeciell zu fein, glücklich vorbei, fo verfchlang ihn die Charybdis einer vagen, auf Alles, d. h. auf nichts paffenden Allgemeinheit. Gleich von vornherein fucht er fich freilich die Sache dadurch leichter zu machen, daß er dem jungen Paare, welches er von dem Hochzeitsbette bis zum Grabe begleiten will, eine gewiffe Stellung in der Gefellfchaft giebt. Den fehr Reichen, meint er, ift nicht zu rathen, und den ganz Armen ift nicht zu helfen; und erklärt: „Ich fchreibe für diejenigen, die ihr Leben mit einer gewiffen Frei= heit einrichten können, d. h. für die Armen, welche die häus= liche Arbeit vor Noth fchützt, und für die freiwillig Armen, d. h. für die wohlhabenden Leute, die verftändig genug find, einfach ohne große Bedienung zu leben und fich eine wirk= liche Häuslichkeit zu fchaffen." Diefe freiwillig Armen, denn die erfte Claffe kann man nur von vornherein ftreichen, find, wie fich hernach herausftellt, Leute, die eine eigene Villa be= fitzen, in der die Fußböden aller Zimmer, felbft die Treppen mit dichten, weichen (übrigens nicht koftbaren!) Teppichen bedeckt find, eine Villa mit einem hübfchen Ziergarten, in welchem Springbrunnen plätfchern u. f. w., find mit einem Worte Leute, die zu der glücklich fituirten Minorität derer gehören, die thun und laffen können, was fie wollen. Indeffen wird man über die Lebensftellung des Gatten nicht fo ganz klar. Einmal erfcheint er wieder arm und muß beim erften Mor= gengrauen an die Arbeit. Ein anderes Mal müffen die Renten wieder fehr geftiegen fein, denn er kann ohne weiteres mit feiner reifebedürftigen jungen Frau ein paar Jahre in die Welt hinausziehen. Jetzt fcheint er das Leben eines Glück= lichen, qui procul negotiis, zu führen; dann muß er wieder, nach Allem, was man von ihm hört, mindeftens Minifter fein.

Ueber diefe Inconfequenzen wolle man mit dem Autor nicht rechten. Es war vorauszufehen, daß er es mit feiner

erften Annahme nicht allzu genau nehmen, und die Situation
der jungen Leute, je nachdem er diese oder jene Seite seines
Gegenstandes behandeln, diese oder jene Wahrheit exemplifi=
ciren wollte, nach Gutbünken verändern werde. Allein Eines
muß man entschieden tabeln, und das ist, daß Michelet seine
Ehe, in welcher wir über die intimsten Beziehungen des Fa=
milienlebens belehrt werden sollen, kinderlos sein läßt, oder
so gut wie kinderlos. Denn nur im Anfang zeigt uns Mi=
chelet die Gattin als Mutter. Das Kind aber kann sein
zehntes Jahr kaum überlebt haben, denn später ist von ihm
nie wieder die Rede, und jedenfalls ist es lange vor dem
Vater gestorben, denn bei dem Tode des Gatten steht die
Wittwe ganz allein da. Kein Sohn, auf dessen treuen, star=
ken Arm sich die Tiefgebeugte stützen könnte, keine blühende
Tochter, aus deren hoffnungsfrischem Leben sie Trost zu
schöpfen vermöchte. Nicht in ihren, in seinen Kindern, nur
in der Schaar der Freunde lebt die Dahingeschiedene fort.
Diese Auslassung scheint selbst aus Michelets offenbarer Ab=
sicht, alle Aufmerksamkeit des Lesers auf das Verhältniß
des Gatten zur Gattin zu lenken, nicht erklärlich. Wird nicht jenes
Verhältniß durch die Kinder, je mehr diese heranwachsen, desto
wesentlicher modificirt? Verwebt sich das Leben der Kinder
nicht so mit dem der Eltern, daß es gar nicht einmal möglich
ist, die einen Fäden aus den andern rein herauszulösen? Er=
ziehen sich die Eltern selbst an den Kindern nicht in demsel=
ben Maße, wie diese von ihnen erzogen werden? Ist die
Liebe zu den Kindern nicht das nothwendige Complement der
Gattenliebe? Michelet durfte dies Moment nicht so obenhin
behandeln, wollte er wirklich seinen Zweck erreichen und das
„Buch der wahren Liebe" schreiben.

Und soll nun mit alledem gesagt werden, daß Michelets
Buch, weil es nicht das ist, was sich der Verfasser darunter
dachte, nun gar nichts und ganz werthlos sei? daß es sich
der Mühe des Lesens nicht verlohne? Keineswegs! Wenn
das schöne Wort: daß, Großes gewollt haben, auch groß sei,
auf Bücher seine Anwendung findet, so kann man auch die=
sem Buche seine Achtung nicht versagen. Was Michelet ge=
wollt hat, ist so groß und schön, daß er sein Ziel nicht zur
Hälfte erreicht zu haben braucht und dennoch Großes und
Schönes geleistet haben kann. Und das hat er, und es wäre
Impietät gegen den edlen Mann, wollte man es leugnen.

Wer gegen die wohlthuende Wärme, gegen die Gluth der Begeisterung, mit der das Buch geschrieben ist, unempfindlich bleiben kann, der hat sich schwerlich tief in dasselbe hineinge= lesen. Und wenn man behaupten muß, daß in ihm Manches verfehlt, Vieles übertrieben und Einiges albern sei, so ist damit durchaus nicht gesagt, daß nicht Alle, Männer und Frauen, aus ihm nicht nur Einiges und Manches, sondern viel, sehr viel lernen können. Michelet hat nicht die tiefste Tiefe der Liebe ergründet. Mag sein. Aber daß die Liebe einer fortwährenden Vertiefung fähig sei, hat er bis zur Evi= denz nachgewiesen, und auch damit ist schon viel gewonnen. Es ist schon viel gewonnen, wenn dem frivolen und blasirten Publikum zu Gemüthe geführt wird, wie hohl doch ihre Existenz im Grunde ist, wie erbärmlich ihre Liebe, jene „Raupenliebe, die sich von Blatt zu Blatt schleppt, überall nur den Rand benagt und nie bis zur wahren Süßigkeit dringt.“

Und hier ist es, wo die moralische Tendenz von Miche= lets Buch mit der politischen zusammenfällt. Wenn ein Mann in Frankreich über die Sittenlosigkeit, die wie ein Gift die oberen Schichten der Gesellschaft zerfressen hat und von dort tiefer und tiefer in den socialen Körper sickert, empört ist, wenn ein Mann die Schmach der Despotie, die auf seiner Nation lastet, tief und bitter empfindet; wenn ein Mann in Frankreich die schnöde Trias: Lüge, Dummheit und Tyran= nei gründlich verabscheut, und begriffen hat, daß in demselben Augenblicke, in welchem die Binde des Aberglaubens von dem Auge seiner Brüder fällt, sie auch das Band, an welchem despotische Willkür sie gängelt, von den Schultern streifen werden — so ist es wiederum Michelet. Er hat erkannt, daß die „Freiheit ein leerer Schall ist, so lange der Bürger nicht der Sitte des Sklaven entsagt,“ daß „an dem Tage, an welchem sich die jungen Leute zu ernsten Sitten bekennen, die Freiheit gerettet ist.“

Michelet spricht mit einer unter den jetzigen Verhält= nissen doppelt anerkennenswerthen Kühnheit von dem Tag der Freiheit, „der ja doch einmal auch für uns kommen wird“; von dem herrlichen Frühlingsmorgen, wo „die Wittwe, die so lange in Dunkelheit lebte, die heiligen Farben, denen ihr Gatte im Leben folgte, schauen wird: strahlend im Glanze des neuen Tages, niederflatternd vom Friese der Tempel.“

Um aber diesen Tag des Lichtes herbeizuführen — dazu sieht eben Michelet nur Ein Mittel. „Nicht Tyrannenmord, nicht das blutige Werk einer Nacht, wenn uns der nächste Morgen nicht gebessert findet, — es ist die Reform der Liebe und Familie, welche den andern Reformen vorangehen muß, und dieselben überhaupt erst möglich macht." — Gewiß! nur wer die eigene freche Willkür bändigt und sich freudig dem moralischen Gesetze beugt, darf auch die Willkür im Staats= leben verdammen und das für Alle gleiche Gesetz proclami= ren — denn er begreift dessen Heiligkeit; nur wer die eigenen blinden Begierden machtvoll beherrscht, ist werth, der Bür= ger eines freien Staates zu sein — denn er allein ist dazu fähig. Der Wollüstling mag den Druck der Ketten fühlen, mag sie mit einer plötzlichen gewaltsamen Anstrengung zer= brechen — aber bewahren kann er die Freiheit nicht. Mit Männern, wie Fiesco, kann man wohl Tyrannen stürzen, aber sie sind die ersten, die der jungen Republik gefährlich werden, da sie es nun und nimmermehr vermögen, dem Ge= meinwohl ihre phantastischen Wünsche zu opfern.

So hat Michelet, indem er nur die moralische Freiheit zu wollen scheint, ein viel weiter hinaus liegendes Ziel im Auge, das er nicht erst zu nennen braucht, da der Weg, auf den er seine Mitbürger weist, direct zu diesem Ziele führt. „Concentrirt Eure Kräfte, oder geht unter!" Werdet mora= lische Menschen, oder gebt die Hoffnung auf, jemals freie Menschen zu werden — das ist die Alternative, die er ihnen stellt. Er zeigt ihnen das gelobte Land der politischen Frei= heit von fern; aber er verkündet ihnen prophetisch, daß dies frivole, kraftlose, verblendete Geschlecht nicht im Stande ist, es zu erobern, oder das Eroberte zu bewahren; und daß dies Geschlecht in der Wüste der Sclaverei umherirren und immer umherirren wird, bis es ein besseres geworden ist, oder einem besseren Platz gemacht hat. Michelets Buch ist der Aufschrei eines edlen Herzens, das die Schande seiner Nation bluten macht, ein leidenschaftlicher Protest gegen die Beglückungs= theorien des Napoleonismus, und wenn die weltliche Ty= rannei consequent wäre, so müßte sie dies Buch verbieten, wie die stets consequente geistliche Tyrannei zu Rom es bereits in die Todtenlisten des Index congregatione eingetra= gen hat.

Octave Feuillet.

1863.

———

„Ich wohne auf dem „Boulevard des Capucines,“ sagt der Doctor in Feuillets reizendem Lustspiel: La Crise. Auf dem „Boulevard des Capucines!“ Hast Du, lieber Leser, der Du vielleicht in einer kleinen deutschen Residenzstadt, oder, wenn es hoch kommt, in Berlin „Unter den Linden“ wohnst, wohl bedacht, was das sagen will? Und bist Du hinreichend mit modernster Sentimentalität, und noch dazu französischer Sentimentalität, getränkt, um dem Manne nachfühlen zu können, wenn er fortfährt: „Bin ich aber zu Hause, wohne ich am Fenster. Oft des Vormittags und noch öfter bei Sonnenuntergang habe ich da ein wundersames Schauspiel. Durch die Bäume hindurch sehe ich Kaleschen vorbeirollen, weich und üppig, wie das mit Spitzen besetzte Daunenbettchen eines neugebornen Kindes. Unbekannte Frauen, manchmal begraben in weißen Pelzen, manchmal in ihrem frischen Putz anzuschauen wie Allegorien des Frühlings, erscheinen da vor meinem Auge. Unbeweglich in die schwellenden Kissen gedrückt; die Arme verschränkt, die Augen in's Leere geheftet, mit stol= zer, nachdenklicher Stirn — so gleiten sie vorüber. Mich plötzlich aus meinem Platz im Fenster neben eines dieser ge= heimnißvollen Wesen setzen, mich in der Intimität einer lan= gen Reise in jene räthselhafte Welt, die eine hübsche Frau in jeder Falte ihres Kleides, in jedem Heben oder Senken ihrer Augenbrauen ahnen läßt, allmälig, Grad um Grad einweihen lassen; mich plötzlich — unerhörtes Glück! — gegenüber finden den beiden mächtigsten Zaubern dieser Erde, der Schönheit und dem Geheimniß — das, Madame, ist ein Traum, den mein armes Gehirn oft und oft geträumt hat.“ — Und nun, lieber Leser, laß diesen Traum sich verwirklichen, und wäre

18*

es auch nur zum Theil! Nun laß in der kerzenlichtdurch=
strahlten, wohlgeruchhauchenden Atmosphäre eines eleganten
Salons in einem bunten Gewimmel besternter Würdenträger,
glänzender Militärs, reizender Frauen, dem Träumer eine
dieser Huldgöttinen entgegenschweben und ihm gnädig zulächeln,
dem gefeierten Romanschreiber, dem erfolgreichen Lustspieldichter!
Denke ihn Dir in der Gesellschaft dieser Frau, dieser eleganten
Kalypso, dieser sentimentalen Circe, wie sie ihn einweiht in
die sublimen Geheimnisse der mystischen Welt, in der sie sich
bewegt; oder denke ihn Dir in den Augenblicken, wo diese
Pythia schweigt, oder am Arme des jungen Attaché in einer
Quadrille dahinschwebt, aus einem der lauschigen Winkel
des Saales, wo von exotischen Gewächsen eine Laube impro=
visirt ist, sinnend hinschauend auf diese bunte Welt, dort den
Finanzmann mit den kahlen Schläfen, der eben so lebhaft
mit dem russischen Gesandten discurirt, hier den jungen Dandy,
der so angelegentlich der schönen Mädchenblume braune Mär=
chen in's Ohr flüstert, aufmerksam beobachtend; und nun,
lieber Leser, laß ihn nach Hause gehen (nachdem er noch
vorher schnell in dem Foyer eines der Theater vorgesprochen
und aus seiner Loge einen flüchtigen Blick auf die letzte Scene
des neuesten Lustspiels geworfen), und laß ihn zu Hause in
seinem stillen Studirzimmer beim milden Schein der Lampe
in zierlichen Worten sagen, was er gesehen und gehört hat
— so hast Du die Romane und Schauspiele von Octave
Feuillet.

Denn aus dieser culturbeleckten, culturzerfressenen aristo=
kratischen Welt, die des Abends auf den Handwerksmann,
den Fabrikarbeiter, den Proletar durch die mit Vorhängen
verhüllten Fenster geheimnißvoll hinabschimmert, die am Tage
in den Champs Elysés und auf den Boulevards in präch=
tigen Carossen meteorengleich an dem bestaubten Fußgänger
vorüberfliegt; aus dieser bunten, räthselhaften Welt, die dem
Uneingeweihten wie ein wunderherrliches Märchen und dem
Eingeweihten oft genug wie ein Teufelsspuk erscheint — aus
dieser Welt nimmt Feuillet seine Stoffe.

Wir kennen von des Dichters Leben nicht viel mehr als
die äußern Umrisse, aber wir glauben mit ziemlicher Sicher=
heit behaupten zu können, daß er sich bei seinen Schilderungen
gern an individuellste Erfahrungen hält. Wir schließen das
aus zwei Gründen: einmal aus der großen Leichtigkeit und

Anmuth, die er überall da zeigt, wo ihn möglicherweise die Er=
fahrung unterstützte, und aus dem Mangel dieser Eigenschaften,
welcher ebenso deutlich jedesmal hervortritt, wo er die Erfah=
rung nicht zu Rathe ziehen konnte, wie bei historischen Sujets,
und solchen Stoffen die er augenscheinlich rein aus der Phan=
tasie nahm. So ist seine historische Novelle „Bellah" (1850),
die nicht einmal zu seinen ersten Arbeiten gehört, ein sehr
unbedeutendes, ja schülerhaftes Product, ohne Leben und Be=
wegung, ohne spannende Handlung, ohne interessante Cha=
raktere, ohne lebhaften Dialog, und vor allem überaus dürftig
in der Erfindung. Dazu kommt, daß der Autor die geringe
Illusion, die er etwa noch beim Leser hervorgebracht hat, fast
muthwillig selbst wieder zerstört, indem er sich mitten in der
Erzählung unterbricht, um auf's angelegentlichste zu versichern,
es sei wirklich durchaus nicht seine Absicht, einen historischen
Roman zu schreiben, er bilde sich ja gar nicht ein, nun etwa
ein treffendes Portrait des Generals Hoche z. B. gezeichnet
zu haben.

Ein in formeller Hinsicht besser gelungenes, innerlich
aber ebenso unfertiges Product ist: „Onesta, eine venetianische
Geschichte." Hier liegt das Unpoetische in der Unwahrschein=
lichkeit, ja Unmöglichkeit der Charaktere, und in Folge dessen
in der ebenso großen Unwahrscheinlichkeit der Handlung, die
diesmal ganz und gar durch die eigenthümliche Disposition
der Charaktere bedingt ist. Ein buhlerisches Weib verführt
einen reinen, aber nur zu leidenschaftlichen Jüngling zu den
tollsten Extravaganzen, ein junges unschuldiges Mädchen ent=
wöhnt einen Bruder Liederlich, der aber im Grunde eine sehr
gute Seele ist, von seinem rüden Leben. Die Sache endet
tragisch, da die Circe den schönen Jüngling nur deshalb in
ein Wildschwein verwandelte, um ihn auf den ci=devant Bru=
der Liederlich, der sie einst verschmähte, hetzen zu können.
Das gelingt. Zweikampf. Bruder Liederlich fällt. Der
Eber, dem plötzlich die Augen über seine Vorsten aufgehen,
zerreißt die Circe. Finis. Indessen macht dies schreckliche
Ende keinen größeren Effect, als wenn im Marionettentheater
eine allgemeine Enthauptung beliebt wird. Die einzige lebens=
volle Gestalt ist der Ritter Vespasiano, Capitän auf Halb=
sold, eine arme brave Haut, die, wenn sie Geld hat, es lustig
verthut, und wenn sie keins hat, sich in den Canälen von
Venedig philosophisch Fische zum Abendbrod angelt.

Noch unbedeutender ist das Trauerspiel: Alix. Hier
wird der verhängnißvolle Schritt vom Erhabenen zum Lächer=
lichen allen Ernstes gethan. Dieser liebenswürdige Bösewicht,
Fürst Ottokar von Frankonia, ein Vorfahr ohne Zweifel des
Grand duc régnant de Gérolstein, der in den Mystères de
Paris eine so große Rolle spielt, diese deutschen Studenten,
diese Alix — das Alles ist von einer Wirkung, die der vom
Verfasser jedenfalls beabsichtigten diametral entgegengesetzt ist.

Und nun vergleichen wir diese so unfertigen, mangelhaften
Productionen mit denjenigen, zu denen er den Stoff aus dem
modernen Leben, oder aus dem Stück modernen Lebens, das
er genau kennt, aus dem Pariser Salonleben nahm. Da ist
z. B. die schon oben erwähnte „Krisis“ im Jahre 48, also
zwei Jahre vor der ganz verfehlten Novelle Bellah geschrieben.
Welches Leben, welche Sauberkeit der Analyse, welche Fein=
heit der Zeichnung ist hier! — Der Präsident von Marsan
ist seit zehn Jahren mit einer reizenden, geistreichen Frau
glücklich verheirathet. Die Kinder befinden sich vortrefflich
in der Pension, das Haus ist wieder ruhig geworden; man
sollte denken, daß die beiden Gatten, denen es weder an Ver=
stand noch Herzensgüte fehlt, nun ein beneidenswerthes, idylli=
sches Leben führen werden. Da plötzlich ergreift es die Frau
wie mit dämonischer Gewalt. Ihre Heiterkeit, ihre Liebens=
würdigkeit, ihre Sanftmuth — Alles ist verschwunden; statt
dessen, ein bald trübsinniges, bald heftiges Wesen, satyrische
Laune, die bis zur Frivolität geht, eine Frivolität, die ebenso
leicht in eine larmoyante Stimmung umschlägt. Herr von
Marsan ist in Verzweiflung. Er consultirt seinen Jugend=
freund, einen berühmten Arzt. Der sagt ihm, daß Frau von
Marsan sich in dem Stadium befinde, welches er la crise
des honnêtes femmes nennt. Doch lassen wir ihn sich selbst
darüber erklären.

Herr von Marsan. Im Ernst, Pierre, glaubst Du,
daß meine Frau einen Liebhaber hat?

Der Doctor. Noch nicht; dazu behandelte sie Dich
eben jetzt zu schlecht; aber sobald sie mildere Saiten aufziehen
wird, so ist Dein Schicksal entschieden.

Herr von Marsan. Du irrst; meine Frau ist keine
gemeine Seele.

Der Doctor. O, diese Ehemänner! Eine gemeine
Seele! Wer spricht davon! Die gemeinen Seelen, mein

Schatz, warten nicht so lange. Aber sieh! wie ungerecht Du
bist! Wo ist der Mann, der sich verheirathet, ohne vorher
die Neugier nach der Lösung jener diabolischen Frage, welche
die Widersprüche des modernen Lebens ohne Unterlaß in uns
anregen, gründlich befriedigt zu haben? Du siehst sogar die
Zeit, die ein junger Mann darauf verwendet, dem Laster die
poetische Hülle und elegante Prüderie der Salons abzustreifen,
für zweckmäßig verthan an: er läuft sich die Hörner ab! er
wird hernach desto vernünftiger sein! Möglich! Aber welche
Gleichgültigkeit des Geistes, welche Kälte des Herzens setzest
Du bei einer Frau voraus, wenn Du glauben kannst, daß
sie, die während ihrer ganzen Jugend von derselben Neugier
geplagt, von denselben lügnerischen, versuchenden Stimmen
noch viel näher umzischt wurde, — sich leichten Herzens zu
ewiger Unwissenheit in einer Sache, die auf dem Gebiete ihrer
Beobachtung eine so große Rolle spielte, verdammen kann?
Nein! ich sage Dir: es kommt ein Tag, wo selbst die Beste
von einer fieberhaften Ungeduld, von einer verzweifelten Gier
nach Gewißheit erfaßt wird. Die Gattin wird dann launisch,
die Mutter vernachlässigt ihre Pflicht; sie legt sich keine
Rechenschaft ab, weder von der Ursache ihrer Aufregung, noch
von dem Ziele, wohin dies Alles führen soll; aber ihre Laune,
ihre Rede verändern sich. Wider ihren Willen verrathen sich
die wirren Gedanken, die sie innerlichst beschäftigen; manchmal
spielt sie das Kind, als ob sie Euch bitten wollte, sie zu be=
lehren; manchmal macht sie sich alt und möchte gern verderbt
erscheinen, damit man keinen Grund habe, ihr etwas zu ver=
heimlichen. Das, mein Freund, ist die Krankheit Deiner Frau."
Natürlich besteht die Dame mit Hülfe des Arztes glück=
lich die Krisis dieser Krankheit. Er führt sie bis unmittel=
bar an den Rand des Abgrundes, an dem sie so sorglos gespielt hat, und zeigt ihr, wie zerschmetternd der Fall von
solcher Höhe in eine solche Tiefe sein müßte. Die Frau, von
Entsetzen gepackt, ergreift den Arm, den ihr Gatte, welcher
sie nicht aus den Augen verloren hat und ihr auf Tritt und
Schritt gefolgt ist, im entscheidenden Augenblicke nach ihr aus=
streckt. Sehr hübsch und wahr ist in diesem Stücke vor Allem
der Charakter des Doctors, eines liebenswürdigen gewandten
Mannes, der beinahe selbst ein Opfer seiner Freundesliebe
wird, da er selbst „vor dem Schwindel nicht sicher ist."
Die „Krisis" findet ihre Pendants in einem Schauspiel

„la Rédemption" und einer Novelle „la petite Comtesse."
In der Rédemption sagt der Held Maurice: „Es kommt für
die ehrbaren Frauen ein Alter, wo sie vom Uebel versucht
werden. Dafür haben die anderen ihre tugendhafte Krisis:
aber sich in's Verderben stürzen, ist viel leichter, als sich aus
dem Verderben retten, und diese Anwandlungen von Ehrbar=
keit sind meistens nur Komödien, die man vor sich selbst auf=
führt, nur, um sich einen Augenblick zu unterhalten."
Von diesen beiden Arbeiten ist die Komödie, in welcher,
wie schon der Titel sagt, die tugendhafte Krisis einen glück=
lichen Ausgang nimmt, die bei weitem schwächere. Die Cha=
raktere leiden an einer gewissen jugendlichen Uebertreibung (das
Stück gehört allerdings zu den frühesten Arbeiten Feuillets),
die außerordentlich erkältend auf den Leser wirkt. Die Heldin
des Stückes, eine berühmte Wiener Schauspielerin und Cour=
tisane, ist ein solcher Ausbund von allen möglichen Liebens=
würdigkeiten, daß man nicht wohl begreift, wie sie es bei
ihrem leichtsinnigen Leben nur so lange ausgehalten hat. Ihre
Liebhaber, ein russischer Fürst, ein englischer Lord, ein fran=
zösischer Herzog und ein österreichischer Graf sind solche Ma=
rionetten und verrenken die Glieder auf eine so lächerliche
Weise, daß sie zum Tempel hinauszujagen, einer Dame von
solchem Verstande wie Mademoiselle Madeleine gar nicht
schwer fallen kann. Der Retter Maurice ist ein genauer Ver=
wandter des Doctors in der Krisis, und hat verhältnißmäßig
am wenigsten durch die Uebertreibung zu leiden, an der die
Anderen kranken. Die Schlußscene, in welcher Maurice Ma=
deleinen auf den Ernst ihres tugendhaften Entschlusses hin
prüft ist übrigens sehr schön, und muß auf dem Theater, von
guten Schauspielern gespielt, eine außerordentliche Wirkung
haben.
In der zweiten Variation des Themas; „la petite Com=
tesse," in welcher die Krisis unglücklich ausfällt, heißt Ma=
deleine Bathilde von Palm, und ist auch keine Schauspielerin
sondern eine vornehme Dame, Maurice heißt George, und
die Scene spielt nicht in Wien, sondern auf einem Schlosse in
der Normandie. La petite Comtesse erschien 1856 in der
Revue des deux Mondes, als der Autor, der damals vier=
unddreißig Jahre alt war, nachdem die erste jugendliche Hitze
verflogen, und die schon geübte Hand das Technische der
Kunst vollkommen meisterte, in der Blüthe seiner Kraft stand,

und so halten wir denn auch diese Novelle für die beste Arbeit Feuillets, und glauben, daß er hier die höchste ihm erreich=bare Stufe des Künstlerthums erstiegen hat. Sämmtliche Charaktere sind vortrefflich gedacht und ebenso vortrefflich ge=zeichnet; die beiden Hauptpersonen: la petite Comtesse, die schöne Sünderin, und George, der Mann, der ihr Heiland werden soll, und, aus den von Maurice in der „Rédemption" sieben Jahre vorher angeführten Gründen, diese gefährliche Rolle zurückweisen zu müssen glaubt, werden von den Neben=personen auf das Wirksamste unterstützt. Die Entwickelung des Verhältnisses läßt nichts zu wünschen übrig. Das alte normännische Schloß, auf dem sich die Beiden in etwas ro=mantischer, aber nicht unwahrscheinlicher Weise zusammenfinden, die Wirthe, die übrige Gesellschaft — Alles so harmonisch, so gerundet, so vollendet in der Form, daß wir das Studium dieser Arbeit unseren jungen Salon=Novellendichtern auf das angelegentlichste empfehlen. Dabei liegt auf dem Ganzen ein zarter poetischer Duft, und ein Element gutmüthigen Spottes und feiner Ironie, das Feuillet nur zu selten hervor=treten läßt, trägt noch zu der graziösen Leichtigkeit bei, mit der das Bild wie eine schöne Spiegelung, wie duftige Wolken am Abendhimmel vor dem Auge des Lesers schwebt. Nur Schade, daß die Katastrophe, in Folge der leidigen Manier Feuillets, in Briefen zu erzählen (wovon gleich mehr), zu einigen Unwahrscheinlichkeiten Veranlassung giebt, die leicht zu vermeiden gewesen wären. Auch ist der Tod George's nicht gehörig motivirt. Die Lüge, deren sich ein allzu dienst=fertiger Freund bedient, ihn auf den Verführer Bathildens zu hetzen, blos um ihn aus seiner Schwermuth zu reißen, ist ganz unverantwortlich. Weshalb findet die blos fingirte Be=leidigung nicht wirklich statt? dann wäre Alles in bester Ordnung.

„La clef d'or," ein Lustspiel, erwähnen wir hier nur, weil es durch sein Thema in diesen Kreis gehört. Es ist die Bekehrungsgeschichte eines Blasirten, der ein junges, lie=benswürdiges Mädchen geheirathet hat.

Bedeutender dagegen und wohl die zweitbeste Arbeit Feuillets ist das Schauspiel: Dalila (1856). Es ist für uns doppelt interessant, weil es einen ganz ähnlichen Stoff, wie Goethe's Clavigo, behandelt. Wir wissen nicht, ob Feuillet das letztere Stück kannte. Es ist möglich, aber durchaus nicht nothwendig, denn so sehr auch der Clavigo seines Stücks, ein Dichter und Componist André Roswein, seinem deutschen Doppelgänger gleicht, wie ähnlich sich auch Marthe Sertorius und Marie Beaumarchais nicht blos im Leben sondern auch im Tode sind, — sie sterben beide am gebrochenen Herzen und an der Schwindsucht — so ist doch wieder die Fabel selbst, die Haltung der Charaktere, der Ton des Ganzen so durch und durch verschieden, daß die Aehnlichkeit ebenso gut aus der zufälligen Gleichheit des Stoffes hervorgegangen sein kann. Zum Beweis dessen wollen wir einen Theil der Scene mittheilen, die den Leser lebhaft an die betreffende im Clavigo erinnern wird.

Roswein=Clavigo hat Carnioli=Carlos, der ein enthu=siastischer Musikliebhaber, reicher Graf und nebenbei sein specieller Wohlthäter ist, so eben mitgetheilt, daß er die Toch=ter des alten Musiklehrers Sertorius, Marthe, liebe, und daß er gleich nach der Aufführung seiner ersten Oper, mit der er heute Abend vor der reichen und schönen Welt Neapels debütirt, um sie anhalten werde. Die Scene ist auf der Straße von Puzzuoli nach Neapel im Wagen. Der Chevalier selbst lenkt die Pferde.

Carnioli. Kurz, um die Sache bei ihrem rechten Namen zu nennen: Du willst Dich verheirathen?

Roswein. Ich will mich verheirathen.

Carnioli. Gut. Du gedenkst die blonde Tochter des alten genialen Tollkopfs, Mynheer Sertorius, zu heirathen?

Roswein. Genau so, Excellenz.

Carnioli. Sehr gut. Und Du glaubst, ich werde das dulden?

Roswein. Aber, mein Gott, Chevalier, was geht das Sie an?

Carnioli. Was es mich angeht, Elender? Lieber wollte ich Dich mit dem Kopf zuerst auf jenen Steinhaufen da schleudern! (Zu einem Vorübergehenden) Vorgesehen, Dumm=kopf! Hop=la!

Roswein. Sollten Sie etwa das junge Mädchen lieben?

Carnioli. Ich kümmre mich viel um Dein junges Mäd=chen, alberner Mensch! Ich kümmre mich um Dein Talent, welches mein Werk ist, mein Glück, und mein Stolz, und das Du, so lange ich lebe, nicht unter dem Deckel eines Koch=topfes ersticken sollst.

Roswein. Giebt Eure Excellenz diesen Scherz für ein Argument aus?

Carnioli. Nenne mich nicht Excellenz, Narr, und thue, was ich Dir sage. Ich sage Dir aber, Dein Genie ist mein Licht — hörst Du, mein Licht — und ich will nicht, daß Du dieses Licht unter den Scheffel stellst.

Roswein. Wollen Sie die Güte haben, mir zu sagen, weshalb die Ehe ein solcher Scheffel ist?

Carnioli. Warum? Weil das Opium einschläfert, weil Wasser das Feuer löscht. Ein verheiratheter Künstler ist ein gewesener Künstler. Er ist Gatte, Bürger, Vater — Alles, was Du willst — aber der Poet ist todt! Und darum sage ich Dir: da Du doch nun einmal das Mädchen liebst, so mache sie zu Deiner Maitresse — aber zu Deiner Frau — das verbiete ich Dir.

Roswein. Ist das Ihre Moral? Es ist die meinige nicht.

Carnioli. Was schwatzest Du mir da von Moral? Seit wann ist denn die Moral eine Muse? — Moral! köstlich! Was hast denn Du mit der Moral zu thun? Bist Du ein Küster? bist Du ein Quäker? gehörst Du zur Bibelgesell= schaft? Pah! Bist Du auch nur ein Christ? Nein; Du bist es nicht. Du zweifelst an Gott, an der Madonna, an allen Heiligen, Du ungläubiger Hund! Du bist ein Künstler, ein Poet, bist ein Heide ... Deine Moral ist die Kunst, Dein Gott ist die Kunst, und die Kunst ist des Teufels. Dein Element ist das Feuer. Schlimm genug, wenn Du in diesem Elemente nicht leben kannst; aber Du stirbst, wenn Du es verläßt.

Roswein. Ich werde es verlassen, Chevalier. Ob meine Seele zu schwach oder zu zart ist, das ist gleichgültig; aber ich bin nicht geschaffen für dies Künstlerstreben. Wenn Sie wüßten, was ich leide in diesem tollen Strudel, Sie wären der Erste, der mir die Hand böte, mich herauszuziehen.

Carnioli. Aber, Christi Blut! mein lieber Junge, Du beklagst Dich, daß die Braut zu schön ist. Das Uebermaß Deiner Empfindlichkeit ist es ja eben, was Dich über den gemeinen Troß erhebt ... u. s. w. u. s. w.

Wir brechen diese mit großem Schwung und wunder= voller Laune geschriebene Scene, in der Carnioli alle Gründe, die sich gegen die Ehe eines Künstlers aufbringen lassen, er= schöpft, hier ab, um aus der vorhergehenden Unterredung

Rosweins mit dem alten Sertorius wenigstens Einiges an=
zuführen, einmal, weil die Worte, die hier den jungen Künst=
lern zugerufen werden, wahrhaft goldne Worte sind, wie sie
nur leider allzu selten aus Feuillets Munde kommen, und
zweitens weil diese Scene beweist, daß Feuillet in seiner
Sphäre sehr wohl das nothwendigste aller dramatischen Ta=
lente besitzt, das Talent: beide Seiten der Medaille zu zeigen.

Der alte Lehrer Rosweins, Sertorius, spricht: „Ja,
André, wenn Du nicht wie so Viele nach einer kurzen, glanz=
vollen Nacht aus der Sphäre der Kunst verschwinden willst,
wenn Du nicht willst, daß Dir mitten im Laufe der Athem
ausgehe, wenn Du Deine heilige Last bis zum Gipfel tragen
willst — bezähme Dein Herz und ordne Dein Leben! Ein
entnervter Körper kann nur einem gefallenen Geiste zur Woh=
nung dienen. Wähne nicht, junger Mann, in der Aufregung
der Unordnung, in dem wüsten Taumel der Sinne, in der
krankhaften Ueberreizung der Leidenschaften eine wirkliche,
dauerhafte Begeisterung zu finden. Erinnre Dich, daß die
Alten, unsre Lehrer, nur einen Namen hatten für Tugend
und Kraft, nur einen Ausdruck für Ordnung und Schönheit!
Erinnre Dich, daß sie in ihren tiefsinnigen Allegorien die
Musen keusch und die Venus zu einer Idiotin machten. Wohl
kenne ich sie, die Gefahren, die Dich erwarten; die Versuchun=
gen, denen das fieberhafte Leben des Künstlers ausgesetzt ist,
die Gifte, die ohne Unterlaß in sein stets erhitztes Blut
träufeln. Aber, André, da Gott einmal die zwei Quellen
mehr als irdischen Genusses: die Empfindung des Schönen
und die Wollust des Schaffens, in Deinem Busen erschlossen
hat, — wenn Du nun doch nicht die Kraft besitzest, den
Becher, in welchem Dir der schnöde Trank gemeiner Lust
geboten wird, von Deinen Lippen zu stoßen — so bist Du
ein Elender — und Du bist verloren. Ob Dir der Tod
oder der Wahnsinn die Reue über ein verfehltes Leben ab=
kürzt, ob Du den Haufen der neidischen, traurigen Gesellen,
die sich in den Coulissen und Ateliers umhertreiben, um am
Abend in der Kneipe die großen Männer zu spielen, ver=
mehrst — gleichviel — Du bist verloren. Noch einmal, André:
bezähme Dein Herz, regle Dein Leben! damit ist Alles gesagt."

Daß so die andere Seite der Frage zur Sprache ge=
bracht wird, und zwar durch den Mund eines Mannes, der
über den Parteien steht — denn der alte Sertorius weiß in

diesem Augenblicke noch nichts von Rosweins Liebe zu seiner
Tochter, — ist ein Zug, der das tragische Interesse, welches
durchaus eine erschöpfende Diskussion des Für und Wider
verlangt, bedeutend erhöht, und den Feuillets Stück nach un=
serer Meinung vor dem Goethe'schen voraus hat. Im Clavigo
wird lange nicht genug hervorgehoben, daß auf der Seite
Mariens nicht nur das Recht im gewöhnlichen Sinne, son=
dern auch die Vernunft ist, und daß Clavigo nicht blos eine
unmoralische, sondern auch eine thörichte Handlung begeht.
Dazu kommt, daß bei Feuillet der Held seine Liebe zu einem
guten, liebenswürdigen Mädchen nicht blos einem mehr oder
weniger frevelhaften Ehrgeiz und einem ebenso wenig zu ent=
schuldigenden Leichtsinn, sondern vielmehr einer neuen Liebe,
der Liebe zu einer Frau, wie sie der sinnlich erregbaren
Künstlernatur nur zu gefährlich ist, opfert. So können wir
ihn bemitleiden, ohne ihn, wie den Clavigo, geradezu ver=
achten zu müssen. Die Dalila endlich, oder wie wir sagen
Delila, die dem armen André, der übrigens, nebenbei gesagt,
durchaus kein Simson ist, die Locken seiner moralischen und
künstlerischen Kraft abschneidet, — die Prinzessin Leonora ist
vortrefflich gezeichnet — dämonisch=lieblich und tödtlich=schön,
wie die Meduse Rondanini — so lieblich und schön, daß
selbst dem kalten Leser ein Grauen ankommt vor dieser ver=
führerischen Teufelin, und er den armen Sünder nicht steini=
gen mag um eines Vergehens willen, zu dem die Verführung
so verführerisch war.

Die übrigen Lustspielchen, wie Le pour et le contre,
le fruit défendu, la partie de Dames ꝛc. sind zum größeren
Theil allerliebste Bluetten, die aber zu keiner eingehenden
Besprechung hinreichenden Stoff bieten. Der Roman, welcher
nun folgt, Le roman d'un jeune homme pauvre, bleibt hin=
ter La petite Comtesse ziemlich weit zurück. Zwar ist es
noch dieselbe Grazie der Form, dieselbe Sauberkeit der Aus=
führung, aber es sind auch wieder dieselben Personen, und
die Erfindung erscheint noch dürftiger, als sonst. Auch ist
die Lösung des Problems, wie ein verarmter junger Edel=
mann die Tochter und Erbin eines steinreichen Roturiers hei=
rathen kann, ohne seine Ehre zu compromittiren, nicht eben
sehr geistreich. Er hat in einem Augenblick der Aufregung
geschworen, die Dame, die ihn übrigens liebt, nicht eher hei=
rathen zu wollen, als bis er so reich ist wie sie, oder sie so

arm wie er. Da es nun dem Autor allzu weh thut, seine
Heldin den heroischen Entschluß, ihren Reichthum zu ver=
schenken, wozu sie nicht übel Luft hat, ausführen zu laffen,
und da der Held, welcher ein sehr moralischer junger Mann
ist, sein stolzes Wort nicht brechen darf, die Lefer aber doch
offenbar in Verzweiflung geriethen, wenn die Beiden troß
alles Lamentirens sich schließlich doch nicht „kriegten," so muß
einer alten Dame, die mit dem jungen enterbten Ritter in
einer nur ganz zufälligen Verbindung steht, zur rechten Zeit
eine ungeheure Erbschaft in Spanien (sehr bezeichnend!) zu=
fallen und die Gute ebenso zur rechten Zeit sterben, um ihm
ihre spanischen Schlösser vermachen zu können. Jeßt hat er
eine Million — sie hat eine Million, macht zwei Millionen
— die jungen Leute können sich heirathen.

Feuillet hat sich hier der bekannten Weise der französi=
schen Dichter, ihren Lesern die unwahrscheinlichsten Dinge mit
der ruhigsten Miene von der Welt aufzutischen, stammver=
wandtschaftlich angeschlossen. Dasselbe thut er auch sonst noch
oft genug. In der „Dalila" bringt Roswein der Prinzeß
Leonora ein Taschentuch, das sie ihm mit ihrem Bouquet zu=
geworfen, um Mitternacht auf ihre Villa. Er läßt sich mel=
den; er wird angenommen. Daß die Dame dabei erwähnt,
wie ihr die Zeit des Besuchs nicht ganz schicklich gewählt zu
sein scheine, macht die Sache wo möglich noch schlimmer. In
la Crise reißt ein vielbeschäftigter Arzt, der im Anfang aus=
drücklich versichert, höchstens zwei Stunden Zeit zu haben,
blos um einer hübschen Dame zu gefallen, wie er geht und
steht, mit ihr aus der Stadt fort, bleibt acht, vierzehn Tage
auf dem Lande, ohne sich um seine armen Patienten mehr zu
bekümmern, wie ein Adler um Maikäfer. Dergleichen grobe
Zeichnungsfehler fallen bei Feuillet um so mehr auf, als sie
in einem seltsamen Widerspruch mit seiner bis in die kleinsten
Details sorgfältigen Malerei stehen. Zum Theil finden diese
Verstöße in der leidigen, bei ihm sehr beliebten Manier, in
Briefen und Tagebuchblättern zu erzählen, ihre Erklärung,
wenn auch nicht Entschuldigung. Natürlich, wenn der Held
handeln und denken und zugleich Buch über seine Handlun=
gen und Gedanken führen soll, so müssen daraus die wun=
derlichsten Dinge entstehen. Da kann es ihm z. B. begeg=
nen, daß er sich (wie im Jeune homme) den linken Arm
bricht, und mit dem rechten schreiben muß, daß er sich den

linken gebrochen hat; oder einem Freunde berichten muß, daß seine Geliebte soeben im Nebenzimmer stirbt (wie in der Petite comtesse). Uebrigens ist es sehr begreiflich, weshalb gerade Feuillet dieser Art zu erzählen den Vorzug giebt. Seine Erfindungsgabe ist, wie wir gesehen haben, nicht eben bedeutend. Da ist es ihm nun sehr bequem, stets selbst auf der Bühne zu bleiben, um, wenn es mit seinen Acteurs nicht recht fort will, das Publikum durch mehr oder weniger geist= reiche Betrachtungen in Form von Parabasen zu unterhalten. Diese Subjectivität, die ihn wie alle nicht im eminenten Sinne dichterische Naturen fortwährend nöthigt, hemmend in den raschen Gang der Handlung einzugreifen, verleitet ihn sogar, selbst in die Schauspiele Tagebuchblätter einzuschmuggeln. So kommt es, daß die Novellen halbe Schauspiele, und die Schauspiele halbe Novellen werden, in denen die Scene bald in einem Boot, bald in einem Wagen und überhaupt stets da ist, wo es dem Autor gerade paßt.

Bis hierher haben wir unsern Dichter auf seiner Lauf= bahn mit einer Achtung, welche man dem Talente nie versagt, und einer Sympathie, welche seine mannigfachen liebenswür= digen Eigenschaften rechtfertigen, begleiten können. Nach dem zuletzt genannten Werke aber tritt eine Wandlung mit ihm ein, die freilich auch ebenso gut oder besser ein neues und nothwendiges Stadium seiner dichterischen Laufbahn genannt werden kann. Feuillet hatte sich von seinem ersten Auftreten an als ein ächtes Kind seiner Zeit gezeigt, behaftet mit den vielen Schwächen und den mancherlei Vorzügen der Zeit: frivol, skeptisch, eitel, gefallsüchtig, aber auch anmuthig, ge= wandt, geistvoll und nicht ohne Herz und Sinn für das Gute und Edle. Es war vorauszusehen, daß ein so biegsamer und schmiegsamer Geist sich niemals in der Opposition befinden, niemals durch die Kraft und Leidenschaft des Propheten, des Reformators überraschen, vielmehr stets auf der Seite des gerade herrschenden Princips stehen und der Herold und Ver= künder des gerade herrschenden Princips sein würde. Die Dichter von dem Schlage Feuillets müssen nun einmal mit dem großen Strome schwimmen, wenn sie sich überhaupt über Wasser halten wollen. Wohin sie der Strom führt, dahin stellen sie ihre Segel. Ist der Strom gnädig und hält sie in der Mitte fest, wo er tief und klar ist, so giebt's ein gar hübsches Schauspiel — das schwanke Schifflein mit den lustig

flatternden Wimpeln; wälzt der Strom aber trübe, ſchlammige
Waſſer, die brauſend über Untiefen und Klippen rauſchen —
dann iſt das ſchaukelnde, hülfloſe Ding ein gar kläglicher
Anblick.

Feuillet nun hat das Unglück gehabt, mit ſeinem Talente
in eine Entwickelungsphaſe ſeiner Nation hineinzuwachſen, die,
wie ſelten eine, geeignet iſt, ein hübſches Talent zu ruiniren.
Man kann ohne Uebertreibung ſagen, daß Feuillet, der Dich=
ter, an dem Imperialismus zu Grunde gehen wird, vielleicht
ſchon zu Grunde gegangen iſt, und wollten die Götter, der
Imperialismus hätte keine ſchlimmeren Sünden auf dem Ge=
wiſſen! Freilich, ein widerwärtiger Anblick iſt es immer,
wenn die Geiſtbegabten, wenn die, welche durch Seelenadel,
Bewußtſein des Talentes, durch die Achtung vor ſich ſelbſt
und vor dem Richterſtuhle der Zeit doppelt und dreifach ver=
pflichtet ſind, den Wagen des Götzen ruhig an ſich vorüber=
ziehen laſſen, ſich in den Staub des Weges werfen, und mit
der Stirne, die immerbar zum höchſten Ideal emporgerichtet
ſein müßte, den Staub des Weges berühren, und leider ge=
ben uns nur zu viele Schriftſteller des heutigen Frankreichs
dies häßliche Schauſpiel. Ihre Werke tragen in unverkenn=
barer Weiſe einen und denſelben Stempel, den wir, in Er=
mangelung einer anderen Bezeichnung, den Stempel des
Imperialismus nennen möchten. Nicht alle charakteriſtiſchen
Eigenſchaften der ſo abgeſtempelten Werke haften an der Ober=
fläche; im Gegentheil findet man einige nur durch eine ſorg=
fältige Analyſe; die meiſten freilich liegen ſo plump und frech
da, daß auch das unbewaffnete Auge ſie noch bequem erken=
nen kann.

Das Hauptkennzeichen iſt', daß bei Werken dieſer Art
der Schwerpunkt des Intereſſes, welches ſie erregen, nicht in
ſie ſelbſt, ſondern in das Verhältniß fällt, in welchem ſie zu
der actuellen politiſchen Situation, genauer noch: zu dem für
den Augenblick ausgegebenen Mot d'ordre ſtehen; und daß,
welche proteiſche Kunſt der Vermummung auch angewandt
wird, immer die Glorification des Kaiſerthums des Pudels
Kern iſt.

Die beiden Werke Feuillets, die noch zu beſprechen blei=
ben, „Sibylle" und „Montjoye," ſind nun ganz offenbar
und unleugbar in dem obigen Sinne imperialiſtiſch abge=
ſtempelt.

Die Heldin des erstgenannten Werkes, eines Romans, ist ein junges, schönes und (was sich bei Feuillet eigentlich von selbst versteht) unermeßlich reiches, unsäglich liebenswür= diges Mädchen, von einer so absonderlichen Frömmigkeit, daß sie es nicht über das Herz bringen kann, ihren Geliebten, einen (im Feuillet'schen Geschmack) durchaus edlen Charakter zu heirathen, weil er aufrichtig genug ist, zu bekennen, daß er nicht an einen geoffenbarten Gott glaube. Da die jungen Leute nun sich viel zu sehr lieben, als daß sie ohne einander leben könnten, der Dichter aber (der sich durchweg auf den Standpunkt seiner Heldin stellt) eine so unheilige Ehe nicht einzusegnen vermag, so bleibt ihm nichts übrig, als die Sache so einzurichten, daß das Liebespaar sich eines Nachts im Walde verirrt, die Heldin sich dabei ein Sumpffieber holt, und ihr Geliebter, in der Raserei der Verzweiflung, am Lager der Sterbenden zum Apostaten des Wissens und Neophyten des Glaubens wird. Nun kann der Priester, der zugegen ist, wenigstens beten: „Lieber Gott, Gott der Liebe! Du weißt, wie sehr sie sich geliebt — und wie sehr sie gelitten haben! — Mögen diese beiden Seelen, die einander so würdig sind und welche Du jetzt trennen willst, eines Tages in der Ewigkeit vereinigt werden! Und segne Du, was ich in Deinem Namen verspreche."

Man traut seinen Augen kaum! Ein Gott der Liebe, der zwei gute, einander würdige Seelen, die sich sehr lieben, trennen, aus höheren theologischen Rücksichten trennen muß, um sie, nachdem sie sich (oder genauer: er sie) zu Tode ge= quält, hinterher in einem mystischen Jenseits zu vereinigen — einen solchen Nonsens wagt ein Dichter in der Sprache Molière's, Rousseau's und Voltaire's zu plaidiren, ohne fürchten zu müssen, von der Bühne heruntergezischt zu wer= den! Was soll man von einem solchen Publikum, was soll man von dem Dichter sagen? besonders von dem letzteren! Ist es wahrscheinlich, ist es auch nur denkbar, daß der bla= sirte Liebling der Salons, der freilich Zeit seines Lebens die Dame Ehrbarkeit feierlich am Arm geführt, aber noch jedes Mal verständnißinnig mit den Augen gezwinkert hat, wenn die Dirne Frivolität ihn im Vorüberhuschen mit dem Ell= bogen streifte, wirklich und allen Ernstes unter die Frommen gegangen ist? daß es wirklich seine wohlerwogene feste Ueber=

zeugung ist: nicht der Edelmuth des Herzens, ein klarer Verstand, eine aufrichtige, tiefe Liebe, sondern die officielle kirchliche Gläubigkeit sei die einzig unerschütterliche Basis einer glücklichen Ehe! — Ist dies denkbar?

Schwerlich! und wahrscheinlich würde Niemand eine solche Zumuthung, wenn man sie ihm in purem Ernst machte, so lächerlich finden, wie der Dichter selbst. Im Grunde glaubt auch das Publikum (wenigstens der einigermaßen verständige Theil desselben) nicht an diese Farce. Für wen also wird sie eigentlich aufgeführt? und warum findet sie dennoch eine solche Beachtung, daß binnen wenigen Wochen drei, vier Auflagen des Buches nöthig werden? Dazu kommt, daß der Roman — wie das bei allen Werken der Fall ist, auf denen der Fluch des Abfalls von dem Geiste der Wahrheit ruht — trotz der sauberen Zeichnung der Charaktere, trotz der nicht geringen Kunst der Composition, trotz der Feinheit der Sprache nicht blos ein verkehrtes, verfehltes, kindisches, sondern auch im eminenten Sinne langweiliges Buch ist — und dennoch! dennoch!

Hier giebt es nur eine Erklärung. Das Publikum kennt sehr wohl des Dichters intime Relation zum Hofe, das Publikum weiß, daß eine gewisse hohe, durch ihre Frömmigkeit ausgezeichnete Dame den Dichter mit ihrem ganzen Wohlwollen beehrt. Wie ist es anders möglich, als daß die hohe Dame den tiefsten Abscheu vor der Fanny- und Mogador-Literatur hat? daß die Demi-monde ihr ein Scheuel und Gräuel ist? daß sie den ihr ergebenen, von ihr bevorzugten Dichter bittet, diesem Gräuel ein Ende zu machen, dem verblendeten Volke zu zeigen, wie eine wahrhaft schöne Seele denkt, fühlt? daß sie den Dichter bittet, einen Roman zu schreiben, den auch les jeunes demoiselles lesen können, einen Roman, in welchem die Heldin so sanft, so gut, so wohlthätig, so rein, so strenggläubig ist, wie — nun ja, wie die Dame, die wahre Dame sein muß, wie die Auftraggeberin gern zur größeren Ehre Gottes in den Augen des süßen Pöbels erscheinen möchte.

Angenommen nun, Feuillets „Sibylle" wäre dieser Roman, so ist es doch selbstredend, daß derselbe kein gewöhnlicher Roman ist, sondern vielmehr ein Manifest, eine (und noch dazu bestellte) Predigt, ein Glaubensbekenntniß, ein allerhöchstes pikantes Glaubensbekenntniß, hinter dem, wer

weiß was, stecken mag, und das man also lesen muß, auf
alle Fälle lesen muß!

Oder man denke sich folgenden Fall.

In dem intimen Cirkel, welchen eine allerhöchste Person
um sich versammelt, und zu dem auch unser Dichter zugelassen
zu werden die Gnade hat, kommt die Rede unter anderem
auf den Hauptvorwurf, welchen alberne Ideologen dem
Imperialismus machen, nämlich, daß er die materialistische
Richtung der Zeit entschieden begünstige, ja daß er die wahre
Incarnation eben dieser Richtung sei. Im Grunde seines
Herzens ist nun freilich ein Jeder in dem Kreise überzeugt,
daß dieser Vorwurf eigentlich gar kein Vorwurf, daß, wer
sich ein großes Vermögen machen oder einen Thron erobern
kann, und aus diesen oder jenen Gewissensskrupeln davon ab=
steht, ein Narr oder ein Feigling, oder Beides ist — aber
in den Augen der großen Menge, die — glücklicherweise! —
noch immer an jenen Gewissensskrupeln laborirt und eben
deshalb ewig die große Menge bleiben wird, ist eine solche
üble Nachrede immer unbequem, und wenn es ein Mittel
gäbe, den bösen Leumund zum Schweigen zu bringen — denn,
sehen Sie, meine Herren, die Moral, die öffentliche Moral!
man muß sie begünstigen, öffentlich begünstigen! Unsere Li=
teratur ist zu frivol geworden. Wir müssen eine moralische
Literatur schaffen; gerade von uns muß auch nach dieser Seite
hin eine neue Aera datiren. Sie (meine Herren von der
Feder) müssen rühriger sein, obgleich ich gern und dankbar
anerkenne, daß Ihr Talent sich in einigen Fällen bewährt hat.
Die Geschichte der schönen Seele, die uns neulich unser Freund
hier erzählte, war trefflich, rührend; nur sollte er uns auch
die andere Seite der Medaille zeigen, neben den Engel den
Teufel malen, eine Vogelscheuche für die Spatzen, einen hart=
gesottenen Sünder, einen Börsenspeculanten natürlich, wie ihn
sich der Pöbel denkt, „einen jener freien und starken Geister,
an denen dies Jahrhundert keinen Mangel hat — für den,
mit Ausnahme der großen Moral, der Moral des Erfolges,
Alles unter der Sonne Aberglaube, Dummheit, Vorurtheil
ist! Gerechtigkeit, Ehre, Gewissen, Gott — poetisches Larifari
und Kinderei, vorausgesetzt, daß das positive Gesetz, daß die
Polizei sich keinen Einspruch erlaubt! — Die Einfältigen und
Schwachen stolpern mühsam auf der rauhen Straße des Le=
bens vorwärts, denn bei jedem Schritte werden sie durch

irgend einen Scrupel, durch irgend eine Regung des Herzens
oder Gewissens aufgehalten. — Die Starken überholen sie
während dessen, treten sie in den Staub und gelangen an's
Ziel! Die Schwachen fühlen ihre Augen sich feuchten, und
ihre schlimmsten Leidenschaften entschwinden bei dem bloßen
Gedanken an ihre Mutter, ihre Frau, ihr Kind. — Die
Starken würden ihren Ehrgeiz, ihr Vergnügen verfolgen, und
ginge ihr Weg über den Leib ihres Vaters, über die Ehre
ihrer Tochter! — Ein Wort, ein Ruf, ein Stück zerrissener
Seide macht das Herz der Schwachen schlagen und sie stürzen
sich in den Tod für ihren Glauben, für ihr Vaterland, wäh=
rend die Starken die öffentliche Gefahr zum Gegenstand ihrer
Speculationen machen und auf Hausse manövriren in dem
Augenblick, wo der Staat zu Grunde geht! — Das ist unser
heutiges Geschlecht! — Nun wohl, sei glücklich! — Was
mich betrifft, so will ich lieber verhungern, als die Freuden
und den Ruhm der Welt um einen solchen Preis erkaufen,
verhungern in dem Schmutz des Rinnsteins — den Himmel
über mir — und in mir, in meinem Herzen, ein Stück Glaube
und Hoffnung!" —*)

Bringen Sie uns das in ein Schauspiel! Das muß
wirken. Und vergessen Sie nicht, ein wenig hervorzuheben,
wie der Imperialismus, weit entfernt, dergleichen Miasmen
zu erzeugen, im Gegentheil die Atmosphäre reinigt; wie wohl=
thätig für einen überfüllten, hypertrophischen Körper der Ge=
sellschaft ein kleiner Aderlaß ist, wie nervenstärkend so ein
gesunder Krieg — Blut und Eisen, Magenta und Solferino
— ich denke, Sie wissen jetzt, wie ich das Ding angefaßt
sehen möchte. —

Wenn Feuillets Schauspiel „Montjoye" nicht auf diese
Weise entstanden ist, so hätte es doch so entstehen können.
In der That ist an diesem Stücke die Genesis, der intime
Zusammenhang, in welchem dasselbe mit dem herrschenden
Regime steht, der Eifer, mit welchem es für die Beglückungs=
theorien des Napoleonismus Propaganda zu machen sucht,
das einzig Interessante. Im Uebrigen ist es ein langweiliges
Stück in fünf langen, sich mühselig hinschleppenden Acten,
voller Unwahrscheinlichkeiten, Uebertreibungen, voller plumper
Contraste, verdächtiger Effecte und nicht minder verdächtiger

---

*) Montjoye. IV. 10.

Moral, ganz im Charakter des Genre, welches Schiller für
ewig mit dem bekannten Distichon gebrandmarkt hat.

Es ist nur zu begreiflich, daß, wenn in einem Staate
Vieles faul ist, der Athem seiner Dichter schwerlich ganz rein
sein kann; nur zu begreiflich, und doch wie traurig, wie de=
müthigend, wie entmuthigend! Ist nicht der babylonische
Thurm der modernen Cultur, an dem wir Alle bauen, so
riesig in die Breite und Höhe gewachsen, daß kein Einzelner
mehr das Ganze zu überschauen vermag, daß keiner mehr
recht weiß, was sie drüben schaffen, und ob auf der andern
Seite nicht ebenso viel wieder einfällt, als hier gebaut wird,
daß jeder Handwerker nur noch seine allernächsten Nachbarn
kennt? Wer soll denn nun in uns, den Handwerkern, das
Gefühl der Gemeinschaft, der Brüderlichkeit, ohne das zuletzt
doch Alles in's Stocken geräth, wach erhalten, wenn nicht
der Dichter? Dies Gefühl zu wecken, wo es schläft, es wach
zu erhalten, wo es lebendig ist, war von jeher sein schöner
Beruf und ist es heute mehr als je. Er soll uns den trüben
Gedanken, daß all unser Wissen und Schaffen doch nur Stück=
werk sei, durch seine Melodien verscheuchen, er soll uns die
verlorne Harmonie der Seele wiedergeben. Er soll uns, die
wir uns in den Widersprüchen des Lebens wie in tückischen
Schlingen fangen, die wir an Hemmnissen aller Art, welche
wie Schlagbäume unsern Weg versperren, die Hände blutig
ringen — mächtig ergreifen und mit sich hinauftragen in eine
Höhe, von der herab des Königs Scepter und des Bettel=
manns Stab gleicherweise nur als Insignien menschlicher Ge=
brechlichkeit erscheinen, und aller Erdenjammer nur wie blaue
Schatten, die über eine sonnenhelle Landschaft jagen. Er
soll sich mit den Zöllnern und Sündern zu Tisch setzen und
durch gute, mitleidsvolle, tröstende Rede ihr bitteres Sclaven=
mahl versüßen, daß ihnen ist, als speisten sie aus goldenen
Schüsseln an der Tafel der ewigen Götter; und in den Prunk=
saal des Tyrannen soll er treten, und an die Marmorwand
geheimnißvolle, fürchterliche Worte schreiben, daß dem Herrn
über Leben und Tod graut vor seiner eignen Herrlichkeit.
Das soll der Dichter, das thaten die Dichter, die großen
Meister der herrlichen Kunst, denen die dankbare Menschheit
einen Platz in ihrem Pantheon anwies!

Wollen wir damit gesagt haben, daß wir nur die Geistes=
riesen, von denen in Jahrhunderten einer unter uns aufsteht,

in diesem Pantheon sehen mögen, und alle Anderen ohne Weiteres zu den Todten werfen? Keineswegs. Die Breite des Lebens mit heiterem Auge zu überschauen, gestattete nur Wenigen ein günstiges Geschick, und nicht vielen ward die dämonische Divinationsgabe, der ein Knochensplitter genügt, aus ihm das ganze Skelet zu construiren. Es giebt auch Andere, bei deren Geburt sich diese oder jene Fee nicht ein= gestellt hatte, Andere, von denen Einer singt:

> Jeté sur cette boule,
> Laid, chétif et souffrant,
> Etouffé dans la foule,
> Faute d'être assez grand —

und doch sprechen wir ihre Namen mit Ehrfurcht und Liebe aus, und doch nennen wir sie Poeten. Warum? Weil sie den Mittelpunkt, in welchen zuletzt alle Radien führen: das Herz des Menschen zu treffen mußten; weil ihnen troß des kleinen Kreises, den ihr Auge übersah, die große Wahrheit aufgegangen war, daß alles Vergängliche nur ein Gleichniß ist; weil sie sich nicht irren ließen durch den Maskenscherz des Weltgeistes, des ewig gleichen, der sich hinter die Dinge steckt, die ewig wechselnden; weil sie überall dem geheimniß= voll=offenbaren Gedanken der Gott=Natur nachspürten, bis sie ihn fanden, und sich an ihm durchglühten und mit sich ihre Menschenbrüder.

Und Octave Feuillet dringt nur sehr selten bis zum Centrum, bis zum Herzen; fast immer hält er die Maske für das wahre Angesicht, nur zu oft zeigt er eine kindische Freude an den bunten Lappen, mit denen der nackte Leib ver= hüllt ist. Er kann sich nicht mit den Sündern zu Tisch setzen, wenigstens nicht mit den armen Sündern, denn er weiß gar nicht, wo sie wohnen; dafür darf er aber der Protection sehr reicher — Leute gewiß sein. Will Octave Feuillet lieber für den Hof als für sein Volk schreiben — wohl! Jeder sehe, wo er bleibe! aber er bedenke auch, daß Niemand zweien Herren dienen, und daß eine Kaiserin zwar Vieles verleihen kann, aber nicht — die Unsterblichkeit.

Affaire Clémenceau.

1867.

Für den denkenden Freund der Literatur ist es eine zwei= fellos erfreuliche Thatsache, daß der moderne deutsche Ro= man sich ehrlich bemüht, seiner Aufgabe gerecht zu werden, die keine andere ist und sein kann, als: ein Bild der Kultur der aktuellen Gesellschaft in großem Maßstabe zu geben, oder, in Shakespeare's Worten zu sprechen: „dem Jahrhundert und Körper der Zeit den Ausdruck seiner Gestalt zu zeigen." Ob diese redlichen Bemühungen von dem wünschenswerthen Er= folg gekrönt sind, oder, wenn dies nicht der Fall ist, wie weit man noch von dem erstrebten Ziele hält — das sind Fragen, die der Eine so, der Andere anders beantworten wird, ohne daß der Werth des Faktums dadurch wesentlich modifizirt erschiene. Genug, daß wir auf dem rechten Wege sind, und daß es voraussichtlich nur eine Frage der Zeit ist, wann eine lebenswerthe Gegenwart vollkommen würdig ge= schildert werden wird.

Wesentlich anders ist der Stand der Dinge bei unseren Nachbarn, den Franzosen. Von der hohen Warte, die unsere Dichter erklimmen müssen, um für die mächtigen Dimensio= nen der deutschen Kulturarbeit die großen Perspectiven zu finden, ist für den Franzosen nicht die Rede; von dem Eifer, mit welchem unsere Dichter alle Ecken und Winkel des Va= terlandes durchforschen, um für die neue Einrichtung unserer Zustände alles noch irgend Brauchbare und Passende heran= zuziehen und zu sichern, weiß der Franzose nichts; oder der= jenigen, welche solche Tendenzen verfolgen, sind doch nur äußerst wenige. Eugène Sue und noch mehr seine Nachfol= ger haben in ihren Romanen die Ventilation der socialen Fragen wesentlich zu ganz verwerflichen Zwecken benutzt; George Sand in ihren Dorfgeschichten und Kulturromanen ist fast ohne Nachfolger geblieben, und von dem neuesten bedeutenderen Versuch in dieser Richtung: den „Misérables"

des Victor Hugo kann man viel Gutes eben auch nicht sa=
gen. Die Unfähigkeit des Autors, bei der Sache zu bleiben,
seine unausrottbare Neigung zu dem Fratzenhaften, Unge=
heuerlichen, Unmöglichen machen das Buch, in den Augen
des Kunstsinnigen wenigstens, zu einem gänzlich verfehlten
Werke. Man hat bei demselben und bei ähnlichen Büchern
immer das Gefühl, als ob der Franzose, sobald er von dem
Macadam der Pariser Boulevards herunterkommt, sofort in's
Bodenlose der Fieberphantasien versinken, oder auf den Sand
der trostlosesten provinzialen Langeweile gerathen müsse, wie
sie Balzac in seinen Illusions perdues, oder Flaubert in
seiner „Madame Bovary" so meisterhaft schildern.

Der Grund davon ist unschwer zu finden. Er liegt in
der Thatsache, daß sich alles geistige Leben Frankreichs in Paris
concentrirt hat, oder doch wenigstens von Paris seine Anre=
gung, das Mot d'ordre empfängt. Es ist dies dieselbe straffe
Centralisation auf dem Felde der Wissenschaft, der Literatur,
der Kunst, die auf dem Gebiete der Verwaltung in Frank=
reich bekanntlich zur höchsten Höhe getrieben ist, und hier wie
dort die traurigsten Folgen hat, Folgen, welche die erleuchte=
ten Köpfe der Nation mit den ernstesten Besorgnissen für
die Zukunft ihres Landes erfüllen. „Ehemals," ruft Feuillet
in seinem neuesten Werke,*) „ehemals gab es zwischen dem
Rhein (sic!), den Alpen und den Pyrenäen ein großes Land,
welches nicht blos durch seine Hauptstadt, sondern auch durch
sich selbst lebte, dachte, handelte. . . . Es hatte einen Kopf
ohne Zweifel, aber es hatte auch ein Herz, Muskeln, Ner=
ven, Adern, — und Blut in den Adern, und der Kopf ver=
lor nichts dabei! Es gab ein Frankreich! Die Provinzen hat=
ten eine allerdings untergeordnete, aber wirkliche, thätige,
unabhängige Existenz. Jedes Gouvernement, jede Intendanz,
jedes parlamentare Centrum war ein Heerd lebendiger In=
telligenz. Die großen provinzialen Institutionen, die lokalen
Freiheiten übten die Geister, stählten die Charaktere und bil=
deten Männer. Wenn das Frankreich von ehemals centrali=
sirt gewesen wäre, wie das Frankreich von heute, niemals
würde eine Revolution stattgefunden haben, niemals! denn es
hätte keine Männer gegeben, sie zu machen. Woher, frage
ich, kam jene bewunderungswürdige Auswahl vom Kopf bis

---

*) Mr. de Camors par O. Feuillet. 3. èdition p. 134 ff.

zum Fuß bewaffneter Intelligenzen und heroischer Herzen, welche die große Bewegung von 89 plötzlich an's Licht brachte? Rufen wir uns in das Gedächtniß die berühmtesten Namen jener Zeit: Rechtsgelehrte, Redner, Soldaten! Wie viele aus Paris? Alle kamen sie aus der Provinz, aus dem frucht= baren Schooße Frankreichs. . . . Auf dem Punkte, bis zu welchem unsere, der Macht und des Ansehens entkleideten provinzialen Funktionen heute herabgedrückt sind, sowohl in der administrativen, wie in der juristischen Sphäre, sind sie nicht mehr, wie ehemals, Mittelpunkte des Lebens, des Wett= eifers, der Aufklärung; Schulen für den Bürger, Ringplätze männlichen Geistes; . . . sie sind nur noch seelenloses Räder= werk . . . aber weshalb uns beklagen! Uebernimmt es nicht Paris, für uns zu leben, zu denken? Würdigt es uns nicht, jeden Morgen, wie einstens der Römische Senat der suburba= nischen Plebs, uns unsere Nahrung für den Tag hinzuwer= fen, Brod und Vaudevilles, panem et circenses! — Ja, das ist die Gegenwart nach solcher Vergangenheit, das ist das Frankreich von heute! . . . Eine Nation von vierzig Millionen Seelen, welche jeden Morgen von Paris das Losungswort erwartet, um zu wissen, ob es Tag oder Nacht ist, ob es lachen oder weinen soll! Ein großes Volk, einst das edelste, das geistreichste der Welt, das in einem Chore an demselben Tage, zur selben Stunde, in allen Salons, in allen Winkeln denselben albernen Bummelwitz wiederholt, der den Tag vorher aus dem Koth der Boulevards erblüht ist! Nun wohl! ich sage, daß dies entwürdigend ist, daß Europa darüber die Achseln zuckt, daß es schlecht und ver= derblich ist, auch für Paris, welches sein Glück berauscht, welches seine Ueberfülle erstickt, und welches in seiner stolzen Vereinsamung, und in dem Götzendienst seiner selbst etwas wird, das dem Chinesischen Reich ähnlich ist, dem Reich der Mitte . . . der Heerd einer überhitzten, verdorbenen, kindi= schen Civilisation.*)

.

---

*) Es verdient bemerkt zu werden, daß diese glänzende und kühne Diatribe gegen die Centralisation ausläuft in einen Anruf an — den Kaiser, der diesem schmachvollen Zustand ein Ende machen soll, und dem der schönste Lohn für das „große und nicht gefahrlose" Werk verheißen wird, wenn er sieht, „wie Frankreich, gleich dem Lazarus, sich aus seinen Umhüllungen und aus seinem Schweiß=

Wenn Feuillet hier hauptsächlich auf die politischen In=
konvenienzen der bis zum Aberwitz getriebenen Centralisation
zielt, so sind die Nachtheile, welche der Literatur aus diesem
Zustand der Dinge erwachsen, in ihrer Art nicht minder groß;
sind um so größer, je weniger leicht die freie Kunst eisernen
Zwang erträgt. Muß es nämlich schon als ein Unglück für
die französische Literatur betrachtet werden, daß alle dichteri=
schen und schriftstellerischen Kapazitäten in Paris versammelt
sind, oder mit leidenschaftlicher Energie aus der Provinz nach
Paris streben, so ist es ein noch viel schwereres, daß alle
diese viel zu nahe aneinander gepflanzten Bäume nun auch
ihre Nahrung beständig aus demselben Boden saugen wollen.
Paris und immer wieder Paris — das ist der Schauplatz
in allen diesen Romanen; wenn wir wirklich einmal aus der
heißen, staubigen Atmosphäre der Hauptstadt in die Provinz
oder in's Ausland (meistens Italien) geführt werden, so ist
es, als ob in einem menschenüberfüllten Salon durch ein un=
versehens geöffnetes Fenster die frische Luft hereinströmt.

Und dann, wenn man sagt: Paris sei der Schauplatz,
so darf man darunter auch bei weitem nicht ganz Paris, son=
dern eigentlich nur das verstehen, was der Pariser „tout
Paris" nennt, d. h. die paar Tausend, oder sagen wir: die
Hunderttausend der glücklichen Besitzenden, gleichviel, aus wie
lautern oder unlautern Quellen dieser Besitz fließt: die „schö=
nen Reste" des alten landeingesessenen Adels, die Marquis
der Restauration, die Herzöge und Grafen des alten und neuen
Kaiserreichs, Großwürdenträger, Finanzleute, Banquiers,
Börsenspekulanten, Unternehmer, Armeelieferanten, Schwind=
ler, Roués, Freudenmädchen: die ganze und die halbe Welt
mit einem Worte, und, als gelegentlichen Gegensatz und
Schlagschatten, die Unterwelt, deren legitime Vermittelung
mit der Oberwelt die Polizei freundlich übernimmt.

Aus diesen Kreisen, und aus diesen Kreisen allein, nimmt
der Romandichter seine Stoffe, und wer mag ihm das, wie
die Sachen nun einmal liegen, so sehr verdenken? Abgesehen
davon, daß er selbst, in engerem oder lockerem Verbande, zu
diesen Kreisen gehört, und also am besten schildern zu können

---

tuche erhebt, und ihn begrüßt!!" Es ist wohl unnöthig, über die
tragi-komischen circulus vitiosus, dessen sich die Logik des poetischen
Politikers hier schuldig macht, ein Wort zu verlieren.   A. d. B.

glaubt, was er am intimsten kennt, weiß er nur zu wohl, daß ein Buch, welches „ganz Paris" interessant, charmant, hinreißend findet, auch ganz Frankreich interessiren, charmiren, hinreißen wird: „ganz Paris" aber — in der kindischen Ver= götterung seiner eigenen Herrlichkeit (siehe Feuillet!) — sich für nichts interessirt, als eben — für sich selbst. Ist es nun zum Verwundern, wenn die Sujets der französischen Romane sich zum Ueberdruß und zum Ekel wiederholen, wenn immer und immer wieder — als wäre es ein Schattenspiel an der Wand — dieselben Figuren erscheinen: die legitimistische Marquise aus dem Faubourg Saint Germain, der moderne Börsen= mensch aus der Rue Lafitte, der philosophische Doctor, der im quartier latin „unter dem Dache" wohnt, der Chasseur= Kapitän, der sich das Kreuz der Ehrenlegion in Afrika ge= holt hat, die fameuse Lorette, die das Bois de Boulogne durch den Glanz ihrer Equipage in Aufruhr bringt u. s. w. u. s. w.? Ist es zum Verwundern, wenn der kluge Autor sich den Wünschen und Interessen seines Publikums akkomo= dirt, wenn es ihm viel mehr darauf ankommt, pikant zu sein, als wahr, unterhaltend, als tief; wenn er die Gesellschaft nicht bei der Arbeit aufsucht, wo er sie nicht antreffen würde, sondern beim Genusse, wo er sicher ist, sie zu finden; wenn er der Analyse der großen politischen und socialen Fragen, die sein blasirtes Publikum langweilen und die Regierung beunruhigen dürfte, geflissentlich aus dem Wege geht? und er nun, in Folge dieser feigen, würdelosen Enthaltsamkeit von Allem, was dem Herzen des Bürgers, des Patrioten theuer und heilig ist, Produkte hervorbringt, die den Stempel einer kindisch gewordenen Civilisation auf der flachen Stirn tragen?

Und dieses geistlos ermüdende Wiederkäuen desselben Un= terhaltungsstoffes ist nicht die einzige und nicht die schlimmste Folge der französischen Centralisation auf dem poetischen Ge= biete. Es gehört nicht der Scharfsinn eines gewitzten Pari= ser Autors dazu, um bald herauszufinden, daß, wenn sein Publikum auch immer die gleichen Gerichte haben will, es keineswegs gewillt ist, dieselben immer in der gleichen Form aufgetischt zu bekommen. Es gilt also, zu dem abgestande= nen und überständigen Braten pikanteste Saucen nach neuen, unerhörten Recepten zu erfinden. Und in der That gipfelt das Genie der literarischen Kochkünstler an der Seine in der Mixtur dieser Saucen aus den prickelndsten Ingredienzen.

Ein Gatte, der auf den Liebhaber seiner Frau eifersüchtig ist — wie verbraucht! stellen wir die Sache auf den Kopf und schildern wir den auf den Gatten eifersüchtigen Liebhaber und schildern wir vor Allem seine Leidenschaft als vollkommen legitim! *)

Diese totale Umkehrung aller Ansichten, Begriffe und Verhältnisse, welche die übrige civilisirte Menschheit als die feststehende Basis ihrer Existenz proklamirt hat, ist das große Schema, nach welchem die Mehrzahl der modernen französischen Romane gearbeitet ist. Sonderbarer aber sehr erklärlicher Weise hat man damit nun nichts erreicht, als daß die Monotonie, der zu entfliehen, man so vielen Scharfsinn aufbot, glücklich wieder hergestellt wurde; freilich die Monotonie des Bizarren, Blendenden, Ungeheuerlichen, die aber schließlich eben so langweilig, wo nicht noch langweiliger wird, als die des Hergebrachten, Alltäglichen. Wer mag sich noch für Freudenmädchen, die, wenn man genauer hinsieht, einen Heiligenschein um den Kopf, wer für die biederen Gurgelabschneider, die Herz und Messer an der rechten Stelle haben, für die gefühlvollen Väter, die sich für ihre lieben Söhne zu einem „Mistbeet" machen,**) für die hartgesottenen Börsenmenschen mit dem Veilchenbouquet der Sentimentalität im Knopfloch***) interessiren? Daß Puppen aus Holz und Draht die Beine auf den Rücken nehmen, oder den Kopf unter dem Arm tragen können, ist, Alles wohl erwogen, nicht so übermäßig merkwürdig.

Freilich, wie so oft in menschlichen Dingen, liegt auch hier das Licht dicht neben dem Schatten. Dies Licht, das so manche, sonst leidlich gesunde Augen gegen den inneren Unwerth vielbewunderter, französischer Romane blind macht, ist die unvergleichliche Virtuosität, mit welcher jene Autoren die Oberfläche des Gesellschaftslebens zu schildern verstehen — eine Virtuosität, die sich mit der oben angedeuteten Verschiebung, ja völligen Umkehrung der großen moralischen Gesichtspunkte sehr wohl verträgt. Allerdings auch nur bis zu einer gewissen Grenze, denn schließlich muß die innere Unwahrheit die gefällige, bescheidene, der Wirklichkeit möglichst genau an=

---

*) Siehe die „Fanny" des Feydeau.
**) Siehe den „Giboyer" des Augier.
***) Siehe den „Montjoye" des Feuillet.

gepaßte Form zerstören und sich in unwahrscheinlichen Situationen, unmöglichen Scenen, unsinnigen Handlungen, in falschem Pathos, sophistischen Sentenzen, in tönenden Phrasen Luft machen, gerade so wie einen innerlich hohlen oder verlogenen Menschen der feinste Schliff weltmännischer Manieren, die sorgfältigst gewählte Weise des Ausdrucks auf die Dauer nicht schützen kann. Deshalb kommt es auch, daß uns die letzten Kapitel so manches französischen Romans, den wir bis dahin mit Vergnügen, vielleicht mit Entzücken gelesen hatten, oft so gründlich enttäuschen. Der fürchterliche Schluß nämlich, jene untrügliche Probe des Exempels, bringt jeden unwillkürlichen Rechenfehler und jede geflissentliche Unterschiebung unerbittlich zum Vorschein. Nun soll gerettet werden, was kann, und der Taschenspieler schrickt in seiner Angst, das Kunststück noch zuguterletzt kläglich mißglücken zu sehen, vor keiner noch so groben Täuschung, vor keiner noch so plumpen Zumuthung an den Glauben seiner Zuschauer zurück. Zwei mal zwei ist fünf, weiß ist schwarz, ein Würfel ist eine Kugel und — le tour est fait!

Innerhalb jener Grenzen aber — und ein vorsichtiger Künstler weiß sie ziemlich weit zu ziehen — welche Gewandtheit, welche Grazie und welcher Geist! Wie scheinbar so mühelos das Alles ineinander greift, ineinander paßt! wie sich das Eine so ungezwungen aus dem Andern entwickelt! wie leicht und sicher sich diese Menschen bewegen! wie schicklich sie sich ausdrücken! wie musterhaft das Alles in Scene gesetzt ist! mit welcher schwindelerregenden Kühnheit der Autor auf seine Ziele losgeht! Welcher Leser sollte daran nicht seine Freude haben! und — wenn er zufällig ein Deutscher ist — seinen heimischen Autoren einen möglichst großen Theil so vorzüglicher, so liebenswürdiger Eigenschaften wünschen!

Indessen, wir müssen, wenn wir billig sein wollen, einräumen, daß die Schuld, in diesen Dingen hinter den Franzosen zurückzustehen, nicht ohne Weiteres unseren Dichtern zugeschoben werden darf. Es ist leicht, kühn auf sein Ziel loszugehen, wenn man von vornherein die Vorsicht gebraucht hat, es nicht allzuhoch zu stecken, und man überdies mit den Mitteln, wie etwa dorthin zu gelangen wäre, nicht eben wählerisch ist. Es ist keine so schwere Aufgabe, eine Gesellschaft zu schildern, die schon längst ihre Sitten, ihre Gewohnheiten in durchaus feste und doch vollkommen bequeme Formen ge=

goſſen, ſchon längſt ihre Sprache zu dem paſſendſten Vehikel einer leichten, gefälligen Mittheilung ausgebildet, ja ſelbſt ihr Denken und Empfinden gewiſſermaßen auf einen Grund= ton abgeſtimmt hat. Dazu rechne man die Thatſache, daß die Revolution den Franzoſen, als Abfindung für die nicht errungene Freiheit, wenigſtens eine Art von geſellſchaftlicher Gleichheit brachte, eine gewiſſe Leichtigkeit des Verkehrs der verſchiedenen Klaſſen der Geſellſchaft untereinander, die den Schilderern eben dieſer Geſellſchaft ganz außerordentlich zu gute kommt. Er findet ſo zu ſagen auf der Straße, wo= nach unſere Autoren wer weiß wie tief graben und mit der Wünſchelruthe ſuchen müſſen, wobei es denn leicht ſich ereig= nen kann, daß die Wünſche unerfüllt bleiben und die Ruthe hinterher von dem unnachſichtigen Kritiker weidlich geſchwun= gen wird.

Und noch ein Umſtand iſt, deſſen man allerdings nicht gern Erwähnung thut, und den man doch nicht auslaſſen darf, wenn man die Liſte der Für und Wider des Falls voll= ſtändig haben will. Freudigkeit iſt die Mutter aller Tugen= den, alſo auch der ſchriftſtelleriſchen — Freudigkeit, die in dieſem Falle weſentlich durch die Behaglichkeit der äußeren Lage, zum mindeſten durch die Freiheit von der Sorge um die Exiſtenz bedingt, ja in gewiſſem Sinne mit derſelben iden= tiſch iſt. Denn Weniges trägt — unter übrigens günſtigen Vorausſetzungen — ſo zur Vollendung eines poetiſchen Wer= kes bei, als die Gewißheit des Autors, es ruhig in ſich aus= reifen laſſen zu können, jede gute Stunde dem geliebten Werke widmen und zur böſen Stunde ruhen zu können. Wie viele deutſche Autoren ſind denn aber in dieſer glücklichen Lage? wie viele giebt es denn, auf deren Schwelle nicht die Schat= tengeſtalt der Sorge lauert? Oder wem wäre es nicht be= kannt, daß kein Volk ſeinen Autoren ſo kümmerlichen Dank weiß, wie das „Volk der Denker und Dichter"? Denn, mag der hier und da noch dem alten Schlendrian huldigende deutſche Buchhandel auch ſeinen Theil an der Schuld haben, — am meiſten ſchuldig iſt doch das Publikum, welches, im Ganzen und Großen, keine Ahnung davon zu haben ſcheint, daß es Verpflichtungen gegen ſeine Dichter hat, daß es eine Schmach iſt, die Werke ſeiner liebſten Autoren in unſauberen Leihbibliotheken=Exemplaren zu leſen, daß die wohlhabende Familie, welche keine nennenswerthe Bibliothek beſitzt, ſich

das Zeugniß der traurigſten Armuth an wahrer Bildung
ausſtellt.

Und gerade ſie, die alle möglichen Rechnungen zu bezah=
len haben und bezahlen — nur keine Buchhändlerrechnungen
— gerade ſie ſind es, von denen man die ſchmerzlichſten Kla=
gen zu hören bekommen kann über die „Schwerfälligkeit“ un=
ſerer deutſchen Romane, über die „Unkenntniß der guten Ge=
ſellſchaft“, den „Mangel an Welt“, der überall in denſelben
ſo kläglich zu Tage liege! Dagegen rühmen ſie ſehr die
franzöſiſchen Romane, von denen ſie auch von Zeit zu Zeit
einen kaufen, einmal weil ſie billiger, und dann weil ſie ſo
unendlich viel unterhaltender ſeien. Hier fänden ſie auch die
Feinheit der Formen, an die ſie einmal gewöhnt, hier fän=
den ſie die gute Geſellſchaft, in der ſie ſich bewegten, Le=
benserfahrung, Reife der Anſchauungen·, geiſtreiche Sicher=
ſtelligkeit, eine elegante Ausdrucksweiſe — mit einem Worte:
ſich ſelbſt.

Wohl ihnen!

Aber auch andere Kreiſe, die ſich wenigſtens angelegen
ſein laſſen, Verſtändniß für poetiſche Werke zu kultiviren,
ja ſelbſt ſpecifiſch literariſche, die von Rechtswegen ein Urtheil
in äſthetiſchen Dingen haben ſollten, kann man von Zeit zu
Zeit ganz unter dem Bann des koquetten Zaubers ſehen,
mit denen die franzöſiſchen Romanciers ihre zierlichen Gaben
auszuſtatten wiſſen. Sie laſſen das neu entdeckte Kleinod
von Hand zu Hand gehen, bewundern das reine Waſſer, die
ſcharfen Facetten, das köſtliche Licht, die äußerſt geſchmack=
volle Faſſung. Sie bereiten mit myſtiſchen Worten die exo=
teriſchen Gläubigen auf den Genuß vor, der ihrer harre,
laſſen nicht undeutlich merken, daß ſo etwas überhaupt noch
nicht dageweſen ſei, und Keinem fällt ein, wirklich zu unter=
ſuchen, ob der koſtbare, ja unſchätzbare Diamant nicht ſchließ=
lich doch — ein Stück künſtlich präparirtes Glas iſt.

Unter den Romanen, mit denen uns die neueſte franzö=
ſiſche Belletriſtik beſchenkt hat, iſt keiner, der von ſo vielen
Seiten für einen jener ſeltenen, ſchmuckhaften Edelſteine aus=
gegeben wäre, deſſen Lob man in ſo warmer, ja oft enthu=
ſiaſtiſcher Weiſe geſungen hätte, als die Affaire Clémenceau
von Alexander Dumas fils.

Es dürfte ſich verlohnen, dieſes Meiſterſtück einer gründ=
lichen Prüfung zu unterwerfen, um ſo mehr, als das Werk

in der That sowohl in seinen Stärken als in seinen Schwä=
chen für den modernen französischen Roman typisch ist.

Bevor ich indessen an die Analyse gehe, muß ich meine
Leser und vor Allen meine Leserinnen, welche die Güte haben
wollen, mir bei der einigermaßen verwickelten und deshalb
nicht ganz mühelosen Arbeit Gesellschaft zu leisten, auf einen
Umstand aufmerksam machen. Es wird nämlich bei die=
ser Untersuchung Verschiedenes zur Sprache kommen, was
man sonst in guter Gesellschaft nicht gerade geflissentlich zu
einem Gegenstand der Unterhaltung wählt. Aber ich ver=
wahre mich auf das Entschiedenste dagegen, daß, wenn es
Aergerniß giebt, ich, der Kritiker, Schuld darin bin! Der
Kritiker ist der Chemiker, welcher das köstliche Parfüm, das
den Sinnen so reizend schmeichelt, in seine möglicherweise sehr
widerwärtigen Bestandtheile auflöst. Wem das nicht paßt,
der gehe nicht in kosmetisch=chemische Vorlesungen und mit
Vorsicht an die Lectüre von Kritiken über französische Ro=
mane. Den Lesern der „Affaire“ will ich noch außerdem die Ver=
sicherung geben, daß ich nichts vorbringen werde, als wozu
mich das Buch verpflichtet. Mögen sie sich also an das
Buch halten! Ich kann es nicht anders machen, als ich es
finde, und schließlich wird ja doch in der Kritik ihre keuschen
Ohren nicht so fürchterlich beleidigen, wofür ihre keuschen
Herzen, während sie das Buch lasen, so sympathetisch
schlugen.

Die „Affaire“, um die es sich handelt, kann selbst für
den verwöhnten Geschmack des Franzosen nicht ohne einen
gewissen Reiz sein. Das Buch kündigt sich an als Mémoire
de l'accusé, als ein Schriftstück also, das ein Angeklagter
seinem Rechtsbeistand zur Information ausgearbeitet hat.
Gegen seinen Rechtsbeistand gilt es aufrichtig sein, keine Win=
kelzüge machen, ein offenes Bekenntniß ablegen. Das Publi=
kum, welches von dem discreten Autor so freundlich an die
Stelle des Rechtsanwalts gesetzt ist, darf sich, wenn es der
Fall sonst nur hergiebt, auf allerhand interessante Enthüllun=
gen menschlicher Thorheit Rechnung machen. Und der Fall
giebt es her. Der Angeklagte ist ein Mörder! — das ist
schon etwas. Und er hat seine Frau ermordet! — das ist
noch besser. Und hat sie ermordet, weil sie, eine moderne
Messalina, an schamloser Untreue das Aeußerste geleistet hat!
— das entscheidet. Sehen wir uns den Fall genauer an;

wie ging es zu? wer, vor allem, ist Pierre Clémenceau, die=
ser hippokratische Arzt seiner Ehre?

Piere Clémenceau hatte seinen Vater nie gekannt und
seine Mutter hat zu ihrem einzigen Kinde nie von diesem
Vater gesprochen. Das Verhältniß der Eltern ist also wohl
in keinem Falle ein gutes gewesen, abgesehen davon, daß es
kein legitimes war. Clémenceau legt auf diesen letzteren Um=
stand ein großes Gewicht, insofern, als die exceptionelle
Stellung eines illegitimen Kindes in der Gesellschaft für sein
exceptionelles Geschick prototypisch geworden sei, und sodann,
weil er in dem Verhältniß wirklich die Wurzeln dessen, was
hernach mit ihm und durch ihn geschehen ist, finde. Die
Mutter, eine Schneiderin in kleinbürgerlichen Verhältnissen,
lebt nur für ihren Sohn, der Sohn nur in seiner Mutter.
Bekanntlich ist das Verhältniß von Mutter zum Sohn und
vom Sohn zur Mutter die heilige Insel, auf welche sich der
Franzose alle Zeit rettet, wenn er sonst überall in seinem Le=
ben in Unheiligkeit versinkt. Vorläufig freilich ist Pierre ein
guter, unschuldiger Knabe, der von den jungen, munteren
Arbeiterinnen seiner Mutter verhätschelt und von der letzteren
bedenklich verzärtelt wird. Wenn sie ihn besonders hoch
beglücken will, erlaubt sie ihm, bei ihr in ihrem Bett zu
schlafen.

Als er dreizehn Jahr alt ist, bringt ihn die Mutter,
die nach Mutterweise etwas hoch mit ihm hinaus will, in
ein vornehmes Pensionat. Hier wird der Knabe das Opfer
des brutalsten Pennalismus; die kleinen Tyrannen quälen
den armen, vaterlosen Sohn seiner niedrig geborenen Mutter
bis auf's Blut und geben ihm nebenbei die scheußlichsten
Beispiele einer frühreifen Sittenverderbniß. So traurige
Erfahrungen drängen den einsam erzogenen, scheuen, etwas ver=
zärtelten Knaben noch mehr in sich zurück; er hat bis jetzt
sein Glück nur immer in nächster Nähe gefunden; er sieht,
er ahnt, daß es nirgend anderswo gefunden werden könne,
zum wenigstens von Menschen, welche die grausame Welt ein
Vergehen büßen läßt, an dem möglicherweise die Welt mit
ihren unsinnigen Institutionen einzig und allein schuld war.

Der Zufall bringt ein bedeutendes Talent, das in der Seele
des Knaben schlummerte, an das Licht. Er kommt in das
Atelier eines Bildhauers. Mr. Ritz ist kein Genie; er ist
ein Anempfinder, er begreift, er weiß das Schöne, obgleich

er es nicht schaffen kann. Dafür entschädigt ihn die Welt, die ja stets das Zierliche dem Großen, das leicht Faßliche dem Tiefen vorzieht. Er ist der Bildhauer der Salons, seine Werke sind gesucht und werden mit den höchsten Preisen bezahlt.

Ein solcher Mann ist der rechte Lehrer für ein Talent, das sich in der Stille bilden will. Er macht ihm die Nach= eiferung leicht, und ist großmüthig genug, sich aufrichtig zu freuen, als es sich nun bald herausstellt, daß der Schüler größer werden wird, vielleicht schon größer ist als der Meister. Hat er doch Alles gethan, diesen Erfolg, den er kommen sah, herbeizuführen! hat er dem Schüler doch nicht bloß die Geheimnisse der Kunst, sondern auch die des Lebens erschlossen! ihm die innige Wechselwirkung beider aufgedeckt, ihm gesagt, daß die weit verbreitete Annahme: „Maler und Bildhauer, die um ihre Gedanken auszudrücken, der directen Verbindung mit dem Fleisch nicht entbehren können, müßten leichter als andere Menschen dem Einfluß dieser aufreizenden Gemälde unterliegen,“ ein Irrthum sei. Im Gegentheil, „da, wo das Kunstgefühl, dies ist das Gefühl des Schönen, wirklich existire, beherrsche es eben so das Herz, wie die Phan= tasie, die Sinne eben so wie den Geist. Die moralische Har= monie des Menschen stehe in genauer Relation zu der phy= sischen; zwischen dem Laster und dem Genie sei keine Verei= nigung auf die Dauer möglich. Wenn diese beiden entgegen= gesetzten Elemente sich in demselben Individuum vorfänden, bekämpfe und zerstöre eines der beiden unvermeidlich das andere.*)

Solche Lehren fallen bei dem Jünger in ein verständniß= volles Gemüth. Sein Sinn ist ganz und gar auf die Ver= wirklichung der künstlerischen Ideen gerichtet, die in seiner schaffungsfreudigen jungen Seele sich zu entwickeln beginnen. Außerdem ist er seiner unglücklichen Mutter eine große Ge= nugthuung schuldig, muß er seinem edlen Meister beweisen, daß er seine Güte an keinen Undankbaren verschwendet hat. Die schönen Frauen, die in dem Atelier aus= und eingehen, sind nur dem Kunstjünger interessant; für die reizende Toch= ter des Meisters empfindet er nur eine brüderliche Zunei= gung; die Lascivität des Sohnes, seines Altersgenossen und

---

*) A. Cl. p. 95.

Kameraden von der Schule her, macht ihn nur lachen; die Feuerprobe der ersten Arbeit nach dem lebenden Modell besteht er glänzend; die nackte Schönheit des Weibes hat in ihm nur den künstlerischen Trieb anzuregen vermocht. Der Meister prophezeit ihm, daß er „zu einer großen Liebe prädestinirt sei."

Die Erfüllung dieser Prophezeiung läßt nicht lange auf sich warten. Er lernt auf einem Ball ein junges Mädchen kennen, dessen wunderbare Schönheit seine Phantasie entflammt, dessen Unglück sein empfindsames Herz rührt. Der stark entwickelte Duft der Abenteuerlichkeit, der Mutter und Tochter umgiebt, fällt dem naiven jungen Menschen nicht unangenehm auf. Die unter den bedenklichsten Auspicien angeknüpfte Verbindung wird nach der Abreise der Beiden brieflich fortgesetzt. Von der gepflogenen Correspondenz giebt der Angeklagte außer zahlreichen Briefen der jungen Dame auch zwei der Mutter; in diesen Schriftstücken ist jener oben erwähnte Duft womöglich noch durchdringender, ohne auf Pierre eine andere Wirkung hervorzubringen. Er hat das Bild des zauberhaften Mädchens, welches er auf jenem Balle gezeichnet, aus dem Herzen gezeichnet, und so behält er es auch im Herzen; und als ihm Iza schreibt, daß sie nicht länger bei ihrer Mutter bleiben könne, daß sie verloren sei, wenn er sie nicht rette, schreibt er zurück, daß er sie vom ersten Augenblick geliebt habe und daß sie kommen möge.

Sie kommt; nach kurzer Zeit ist sie, als was sie den letzten Brief bereits unterzeichnet hat, „seine Frau."

Die scheinbar glückliche Ehe wird nur einmal ernstlich getrübt. Es stellt sich heraus, daß es Iza nicht bestimmt ist, blos dem Worte nach eine junge Frau zu sein. Sie fürchtet, daß die Mutterschaft ihrer Schönheit Eintrag thun werde, wie sich herausstellt, ohne Grund, denn „sie ist eines der bevorzugten Wesen, die so zur Liebe geschaffen, so biegsam u. f. w. sind, daß die Mutterschaft über sie hingleitet, ohne eine Spur zurückzulassen." *)

Freilich auch keine in ihrem Herzen. Allerdings „scheint sich Iza an ihre Mutterrolle zu gewöhnen; wenn sie Felix noch nicht anbetet, so amüsirt er sie wenigstens, ohne Zweifel wird er sie später interessiren." **)

---

*) S. 203. — **) S. 207.

Leider ist dem glücklichen Vater nicht vergönnt, diese interessante Zukunft in Ruhe abzuwarten. Ein Zufall entdeckt ihm, was außer ihm so ziemlich aller Welt, zum Mindestens aber fünf Menschen sicher bekannt ist. Diese Fünf nämlich sind alle der Reihe nach oder gleichzeitig — es bleibt dahingestellt — die Liebhaber der kaum drei Jahre lang verheiratheten Frau gewesen — und zwar in des Wortes verwegenster Bedeutung! Der so beispiellos betrogene Gatte geräth in eine Wuth, die nur zu erklärlich ist. Er verwundet den einen der Liebhaber im Duell und geht, nachdem er so wenigstens sein tobendes Herz einigermaßen erleichtert und nebenbei der äußeren Ehre Genüge gethan hat, nach Italien, um zu versuchen, ob Apoll ihm nicht wiedergeben könne, was Amor ihm entwendet.

Der Versuch mißlingt. Er kann das schamlose Weib nicht vergessen, ja, er liebt sie noch immer. Er hat keine Kraft zum Arbeiten, er kann nichts denken, nichts sinnen, als sie, immer nur sie. Da meldet ihm ein anonymer Brief, daß sein Freund Constantin Ritz (der Sohn des Meisters, der ihm ihn der Katastrophe treuesten Beistand geleistet) ebenfalls in das Netz der Buhlerin gefallen ist. Das Maß ist voll. Er eilt nach Paris zurück, wo Iza (als femme entretenue eines ausländischen Fürsten, sagt man) in einem fabelhaften Luxus lebt; er läßt sich bei ihr melden, wird empfangen, wenn nicht als Gatte, so doch nicht schlechter als ihre übrigen Liebhaber. Er erhebt sich von dem Lager der Wollust, nimmt ein Messer aus dem Nebenzimmer und ermordet die Schlummernde; verläßt das Hotel, irrt bis zum Morgen in den Straßen und meldet sich bei Tagesanbruch als Gefangener.

Dies ist die Geschichte, wie sie der Angeklagte selbst in seinem Mémoire erzählt. Wir haben allerdings nur die großen Umrisse gegeben, aber uns bemüht, so objectiv als möglich zu bleiben, ungefähr wie ein Rechtsanwalt, der das Schriftstück zum ersten Male überfliegt, den Fall im Ganzen und Großen auffassen würde. Haben wir hier und da ein Wort fallen lassen, das bereits eine Kritik enthält, so ist es eben unwillkürlich geschehen; es möchte dem betreffenden Rechtsanwalt kaum anders ergangen sein.

Der Rechtsanwalt ist ein gewissenhafter Mann, der einen entschiedenen Hang zu psychologischen Untersuchungen hat.

Er weiß: es ist kein Fall kaum jemals so verzweifelt dunkel,
daß ihm ein geschickter Advokat nicht eine lichtere Seite ab=
gewinnen könnte, wenn nicht vor dem starren Buchstaben des
Gesetzes, so doch im Sinn und Geist jener etwas weichmüthi=
gen Moral, die in der Luft der Berathungszimmer von Ge=
schworenen zu schweben pflegt, besonders wenn es sich um den
Kopf des Angeklagten handelt. Er weiß das, und er hat in
seiner langen Praxis oft genug mit einem Glück, das ihm
manchmal selbst ein wehmüthig=ironisches Lächeln abgenöthigt,
die „guten Herzen" zu rühren verstanden; aber jedesmal, be=
vor er an dies mühselige Geschäft geht, gewährt er sich die
Genugthuung, erst gewissermaßen selbst zu Gericht zu sitzen
und sein Verdict abzugeben, nicht nach den vielleicht lücken=
haften Paragraphen seines Code, nicht nach den vielleicht
trügerischen Sympathien und Antipathien der leicht beweg=
lichen Menge, sondern nach dem besten Wissen und Gewissen
des Philosophen, dem es auf die Wahrheit ankommt, auf die
ganze Wahrheit und auf nichts als die Wahrheit.

Zu diesem Behufe nimmt er jetzt das Mémoire noch
einmal auf, liest es noch einmal durch, Wort für Wort, jedes
Wort wägend; er liest, was in den Zeilen steht, er sucht zu
lesen, was zwischen den Zeilen steht, oder da stehen sollte,
wenn es dem Angeklagten darauf angekommen, oder besser:
wenn es dem Angeklagten möglich gewesen wäre, sich von sich
selbst abzulösen und nicht blos zu sagen, was er sich zu sein
glaubt, sondern was er ist.

Was er ist!

Ein Knabe, wie tausend andere Knaben auch, deren
Stellung keineswegs eine exceptionelle ist, wie die seine. Auch
sehr legitim geborene Kinder, von Natur oder in Folge einer
etwas eingeschränkten Erziehung über Gebühr feinfühlig oder
unbeholfen, werden das Opfer eines grausamen Pennalismus,
müssen unter den Händen der kleinen Quälgeister bittere
Qualen erdulden, werfen sich, wenn die Sache zu toll wird,
auf ihre Peiniger, schlagen blindwüthend um sich, vereinsamen
auch wohl auf eine Zeit lang gänzlich — Alles genau so, wie
es dem illegitimen Pierre Clémenceau ergangen ist — ohne
daß, wenn sie älter und vernünftiger geworden sind, ein
bittrer Stachel in ihren Herzen zurückbleibt, ohne daß sie
ihre trübe Jugend für die Thaten ihres Mannesalters ver=
antwortlich machen, wie der Angeklagte es wenigstens zum

Theil thut. Aber, geben wir die Richtigkeit seiner Behaup=
tung zu, „daß, so lange die Ehe eins der socialen Funda=
mente ist, trotz gewisser Anstrengungen der Moralisten, der
Frommen und billig denkenden Menschen, die Illegitimität
der Geburt ein unauslöschlicher Flecken, ein unheilbares Un=
glück, eine Fatalität sein wird" —*) geben wir es zu, daß
P. Clémenceau ungewöhnlich stark unter dieser Fatalität ge=
litten hat, so wird er uns seinerseits ganz gewiß zugeben
müssen, daß das Schicksal wiederum ganz ungewöhnlich gnä=
dig mit ihm verfahren ist. Oder wäre es keine besondere
Gunst des Schicksals, daß der fünfzehnjährige Knabe in das
Haus des Bildhauers kommt? Wie mancher arme illegitime
Teufel läuft in die weite Welt und kein Mensch kümmert sich
drum, ob er Talente hat oder nicht, und schlägt sich doch
durch und wird ein tüchtiger Mensch, ein großer Mann viel=
leicht, oder doch wenigstens ein guter Bürger und der Grün=
der einer sehr legitimen Familie; und dieser fünfzehnjährige
Hans im Glücke findet in Mr. Ritz einen Lehrherrn, der
anstatt sich Lehrgeld bezahlen zu lassen, großmüthig alle und
jede Kosten auf sich nimmt, findet nicht blos einen Lehrherrn
in dem wackeren bescheidenen Künstler, sondern einen Lehrer,
und nicht blos einen Lehrer, sondern einen väterlichen Freund,
ja, sagen wir es gerade heraus: einen Vater. Oder welcher
Vater könnte sich der moralischen, der künstlerischen Er=
ziehung, Bildung seines eigenen Sohnes mit größerer Hin=
gebung, Umsicht, Gewissenhaftigkeit widmen, als es dieser edle
Mann in Pierre's Falle thut? Mit dem Schritt über des
Bildhauers Schwelle tritt der Knabe in eine andere Welt,
die ihn wohl die andere, aus der er kommt, vergessen machen
kann. Hier herrscht kein brutales Vorurtheil, keine Gehässig=
keit, keine Tyrannei, hier waltet Bildung, Wohlwollen, Liebe;
und was nicht gleichgültig ist, auch der Sorgen schlimmste,
die Sorge um die tägliche Existenz, bleibt jenseits jener
Schwelle. Das Haus des Bildhauers ist ein gutes und rei=
ches Haus, der geliebte Schüler des Meisters darf an den
Vortheilen, Genüssen, die ein solches Haus bietet, einen Theil
haben, den ihm jedes Glied der Familie von Herzen gönnt.
Seine Mutter freilich! Er kann die schlimme Vergangenheit
nicht ungeschehen machen, aber schon winkt dem Sohne eine

---

*) p. 46.

schöne, an Ruhm und Ehren und auch an Geld reiche Zu-
kunft, — der herrlichste Balsam für das Mutterherz! Wäre
es ein Wunder, wenn unter solchen Einflüssen das Herz des
Jünglings hoch und höher schlüge! würden wir es ihm nicht
vergeben, wenn selbst der glückesvolle Becher überschäumte!
Aber davon ist bei diesem seltsamen Menschen keine Rede.
Wie ihn das Unglück der Kinder- und Knabenzeit über Gebühr erbittert hat, so findet ihn das Glück, das jetzt sein
Füllhorn über ihn auszuschütten beginnt, pedantisch nüchtern.
Mag sein! Von den Kollegen, den jungen Künstlern, wenn
sie ihn ohne Noth sich vereinsamen, so nur der Arbeit zuge-
wandt, allen Verführungen, denen das junge Blut so leicht
erliegt, unzugänglich sahen, — manch Einer mag bei sich gedacht haben, oder hätte doch wenigstens sagen können, im Falle
er besonders gutmüthig war: es muß auch solche Käuze geben.
Freilich zu ihrem und meistens auch zu anderer Leute
Unglück. Ein Kauz, dem es nur in der Dämmerung der
eigenen Phantasie wohlig ist, wird geblendet, sobald ihn ein
Strahl der Sonne der Wirklichkeit trifft. Er weiß nicht
woher, er weiß nicht wohin und flattert, wenn es das Unglück will, dem dümmsten Gimpel gleich, in's Garn.
Und genau das ist der Fall meines Klienten. Die Geschichte seiner Liebe, seiner Verheirathung ist wirklich erbar-
mungswürdig. Wie kindisch unerfahren muß der junge Mann
sein, den diese beiden Frauen täuschen können, dieses fünfzehnjährige Mädchen, das ganz Koketterie, ganz Frivolität
ist, diese Mutter, die den Schmutz ihres abenteuerlichen Lebens überall mithinschleppt, und der man überall zu begegnen erwarten darf, nur nicht in einem anständigen Hause!
Auch giebt er zu, daß ohne einen gewissen Umstand sie ihm
wohl in ihrem wahren Lichte erschienen sein würden. Der
sonst so enthaltsame junge Mann hat sich, durch die Spötte-
reien seiner Kunstgenossen aufgestachelt, im Rausche eines
Bacchanals dazu verleiten lassen, seinen Prinzipien untreu zu
werden. In der reuigen Scham über seine „schändliche
Handlung" macht er die ferne Geliebte zu seiner Patronin,
seinem Schutzengel, und stellt bei der Gelegenheit die Betrachtung an: „Das Laster übt auf die, für welche es nicht
der gewöhnliche Zustand ist, eine sonderbare Wirkung aus:
es verleiht dem, was nur relativ ehrbar ist, den Schein absoluter Ehrbarkeit. So hätten mir, verglichen mit einer gro-

ßen Menge von Frauen, Iza und ihre Mutter erscheinen müssen als das, was sie Andern erschienen, was sie logischer Weise sein mußten: zwei Abenteurerinnen, von denen die eine ihre Carriere beendigt hatte und die andere im Begriff war anzufangen. Verglichen mit den entwürdigten Frauen, mit denen u. s. w., erschienen sie mir wie zwei Heilige, und dabei blieb ich stehen."*)

Die Gräfin Dobronowska mit dem Blick, den Manieren, ja selbst den Gewohnheiten der Kupplerin, die Gräfin Dobronowska, die sich nicht scheut, von dem selbst mittellosen Jüngling eine für seine Verhältnisse bedeutende Summe zu borgen**), die Gräfin Dobronowska, die sich gelegentlich in seiner Gegenwart halb betrinkt***) — eine Heilige! wahrlich, junge verliebte Leute, wenn sie noch nebenbei Käuze sind, haben wunderliche Heilige!

Und dabei bleibt er stehen! auch nach den Briefen, die ihm Iza aus Warschau schreibt. Und doch sprechen — um mich des englischen Ausdrucks zu bedienen — diese kurzen Briefe Bände, Bände voll bedenklichster Geschichten, von denen die eines Aufenthalts auf dem Lande in dem vollkommen einsamen Schlosse einer Dame, „die das ganze Jahr" abwesend ist, und wo Iza wiederholt den Besuch eines jungen Adligen, des Neffen jener Dame, empfängt, der ihr die kostbarsten Ringe schenkt, der sie reiten lehrt u. s. w. vielleicht nicht die bedenklichste ist. Jener junge Mann will sie auch heirathen und sie schreibt bei der Gelegenheit folgenden Brief: „Mein junger Freund, seien Sie recht artig, und antworten Sie mir umgehend. Fragen Sie Ihre Mutter, wie theuer eine vollständige Frauenausstattung zu stehen kommen würde, so elegant wie möglich, mit Chiffern und Kronen, aber nur Leibwäsche. Ein Herrenhemde und ein Schlafrock müßten auch dabei sein. Es ist hier herkömmlich, daß die Verheirathete diese beiden Gegenstände mitbringt. Man würde baar bezahlen und sogar die Hälfte zum Voraus, wenn es nöthig ist. Antworten Sie mir unverzüglich. Ihre alte Freundin, Iza."†)

---

*) p. 148.
**) p. 139.
***) ibid.
†) p. 156.

Das scheint doch selbst meinem Clienten zu stark gewesen zu sein. Die Correspondenz schweigt während eines Jahres, aber es kostet die junge Dame nur ein Wort und Gimpel= chen flattert wieder herbei. Jza muß kommen, er muß sie heirathen, und auf diese Weise den Verrath, den man an seiner Mutter geübt hatte, wieder gut machen. „Dies schien mir eine für die Harmonie der Dinge nothwendige Ausglei= chung zum Besten jener Ehrbarkeit, die ich zur Basis und zum Prinzip meines Lebens gemacht hatte. Und dann: eine Künstlerliebe, eine absurde Liebe, eine schicksalbestimmte Liebe — nennen Sie das Gefühl, wie Sie wollen —"*)

Der Anwalt erhebt sich, als er bis an diese Stelle des Mémoire gekommen, etwas schnell aus seinem Sessel; ein bitteres Wort will durch die festgeschlossenen Lippen; aber er ist gewohnt, sein Urtheil in der Schwebe zu lassen, so geht er denn nur ein paar Mal im Zimmer auf und ab und setzt sich wieder an seine Arbeit.

Doch die Wolke auf seiner Stirn wird, wie er weiter liest, und bald ein Zeichen an den Rand und bald eine Notiz auf sein Blatt macht, immer düsterer. Der Client ist in sei= ner Achtung bereits ziemlich tief gesunken; die schönen Phra= sen, mit denen der Mann die innere Leere verdecken will, fangen an, ihm widerlich zu werden, er weiß, was er davon zu halten hat; und dann, wie kann man eine ehrliche Sym= pathie für einen Thoren haben, den nichts, aber auch nichts aus seiner Verblendung reißt, der es selbst ausspricht: „das Schicksal spielte offenes Spiel; an mir war es, zurückzutreten; ich dachte nicht daran."**) — Schlimm genug, wenn der Fant nicht daran dachte! Oder meint er, es würde mir leichter sein, einen Banquerotteur zu vertheidigen, weil der Mann den Banquerutt hätte voraussehen können, voraussehen müssen! oder wähnt er, nur in einem merkantilischen Hauptbuch müsse Soll und Haben stimmen, in dem Hauptbuch unseres sittli= chen Lebens aber dürfe der Leichtsinn die Feder führen, und die Blindheit herumtappen, wie's ihr gefällt?

Hier liegt das Hauptbuch! es ist klassisch für einen hirn= losen Menschen, der sich ruiniren will, es koste was es wolle.

Haben: „Durch das Elend bis auf's Aeußerste getrie=

---

*) p. 168 f.
**) p. 177.

ben, hatte diese Frau (die Mutter) sie ganz einfach geben, sprechen wir das Wort aus, verkaufen wollen an einen unermeßlich reichen Greis, der ihr ein Vermögen zusicherte, und sie hatte der Tochter diese seltsame Proposition gemacht." (p. 176.)

Soll: „Iza sagte mir endlich, daß ihre Mutter sie in ihrer Niederkunft pflegen wolle; daß es, nach Allem, was geschehen, doch ihre Mutter sei u. s. w. Jedem Sünder Verzeihung! Ich sandte der Gräfin das zur Reise nöthige Geld, sie kam." (p. 205.)

Haben: Sie brachte die ganze Zeit bei ihrer Tochter zu und sprach nur polnisch mit ihr . . . Ich fragte sie, welches der Gegenstand so interessanter Unterhaltungen sei, sie sagte mir, was sie wollte!" (p. 205.)

Soll: Der Mann, welcher eine Fremde heirathet und die Sprache seiner Frau nicht versteht, hat nur Eines zu thun: diese Sprache so schnell als möglich zu lernen, ohne daß seine Frau es ahnt." (ib.)

Haben: „Ich für mein Theil, ich sah nur noch durch Iza. Sie fürchtete sich, ein Kind zu haben; ich wünschte also keins von ihr zu haben. So war ich denn beinahe ebenso bestürzt wie sie selbst, als sie kam, mir mit einer Art von Zorn anzukündigen, daß sie schwanger sei. Alle Unvorsichtigkeiten, die diesen Zustand zerstören konnten, hatte sie schon begangen, ehe sie mir ein Wort sagte. Es gab also keine Hoffnung mehr, sie mußte Mutter werden. Sie wagte nicht, mir ein Verbrechen zu proponiren; sie dachte daran, ich bin dessen gewiß." (p. 203.)

Soll: „Ich beruhigte sie, so gut ich konnte, indem ich ihr sagte, daß sie trotz Allem schön bleiben und die Thränen und die Schlaflosigkeit sie häßlicher machen würden, als das natürliche Ereigniß." (ib.)

Hier schiebt der Anwalt zum zweiten Male seinen Sessel zurück und das Wort, das er vorher zwischen den Lippen festhielt, fährt heraus: Lump! erbärmlicher Lump ohne Hirn und ohne Eingeweide! ruft er, während er erregt sein Zimmer durchmißt: Nun, bei Gott, auch ich bin jung gewesen und ich glaube zu wissen, was Leidenschaft ist. Aber eine Leidenschaft, die vor dem großen Geheimniß, das sich in dem Schooße der Gattin zum ersten Male ahnungsvoll = feierlich ankündigt, nicht in heiligem Schauer erbebt, und sich demü=

thigt bis in den Staub — eine Leidenschaft, die einem jun=
gen Weibe gegenüber, das seine Herzenshärtigkeit so schamlos
gesteht, nicht zu Eis erstarrt — nennt das nicht Leidenschaft,
das Wort ist zu edel, nennt es thierische Brunst! Und auch
das ist zu gut: das Thier liebt ja sein Junges, ehe es ge=
boren ist! Aber der Elende sagt es ja selbst, da steht es:
„die Liebe, die ich Jza einflößte, war durchaus physisch; die
Seele hatte nichts damit zu thun, so sehr sie auch ihr Theil
daran zu haben glaubte. Jza zweifelte damals ebenso wenig
daran, als ich." *) — Was kommt es darauf an, woran ein
solcher Mensch zweifelt, oder nicht zweifelt! Wer über ge=
wisse Dinge seinen Verstand nicht verliert, der hat eben keinen
zu verlieren.

Welch' einen Begriff, oder vielmehr: wie hat sich dieser
Mensch so gar keinen Begriff von der Aufgabe der Ehe ge=
macht! er, der die Stirn hat, auszusprechen: „Wenn Einer
von uns durch den Andern demoralisirt ist, so ist es der
Mann gewesen, der durch das Kind (Jza nämlich) demora=
lisirt wurde!**) Elender Mann!

Vielleicht gehörst Du zu denen, die, als des großherzi=
gen Michelet Buch: „Die Liebe" erschien, es gelesen und ver=
höhnt haben; denn verstanden hast Du es sicher nicht. Oder
welchen Eindruck haben folgende Sätze auf Dich gemacht?
„Die vollständige Verantwortlichkeit für die Entwickelung der
Frau ruht heute auf dem, welcher sie liebt. Eine öffentliche
Bildung giebt es nicht mehr. Wo sind die großen nationa=
len Feste des Alterthums, welche das ganze Jahr hindurch
die Unterhaltung am häuslichen Heerde ausmachten? Und
was die religiösen Feste betrifft, die wir aus dem Mittel=
alter herübergeschleppt haben, so gestehen selbst die Gläubi=
gen die Lauheit, welche man zu ihnen mitbringt, ein und
geben ihre Ohnmacht zu. Ist die Kultur der Bücher ein
Ersatz dafür? Keineswegs. Die Menge und die Zerstücke=
lung der Journalartikel, die den Geist zersplittern, das Alles
hat die Frauen angeekelt und viele wollen nicht mehr lesen.
— So bleibt denn nur das lebendige Buch, die Persönlich=
keit des Mannes, das Wort des Geliebten. Die Liebe ist
mehr als je aufgefordert, ihren großen Titel eines Heilandes

---

*) p. 191.
**) p. 191.

der Welt zu verdienen. — Es handelt sich einzig darum, durch die Liebe Alles, was in dem jungen Wesen an Liebe, Anmuth, Gedanken ruht, zu erwecken. Es schlummert in ihm ein Ocean, der in Bewegung gesetzt werden muß. Die Einfachste wird auf diesen Ruf mit einem unerwarteten Reichthum der Natur antworten. Der, welcher ohne Egois= mus darauf bedacht war, Alles, was er für groß und schön hält, ihr mitzutheilen, wird sich beglückt finden, daß sie Alles ihm zurückerstattet, und ihn mit den wachsenden Kräften ihrer erhöhten Liebe liebt. — Man muß sie da ergreifen, wo sie wirklich ist, bei ihrer natürlichen Neigung, immer mehr und mehr zu lieben. Man muß ihr großherzig in der schwachen, passiven, so beschränkten Liebe, welche sie für Dich hat, den sympathetischen Aufschwung der großen allgemeinen Liebe des Lebens und der Natur geben, und nach und nach zuletzt die Kraft der thätigen Liebe, der Nächstenliebe, der socialen Ver= brüderung. — Sie ist jung; aber von diesem Tage an mußt Du sie machen und schaffen für die guten Dinge Gottes, sie vorbereiten, zu werden, was die Frau wahrhaft ist: eine Kraft, die Harmonie, Trost und Hilfe und Heil spendet. Sie kann mit achtzehn Jahren noch nicht alle diese Werke thun, aber sie kann das Gefühl, den Begriff davon erlangen.*)

Was hast Du gethan, Pierre Clémenceau, in Deiner Gattin dieses Gefühl zu erwecken, diesen Begriff lebendig zu machen? Ich durchblättere Dein Mémoire wieder und wie= der: ich finde auch nicht ein Wort, das darauf hindeutete, Du habest diese Pflicht, diese ernste, heilige, unabweisliche Pflicht zu erfüllen, auch nur versucht. Du hast nichts ge= konnt, als nach ihrem schönen Leibe Deine Statuen formen, ihre Seele zu bilden, ging über Deine Kräfte. Aber sagst Du: ich war noch so jung! — Du warst sechsundzwanzig Jahre und rühmst Dich, wer weiß wie oft, Deines frühreifen Ernstes: so warst Du alt genug. — Aber ich habe so kurze Zeit nur mit ihr gelebt! — Drei Jahre, Mensch! drei volle Jahre! wieviel Zeit brauchst Du denn, aus einem Rausche zu erwachen? — Aber ich war ein Künstler! — Wir wer= den sehen, ob auch nicht das eine leere Prahlerei ist, wie noch so manches in Deiner Schrift! — Aber, wenn ich auch jenes Werk der Bildung, das Du so pedantisch von mir

---

*) J. Michelet. Die Liebe. 2. Auflage S. 158 ff.

forberft, unternommen hätte, was würde es genützt haben?
„Die Demoralifation war inftinktmäßig, das Lafter war ur=
fprünglich bei diefer Jungfrau."*)

Was es genützt haben würde? daß Du diefe große Ent=
deckung nicht erft gemacht hätteft, als es zu fpät war; daß
Dein befter Freund, Dein alter Meifter, fich nicht von Dir
zurückgezogen hätte, ohne daß Du wußteft warum; daß Deine
Mutter nicht an gebrochenem Herzen hätte fterben können,
ohne daß Du es ahnteft; daß die ganze Stadt nicht hätte
über Dich lachen können, ohne daß Du es hörteft; daß Du
nicht aus den Wolken zu fallen brauchteft, als Dir ein Zu=
fall offenbart, daß Deine vielgeliebte, für engelrein gehaltene
Frau die letzte der Dirnen ift!

Aber die Liebe ift blind, fagft Du.

Ich fage Dir: die Sinnlichkeit ift es, nicht die Liebe.
Die Liebe ift fehr weitfichtig und fehr hellfichtig. Sie fieht
die leichteften Schatten einer Verftimmung über die Stirn
des geliebten Wefens fchweben; fie fieht in feinem Auge das
erfte Aufdämmern eines Gedankens, der Dir fremd ift; fie
hört in dem leifeften Vibriren der Stimme, ob die Saiten
jenes Herzens harmonifch mit dem Deinen zufammenklingen,
oder nicht. Du aber, Du haft inmitten Deiner erträumten
Herrlichkeit gefeffen, beraufcht von Deinem Glück, und haft
nichts gehört, haft nichts gefehen, als der Dieb hereinbrach
und „weg vom Sims die reiche Krone nahm und in die
Tafche fteckte."

Die reiche Krone! daß fich Gott erbarm'!

Aber ich will einmal das Unmögliche zugeben; will an=
nehmen, Du habeft drei Jahre lang eine Narrenkappe für
eine Krone gehalten, will Deinen Zorn, Deine Raferei, als
Du die befchämende Entdeckung machft, begreiflich finden.
Was nun? Nun muß das Poffenfpiel ein Ende haben, nun
endlich mußt Du doch zu Dir felbft kommen, wenn Du an=
bers ein Selbft, wenn Du nur den kleinften Funken eines
Selbftgefühls in Deiner Seele haft.

Ich muß Dir die Gerechtigkeit widerfahren laffen: Du
haft eine Ahnung davon gehabt. „Wenn ich, fagft Du, wie
fo viele andere Märtyrer des Herzens gethan, den Schmerz,
den ich mit mir trug, meiner Kunft, meinem Ruhme dienft=

---

*) p. 191.

bar machen konnte, so war ich gerettet;" *) und Du gehst nach Italien, in dem Lande der Kunst an den reinsten Quellen Dir Genesung zu trinken.

Sehr wohl; nur hast Du, wie Dir das zu geschehen pflegt, das Beste vergessen, daß nämlich ein Schmerz, wenn er in der Kunst verklärt werden soll, ein edler Schmerz sein muß. Aber Du, trauerst Du darüber, daß jenes unselige Weib Deinen höchsten Künstlerglauben: es müsse in dem schönsten Leibe auch die schönste Seele wohnen, so tief erschüttert hat? Trauerst Du um die Zeit, die Du verloren, um die Kraft, die Du vergeudet, um den Abweg, auf den sie Dich verlockt hat, weit, weit fort den göttlichen Musen, von Apollo, dem Herrlichen und der Venus Urania? Trauerst Du nur, rein menschlich und menschlich rein, daß Du Dein Herz in einen Sumpf geworfen, daß Du nie eine Gattin gehabt, Dein unmündiger Sohn nie eine Mutter?

Nichts, nichts von alledem! Du trauerst darüber, daß Andere mit ihr das Lager theilen, um welches Deine wüste Phantasie beständig schwebt. Nicht Dein Herz, Dein Fleisch zuckt; Du hast die Schamlosigkeit, uns keine dieser widerlichen Zuckungen zu ersparen und Du verlangst, Apollo soll Dir gnädig sein!

Dir!

Ahnst Du denn nicht, elender Marsyas, daß, wenn Du jetzt solche Qualen erduldest, es ist, weil Du, seelenloser Kopist, die Frechheit hattest, Dich jemals einen Künstler zu nennen! Erkennst Du den beleidigten Gott noch in dem Augenblicke nicht, wo er die blutige Rache an Dir nimmt?

Nein, Pierre Clémenceau, Deine Künstlerschaft ist mir von vornherein verdächtig gewesen; laß uns künftig von derselben schweigen!

Aber Du kannst es nicht. In Deiner kindischen Eitelkeit mußt Du sie beständig auf den Lippen führen in dem Momente selbst, als Du einen Strich durch die wüste Rechnung Deines Lebens machen willst. Du willst sterben, Du sagst es wenigstens: „Wie oft habe ich in der Nacht das Fenster geöffnet, mich in das Leere zu stürzen! Wie oft habe ich das Rasirmesser an meinen Hals gelegt! Wie oft habe ich meine Brust entblößt, und, mich vor einen Spiegel stellend,

---

*) p. 285.

den Ort gesucht, wo ich mich treffen mußte! In diesen Augen=
blicken trieb ich die Sensualität so weit, selbst meinem Tode
assistiren zu wollen. Der Künstler machte sich, aus Gewohn=
heit, durch meine Aufregung geltend; ich suchte eine Attitüde,
um zu sterben."*) Wie ähnlich Dir das sieht! Du bist eben
im Leben, was Du nothwendig als Künstler bist: ein jämmer=
licher Komödiant.

Ein Komödiant, den Eitelkeit und Sinnlichkeit toll ge=
macht haben. Nur so lassen sich Deine Handlungen erklären.

Du eilst von Rom nach Paris auf die Kunde, daß Dein
Freund Constantin, wie so viele Andre, sich in den Netzen
Deines buhlerischen Weibes gefangen hat. Deines Weibes!
Denn wenn die Wahlverwandtschaft mit der Metze, die Du
im Anfange selbst;herausgefunden hast**), nicht selbst jetzt
noch, nach Allem, was geschehen, nachdem sie sich und Dich
mit Schande bedeckt hat bergehoch — wenn diese Verwandt=
schaft nicht noch existirte — was in aller Welt ginge es Dich
an? Oder da Du doch einmal auf dem Wege bist — wie
Du es nothwendig sein mußt — eine gewisse Verachtung vor
den Menschen — Dich einbegriffen — zu empfinden — hülle
Dich noch etwas tiefer in den warmen Mantel, bleibe in
Rom und lasse die Todten ihre Todten begraben!

Aber es verlohnt sich auch, Dir einen Rath zu geben!
Du reisest nach Frankreich zurück, ohne zu wissen, was Du
dort thun würdest***) — wann hättest Du das je gewußt!
Deinen Freund zur Rechenschaft ziehen, willst Du nicht —
Du findest, was ihm passirt ist, nur zu begreiflich; auch läßt
Du Dir, als Du ihn wiedersiehst, seine Umarmung gefallen
und kein Wort des Vorwurfs kommt über Deine Lippen.
Es scheint, daß Du in ihm nur einen Leidensgefährten er=
blickst und eine Verpflichtung fühlst, Dich und ihn, möglicher=
weise auch die bekannten fünf Anderen (deren Zahl sich mitt=
lerweile jedenfalls noch erkleklich vermehrt hat) an der Circe
zu rächen. Selbstverständlich bist Du Dir auch darüber nicht
klar, denn, als der Freund meint: er würde die Zauberin,
wenn sie seine Frau gewesen wäre, getödtet haben, antwortest

---

*) p. 311.
**) p. 117.
***) p. 335.

Du: so bin ich stärker als Du,*) worauf der ahnungs=
volle Freund, der Dich besser kennt und aus Erfahrung weiß,
wie viel man auf Deine Entschlüsse bauen kann: „vielleicht!"
erwidert.

Dann begiebt sich der starke Mann in Circe's Palast.
Zu welchem Zweck? er sagt es uns nicht und wir erfahren
es nicht. Circe ist über Land, wird erst am Abend zurück=
erwartet.

Wenn sie zu Hause gewesen wäre, würde sofort geschehen
sein, was hernach geschieht? oder war der Besuch bei dem
Rechtsverständigen, den Du jetzt aufsuchst, nöthig, Dich zum
Aeußersten zu treiben? Keine Antwort.

Du fragst den Rechtsverständigen, was das Gesetz zu
Deinem Schutz vermöge; und hörst, daß es nichts vermöge,
als Dich rechtlich von Deiner Frau zu trennen, sie auf ein
oder zwei Jahre einzusperren, wenn Du den Ehebruch kon=
statirtest. Was Deinen Namen, Deine Ehre, Deine Seele
betreffe, so könne Dir das Gesetz die nicht wieder geben.
Madame Iza werde immer Madame Clémenceau bleiben;
werde immer das Land, das Du bewohntest, auch bewohnen
können, werde reich sein können, und Deinen Namen und den
Deines Sohnes entehren. Der Tod allein werde Euch eines
Tages scheiden. — Dann giebt Dir der Mann des Gesetzes noch
Rathschläge, die Du uns nicht mittheilst, von denen Du aber
meinst, daß sie sehr vernünftig gewesen seien, nur daß leider
in dem Zustande, in welchem Du Dich befunden, die Ver=
nunft nichts hätte für Dich thun können.

Was wird er Dir gesagt haben, der vernünftige Mann?

Er wird Dir gesagt haben, daß der Fall allerdings sehr
bös sei und Dich schwer treffe, daß Du ihn aber als die ge=
rechte, wenn auch schwere Strafe Deines ungeheuren Leicht=
sinns tragen müßtest. Er wird Dir gesagt haben, daß, wenn
Paris für Dich und Iza zu eng sei, Du ja in Rom bleiben
könntest — ein vortrefflicher Aufenthaltsort für einen Bild=
hauer — und wohin Dir Iza, die ihre Rechnung viel besser
in Paris fände, schwerlich folgen werde. Ueberdies sei ja
die Erde weit. Was Deinen Namen anbetreffe, so habest
Du es ja in der Hand, denselben so groß und ehrwürdig zu
machen, daß der Spott nicht mehr daran hinaufreiche; Dei=

---

*) p. 337.

nem unglücklichen Sohne seiest Du auf alle Fälle verpflichtet,
Dich zu erhalten, ihm ein weiser Vater zu sein, ihm durch
verdoppelte Liebe die Mutter zu ersetzen — und wenn Du
so den klar vorgezeichneten Weg der Pflicht demüthigen
Herzens und erhobenen Hauptes wandeltest — solle Dir nur
für das Heil Deiner Seele nicht weiter bange sein — das
werde sich schon finden.

So oder ungefähr so wird der vernünftige Mann ge=
sprochen haben, aber freilich für Leute Deines Gleichen wächst
das Kraut Moly nicht.

Ich kann Dich auf Deinem Wege nicht weiter begleiten;
der faule Sumpf widert mich an. Nur noch Eines. Ich
will, weniger zu Deiner Ehre, als zur Ehre des Menschen=
geschlechts, annehmen, daß Du, als Du das Weib noch ein=
mal umarmtest, noch nicht den Gedanken hattest, sie zu töd=
ten — es wäre zu gräßlich, das zu denken; ich will an=
nehmen, daß, als Du Dich hernach, mit dem Messer in der
Hand, nochmals an ihre Seite legtest, Du es nur gethan
hast, um den Streich desto sicherer führen zu können — ob=
gleich nicht abzusehen ist, wie Dein Arm dadurch größere
Kraft erhielt; ich will annehmen, daß, was den Tod der
Unglücklichen herbeigeführt hat, die Reflexion ist, die Du
machtest, als Du Dich zum ersten Male von ihrer Seite er=
hobst: „Wenn diese Kreatur den nächsten Tag erlebte, machte
sie aus mir den verächtlichsten der Menschen." *)

Bleiben wir dabei stehen; versuchen wir zu ergründen,
ob in dieser Phrase, die ganz wie Blödsinn aussieht, eine
Spur von Sinn enthalten ist.

Sie machte Dich zum verächtlichsten der Menschen? Sie?
ich sollte denken, das hättest Du selbst übernommen, als Du
thatest, was zu thun Du Dich übrigens schon seit Monaten
gesehnt: als Du Dich ihr abermals hingabst, die noch einen
Augenblick vorher gar kein Hehl daraus gemacht hatte, daß
sie eine Dirne sei. Eine Dirne ist eben eine Dirne. Bist
Du, als Du die Dirne tödtetest, um ein Haar klüger gewesen,
als der dumme Junge, der den Tisch schlägt, an dem er sich
gestoßen? oder der Trunkenbold, der den Spiegel zertrümmert,
der ihm seine wüste Fratze zeigt?

Oder, wenn Du Dir selbst auf jeden Fall den Kelch

---

*) p. 351.

der Schmach bis auf den letzten Tropfen geleert hattest, ob
Du nun das Gefäß hinterher zertrümmertest, oder nicht, in
wessen Augen sonst, wenn sie leben geblieben wäre, würdest
Du der verächtlichste der Menschen gewesen sein? In den
Augen der Buhlerin? Fürchtetest Du ihr höhnisches Geläch=
ter? Ja, guter Freund, eine erhabene Rolle konntest Du
freilich au lendemain in ihren Augen nicht spielen, kam es
Dir überhaupt noch darauf an, was Du in ihren Augen
warst.

Oder in den Augen der Welt? Freilich, die wird Dich
jetzt in ihr Pantheon setzen! Du kannst Dich ja selbst in
Marmor darstellen, wie Du, das Messer in der Hand, —
ich mag das Bild nicht weiter ausmalen. —

Unglücklicher, ahnst Du denn nicht, daß, wolltest Du
wirklich etwas thun, Du nichts Anderes thun konntest, als
jenes Messer gegen die eigene Brust kehren, Deinem verfehl=
ten Leben ein rasches Ende zu machen? Ist Dir gar nicht
der Gedanke gekommen, daß solche Gesellen, wie Du, aller=
dings nicht zwischen Himmel und Erde herumzulaufen brau=
chen? Oder fiel es Dir ein, daß es dann für Dich keine
Möglichkeit mehr gab, Deine Memoiren zu schreiben und die
Welt mit Deinen weibischen Klagen zu füllen? Aber, was
frage ich! Es war gewiß kein Spiegel vorhanden, in dem
Du kontroliren konntest, ob auch die Attitüde, in der Du
starbst, die künstlerische war!

Komödiant von einem Menschen! nichts weiter, als elender
Komödiant!

Doch halt! Es soll ja ein Komödiant einen Pfarrer
lehren können, weshalb denn nicht auch einen Advokaten, be=
sonders wenn der Advokat ein Komödiant ist, oder vor einem
Publikum plaidirt, das er sicher sein kann zu gewinnen, wenn
er nur brav Komödie spielt?

Du hast dem Advokaten trefflich vorgearbeitet; Dein
Mémoire ist brauchbar, wirklich sehr brauchbar; ja, mehr als
das: es ist ein vollkommenes Plaidoyer, ein Kabinetsstück ad=
vokatorisch = deklamatorischer Beredtsamkeit, das seine Wirkung
gar nicht verfehlen kann! Oder welcher Advokat vermöchte
mit glänzenderen Phrasen Deine Geistesleere und Herzens=
hohlheit zu verdecken, als Du es selbst gethan? welcher Ad=
vokat wäre im Stande, seine Hörer um die faulen Stellen
Deines Charakters geschickter an der Nase herum, und sie

dann wieder des Langen und Breiten auf dem weiten Felde
Deiner angemaßten Vortrefflichkeit spazieren zu führen? wer
könnte mit kühnerer Stirn, als Du, die freche Lüge behaup=
ten: von den Göttern sei das Unheil gekommen, während Du
es doch selbst in Deines Sinnes Thorheit gegen das Geschick
heraufbeschworen? wer? Ich bekenne in Demuth, daß ich
hier meinen Meister gefunden, daß ich nichts zu thun habe,
als Dein Mémoire vorzulesen, um mich mit billigen Lor=
beeren zu bedecken und Dich von dem Galgen zu befreien, an
den Du gehörst. Aber das mögen Andere unternehmen. Ich
habe zu tief in Deinem eitlen, öden Selbst gelesen, und ich
fürchte, ich würde mitten in einer Deiner tönenden Deklamationen
stecken bleiben, denn der Ekel würde mich überwältigen.

So spricht der Anwalt und klappt verächtlich das Buch
zu. Ich habe kaum einen Grund, es wieder zu öffnen; denn
ich stimme, Alles in Allem, dem Manne vollkommen bei.
Vielleicht würde ich mich über Manches weniger schroff aus=
gedrückt haben, als der etwas cholerische Herr; ich könnte
auch noch manche cynische Frechheit, deren Sinn der Gute
wohl kaum geahnt hat, an's Licht ziehen; aber was hat das
Licht mit diesen Dingen zu thun!

Und was haben wir damit zu thun, höre ich die Leser
fragen. Ich weiß nicht; aber es scheint mir, daß es unsere
Pflicht sei, von einem Werke, welches in Frankreich notorisch
eine große Sensation gemacht und sich einen ungeheuren Bei=
fall errungen hat, Notiz zu nehmen, und nicht blos Notiz zu
nehmen, sondern es zu studiren mit aller Aufmerksamkeit,
allem Ernst, aller Gewissenhaftigkeit. Für das, was bei die=
sem Studium herauskommt, ist der Kritiker nicht verantwort=
lich. Er hat in erster Linie auszusprechen, was ist.

Was ist die Affaire Clémenceau?

Ein schiefes, verfehltes, durch und durch mißrathenes,
moralisch und ästhetisch verwerfliches Buch.

Fern, sehr fern liegt mir die Prüderie jener guten See=
len, die nicht begreifen können, daß es nicht blos das Recht,
sondern, wenn es darauf ankommt, die Pflicht des Dichters
ist, die Unsittlichkeit zu schildern, und daß sich nur ästhetische
Bornirtheit vor gewissen Gemälden bekreuzigen kann, die der
Schilderer der Gesellschaft so nothwendig braucht, wie der
Landschafter den Schatten neben dem Licht. Wenn aber der
Maler nicht mehr weiß, ob der Schatten nach rechts oder

links fällt, und wie lang und schwer der Schatten unter den gegebenen Verhältnissen sein muß, so entsteht eine Sudelei und Stümperei statt eines Kunstwerkes unter seinen ungeschickten Händen; und nicht anders ist es mit einem Roman, dem idealisirten Spiegelbilde der Gesellschaft, wenn der Dichter mit blödem Auge die feine, aber scharfe Linie, die zwischen Sittlichkeit und Unsittlichkeit gezogen ist, nicht mehr erkennen kann. Und daß der Verfasser der Affaire Clémenceau dazu nicht im Stande gewesen ist, das ist es, was das Buch zu dem macht, was es ist. Dieser Deckmantel des Mémoire eines auf Tod und Leben Angeklagten für seinen Vertheidiger, — dieser bequeme Deckmantel, unter welchem ein wirklich vorgekommener oder rein fingirter Fall vor das Forum des großen Publikums geschleppt wird, — diese schamlose Prostitution der Mysterien der Ehe — dieses freche Zurschaustellen von Dingen, die ein Mann, der nicht gänzlich entartet ist, und könnte er sich damit vom Galgen reden, nun und nimmer über die Lippen bringen würde — wer wollte das vertheidigen, wer es loben! Aber möchte es sein, möchte es Alles sein, wäre es ein — gleichviel wie schreckliches Mittel — zu einem großen und heiligen Zweck. Was aber sollen wir sagen, wenn mit pathetischen Klagen bejammert wird, worüber der Verständige die Achseln zuckt, wenn man an unser Mitleid verkuppeln will, was der Geißel des Satirikers rettungslos verfallen ist; wenn der, welcher uns zu dieser schauerlichen Sektion einzuladen den Muth hat, nicht ein einziges Mal mit erbarmungsloser, fester Hand auf den Keim des Todes deutet, sondern uns im Gegentheil den Kadaver als blühendes Leben zu verkaufen gedenkt, wenn der, welcher sich uns als Führer durch die Wohnstätten der Menschen anbietet, uns in die Kloaken bringt, und uns seine glänzendsten Fackeln nur anzündet, damit wir doch ja deutlich sehen, daß wir im Schmutz stecken? — was sollen wir sagen? sollen wir uns für diesen Liebesdienst noch bedanken?

Man werfe mir nicht vor, daß dieses Urtheil zu hart sei, sachlich oder auch nur im Ausdruck. Die Affaire Clémenceau ist wirklich ein mit funkelnden, schillernden, blendenden, verwirrenden Lichtern beleuchteter Abgrund des Moders und der Verwesung. Oder womit sollen wir die Darstellung eines durch und durch unsittlichen Verhältnisses anders vergleichen, in welches uns der Darsteller hineinschleu-

dert, in welchem er uns festhält, ohne kaum einmal auf die
großen Verhältniſſe der Geſellſchaft zurückzudeuten, die dem
individuellen Verhältniß, das er uns vorführt, zum Hinter=
grund dienen und die zugleich der Boden ſind, aus dem es
herauswächſt, wie die Pflanze aus dem Erdreich? Dieſes
Hintergrundes kann der Roman gar nicht entbehren, und
jeder vom echten epiſchen Geiſt erfüllte Dichter läßt es ſich
angelegen ſein, denſelben mit möglichſt kräftigen Farben aus=
zuſtatten, weil er, der Natur ſeiner Dichtungsart gemäß, ge=
netiſch zu verfahren hat und den Helden gar nicht in Action
ſetzen kann, ohne ihn in die Breite der realen Welt zu ent=
laſſen, die auf ihn reagirt, und mithin, als das andere Mo=
ment, in ihrer ganzen Macht und Fülle dargeſtellt werden
muß. Ja mit dem einen Hintergrund iſt es nicht einmal
genug, ſelbſt nicht dann, wenn die großen, allgemeinen Ver=
hältniſſe der Geſellſchaft ſehr einfach, in Folge deſſen leicht
überſehbar, wenn ſie ſo feſt ineinandergefügt ſind, daß ſie
der Dichter als feſtſtehend und unverrückbar annehmen darf,
wie die Natur ſelbſt. Auch dann wird er noch immer auf
einen zweiten und letzten Grund zurückdeuten müſſen, auf den
Urgrund, der freilich nirgend zu finden iſt, als in dem ſitt=
lichen Geiſte des Dichters ſelbſt, und von welchem eben je=
der vorhandene Zuſtand der Geſellſchaft, ſelbſt der beſte, ein=
fachſte, natürlichſte, nur als eine unvollkommene Verwirkli=
chung erſcheint.*)

Dieſe doppelte Nöthigung, welcher ſich ſchon Homer, der
Dichter eines naiven Zeitalters, nicht entziehen kann, tritt
nun an den Dichter unſerer Tage um ſo unabweisbarer heran,
je complicirter die Verhältniſſe ſind, in denen ſich ſeine Men=
ſchen bewegen, je ſchwieriger die Stellung des Einzelnen zur
Geſammtheit zu definiren iſt, je weniger leicht es auch dem
ſchärfſten Ohr wird, durch das Geſchwirr von unzähligen ſich

---

*) Für den dramatiſchen Dichter verhält ſich die Sache weſent=
lich anders. Da er viel mehr Mittel hat, als der epiſche Dichter,
den einzelnen Fall pſychologiſch zu vertiefen, von allen Nebenumſtän=
den und Zufälligkeiten befreit, plaſtiſch herauszuarbeiten, braucht er
ihn weniger ſcharf auf den erſten Hintergrund der aktuellen Verhält=
niſſe zu beziehen, und darf ihn gewiſſermaßen direkt auf den zwei=
ten, den ethiſchen Hintergrund zeichnen, mögen wir denſelben nun
Schickſal, oder moraliſche Weltordnung oder anders nennen. A. d. V.

durchkreuzenden Meinungen die Stimme der Wahrheit hin=
durchzuhören.

Aber von jenen unverrückbaren Gesetzen der epischen Dich=
tung weiß der Verfasser der Affaire Clémenceau nichts, so
gut wie nichts.

Nur im Anfang, in der Jugendzeit des Helden, macht
er einen Versuch, in der breiten Schilderung der Schulver=
hältnisse einen Hintergrund zu gewinnen, und mit diesem
Hintergrund eine verständliche Genesis der moralischen Qua=
lität seines Helden. Wie wenig ihm das gelungen ist, wie
mangelhaft und schielend Alles, was er nach dieser Seite
vorbringt, haben wir bereits gesehen. Mit diesem Versuch
aber ist seine Kraft erschöpft, erschöpft in dem Augenblicke,
wo er den Helden in die große Welt einführt, in die er sich
hineinlebt, auf die er wirken soll, und die nun ihrerseits auf
ihn wirken wird. Nicht eine Ahnung kommt ihm, daß hier
ein bestimmtes Verhältniß von Ursache und Wirkung vorliegt;
daß die unsittliche Ehe, die er schildert, in der Unsittlichkeit
des allgemeinen Zustandes wurzelt, eines Zustandes, wo die
Heiligkeit der gegenseitig eingegangenen Verpflichtungen aus
dem Bewußtsein der Gatten verschwunden ist, und dafür der
baarste, nackteste Egoismus von beiden Seiten zügellos wal=
tet: wo der Mann in der Frau nur ein Werkzeug seiner
Lust oder seiner Eitelkeit sieht, die Frau die Kraft des Man=
nes gewissenlos für ihre frivolen Zwecke ausbeutet, beide
vollkommen unbekümmert, wie sich dabei die Familie steht,
was dabei aus dem Gemeinwohl wird. Ob Pierre Clé=
menceau, der Bildhauer, mit der schönen Gattin nichts Besse=
res anzufangen weiß, als sie für seine Arbeiten Modell stehen
zu lassen, oder ob Jean So und So seine nicht minder
schöne Gattin mit Perlen und Spitzen überdeckt, und sie durch
die Salons schleppt — was ist da groß für ein Unterschied,
wenn der Eine eben so wenig darnach fragt, als der Andere,
wie es in dem Kopf, wie es in dem Herzen der schönen
Gattin aussieht? und kann sich der Eine mehr verwundern
als der Andere, wenn die nur auf Aeußerlichkeiten gestellte
Frau den Kultus der Sinnlichkeit bis zu den letzten scham=
losen Consequenzen treibt?

Und man sage nicht: dies Alles durfte der Pariser Dich=
ter, der eine Pariser Geschichte für die Pariser Welt schrieb,
als selbstverständlich, als allgemein zugegeben, voraussetzen.

Genug, daß er den Fall in seiner Vereinzelung mit plasti-
scher Deutlichkeit herausstellte. Den Zusammenhang mit den
allgemeinen Zuständen, den letzten Bezug auf den ethischen
Hintergrund mochte dann Jeder leicht finden.

Dieses Raisonnement ist schon um deshalb hinfällig, weil
der Verfasser, wie wir bewiesen zu haben glauben, gar nicht
im Stande gewesen ist, den einzelnen Fall in seiner Eigenthümlichkeit zu erfassen, mithin von einem richtigen Rückschluß
auf den socialen und ethischen Hintergrund gar nicht die
Rede sein kann.

Davon scheint er denn allerdings hier und da eine
Ahnung gehabt zu haben, und so ist er denn gelegentlich eifrig
beflissen, etwaige Zweifel an der Moralität seines Helden, die
sich in der Brust des Lesers erheben möchten, im Keime zu
ersticken. Das Mittel, dessen er sich zu diesem Zwecke bedient, ist einfach genug, wie folgende Stelle zeigt, die der
„Angeklagte" in seinem „Mémoire" wohlweislich unmittelbar
vor der Katastrophe einfließen läßt, wo sie denn freilich auch
besonders nöthig ist: „Der Fall der Nothwehr existirt nicht
blos in der physischen, sondern auch in der moralischen Welt.
Ich war plötzlich unvorhergesehen angegriffen worden, beleidigt, verwundet in meinen wahrsten und heiligsten Empfindungen durch ein Wesen, dem ich nur Gutes gethan hatte.
Ich bin anfangs durch den Stoß betäubt gewesen, dann habe
ich mich vertheidigt und meinen Gegner zu Boden geworfen.
Weil er sich bei dem Angriff weder einer Pistole, noch eines
Messers, noch eines Stockes bedient hatte, war er deshalb
kein Gegner? Ich kann es nicht glauben, noch Sie, noch
irgend ein gewissenhafter Richter, da Sie mir gleich nach meiner Verhaftung die Hand geboten haben, da Mr. Ritz, sein
Schwiegersohn und die ehrenwerthesten Männer kommen, mich
zu sehen, mich aufzurichten." *)   •

Kann man mehr verlangen? Der Advokat, Mr. Ritz,
sein Schwiegersohn, die ehrenwerthesten Männer — Alle,
Alle attestiren sie dem Angeklagten die Moralität seiner
Handlung! Wenn der unparteiische Chor auf der Bühne den
Helden so hochherzig auf den Schild erhebt, welcher Zuschauer in dem weiten Amphitheater sollte niedrig genug gesinnt sein, ihn fallen zu lassen!

---

*) p. 319. ff.

Genug, genug! und geben wir es zu! Was aber hat das mit dem ästhetischen Werth des Buches zu schaffen!

Als ob die innere Unsittlichkeit eines Werkes nicht auch seine Schönheit beeinträchtigen müßte? als ob die Unsittlich= keit nicht gerade die schnödeste Unwahrheit wäre! als ob das Unwahre schön sein könnte!

Diese Solidarität des Guten, Wahren und Schönen, welche die Philosophie behauptet — sie wird wahrlich durch die Affaire Clémenceau nicht erschüttert.

Das erste Erforderniß eines Kunstwerkes ist die Con= gruenz des Inhaltes und der Form. Werthers Briefe schreibt nicht Goethe, sondern Werther, d. h. Goethe, der sich in einen Werther verwandelt, sich so in die Person des fingir= ten Helden hineingedacht und gedichtet hat, daß wir den Autor über seinem Werke vergessen. Wer vergaß jemals bei der Lektüre der Affaire Clémenceau den Verfasser der Dame aux Camélias? oder, um es anders auszudrücken: wie kann Pierre Clémenceau, der unschuldige, naive, der Arglist dieser Welt so wenig kundige Pierre Clémenceau, dieses raffinirte, von Welterfahrung der schlimmsten Art strotzende Buch ge= schrieben haben? Hier liegt ein schreiender Widerspruch, der jedes feine Ohr auf das Empfindlichste beleidigt, der — ab= gesehen von allem Andern — in jedem wahrheitsliebenden Leser eine warme Sympathie mit dem Helden gar nicht auf= kommen läßt.

Und diese ästhetische Fundamental=Lüge sollte in den Ein= zelheiten nicht zu Tage treten? Jede Seite der Affaire Clé= menceau beweist, daß eine psychologische Unmöglichkeit auf dem Gebiete der Kunst eine Häßlichkeit wird.

Oder, wenn dies Werk schön ist, dann ist es auch das Gemälde eines Satyrs, dessen Gesicht die zügellose Begierde zu einer Fratze verzerrt; dann wimmeln auch die Handbücher der Pathologen von „schönen" Fällen. Das Werk ist schön, wenn falsches Pathos, schielende Gemeinplätze, süßliche Sen= timentalitäten, affectirte Einfachheit schön sind; — dies Werk ist genau so schön, wie es das innerlich durch und durch ver= logene, äußerlich mit der ganzen Virtuosität der „Mache" ausgestattete Product einer raffinirten und in ihrem Raffine= ment zur Brutalität herabgesunkenen Civilisation, wie sie Feuillet oben geschildert hat, sein kann.

Fern sei es von uns, das ganze große Volk der Fran=

zosen in dies Verdammungsurtheil einschließen zu wollen!
Wir wissen wohl und, ich habe es oben bereits ausgesprochen:
Paris ist, troß alledem, nicht Frankreich, noch weniger ist es
die exclusive Gesellschaft, die man tout Paris nennt, mit ihren
specifischen Lastern und Leiden. Auch weisen patriotische Fran=
zosen auf das Energischste die Behauptung der Identität von
tout Paris und ganz Frankreich zurück, und wollen durchaus
in den Romanen dieser Art keinen treuen Spiegel der fran=
zösischen Sitten erkennen. „Ich sehe," sagt Michelet in einem
der schönsten Capitel seines bereits angeführten Werkes;*)
„ich sehe mit Bedauern in unserer Zeit so viel Genie auf
diese traurige Gattung des Romans verschwendet, so viel
Talent darauf vergeudet, unsere Wunden zu sondiren und zu
verschlimmern. Der Roman hat uns gelehrt, uns selbst zu
beweinen; er hat die Geduld erschöpft. Er hat bewirkt, daß
die moralischen Schäden und Gebrechen, die gewissen Klassen
eigen sind, verallgemeinert wurden. Von sechsunddreißig
Millionen Franzosen hatten fünfunddreißig nicht die mindeste
Ahnung von Allem, was diese großen Künstler geschildert
haben."

Aber selbst Michelet muß die Gefahr zugeben, welche
ganz Frankreich aus dieser Literatur droht; es ist dieselbe
Gefahr jener alles Maß übersteigenden Centralisation, deren
verderbliche Wirkungen wir uns oben mit den Worten eines
anderen Franzosen haben schildern lassen; jener Centralisation,
die auf dem socialen Gebiet so verheerend wirkt, und wie wir
jetzt sehen, nicht minder verheerend auf dem literarischen, die
wie ein Krebsschaden an der französischen Nation zehrt, das
Blut und die Gedanken vergiftend, und nach und nach den
ganzen Organismus zerfressen muß, wenn er nicht durch die
energischste Reaktion seiner gesunden Säfte bei Zeiten den
Krankheitsstoff aus sich herauswirft.

Und nun noch zum Schluß ein Wort.

In dem Augenblick, wo Frankreich und Deutschland sich,
bis an die Zähne gerüstet, gegenüberstehen, das französische
Volk finster grollenden, eifersüchtig scheelen Blickes dem Wachs=
thum unserer Macht zuschaut, wo ein Funke vielleicht hin=
reicht, den verderblichsten Krieg zu entfachen, in welchem die
beiden größten Kulturvölker des Kontinents um die Supre=

*) „Die Liebe." p. 244.

matie ringen werden — in einem solchen Augenblick könnte
ein schwaches Gemüth eine Art von Trost empfinden, und
eine Art von Schadenfreude nähren über den Verfall des
französischen Geistes, der in Büchern, wie das besprochene,
und in so manchen anderen ähnlichen an den Tag tritt. Denn
der Geist ist es, der die Schlachten schlägt und in den Schlachten siegt und unterliegt; wie kann der gesunde und immer
mehr erstarkende deutsche Geist von diesem kranken und immer kränker werdenden französischen Geist besiegt werden!

Aber fern sei uns jeder Gedanke der Art! Bei der Solidarität der Interessen, welche in unserer Zeit alle Kulturvölker der Erde verbindet, kann eines gar nicht Schaden nehmen an seiner Seele, ohne daß die anderen sofort den Rück-
schlag empfinden, und am wenigsten kann der Genius der
französischen Nation sein Antlitz verhüllen, ohne daß der
Schatten sich auch über uns breitet. Nicht die Interessen der
Bildung treiben die Franzosen in den brudermörderischen
Kampf, sondern die der Barbarei, nicht die Freiheit hetzt sie
gegen uns, sondern die Knechtschaft, die Tyrannei des Jm-
perialismus, und die nicht minder verderbliche der Frivolität, der
mit allen unlautersten Mitteln künstlich großgefütterten Selbstsucht. Diese freche Cultur der Frivolität und Selbstsucht,
diese kindisch gewordene geist- und sittenlose Civilisation unter
dem Banner der Centralisation, für welche das Cäsarenthum
ja nur der fleischgewordene adäquate Ausdruck ist — sie
schmettert in die Kriegstrompete, sie schreibt die Bücher à
l'Affaire Clémenceau!

Darum Krieg auf Tod und Leben mit dem Aberwitz jenes von der Wahrheit und Schönheit abgefallenen Geistes,
der sich den Franzosen als die allein seligmachende Kirche
aufdrängen will, und dessen Priester in aller Welt herum-
ziehen und den bösen Samen ihrer Irrlehren ausstreuen, daß
er verderbliche Früchte trage hundert und tausendfältig!

Sorgen wir, daß nichts von diesem Samen auf deutsches Erdreich falle, und, wo er bereits Wurzel gefaßt hat,
reißen wir das schnöde Unkraut aus und werfen es in's Feuer!

Oder hätten wir solche Gefahr nicht zu befürchten? Der
große Schnitter Lessing ist lange todt und — die Bewunderer der Affaire Clémenceau in Deutschland zählen nach
Tausenden.

Ende.

Amerikanische Gedichte.

Deutsch

von

Friedrich Spielhagen.

.

Inhalt.

Vorwort.

Es wird wenige deutsche Leser geben, die in Dr. Gris=
wolds: Poets and Poetry of America (Philadelphia 1857)
die Notiz des gelehrten Mannes, daß, „in seinem Vaterlande
bereits über 500 Bände lyrischer Productionen veröffentlicht
worden seien, von denen er nur ein Fünftel berücksichtigt
habe,“ nicht mit einigem Erstaunen aufgenommen haben.
Trotz Dr. Griswolds sorgfältiger Auswahl, und obgleich er
selbstverständlich von dem auserwählten Fünftel auch nur das
Allernöthigste mittheilt, füllt seine Sammlung zwei starke
Bände in Folio, von denen der eine ganz und gar für die
Dichterinnen reservirt ist. Diese Zahl ist in der That ganz
erstaunlich, zumal wenn man die kurze Zeit bedenkt, in der
diese Literatur aufgeblüht ist; wenn man ferner erwägt, daß
für den Amerikaner, dem so viele andere Wege zu Einfluß
und Reichthum offen stehen, die precäre Schriftstellerlaufbahn
sehr wenig Anziehendes haben kann; und endlich in Anschlag
bringt, daß sehr viele dieser Gedichte von Männern verfaßt
wurden, die aus der Literatur keineswegs einen Lebensberuf
gemacht hatten, sondern als Staatsmänner, Kaufleute und
sonst im praktischen Leben thätig, die Stunden, welche sie den
Musen widmeten, sehr anstrengenden Berufsarbeiten stehlen
mußten. Die Zahl ist selbst noch dann erstaunlich, wenn
man einräumt, daß von dieser großen Menge sehr Wenige
auf den Titel eines Dichters von Gottes Gnaden Anspruch
machen können, denn es handelt sich hier vorläufig nicht um
die Frage, wie groß die poetische Begabung der Amerikaner
ist, sondern um den Nachweis, daß sie sich trotz der Ungunst
der Verhältnisse den Sinn für höheres Geistesleben keines=

wegs haben rauben laſſen, und hier iſt allerdings die Zahl
von der größten Bedeutung.

Aber dieſe Verhältniſſe ſind vielleicht nicht einmal ſo un=
günſtig, wie es auf den erſten Augenblick erſcheint. Wenn
die Amerikaner freilich nicht, wie wir, eine zweitauſendjährige
Geſchichte haben, aus der die Poeten wie aus einem mächti=
gen Strome allzeit ſchöpfen könnten, ſo ſind ſie doch keines=
wegs ganz arm an hiſtoriſchen Stoffen. Die Wikingerfahr=
ten der Normannen nach den Küſten von Grönland, die
wunderbaren Reiſen des Columbus, der tragiſche Fall der
großen Reiche Peru und Mexico, die Coloniſation von Neu=
England durch die Puritaner, die Kämpfe der Einwanderer
ſächſiſchen Stamms mit den Eingeborenen und mit den fran=
zöſiſchen Coloniſten Canada's, die große Revolution, in wel=
cher ſich in einem blutigen, und doch durch die Heiligkeit der
Sache erhabenen und durch die Art der Kriegsführung und
die Natur der Kämpfer an romantiſchem Intereſſe überrei=
chen Streite das mündig gewordene Volk von ſeinem Mut=
terlande losriß — das Alles ſind Stoffe, die für den Hiſto=
riker und den Dichter nicht undankbar ſind, und die denn
auch — wir erinnern nur an Irving, Sparks, Cooper, Long=
fellow — ſchon genug amerikaniſche Köpfe und amerikaniſche
Federn in Bewegung geſetzt haben.

Sodann bietet das amerikaniſche Leben, in welchem alle
Phaſen menſchlicher Cultur, die in anderen Ländern und bei
anderen Völkern durch Jahrhunderte getrennt ſind, in einem
Raume und in einer Zeit vereinigt gefunden werden, des
Abenteuerlichen und Wunderbaren ſo viel, daß dies allein
ſchon den etwaigen Mangel hiſtoriſcher Stoffe einigermaßen er=
ſetzen könnte. Von dem Dandy, der auf dem Broadway mit
dem neueſten Einfall ſeines Schneiders zu glänzen ſucht, bis
zu dem Hinterwäldler, der mit dem Knall ſeiner Büchſe das
Echo von Bergen wachruft, die nie der Fuß eines Europäers
betrat; von dem ſtattlichen Bankier in New=York, der ſich in
einem reizenden Phaëton von dem Geſchäftslokale nach der
prächtigen Villa fahren läßt, bis zu dem armen Teufel, der
hinten in den Felſenſchluchten des Sacramento nach Gold ſucht
und Elend findet; von dem ehrbaren Profeſſor der Moral
in Boſton bis zu dem rohen Sclavenhalter in Virginien —
welch' eine Muſterkarte der verſchiedenſten Exiſtenzen! Die
Häuptlinge von Indianerſtämmen aus dem fernen Weſten, die

gekommen sind, ihren weißen Vater um Rath und Hülfe an=
zuflehen, in ihrem Kriegsschmuck in dem Audienzsaale des Prä=
sidenten der Republik — welch' ein wunderliches Bild! Wahr=
lich hier ist Stoff, überreicher Stoff für den Dichter, der nur
hineinzugreifen versteht in's volle Menschenleben, und wohl
mag ein armer deutscher Poet, der, in sein Museum gebannt,
die bunte Welt nur von weitem sieht, seinen amerikanischen
Bruder in Apollo um diesen Reichthum beneiden.

In einem so situirten Volke scheint für den ersten Augen=
blick jene ausgesprochene Vorliebe für die Lyrik sonderbar
genug. Man fragt sich unwillkürlich: was treibt diese rauhen
Männer der That zu einer Dichtart, in welcher das liebende,
hoffende, verzweifelnde, unbefriedigte Menschenherz einen Aus=
druck für die wogende Nebelwelt der Gefühle sucht und fin=
det? warum cultiviren sie, deren Leben an frappanten Glücks=
wechseln so reich ist, nicht lieber das Drama? wie kommt es,
daß sie, die so viel zu erzählen haben, nicht den epischen
Dichtarten den Vorzug geben, vor allen dem Roman, der
nebenbei ein so schickliches Vehikel zur Lösung der vielen so=
cialen, religiösen, politischen Fragen wäre, an denen das ame=
rikanische Leben Ueberfluß hat? Indessen läßt sich für diesen
scheinbaren Widerspruch sehr bald eine genügende Erklärung
finden. Daß die Amerikaner keine eigentlich epische Poesie
haben können, liegt auf der Hand. Das Epos blüht nur
bei den Völkern, die eine lange Jugendzeit hatten, in der sie
sich, unbekümmert um große geschichtliche Aufgaben, fröhlich
tummeln durften auf der schönen Erde; eine lange Lehrzeit,
in der sie sich allmälig aus Kindern und Wilden zu Män=
nern und Cultur-Menschen heranbilden konnten. Diese Ju=
gendzeit, diese Lehrzeit fehlt den Amerikanern. Der Baum
ihres Lebens schießt so machtvoll in die Höhe, wie eine Palme,
die erst in weiter Entfernung von der Erde in Zweige, Blät=
ter und Blüthen ausstrahlt. Da ist kaum eine Spur jenes
Gestrüpps, das andere, hernach sehr mächtige Völkerstämme
in den ersten Jahrhunderten umgiebt, jenes Waldes von jun=
gen, wilden Schößlingen, in denen die Sage und das Epos
nistet. Ueberall wachsen Farmhäuser, Dörfer, Städte wie
auf einen Zauber aus dem Boden. Nie versiegende Ströme
von Einwanderern drängen an den schon cultivirten Gegen=
den vorüber in die Prärien, „die nach Menschenherzen klopfen",
in die Wälder hinein, die Flüsse hinauf, und vor diesen

Schwärmen fliehen der Wilde, der Bison und der Biber. Und diese Einwanderer sind nicht alle von demselben Volke, nicht einmal von derselben Race: Engländer, Holländer, Irländer, Deutsche, Franzosen — Germanen, Celten, Romanen bringen ihre Sitten und Gewohnheiten, und ebenso die Märchen ihrer Heimath und die Lieder ihrer Heimath mit hinüber. Nicht die Gemeinschaftlichkeit der Abstammung, der Sprache, der Religion hält diese verschiedenartigen Elemente zusammen, nur die Gemeinschaftlichkeit der Interessen und Gefahren. Wie kann unter solchen Verhältnissen von epischer Poesie die Rede sein, da es sogar an den Balladenstoffen mangelt, an denen selbst solche Völker, die es nicht zum eigentlichen nationalen Epos bringen konnten, reich sind? Und später, als die verschiedenartigen Metalle zu einem korinthischen Erz zusammengeschmolzen waren, als sich aus den vielen Volksfragmenten eine Nation gebildet hatte, als diese Nation anfing, ihre üppige Jugendkraft an großen historischen Aufgaben zu versuchen, schien die Sonne der Geschichte schon viel zu hell, als daß die vortrefflichen epischen Stoffe, die in den Kämpfen gegen die Franzosen in Canada und die mit ihnen verbündeten Indianerstämme, in dem Revolutionskriege gegen das Mutterland sich darboten, im eigentlich poetischen Sinne hätten ausgebeutet werden können. Diese Stoffe zu Epen und Balladen zu verwerthen, ließ die aufgeklärte Zeit nicht zu. Sie duldete nur noch den prosaischen, nüchternen Epigonen des heroischen Gesanges: den historisch-phantastischen Roman, wie er von Cooper besonders angebaut wurde. Es thut dem Liebhaber der Poesie leid, daß die goldenen Samenkörner auf den harten Weg und unter die Disteln und Dornen fielen, wo sie nur kümmerliche Früchte tragen konnten. Die Historiker bemächtigten sich des Gegenstandes, und damit war er für den Dichter verloren. Nichts macht einen seltsameren, unerfreulicheren Eindruck, als wenn man einem Helden der Neuzeit, z. B. Washington, dessen Züge einem Jeden vertraut sind, dessen Leben bis in die kleinsten Details von einem Jeden gekannt ist, in einem Roman begegnet, wo er auf Rechnung und Gefahr des Dichters Allerlei thut und spricht, was er möglicherweise in der Wirklichkeit hätte thun und sprechen können, wovon aber die Geschichte nichts weiß. Es ist, als ob eine Marmorstatue vor unseren Augen von dem Piedestal heruntersteige, und die

Marmorglieder zu recken und zu dehnen begönne. Wir glau=
ben nicht daran, auf keinen Fall geht es dabei mit rechten
Dingen zu. Die Stimme des großen Todten ist vortrefflich
nachgeahmt, aber wir wissen sehr wohl, daß es des Dichters
eigene, nur sehr verstellte Stimme ist. Wie kann da von
einer Illusion die Rede sein? So kommt es, daß Cooper
nicht nur der Erste, sondern auch der Einzige gewesen ist,
der diese Gattung des Romans mit Glück cultivirt hat. Die
ahnungsvolle, schwermüthige Beleuchtung einer untergehenden
Sonne, die er auf seine letzten Mohikaner fallen läßt, hatte
für einen Moment eine recht hübsche Wirkung hervorgebracht,
aber das grelle Licht der Kritik zerstörte nur zu bald diesen
zauberhaften Schimmer. Man fand, daß diese Indianer sehr
schmutzige, rohe und grausame Bursche waren, und wollte
nicht mehr an ihre unvergleichliche Tugend und Ritterlichkeit
glauben. Mit einem Worte: ihre poetische Rolle war aus=
gespielt, und wenn ein Dichter sein Publikum noch von die=
sen rothen Gesellen unterhalten wollte, mußte er den histori=
schen Boden verlassen und sich auf das unverletzliche Gebiet
der eigentlichen Sage zurückziehen und von dort aus zu uns
sprechen, wie dies Longfellow in seinem „Hiawatha" mit nicht
geringem Erfolg gethan hat.

Wenn man so zugeben muß, daß die Amerikaner für die
epischen Dichtungsarten von vornherein zu cultivirt waren,
kann man auf der anderen Seite behaupten, daß sie für den
Familien=, für den socialen und philosophischen Roman bis
auf den heutigen Tag noch nicht gebildet genug sind. Wir
wollen keineswegs in Abrede stellen, daß es unter den Ameri=
kanern wohl Schriftsteller giebt, die solche Romane schreiben
können, und ein Publikum, welches solche Romane lesen mag,
aber dieser Schriftsteller sind sehr wenige und dieses Publi=
kum ist sehr klein. Die Freude an dergleichen Productionen
setzt schon einen nicht geringen Grad geistiger und moralischer
Cultur voraus, und wenn diese Cultur auch in den obersten
Schichten der amerikanischen Gesellschaft vorhanden sein möchte,
so fehlt sie in den großen mittleren Schichten, und auf diese
muß der Romanschreiber vor Allem Rücksicht nehmen. Eine
gewisse Gleichmäßigkeit der Bildung, welche bewirkt, daß
dasselbe Buch in dem Hause des Bankiers und in der Woh=
nung des Handwerkers nicht nur mit demselben Interesse,
sondern fast mit demselben Grade des Verständnisses gelesen

wird, ist nur bei den Culturvölkern möglich, die eine Jahr=
hunderte lange Lehr= und Schulzeit haben durchmachen kön=
nen. Sodann fehlt noch bei den Amerikanern eine Haupt=
bedingung der rechten Blüthe dieser Romane; das ist die Be=
haglichkeit der Existenz des Volkes im Ganzen und Großen,
eine Behaglichkeit, die durchaus nicht die Ruhe des Sumpfes
zu sein braucht, die aber auch ganz unmöglich ist, wenn die
Wogen des socialen und politischen Lebens besonders hoch
gehen. In so bewegten Zeiten — und die Amerikaner kom=
men aus dem politisch=socialen Fieber eigentlich nie heraus
— haben Dichter und Publikum keine Zeit, Romane zu
schreiben und zu lesen. Die Entstehung des Wilhelm Mei=
ster und die Anerkennung, die sich dieser Roman sofort ver=
schaffte in einer Zeit, wo die deutsche Erde vor dem Donner
von Napoleons Kanonen erzitterte, ist eines der merkwürdig=
sten Phänomene in der Literaturgeschichte, wie es auch wohl
nur unter dem deutschen Himmel vorkommen kann; ebenso
wie umgekehrt die ganz außerordentliche Fruchtbarkeit, welche
die Hauptromanschriftsteller Englands: Bulwer, Dickens,
Thackeray u. s. w. entwickeln, beweist, wie stark in England
die Nachfrage nach dieser Art von Lectüre ist, und wie groß
mithin die Muße sein muß, deren sich die Engländer der
mittleren Stände erfreuen. Denn nur diese sind die Träger
der Literatur eines Volkes, aus ihnen gehen die Dichter her=
vor, in ihnen finden die Dichter ihr Publikum.

Von dieser Gleichmäßigkeit der Bildung ist in Amerika
keine Rede. Wie der Ton in den Drawing=rooms von Neu=
York dem in den besten Salons von Paris an Feinheit nichts
nachgiebt, wie der Pöbel von Neu=York an Rohheit nicht
seines Gleichen auf Erden hat, so sind diese grellen Wider=
sprüche durchaus die Regel des amerikanischen Lebens. Reich=
thum und Armuth, Feinheit und Rohheit, geläutertste Huma=
nität und empörende Brutalität, höchste Bildung und tiefste
Unwissenheit — das Alles wird in Amerika nicht nur, wie
ja überall, vorgefunden, sondern liegt dort hart nebeneinan=
der, gerade so, wie in diesem merkwürdigen Lande vortrefflich
cultivirtes Ackerland unmittelbar an den Urwald stößt, und
durch die Prärie, auf der im Umkreis von vielen Meilen
kein Dorf, kein Haus gefunden wird, die Locomotive so lustig
dampft, wie durch die bewohntesten Gegenden Belgiens oder
Deutschlands. Mit einem Worte: die Amerikaner haben kein

rechtes Publikum für den Roman, und so haben sie auch
keine bedeutenden Romane aufzuweisen. Daß einzelne Bü=
cher, wie der „Onkel Tom" der Frau Stowe, ein so unge=
heures Aufsehen gemacht haben, und mancher Roman in so
vielen tausenden von Exemplaren verkauft wird, beweist nichts
dagegen. Die Verbreitung dieser Schriften ist aus ganz anderen
Gründen zu erklären, als etwa aus dem ästhetischen Werth
derselben, oder der ästhetischen Bildung des Publikums im
Allgemeinen.

So bleibt denn den Amerikanern von allen Dichtungs=
arten — denn von dem Drama kann natürlich noch viel we=
niger als von dem Roman die Rede sein — nur die Lyrik
übrig, um so mehr, als Alles, was dem Aufblühen der an=
deren so hemmend in den Weg tritt, dieser offenbar zu Gute
kommt. Der Mangel an einer tüchtigen historischen und phi=
losophischen Durchbildung, der in den Romanen und Dra=
men der Amerikaner so fühlbar ist, hat in der Lyrik sehr we=
nig zu bedeuten. Sehr einfache Menschen haben die vor=
trefflichsten Sachen in diesem Genre gedichtet. Unter den
Dichterinnen Amerika's findet sich eine Fabrikarbeiterin, eine
andere war Dienstmädchen in einer vornehmen Familie, und ähn=
liche Beispiele weisen die Literaturen aller Völker auf. Ja
es ist, als ob sich die lyrische Muse ihre Jünger gern aus
den sogenannten niedrigsten Ständen wählte. Jedermann
kennt „Des Knaben Wunderhorn", und wer Gelegenheit ge=
habt hat, mit den Verfassern jener wunderbaren Poesien, wir
meinen, mit den sangeslustigen Soldaten, sentimentalen Hand=
werksburschen und liederkundigen Meistern, in genauere Be=
rührung zu kommen, weiß, daß im Volke noch manche ly=
rischen Producte coursiren, die nicht in jenem Buche verzeich=
net sind. Sodann ist die Zerbröckelung der Gesellschaft und
die ungleichmäßige Bildung für den Lyriker kein so großer
Uebelstand wie für den Romanschriftsteller und den Drama=
tiker. Er wendet sich direkt an das Herz, und das Herz
bleibt doch überall und zu allen Zeiten wesentlich dasselbe,
wie verschieden es auch in den Köpfen aussehen mag. Die
Lieder, welche der Steuerofficiant Burns für seine guten
Cumpane im Alehause dichtete, singen jetzt sehr wohlerzogene
junge Gentlemen bei Champagner, und die feinste Lady schämt
sich nicht, einen Gesang am Flügel vorzutragen, der ursprüng=
lich für eine Bauerdirne geschrieben war. Ohne Dramen

und Romane können die Menschen sehr gut, ohne Lieder aber kaum fertig werden. Das Bedürfniß nach Liedern ist allzeit vorhanden, um so mehr, wenn die stets rege, poetische Kraft keinen anderen Stoff, oder zu der Bearbeitung eines anderen Stoffes keine rechte Zeit findet, wie in Amerika.

Und nun kommt noch ein Moment, welches für die Neigung der amerikanischen Dichter zur Lyrik mehr als jedes andere bestimmend ist. Der Aufschwung des geistigen Lebens in Amerika wird vorläufig von den Fesseln eines geistlosen, unbarmherzigen Materialismus darniedergehalten. Das ist ein Factum, welches man in der Geschichte der Cultur der Menschheit in Rechnung bringen muß, ohne daß man deswegen an dem Resultat zu verzweifeln und den größten Freistaat der Erde mit Heine „einen Stall bewohnt von Gleichheitsflegeln" zu nennen brauchte. Bedenke man doch, daß die Aufgabe, welche seit der Reformation und durch die Reformation der Menschheit wurde: sich die Erde, welche uns der Kirchenglaube des Mittelalters als ein Jammerthal, und im besten Falle als eine Vorbereitungsschule für das Jenseits schilderte, auf jede Weise, mit allen Mitteln, welche uns die Wissenschaft an die Hand giebt, zu eigen zu machen, für den Amerikaner ganz buchstäblich zu verstehen ist. Wenn ihm vorgeworfen wird, daß er die realistische Tendenz unserer Zeit rücksichtsloser verfolgt, als der Europäer, so müssen wir wenigstens so gerecht sein, einzuräumen, daß er durch die wesentlich materiellen Aufgaben, die ihm gestellt sind, mit viel größerer Gewalt in diese Richtung gedrängt wird, als wir.

Indessen, wenn auch der Geschichtsphilosoph sich über einen Proceß nicht beunruhigt, dessen günstiger Ausgang ihm nicht zweifelhaft ist; wenn er sich überzeugt hat, daß der Geist nicht stirbt, und daß, wenn ihn der Materialismus auch einmal zu ersticken droht, dies nichts weiter ist, als der schwere Rauch, der aus einem Feuer aufwallt in dem Augenblicke, wo es eine sehr reichliche Nahrung empfangen hat — so kann doch nicht in Abrede gestellt werden, daß der Amerikaner in der allzu eifrigen Verfolgung nothwendig zu lösender materieller Aufgaben vielfach ein brutaler Gesell ist; daß ihm der Gedanke, endlich einmal Herr im Hause zu sein, sehr oft den Kopf schwindeln macht; daß er über all' den neuen Einrichtungen, die er zu treffen hat, ganz und gar vergißt, wie

Alles doch nur erst dadurch einen Sinn bekommt, daß es nicht als Zweck, sondern als Mittel zu einem Zweck betrachtet wird. Wie wäre es nun möglich, daß ein weiches Gemüth durch all' diese Rohheiten und Aeußerlichkeiten nicht auf das empfindlichste beleidigt würde? und wo könnte dieses weiche, beleidigte Gemüth nun eine bequemere Zuflucht suchen, als in der Poesie, vor allem der lyrischen Poesie, welche eine Cultur der sanfteren — von der schlimmen Welt verachteten und verhöhnten — Empfindungen nicht nur entschuldigt, sondern sogar zur Pflicht und Nothwendigkeit macht? Die leidenschaftliche Pflege der Lyrik bei den Amerikanern ist in der That zum größten Theil nichts weiter, als die nothwendige Reaction des Herzens gegen die brutale Herrschaft der physischen Kraft, die in der Bewältigung materieller Hindernisse triumphirt, und gegen die nicht minder brutale Herrschaft des Verstandes, welcher in der complicirten Combination der Thatsachen schwelgt und in der Erreichung von lauter endlichen Zielen seine Befriedigung sucht und findet.

Und aus derselben Quelle fließt wiederum auch die große, ja oft leidenschaftliche Liebe, mit welcher sich die lyrischen Dichter Amerikas der Natur in die Arme werfen. Durch diese ganze Literatur geht ein entschiedener, manchmal fast krankhafter Zug weg von dem Menschentreiben, weg von dem wüsten Gezänk um Mein und Dein in die Einsamkeit, wo der Dichter ungestört dem Schlage seines Herzens lauschen kann. Die Dichter werden nimmer müde, die Lieblichkeit, Schönheit und Erhabenheit der Natur zu preisen, und sie entlocken gerade dann den Saiten ihrer Leyer die vollsten, die reinsten Töne. Die Feinheit der Detailmalerei in ihren Naturschilderungen kann nicht übertroffen werden. Die charakteristischen Eigenthümlichkeiten der landschaftlichen Scenerie, der Erdformen, der Beleuchtung, der atmosphärischen Stimmung, des Thierlebens in seinen mannigfachen Erscheinungen — das Alles ist mit Kraft und Feinheit herausgestellt; es möchte nach dieser Seite die Lyrik keiner Nation es der amerikanischen gleich thun.

Das ist nun freilich ein sehr fragliches Lob. Ohne Zweifel kann den Dichter die ihn umgebende Natur nicht gleichgiltig lassen, selbst in dem Falle, daß sie wenig Reizendes bietet, geschweige denn, wenn sie durch Lieblichkeit oder Erhabenheit ausgezeichnet ist. Unter allen Umständen ist sie unſre Wiege und unſer Grab, iſt ſie der Hintergrund, vor welchem ſich das Drama des Menſchenlebens abſpielt; iſt ſie — der Dichter weiß das zu ſchätzen — eine unerſchöpf= liche Fundgrube bezeichnender Bilder und ein ewiges Gleich= niß — aber iſt ſie an und für ſich, ohne directeſte Beziehung auf den Menſchen, ein Thema für den Dichter?

Leſſing hat in ſeinem Laokoon dieſe Frage ein für alle Mal endgültig entſchieden.

Der Dichter hat ſich der abſtracten Naturſchilderungen zu enthalten, weil er gar kein Mittel beſitzt, durch das Nach= einander ſeiner Darſtellung ein Nebeneinander, wie es die Natur immer iſt, zur Anſchauung zu bringen. Wie unendlich viel noch immer gegen dieſe ſonnenklare Wahrheit geſündigt wird, weiß Jeder, der ſich eingehender mit der Literatur be= ſchäftigt. Die Dichter, anſtatt ſtimmend zu wirken, d. h. anſtatt die Stimmung, welche dieſe oder jene Natur in dem Beſchauer hervorruft, in dem Leſer reproduciren zu wollen — ein Kunſtſtück, das in den meiſten Fällen durch die einfachſten Mittel, oft durch ein einziges Epitheton hervorgebracht wird — reihen Details an Details, geben gleichſam die chemiſchen Ingredienzien zur Hervorbringung eines Parfums, aber nicht das Parfum ſelbſt, auf welches es doch einzig und allein an= kommt. Denn was kann der Dichter — und zumal der lyriſche — anderes wollen, als den Empfindungen und Ge= danken, welche die Außenwelt in ſeinem Innern erregt hat, einen Ausdruck verleihen? Was iſt uns damit geholfen, wenn er uns die Urſache giebt, anſtatt der Wirkung, noch dazu, wenn er die Urſache nur ſo unvollſtändig wiederzugeben ver= mag? wenn er mit jedem folgenden Zuge ſeines ſogenannten Gemäldes den vorhergehenden ſtets wieder auslöſcht, zum we= nigſten undeutlich macht, und ſo im beſten Falle die Phantaſie des Leſers zur Hervorbringung eines durchaus vagen und ver= ſchwommenen Bildes mühſam reizt?

Von dieſer Verirrung, mit dem Landſchafter wetteifern zu wollen, iſt kaum einer der amerikaniſchen Lyriker ganz frei zu ſprechen, obgleich man ihnen die Anerkennung nicht ver= ſagen darf, daß ſie faſt überall bemüht ſind, aus ihren Na= turſchilderungen ein geiſtiges Capital zu gewinnen. Wenn dieſes Capital nicht eben groß iſt, ſo hat das vielleicht ſeinen Hauptgrund in einem Umſtande, auf den hier wenigſtens mit einigen Worten hinzudeuten uns verſtattet ſein mag. Die amerikanischen Dichter sind, fast ohne Ausnahme, entschiedene Deisten; der Glaube an den allmächtigen Schöpfer Himmels und der Erden ist das Fundament ihrer ganzen Weltanschauung; daß dieses Leben nur die Vorstufe zu einer höheren, reineren Existenz sein kann, unterliegt bei ihnen kaum jemals einem bescheidensten Zweifel. Nun ist dies ja für den, welcher sich den frommen Kinderglauben in dieser Welt der unerbittlichen Thatsachen bewahren kann, gewiß — oder da man von dem, was man nicht aus eigner Erfahrung kennt, nicht mit apodiktischer Gewißheit sprechen soll — möglicherweise ein gutes Ding, wie auch der Schlaf (den Sancho Pansa mit einem warmen Mantel vergleicht) ein gutes Ding ist, das uns über viel Kopfzerbrechen und Herzweh weghilft; aber ebenso wenig, wie mir Jemand durch den gesunden Schlaf, dessen er sich erfreut, meine Sorgen wegschlafen kann, kann ein Dichter in das Chaos meines Innern Licht bringen, wenn er mich ein Mal wie das andre versichert, daß Gott allgütig, und Alles, was er geschaffen hat, sehr gut sei. Diese Versicherung nimmt er aus einer Sphäre, die gar nicht seine Sphäre ist: aus der Religion. Die Religion muß sich principiell gegen eine Menge von Empfindungen erklären, oder läßt sie vielmehr gar nicht aufkommen; aber was das Leben der Religion ist, ist der Tod der Lyrik, mit Ausnahme jener Grenzgattung, welche man die religiöse Lyrik nennt. In der Lyrik, wie wir sie begreifen, müssen eben alle Empfindungen anklingen, muß Alles, was durch „das Labyrinth der Brust" wandelt, in Worten austönen. Gar mächtig heilsam ist des Dichters Wort. Und mag auch eine oder die andere Frage als ungelöst oder unlösbar stehen bleiben — immer besser, als wenn auf alle Fragen dieselbe Antwort erfolgt, die, indem sie den Anspruch erhebt, auf alle passen zu wollen, den Verdacht erweckt, auf keine zu passen. Es ist dies die alte Feindschaft zwischen der Kunst und der Religion, die nur der wegleugnet, der nicht begreift, daß die Werke der Kunst, welche von der Religion hervorgerufen und im Dienste dieser stehen sollen, entweder keine wirklichen Kunstwerke sind, oder wenn sie es sind und so weit sie es sind, sich ganz gewiß von der Religion emancipirten. Denn was der Dichter vom Leben sagt, daß es „auf sich selbst ruhe und sich selbst verbürge," das kann und muß man auch von der Kunst behaupten.

Obgleich nun diese Strenggläubigkeit bei den amerikani=
schen Dichtern selten zu doctrinärer Unduldsamkeit und ge=
hässigem Hochmuth ausartet, so liegt doch in Folge derselben
über ihrer Gefühlswelt eine gewisse Monotonie, wie über den
weiten Flächen ihrer heimischen Prärien, die sie so gerne
schildern. Das muß uns Deutschen, die wir schon seit so
langer Zeit die unermeßlich reiche Erbschaft der Goethe'schen
Lyrik angetreten haben, besonders auffallen. Für uns hat
diese Poesie, deren hauptsächliches Thema die Vergänglichkeit
der irdischen Dinge ist und der Trost und die Beruhigung,
die das geängstigte menschliche Herz in seinem Glauben an
einen allweisen, allgütigen Vater findet, etwas Altväterliches,
das uns manchmal durch seine einfache Würde imponirt, ebenso
oft aber durch seine pedantische Steifstelligkeit an eine Zeit
erinnert, die für uns vergangen ist, und die wir, Alles in
Allem, zurückzuwünschen keine Veranlassung haben.

So möchte es denn scheinen, als ob ein tieferes Studium
der amerikanischen Lyrik gerade keine besonders lohnende Auf=
gabe sei. In Wahrheit verhält sich die Sache anders. Wir
finden bei den besseren Dichtern drüben eine Frische, Herz=
lichkeit und Innigkeit, die durchaus erfreulich wirken, wie
Morgensonnenschein, Vogelzwitschern und Waldesrauschen.
Selten sind es freilich neue Melodien, welche da erklingen;
ja, es will uns manchmal bedünken, als hätten wir eines oder
das andre der Gedichte bei einem deutschen oder englischen
Dichter schon gelesen. Aber man wolle sich hüten, aus dieser
Aehnlichkeit der Empfindungen und Formen einen voreiligen
Schluß zu ziehen. Daß die amerikanische Literatur den alten
Literaturen unseres Continents vielfach tributär ist, kann und
soll nicht geleugnet werden; doch ist die Abhängigkeit nicht so
groß, wie es den Anschein hat. Der Hauch der modernen
Bildung weht über die ganze Erde, und zeitigt, wo immer
er günstige Verhältnisse findet, dieselben oder doch einander
täuschend ähnliche Blüthen und Früchte. Es existiren ameri=
kanische Gedichte, die sich durchaus wie sclavische Nachahmun=
gen oder doch wie freie Uebertragungen gewisser deutscher Ge=
dichte ausnehmen, und von Dichtern herrühren, die notorisch
kein Wort deutsch verstehen.

Und dann entquillen den Saiten der amerikanischen Leyer
manche Weisen und Töne, die nicht befremdend, aber doch
fremdartig an unser Ohr klingen und uns daran erinnern,

daß diese Sänger unter andern Sternen geboren, unter an=
dern Sitten, Verhältnissen, Culturbedingungen sich entwickelt
haben.

Dennoch ist das Verwandte, das unsrer Art und Weise
zu denken, zu empfinden durchaus Sympathische der Grund=
ton der amerikanischen Lyrik; und wie gerade dies Moment
es war, welches den Uebersetzer anlockte und ihm seine Ar=
beit lieb und leicht machte, so darf er sich wohl der Hoffnung
hingeben, daß es auch im Herzen des Lesers wiederklingen,
und ihn anreizen werde, nun auf eigenen Füßen weiter in den
amerikanischen Dichterwald vorzudringen.

William Cullen Bryant.

Die Prärien.

Dies sind der Wüste Gärten, dies
Sind ihre schönen, unbestellten Felder:
Prärien. Ich erschau' zum ersten Mal
Sie, und es schwillt mein Herz, wie jetzt entzückt
Mein Blick umspannt die Oede rings. Blick' hin:
In weichen Wellen, unermeßlich weit
Dehnt sie sich aus, als ob der Ocean
Erstarrte, seine Wogen festgebannt
Und regungslos für immer. Regungslos?
Nein — wieder sind sie fesselfrei; es scheint
Das Land zu wogen dem erstaunten Blick.
Die dunkeln Schlüfte jagen vor sich her
Die sonn'gen Höhen. Lüfte aus dem Süd!
Die ihr die feuerfarbnen Blumen beugt,
Den Habicht streift, der droben festgebannt
Die breiten Schwingen regt: ihr habt gespielt
In Wäldern Mexicos, im Weingeländ
Von Texas, habt gerißt die klare Fluth,
Die aus Sonora's Quellen freudig strömt
Zum stillen Ocean — habt ihr geküßt
Ein reicher und ein schöner Bild, als dies?

Der Mensch hat keinen Theil an dieser Pracht:
Die Hand, die schuf das Firmament, erhub
Und sänftigte dies Meer, besäete
Mit Kräutern seine Well'n, und Haine schön
Schuf sie als Inseln d'rein; umhegte rings
Mit Wäldern es. O, welche prächt'ge Flur
Für den erhabnen, weiten Himmelstempel,
Geschmückt mit Blumen, deren Zahl und Pracht
Wetteifern mit den Sternen! Ist es doch
Als neigt das Firmament in Liebe sich,
Ein niedriger Gewölb' von zarterm Blau,
Als über dem Gebirg im Osten steht.

Wie durch die grüne Oed' ich lenk' mein Roß,
Durch hohes Gras, das seine Flanken streift,
Erschallt sein dumpfer Hufschlag meinem Ohr
Ein frevelhafter Laut. Ich denk an sie,
Auf deren Rest es tritt. Sind sie nicht hier,
Der Vorzeit Todte? Regte nicht der Staub
Der schönen Oede einst von Leben sich
Und brannt' in Leidenschaft? Ihr Gräber sprecht,
Ihr mächt'gen, die ihr überschaut den Fluß,
Und in dem Waldesdunkel euch erhebt,
Gekrönt mit Eichen! Euch erschuf ein Volk,
Das längst verschwand, ein zahlreich', kluges Volk
Häuft' emsig Scholl' auf Scholl', derweil der Grieche
Die Marmor des Pentelikos beseelte,
Und auf der schimmernden Akropolis
Das Parthenon erhub. Dies weite Feld
Trug ihre Ernten; hier auch weideten
Die Heerden; vor dem Stall der Bison brüllte,
Und bog die mähn'ge Schulter in das Joch.
Das dumpfe Brausen vielgeschäft'gen Volks
Erfüllte diese Oed' den ganzen Tag,
Bis in des Zwielichts Glanz sich Liebende

Dann froh ergingen, tosend flüsterten
In längst verklungener Sprache, und der Wind
Sich wiegte mit den sanften Melodien
Von Instrumenten unbekannter Form.
Es kam der rothe Mann — des Jägervolks
Schweifende Stämme, stolz und kriegerisch —
Die Gräberbauer schwanden von der Erde.
Die tiefe Stille von Jahrhunderten
Sank auf ihr Land. Es jagt der Prärie=Wolf
Auf ihren Wiesen — frischgegraben gähnt
An meinem Pfad sein Loch. Der Maulwurf wühlt,
Wo blüh'nde Städte standen. Und dahin —
Dahin ist Alles — nur die Hügel nicht,
Die ihren Staub umschließen — die Altäre,
Wo sie den hehren Göttern opferten —
Die Schranken, die sie thürmten in der Runde
Zum Trutz den Feinden — bis der wilde Schwarm
Die Wälle überstieg, die Festungen
Der Eb'ne schleifte und das Volk erschlug.
Die braunen Geier aus den Wäldern rings,
Sie kamen zu dem weiten, offnen Grab,
Und saßen still und furchtlos bei dem Mahl.
Vielleicht in Marsch und Forst ein Flüchtiger
Schweift lange einsam scheu, bis das Gefühl
Der Furcht und der Verödung bitterer
Als Tod ihm ward — zum Tode er sich bot.
Da triumphirte denn die bessere
Natur des Menschen. Freundlicher Willkomm
Empfing ihn. Zu den tapfern Häuptlingen
Ihn die Erob'rer setzten, boten ihm
Zur Braut der Jungfrau'n eine, und zuletzt
Vergaß — so schien's — er seiner Jugend Weib,
Die süßen Kleinen, die gemordet einst
Im wilden Kampfe mit dem ganzen Stamm.

So wandeln sich des Lebens Formen; so
Entstehn Geschlechter, kriegerisch und stark,
Und schwinden, wie der Gottheit Athem sie
Füllt oder lässet. Auch der rothe Mann
Verließ die blüh'nden Triften, wo so lang
Er hauste; näher an dem Hochgebirg
Sucht er ein wilder Jagdrevier. Nicht mehr
An diesen Strömen baut der Biber, weit —
Weit fort an Teichen, deren blaue Fluth
Kein Blaßgesicht noch spiegelte, hinauf
An des Missouri Quell'n und an den Seen,
Aus deren Wassern trinkt der Oregon,
Erhebt sein klein Venedig er. Es gras't
Kein Bison mehr in diesen Triften — fern
Um zweimal zwanzig Meilen von dem Rauch
Des fernsten Jägerlagers schweift
Das stolze Thier, in Heerden, deren Tritt
Die Erde beben macht — doch treff' ich hier
Auf alte Spuren an des Sumpfes Rand.
  Und diese Wüste schwärmt von Leben doch!
Myriaden von Insecten, schillernd gleich
Den bunten Blumen, die sie froh umschwirrn,
Und Vögel, denen Furcht vor Menschen fremd,
Sind hier. Lacerten huschen durch das Gras —
Von selt'ner Pracht. Der schlanke Hirsch enteilt
Zum Wald bei meinem Nah'n. Die Biene füllt —
Ein kühnrer Colonist noch, als der Stamm,
Mit dem sie über's große Wasser kam —
Mit ihrem Summen die Savannah, birgt
Den Honig in des Baumes hohlem Ast,
Wie in der goldnen Zeit. Ich horche lang
Dem wohlbekannten Laute, und mir ist,
Als hörte ich die Menge brausend nah'n,
Die diese Oede füll'n wird. Von der Erde

Steigt auf der Kinder Lachen, und die Stimme
Von Mädchen, und der süße volle Klang
Von Kirchenglocken. Ferner Heerden Brüll'n
Vermischt sich mit dem Rauschen goldner Saat
In braunen Furchen. Da erhebet sich
Der Wind ein wenig nur, und scheucht den Traum —
Und wieder einsam bin ich in der Oede.

––––––––––––

Der Fels des Monuments.

Und wenn du die Vermählung schauen willst
Von Mild' und Kraft im Antlitz der Natur,
Auf unsre Berge komm! Laß deinen Fuß
Ermüden nicht, denn auf dem Gipfel wird
Der Erde Lieblichkeit und Majestät
All überall vergessen machen dich
Des Weges Mühsal. Wie du droben stehst, —
Der Menschen Hütten drunten, und umher
Die Bergesgipfel, — fühlt dein schwellend Herz
Sich nah verwandt mit jener größern Welt,
In die du dich erhobst, und fühlt sich groß
Und hehr und frei, so wie dein Blick. Du schaust
Auf Wälder, grün und wogend wie das Meer,
Und tiefer in der Thäler Heimlichkeit;
Und auf des Stromes silberhelles Band,
Durch dichtes Buschwerk schimmernd; schaust zugleich
Auf Dörfer hier und Ackerland und Trift,
Belebte Straßen und in Oeden dort,
Die nur den Gießbach hören und den Wind
Und Adlerschrei. — Ein mächt'ger Fels ist dort, —
Das Bruchstück scheint er einer ries'gen Mauer,

Zur Scheidung der Nationen aufgethürmt,
Als sie die Fluth ersäufte. Gegen Nord
Erklimmt ein Pfad die schmale Wand, und steil
Gen Westen ist die Seite, rauh und wild
Von moos'gen Bäumen, zack'gem Feuerstein
Und mancher trotz'gen Klippe. Doch nach Ost,
Lothrecht zum Thal stürzt sich die Felsenstirn —
Gewalt'ge Pfeiler, die zum Himmel kühn
Die sturmgepeitschten Knäufe heben, hier
Schwarz von jahrhundertaltem Moos, und dort
Von kreid'ger Weiße, wo der Donnerkeil
Sie spaltete. Es ist ein schaurig Ding,
Zu stehen auf dem Rande und zu schau'n,
Wie Sturm und Blitze von der Felsenwand
Gewalt'ge Blöcke lösten, die im Sturz
Am Fuß zerschellten; und zu nähern dann
Dein Ohr der grausen Tiefe! Zu dir steigt
Der Windsbraut Zürnen mit der Wälder Pracht
Wie Meeresrauschen. Aber wunderhold
Ist rings die Landschaft. Durch der Wiesen Grün —
Ein Paradies, das er sich selbst erschuf
Im Laufe von Jahrtausenden, — eilt froh
Ein schöner Strom. Nach allen Seiten ziehn
Die Felder aufwärts zu den Hügeln; dann
Jenseits der Hügel, in der blauen Ferne,
Der Erde Säulen, d'rauf der Himmel ruht. •

Und eine Sage spielt um diesen Fels,
'Ne düst're Sag' von süßer Liebe Leid,
Erduldet und geendet, damals, als
Durch dieser Thäler waldiges Revier
Der Wilde jagte. Eine junge Maid
Lebt' da, der Mädchen schönstes, hellen Aug's,
Mit vollen Rabenflechten, schlankem Wuchs
Und frohem Herz. Ihr Lachen silberhell,

Ihr freudig Lied erfüllte in der Rund'
Den stillen Wald den langen Sommertag.
Sie liebte ihren Vetter; solche Liebe
Erschien der herben Weisheit ihres Volks
Als frevelhaft. Sie kämpfte hart und lang,
Der rothen Männer frommes Kind — umsonst!
Da floh von ihrem Aug' der Glanz; ihr Schritt
Ward schwer; es wunderten die Greise sich,
Die ihrer Hütte nahten, daß sie nicht
Wie sonst vernahmen Lachen und Gesang
Von einer, deren Anmuth ihnen war
Wie Frühlingslächeln — sagten sie gerührt —
Dem Winter ihres Alters. Und sie ging,
Zu weinen, wo kein Aug' sie sah. Man fand
Sie nicht beim Mädchenreigen, nicht
Beim großen Fest der Jäger ihres Stamms;
Auch nicht, wenn aus den trocknen Hülsen sprang
Das goldne Korn; noch wenn im Weingeländ
Sie Trauben pflückten, und die Uferhöh'n
Vom Jubel wiederhallten. Weise Frau'n
Voll Mitleids sahen, wie dahin sie schwand,
Und sprachen unter sich: sie stirbt uns bald.
    Und einst in's Herz der Freundin, lieb und schön,
Wie sie, die hold ihr war von Jugend auf,
Ergoß sie ihren Kummer: Du nur weißt,
Sprach sie, nur Du allein! denn Dir vertraut'
Ich alle meine Lieb' und Schuld und Schmerz.
Es graut mir vor dem Leben; Nacht um Nacht
Wein' ich voll Herzeleid. Die Morgensonne
Erschreckt mich; was willst Du, spricht sie, Du hast
Auf Erden nichts zu schaffen. Muntres Spiel,
Die leichte Arbeit, die mir sonst so lieb,
Ich hasse sie. Der Freunde frohe Stimme
Klingt fürchterlich, mißtönend meinem Ohr.

Im Traum erscheint mir meine Mutter und
Sie winkt mir nach der Todten Land. Mir ist,
Als wüßten, die mich anschau'n, meine Schmach.
Ich kann ihr Auge nicht ertragen, kann
Die Lieb' nicht reißen aus dem Herzen mein;
Und Eines weiß ich, daß ich sterben muß.
Es war ein heller Sommermorgen, und
Hinauf zu diesem Felsen stiegen sie.
Da lagen Kränze droben, Büschel Mais,
Und zott'ge Fell' von Wolf und Bär: geweiht
Dem großen Geist von ihrem frommen Volk,
Dem noch — den gläub'gen Menschen alter Zeit, —
Der Gott auf Höhen wandelte, die nah
Dem Himmel scheinen, seinem ew'gen Haus.
Sie trug den Schmuck, in dem ihr Vater liebte,
Zu schau'n sein schlankes Mädchen, und zumal,
Wenn fremde Krieger Gäste seiner Hütte. —
Dort oben setzten sich die Mädchen, und
Sie stimmten an die Lieder ihres Stamms
Von Liebeslust und Sterbeleid. Das Haupt
Des armen, blassen Opfers schmückten sie
Mit Blumen, beteten, daß leicht und schnell
Ihr Weg sein möge zu dem sonn'gen Land
Der ew'gen Ruhe, wo kein Kummer macht
Die Herzen schwer, und Augenlider roth. —
Schön lag die Landschaft ihres mächt'gen Stamms
Zu ihren Füßen — Seeen, eng umarmt
Von weiten Forsten; Felder, gelb von Mais,
Hineingestreut in grüne Wälderpracht.
Sie schaute lang' hinab, und als sie sah
Ihr Heimathsdorf und ihrer Eltern Haus,
Und seine Hütte, den sie so geliebt
Mit frevler Lieb', für die zu büßen sie
Gekommen — da entrollt' ein warmer Strom

Von Thränen ihrem Auge. Aber als
Die Sonne sank, die Hügelschatten lang
Und länger wurden, stürzte sie sich kühn
Vom steilen Fels und starb. — Man grub ein Grab
Am Bergesabhang, der nach Süden schaut,
Und legte sie hinein, im selben Kleid,
Mit dem sie sich zu ihrem Tod geschmückt,
Und mit dem Blumenkranz in ihrem Haar.
Und ob dem Hügel der sie deckt', erhub
Ein einfach Monument ihr trauernd Volk,
Aus kleinen losen Steinen. Wer vorbei
Nun schritt, sei's Jäger, Mägdlein, Kind und Greis —
Sie legten einen Stein zum Monument.
Und Indianer aus dem fernsten West,
Die zu den Gräbern ihrer Väter zogen,
Erzählten uns die Sage, und bis heut
Nennt man den Felsen, wo das Mädchen starb,
Im Volksmund: den Fels des Monuments.

Inschrift für den Eingang eines Waldes.

Wandrer, wenn du erkannt hast, was so bald —
Zu bald das Leben lehrt, daß diese Welt
Ist voll von Schuld und Elend; und du sahst
Genug von ihrem Kummer, ihrer Schmach;
Und bist des Schauspiels müde — komm zum Wald,
Und sieh' sein zaub'risch Leben! Waldesruh
Wird wiegen dich zur Ruhe — Waldesluft,
Durch grüne Blätter rauschend, Balsam wehn
In's kranke Herz. O! nichts hier findest du
Von allem, was dich quälte in der Welt,

Daß du das Leben haßteſt. Es iſt wahr:
Des Paradieſes Fluch traf auch die Erde,
Doch nicht in Rache. Gott vermählt der Schuld
Den bleichen Pein'ger Elend, und der Wald
Iſt noch des Frohſinns Haus. Das dichte Dach
Der grünen, weh'nden Zweige lebt und klingt
Von muntern Vögeln. Ihr Geſang und Spiel
Verkündet eitel Freude; während dort
Das Eichhorn mit erhobnem Leib und Klau'n
Vergnüglich pfeift. Inſecten, leichtbeſchwingt,
Vertanzen in dem goldnen Strahl, der ſie
Zum Leben rief, das Leben. Selbſt die Bäume
Sind voll des tiefen Friedens; beugen ſich
Den ſanften Winden. Von des Himmels Blau
Hernieder blickt die Sonn' und küßt das Bild.
Die Waldesblume ſcheint nicht minder froh,
Die zartgefärbte, als das Bienchen hier,
Das ſie umſchwirrt. Die moosgen Felſen gar,
Die mächt'gen Stämme, lang dahingeſtreckt —
Erwünſchte Brücken über Sumpf und Moor —
Mit ihrem ſtrupp'gen, wirren Wurzelhaar,
Sie athmen tiefe Ruhe. Fröhlich rauſcht
Der Bach ſein Lied, wie jetzt von Fels zu Fels
Hinab er hüpft, jetzt über Kies und Sand
Schnellfüßig eilt: und lacht und ſchwatzt und ſingt
In Daſeinsluſt. Geh' leis am Rande fort,
Daß du den Fink nicht ſchreckſt, der von dem Zweig
Den Schnabel taucht in's Waſſer. Kommt die Luft
Die leicht die Fläche kräuſelt, nicht zu dir,
Wie die Geliebte, die im bunten Schwarm
Nicht ungegrüßt den Liebſten laſſen will
Und flüchtig deine Schulter dir berührt?

Thanatopsis.

Für ihn, der voller Liebe zur Natur
Mit ihren Kindern brüderlich verkehrt,
Ist sie nicht stumm. Wenn fröhlich sein Gemüth,
Ist ihre Stimme froh, und wunderhold
Lacht sie ihn an. Und drückt ihn Sorg' und Gram,
Dann tröstet sie mit mildem Zuspruch ihn,
Und träufelt Balsam in das kranke Herz,
Daß wieder es gesundet. Wenn du denkst
Der bittern letzten Stunde und dein Geist
In dir erschrickt; wenn dann das düstre Bild
Des Todeskampfes und des Leichentuchs,
Der dumpfen Finsterniß im engen Haus
Dich schaudern macht und Abscheu dich erfaßt —
Hinaus in's Freie eil', und lausche fromm
Den Lehren der Natur, — wenn rings umher
Aus Erd' und Wasser, aus des Aethers Raum
Die leise Stimme spricht: Nur kurze Zeit,
Und die scharfäug'ge Sonne sieht dich nicht
In ihrem Lauf, nicht in der kalten Erde,
In die sie legten deinen blassen Leib,
Noch in des Oceanes Wellenschooß
Verbleibt dein Bild. Die dich gebar und nährte,
Die Erde, fordert dich zurück, und Erde
Wirst wieder du. Die schöne Menschenform
Zerfällt durchaus. Dein eigensinnig' Selbst —
Du giebst es auf, und du wirst fürder nun,
Mit allen Elementen Eines sein,
Und Bruder sein dem ungefügen Fels,
Dem Erdenkloße, den der Bauersmann
Mit seiner Pflugschar theilt, auf den er tritt

Mit schwerem Fuß. Die junge Eiche treibt
Hinab die Wurzel und durchbohrt dein Herz.
    Und doch zum Platze deiner ew'gen Ruh'
Sollst du nicht geh'n allein. Unmöglich ist's,
Ein pracht'ger Bett zu wünschen. Du wirst ruh'n
Mit Patriarchen und mit Königen,
Der Erde Mächt'gen — Weisen, Guten auch —
Mit Allen, deren Schönheit Ruf gestrahlt,
Mit frommen Sehern längst vergangner Zeit
In einem große Grabe. Die Gebirge
Mit ihrer tiefgefurchten Felsenstirn;
Die weiten Thäler, die sie überschau'n;
Ehrwürd'ge Wälder; Ströme, die mit Macht
Die Wasser wälzen; in der Wiesen Grün
Die Murmelbäche, und um Alles rings
Das urgewalt'ge, graue, heil'ge Meer —
Sie Alle sind ja nur der hehre Schmuck
Des großen Menschengrabs. — Die goldne Sonne,
Und die Planeten, der Gestirne Heer,
Sie scheinen auf der Todten Ruhestatt
Von Ewigkeit. Die jetzt das Erdenrund
Bewandeln, ihre Zahl, wie winzig klein,
Vergleichst du sie dem ungezählten Schwarm,
Der in der Erde ruht. Die Flügel nimm
Der Morgenröthe — Asiens Wüstenein
Durcheile; dringe in des Urwalds Nacht,
Wo nur den eigenen Wogenschlag vernimmt
Der Oregon — die Todten sind auch hier.
Und Millionen seit dem Schöpfungstag,
Sie legten sich in diesen Oeden hin
Zum letzten Schlaf — und schlummern ungestört.
So wirst du ruh'n! Was thut's nun, ob du stirbst,
Und Niemand achtet d'rauf, und keiner schmückt
Dein Grab mit Blumen? Die da athmen jetzt,

Sie theilen einst dein Schicksal. Lachen wird
Nach deinem Tod der Frohe; das Geschlecht
Der Sorge, feierlich wird's seine Last
Fortschleppen; jeder folgen seinem Stern,
Just wie zuvor — und diese insgesammt
Verlassen ihre Freude, ihr Geschäft,
Und betten sich zu dir. Und wie dahin
Die Jahre rollen, werden für und für
Der Menschen Söhne: in des Lebens Lenz
Der Jüngling, in der reifen Kraft der Mann,
Das Weib, die Jungfrau und das holde Kind,
Der Greis — zu dir versammelt von dem Schwarm,
Der folgen wird, wenn seine Stunde schlägt.
   Nun lebe, daß, wenn du gefordert wirst,
Dich anzureihn der ungezählten Schaar,
Die zu dem Schattenreiche pilgert, wo
Die Zelle Jeder findet in den Hall'n
Des Todes, du nicht eingehst, wie der Sclav,
Zur Nacht gepeitscht in sein Gefängniß — Nein! —
So lebe, daß du sinkst in Todes=Arm,
Wie Einer, der die Decken um sich hüllt,
Hinstreckend sich zum vielwillkomm'nen Schlaf.

Die Erde.

Den Himmel deckt die schwarze Mitternacht.
Mir ist, als fühlte ich auf mir die Wucht
Des mächt'gen, droh'nden Schattens. Ganz umsonst
Nach Formen späht das müde Aug'. Kein Stern
Durchglänzt den dunkeln Schleier, und kein Schein
Aus Hütten, d'rin des Herdes Feuer flammt,
Fällt röthlich auf der Wiese langes Gras.

Kein Laut des Menschentreibens! Stumm das Dorf!
Kein Schall von Wand'rerschritten auf dem Pfad!
Kein Flügelweh'n, — wie an der Erde Brust
Ich lieg' und lausche, was die Stimme spricht,
Die tönereiche Stimme, die herauf
Aus Strömen braust, die durch das Dunkel zieh'n;
Aus Wäldern rauschet, die der Wind durchwühlt;
Aus Felsenspalten zischt; aus Höhlen summt,
In die noch nie das Licht des Tages fiel;
Vom Strand des Meeres hallt, das in die Nacht
Hinein sich dehnt — ein trauervoller Laut!
   O Erde, trägst du Leid für das, was war,
Wie deine Söhne? Und beklagst auch du
Der Kindheit Nimmerwiederkehr? Denkst du
Der Lenze, die dahin mit ihrer Pracht
Und ihrer Lieder süßen Melodien,
Und ihrer Blumen holden Kinderschaaren?
Und deiner alten Wälder, stolz und hehr,
Die jetzt vermodert sind? Und trauerst du
Um jene Zeit, von der die Dichter singen,
Die goldne Zeit, bevor noch rauh und scharf
Die Winde wehten, und nicht Feuer fiel
Im Regen, oder aus den Bergen sprang,
Dein Grün zu tödten, und die keusche Nacht
Schuldlos und heilsam war, wie heller Tag?
Vielleicht beweinest du der Sterblichen
Seltsam Geschlecht, die in dem ros'gen Licht
Gewandelt kurze Zeit, und die jetzt ruh'n
Dem Staub gesellt, dem formenlosen Staub,
Auf den die Klaue deiner Heerden tritt?
Und ach! beweine ich doch auch mit dir
Geliebte Todte! Ihre Gräber sind
Auf deinen Bergen — fern — so fern — und doch,
Wie ich, in rabenschwarze Nacht gehüllt,

Hier liege bang an deiner treuen Brust —
Der Menschen Wiege und der Menschen Grab —
Fühl' ich, daß ich umarme ihren Staub.
Ha, wie die Stimme donnert! Und ich weiß,
Was sie bedeutet, und mein Geist erschrickt.
Ob all des Frevels schreit die Erde auf!
Es lauscht der Himmel. Horch! die Gräber all'
Der armen Herzen, die der Kummer brach:
Der Staub der Jungfrau, die betrogen ward —
Und des, den sein Jahrhundert von sich stieß —
Die Gräber Aller, die für Menschenglück
Gestrebt und die geerntet Hohn und Spott —
Die Asche all der Streiter für das Licht —
Und das Gebein der Helden, die im Kampf
Für Freiheit fielen, deren todten Leib
Den Hunden, deren Namen man der Schmach
Zur Beute ließ — sie Alle klagen laut.
Die Winkel, wo der abgehetzte Sclav
Zur ew'gen Ruh sich streckte, wo verscharrt
Der Kindheit süße Blumen, die man brach
Mit schnöder Hand — sie wimmern leis' und bang.
Von Schlachtenfeldern, wo zum blut'gen Kampf
Die Gottesgeißeln hetzten ihre Schaaren
In wilder Wuth — erhebt sich ein Getös',
Als ob der rauhen Krieger Todtenheere
In ihrem schweren Schlummer sich geregt.
Und Klagelaute schallen aus des Meers
Purpurnen Schlünden — grausenhafte Mähr
Von Schauderthaten, die man tief versenkt
In's Wogengrab. Und Busch und Haideland,
Und Waldespfade und das finst're Moor,
Und Teich und Seen; Straßen, enge Gassen
Von stolzen Städten, jetzt, da Alles schweigt,
Sie murmeln von Gewaltthat und Verrath.

Hier, wo ich liege, sind Italiens Au'n
Und Berge um mich her, von alter Zeit
Der Völker Wohnsitz und die stolze Bühne
Des blut'gen Kampfes zwischen Gut und Bös',
Des tausendjähr'gen. Ach, wer wagte es,
Dem Menschenohr zu deuten jene Stimme,
Die aus dem alten Kerker tönt, der jetzt
Der Nacht sich öffnet; aus dem Circus dort,
Wo von dem moosgen Steine tropft der Thau;
Verbannter Götter Tempeln, offnen Gräbern,
Palästen, Straßen, Märkten, kalten Herden
Von Städten, die dem Flammengrab entstiegen!
Ich höre vieler Sprachen bunt' Geschwirr,
Die Zungen von Nationen, die dereinst
Den stärkern wichen, wie der Tage Schwarm
Sich drängt am Himmel. Und der Freien Blut,
Das Freie schnöd vergossen, bis der Feind
Den Augenblick erspähte und in's Joch
Die letzten Freien zwang, es schreit zum Himmel.
O Mutter Erde, was wird nehmen dir
Vom Busen die Erinn'rung all' der Schuld?
Ein neues Feuer — eine neue Fluth —
Die allgewalt'ge Zeit? — daß so zuletzt
Die grause Mär von Meineid und Verrath,
Von Mord und Raub, die man Geschichte heißt,
Zur Fabel wird, wie jener Mythenschwall
Der Dichter von den Göttern Griechenlands!

Der Freiheit Alter.

Heil dir mein Wald, mein altehrwürd'ger Wald!
Ihr knorr'gen Tannen und ihr Eichen stolz,
Umwallt von grünem Moose! Diesen Grund
Durchwühlte nie der Spaten. Blumen blühn
Die Niemand säet, Niemand bricht. Wie süß
Ist's, hier zu ruh'n, wo tausend Vögel schwirr'n,
Eichhörnchen springen, Bäche wandern, und
Der Wind, durch Blätter rauschend, dich umhaucht
Mit Duft der Ceder, die so köstlich prangt
Mit bleichen blauen Beeren. Hier im Wald —
Im friedereichen, tausendjähr'gen Wald —
Verfolgt mein Geist den dämmervollen Pfad —
Bis zu der Freiheit erstem Frühlingstag.
    O Freiheit, du gleichst nicht dem Dichtertraum!
Kein lieblich Mädchen bist du, schlanken Leibs,
Mit Locken, wallend aus der rothen Mütze,
Die auf das Haupt dem Sclav der Römer drückte,
Nahm er die Fesseln ihm. Ein bärt'ger Mann
Bist du, in vollem Stahl: die eine Hand
Erfaßt den breiten Schild, die and're ruht
Am Schwerte. Deine Stirn, erglänzt sie schon
Von hoher Schönheit, trägt die Narben doch
So manchen Kampfes, und dein mächt'ger Leib
Ist stark vom Ringen. Dich traf der Gewalt
Geschoß, und ihre Blitze fühltest du:
Sie raubten dir dein göttlich Leben nicht.
Es grub dir Tyrannei den Kerker tief,
Und Fesseln schmiedete ihr schnöder Troß
An tausend Feu'rn — und glaubte dich besiegt!
Da klirren ab die Ketten, donnernd stürzt

Die Kerkerwand und furchtbar brichst du aus,
Wie hell die Flamme aus dem Holzstoß bricht,
Und rufst den Völkern, und sie jauchzen dir
Die Antwort und der bleiche Pein'ger flieht.
Von keinem Erdgebornen stammst du ab;
Bist du des Menschen Zwillingsschwester doch!
Als sein Geschlecht noch dünn gesäet war,
Auf blum'gen Auen saßest du bei ihm,
Und hieltest mit ihm bei der Heerde Wacht,
Und lafest mit ihm in der Sternenschrift,
Und lehrtest ihn der Flöte einfach Lied.
An seiner Seite in dem dichten Wald
Bekämpftest du den Panther und den Wolf,
Die einz'gen Feinde; und du zogst mit ihm
Die ersten Furchen an dem Bergeshang,
Dem sündfluthfeuchten. Selbst die Tyrannei,
Dein Erzfeind mit dem droh'nden Herrscherblick,
Ob grau von Jahren schon und reich an Macht,
Ist jünger doch, denn du, und wie sie trifft
Der Zornesblitz aus deinem ältern Aug',
In ihrer Zwingburg zittert die Gewalt.
Und stärker wirst du in der Flucht der Zeit,
Und schwächer, greisenschwach die Tyrannei,
Schwächer und schlauer. Flechten wird sie dir
Die Schlingen, Fallen stellen deinem Fuß,
Und klatschen in die welke Hand, hervor
Die Henker rufen aus dem Hinterhalt: •
Daß sie dich greifen! Und wird senden aus
Viel bunte Masken, herrlich anzuschau'n,
Daß sie dein Auge fesseln; schlangenklug,
Daß sie dein Ohr bezaubern, während still
Die schlaue Koboldschaar dich eng umstrickt.
Mit Eisenfäden, dünn, unscheinbar dünn,
Die Fesseln werden; oder deinen Arm

Mit Ketten bindet, die im Rosenkranz
Sie klug verhüllt. O, nur noch jetzo nicht
Leg' ab den Panzer, und entgürte dir
Das Schwert! nur jetzt noch nicht, o Freiheit, schließ'
Zum Schlummer deine Augen, — nimmer schläft
Dein Feind; und wachen mußt und kämpfen du
In Ewigkeit bis zu dem jüngsten Tag.
   Doch willst du flieh'n für einen Augenblick
Vor dem Betrug und Taumel dieser Welt:
O komm zum Frieden dieser Einsamkeit!
Sie, während jener Bäume Ahnen jung
Auf schöpfungsfrischer Erde sich gewiegt —
Als dieser Fels noch rein von braunem Moos —
Sie freute deiner holden Kindheit sich.

Der Bach.

Du kleiner Bach, der aus dem Quell
Des Hains an's Licht dich drängst so hell,
So munter von dem Hügel hüpfst,
Und wieder in das Dunkel schlüpfst,
Wie oft zog es den kind'schen Sinn
Zu deinen Murmelwassern hin!
Wenn durch das erste Waldesgrün
Des Westens laue Winde ziehn,
Die wonnesame Frühlingsluft
Erfüllt der Blumen süßer Duft —
Dann trieb mich's in das Waldrevier,
Trieb mich, du lieber Bach, zu dir!

Hier hat mich Vogelsang entzückt,
Hier hab' ich Veilchen abgepflückt,
Viel Veilchen duftig, zart und süß —
Hier war mein Kindheits-Paradies.

Und als verrauscht der Kindheit Scherz,
Als Ruhmsucht schwellt' des Knaben Herz,
Warst du's, mein Bach, dem ich vertraut
Des ersten Liedes rauhen Laut.
O goldne Zeit! ein Maientag
Vor mir das helle Leben lag!
Und des Jahrhunderts größten Mann —
Mir glüht die Wange, denk' ich dran —
Sah ich in mir — im Pantheon
Stand meine Marmorbüste schon! —

Dich wandelt nichts. Auf jenen Höh'n
Im Schmuck des Laubs die Eichen stehn;
Doch kündet mancher dürre Ast
Der flücht'gen Jahre schlimme Hast,
Seitdem das Kind, halb keck, halb bang,
Zuerst in ihre Schatten drang.
Du immer froher Silberbach,
Kennst nicht der Menschen Weh und Ach,
Du spielst und singst und hüpfest fort,
Ein keckes Kind, von Ort zu Ort,
In nie getrübter Heiterkeit
Lachst du der wilden Flucht der Zeit.

Dich wandelt nichts! Doch jedes Jahr
Trübt unser Aug', bleicht unser Haar;
Ein ernster Fremdling wandr' ich hier
In meiner Kindheit Lustrevier.
Du trauter Bach! komm, sag' mir an:
Siehst du den Knaben noch im Mann?

Ach! meine Jugendträume sind
Dahingefloh'n, wie Well' und Wind,
Erloschen wie das Morgenroth.
Ich kenn' die Welt und ihre Noth.
Doch die Natur mich nicht belog,
Doch die Natur mich nicht betrog;
Vor meinem kältern Auge stehn
Sie noch, wie ich sie einst gesehn;
Die Werke Gottes, alle Zeit
Unwandelbarer Herrlichkeit.

Und wen'ge Jahre noch vergehn,
So wirst du alt und schwach mich sehn,
Das Haupt gebeugt zur Erd' hinab,
Die unsre Wiege, unser Grab.
Dann dunkler schaut mein Aug' den Glanz
Auf deiner Silberwellen Tanz,
Dann schwächer hört mein Ohr das Lied,
Das fort auf deinen Wassern zieht;
Doch du sollst fließen froh und frei
In eitel Glanz und Melodei.

Und sterb' ich einst — für Andre dann
Fängt neu das Spiel des Lebens an,
Das Spiel, der Ernst, der Kampf, die Müh', —
Und, wie ich starb, so sterben sie.
Doch du, für immer wandellos,
Auf deiner Erde Mutterschooß,
Du träumst den ew'gen Kindertraum,
Und spielst mit Blume, Gras und Baum
Und, singend fort in deinem Thal,
Lachst du der Menschen Noth und Qual.

Ich brach den Bann.

Ich brach den Bann der Poesie,
Der mich gefesselt hielt so früh;
Ich sprach: nicht sei die Jugendzeit
Noch fürder diesem Spiel geweiht,
Das, wenn es auch vom Himmel kam,
Mit Armuth sich vermählt und Scham.

Ich brach den Bann; ich wähnte: frei
Fortan mein ganzes Leben sei.
Thor, der ich war! den jungen Trieb
Zerstört' ich wohl, die Wurzel blieb;
Und immer, immer zog's mich nur
Zu Dir, holdlächelnde Natur!

Noch wölbt sich hoch der Sternendom,
Noch prangen Wald und Wies' und Strom
Im milden Glanz des Sonnenscheins; —
Und sie und Poesie sind Ein's.
Sie riefen aus des Lebens Drang
Zurück mich zu der Lieder Klang.

Henri Wadsworth Longfellow.

Der Dorfschmied.

Unter dem mächt'gen Lindenbaum
   Des Dorfes Hufschmied stand;
Der Schmied, das ist ein starker Mann
   Mit breiter, sehn'ger Hand;
Und die Muskeln seines dunkeln Arms
   Sind fest wie ein eisern Band.

Sein Haar ist spröd und schwarz und lang,
   Sein Gesicht wie Lohe braun;
Seine Stirn ist naß von edlem Schweiß,
   Er darf sich selbst vertrau'n;
Er schuldet auf Erden Niemand was,
   Kann Jedem in's Antlitz schaun.

Woch' ein, Woch' aus, von früh bis spat
   Vom Herde das Feuer blinkt,
Und auf dem Ambos Schlag um Schlag
   Der schwere Hammer klingt,
Wie der Küster des Dorfes Glocke zieht,
   Wenn die Abendsonne sinkt.

Schulkinder auf dem Weg nach Hauf',
   Sie bleiben draußen stehn:
Wie schnaubt und braust der Blasebalg,
   Wie strahlt die Flamme schön;
Und wie die Spreu von der Scheunenflur
   Die glühenden Funken wehn.

Des Sonntags in die Kirch' er geht
    Mit seiner Knabenschaar;
Er hört des Pastors Predigt gern;
    Er lauscht, wie hell und klar
Die Tochter in dem Chore singt,
    Und er denkt, was einstens war.

Ihm ist, als säng' ihm vom Paradies
    Ihre Mutter, lieb und gut,
Und wieder einmal denkt er der,
    Die jetzt im Grabe ruht;
Und mit der harten, schwieligen Hand
  · Birgt er die Thränenfluth.

In Arbeit, — Freude, — Kümmerniß
    Geht er die Lebensbahn;
Der Morgen sieht ein Werk entstehn,
    Der Abend sieht's gethan —
Und wer gestrebt und wer geschafft,
    Dem darf der Schlummer nah'n.

O, Dank dir, Dank, mein würd'ger Freund!
    Wohl golden ist der Rath:
In der heißen Schmiede des Lebens mußt
    Du wirken früh und spat,
Auf tönendem Ambos hämmern fest
    Eine jede feurige That!   •

Der Traum des Sclaven.

Beim ungeschnittnen Reis er lag,
  Die Sichel in der Hand,
Die Brust war blos, sein zottig Haar
  Vergraben in dem Sand,
Und wieder im Schatten und Nebel des Schlafs
  Sah er sein Heimathland.

Weit durch die Landschaft seines Traums
  Der stolze Niger floß,
Ein Palmenbaum sein Baldachin,
  Rings um ihn her sein Troß,
Vom Berg die Karavane kam,
  Maulthier, Kameel und Roß.

Die dunkeläugige Königin
  Bei ihren Kindern stand,
Und heiß umarmend küßt' sie ihn
  Und hielt ihn an der Hand;
Eine Thrän' aus seinem Auge fiel
  Und tropfte in den Sand.

Und dann in wilder Eil' er jagt
  Die Uferhöh'n entlang,
Eine güldne Kett' der Zügel sein,
  Und wie sein Jagdroß sprang,
So schlug an den Bug ihm die Scheide von Stahl —
  Das gab so guten Klang.

Vor ihm Flamingos flatterten,
  Eine Flagge blutigroth,
Von früh bis zur Nacht hinbrauset die Jagd,
  Als gält es Sieg oder Tod,

Bis ein Kafferndorf und das blaue Meer
   Sich seinen Blicken bot.

Er hörte zur Nacht den Löwen brüll'n
   Am Palmenwaldessaum,
Und das Flußpferd von dem Ufer schrein
   Aus Röhrig, Schlamm und Schaum —
Das klang wie Paukenwirbel stolz
   In seinem Siegestraum.

Und Freiheit rauschte der frische Wind,
   Der die Tamarinde bog,
Und Freiheit jauchzte der wilde Sturm,
   Der durch die Wüste flog,
Und über des Schläfers Angesicht
   Ein selig Lächeln zog.

Er fühlt des Treibers Peitsche nicht,
   Fühlt nicht, wie heiß der Tag;
Der Tod verklärte sein Traumesland,
   Und sein starrer Körper lag,
Eine rost'ge Fessel, die der Geist,
   Der freie Geist zerbrach.

Habt Acht!

Habt Acht! Aus Jacobs Samen er, der kühn
   Den Leu zerriß — als er zusammensank
Vor dem Verrath: Philister über ihn!
   Und man den Blinden, kraftberaubten zwang,
  Zu mahlen im Gefängniß, und heraus
   Ihn führt zum Spott beim Philistäerschmaus!

Da an des Tempels Säulen mit Bedacht
Legt er die zorn'ge Hand, und in dem Fall
Begrub er sich und Alle, die gemacht
Ein furchtbar Spiel aus seiner bittern Qual.
Der arme Sclav in seiner höchsten Noth
Gab sich und Tausenden mit sich den Tod.

Ein blinder Simson ist in diesem Land
Der Kraft beraubt, geschnürt in Eisendraht,
Der einst in grausem Fest erhebt die Hand,
Die Säulen rüttelnd an dem morschen Staat,
Bis unsrer stolzen Freiheit prangend' Haus
Zusammenstürzt in der Vernichtung Graus.

Das Geheimniß des Meeres.

O, welch' prächt'ge Bilder schau' ich,
    Weilt auf dir, o Meer, mein Blick!
All' die alten Lieder kommen,
    Alle Träume mir zurück.

Seidne Segel, Sandeltaue,
    Blumenwimpel, Märchentand;
Und das Singen der Matrosen,
    Und das Echo von dem Strand.

Doch zumeist die span'sche Sage
    Dämmert auf und weilet lang
Von dem edlen Graf Arnaldos,
    Und des Schiffers myst'schem Sang.

Wie am glatten Strand des Meeres
　　Tactvoll rauscht der Wogenschwall,
Also singet die Romanze
　　In melodisch sanftem Fall.

Singt: wie einst der Graf Arnaldos
　　Mit dem Falken auf der Hand,
Sah ein wunderprächtig Fahrzeug
　　Steuern grade auf das Land.

Wie er hört' des alten Schiffers
　　Sang, so wild und doch so süß,
Daß die schnellbeschwingte Möve
　　Auf dem Mast sich niederließ.

Bis sein Herz voll heißen Sehnens,
　　Und er rief so laut und bang:
Schiffer, um des Himmels Liebe,
　　Lehr' auch mich den Wundersang!

Willst du — also sprach der Schiffer,
　　In des Meers Geheimniß sehn —
Nur die seinem Zorne trotzen,
　　Können sein Myster' verstehn.

Lausch' ich nun des Meerwinds Brausen,
　　Seh' ich ferne Segel ziehn, —
Schau' ich jenes stolze Fahrzeug,
　　Hör' ich jene Melodien.

Bis mein Geist nach dem Geheimniß
　　Fragt des Meeres, tief bewegt,
Und des Oceanes Herzschlag
　　Auch in meinen Pulsen schlägt.

Der Tag ist hin.

Der Tag ist hin und das Dunkel
　　Fällt von den Schwingen der Nacht,
Wie die Feder vom Fittig des Adlers,
　　Der durch die Wolken jagt.

Ich sehe die Lichter des Dorfes
　　Durch Regen und Nebel glühn —
Ein seltsam Gefühl überkommt mich,
　　Dem ich nicht kann entfliehn.

Ein Gefühl von Trauer und Sehnen,
　　Das an den Schmerz nicht reicht,
Und so nur gleichet dem Kummer,
　　Wie Nebel dem Regen gleicht.

Komm, laß ein Gedicht mich hören,
　　Ein einfach und herzlich Lied,
Vor dem dieses Sehnen schwindet,
　　Und die Sorge des Tages flieht.

Nicht von den großen Meistern
　　Voll Kraft und Herrlichkeit,
Die tönenden Schritts durchwandeln
　　Die marmornen Hallen der Zeit.

Denn wie mit Drommetenstimme
　　Ruft ihr Gesang uns zu:
Das Leben ist Mühe und Arbeit! —
　　Und ich sehne mich heut' nach Ruh'!

Lies aus dem armen Poeten,
 Des Lied vom Herzen bringt,
Wie Schauer aus Sommerwolken,
 Die Thrän' aus der Wimper springt.

Dem bei des Tages Arbeit,
 Und bei des Nachtlichts Schein,
Im muthigen Herzen ertönten
 Viele herrliche Melodeien.

Solch' Lied ist mächtig, zu bannen
 Der Sorge Schattenbild;
Ist wie der Frieden, der wonnig
 Aus dem Gebete quillt.

Dann lies aus dem lieben Buche
 Das Liedlein, dem du hold,
Und fasse die perlenden Reime
 In deiner Stimme Gold.

Und fliehen werden die Sorgen,
 Die mir den Tag vergällt,
Wie Araber leis' und heimlich
 Zur Nacht abbrechen das Zelt.

Der Regentag.

Der Tag ist kalt und trüb und traurig,
Es regnet und der Wind weht schaurig,
Die Rebe hängt noch an der modernden Wand,
Doch die Blätter rascheln in's weite Land,
 Und der Tag ist trüb' und traurig.

Mein Leben ist kalt und trüb' und traurig
Es regnet und der Wind weht schaurig,
Mein Herz hängt noch an der modernden Zeit,
Die hinter mir liegt, so weit, so weit —
    Und die Tage sind trüb' und traurig.

Sei still, mein Herz, laß ab vom Klagen!
Die Sonne scheint, ob die Wolken auch jagen;
Dein Loos — es ist das Loos von allen,
In jedes Leben muß Regen fallen,
    Und Tage, trüb' und traurig.

Ein Sonnenblick.

Hier ist der Platz. Steh' still, mein Roß!
    Nur diesen einen Blick!
Wie bringt dies Bild aus alter Zeit
    Viel Bilder mir zurück!

Da führt die Straße nach der Stadt,
    Und hier, der Kirche zu,
Der Weg, auf dem ich schritt mit dir,
    Vielliebes Mädchen, du.

Die Schatten von den Linden grün,
    Sie träumten auf dem Gras;
Du schwebtest träumend drüber hin,
    Ein Schatten, lieb und blaß.

Dein Kleid war wie der Lilien,
    Und dein Herz wie sie, so rein; —
Die dort an meiner Seite ging,
    Konnt' nur ein Engel sein.

Die stolzen Bäume beugten sich,
    Und nickten freud'gen Gruß;
Im Gras die Blüthen hoben sich,
    Und küßten ihren Fuß.

O heute schlaf', der Thorheit Kind,
    Der ird'schen Sorgen Qual —
An jenem Sabbathmorgen sang
    Die Menge den Choral.

Ein goldner Strahl der Sonne drang
    In den schattig kühlen Raum —
Der Leiter gleich, die Jakob sah
    In seinem Wundertraum.

Von Zeit zu Zeit der Morgenwind,
    Frisch aus dem blüh'nden Hag,
Im Liederbuche blätterte,
    Das auf dem Fenster lag.

Lang war des Greisen Predigt,
    Doch schien sie nicht so mir;
Denn er sprach von Ruth, der schönen Ruth,
    Und mein Herz, es war bei dir.

Lang war des guten Mann's Gebet,
    Doch schien es nicht so mir,
Im Herzen betet' ich mit ihm,
    Und mein Herz, es war bei dir.

Nun, ach! verwandelt ist der Ort;
    Du bist nicht länger hier;
Der liebe, warme Sonnenschein
    Verschwand — verschwand mit dir.

Die alte Uhr auf der Treppe.

L'éternité est une pendule, dont le
balancier dit et redit sans cesse
ces deux mots seulement, dans le
silence des tombeaux: „Toujours!
jamais! Jamais! toujours!"

Jaques Bridaine.

Kommst du eben zum Dorf hinaus,
Siehst du das alte Herrenhaus,
Ueber des Portikus Säulenreih'n
Die Pappeln ihren Schatten streu'n.
Und drinnen in dem hohen Flur
Zu Allen sagt die alte Uhr, —
 „Für immer — nimmer!
 Nimmer — für immer!"

Halbwegs die Trepp' hinauf ihr Stand;
Sie zeigt und deutet mit ihrer Hand
Aus ihrem festen Eichenschrein,
Wie unter der Kutt' ein Mönchelein
Bekreuzigt sich und seufzet: ach!
Wohl Allen, die vorbeigehn, nach, —
 „Für immer — nimmer!
 Nimmer — für immer!"

Ihrer Stimm' bei Tage Niemand acht',
Doch in der langen, stillen Nacht,
Wie Fußtritt in der Gasse hallt,
Ihr Echo in der Halle schallt,
An der Decke dort, am Boden hier,
Sie sagt an jeder Kammerthür, —
 „Für immer — nimmer!
 Nimmer — für immer!"

Von Lieb und Lust und Leid und Noth,
Von Hochzeit und Geburt und Tod,
Von Allem, was herbeigeführt
Der Zeitstrom, blieb sie unberührt,
Als schaute sie das Hier und Dort
Wie Gott, so tönt ihr ernstes Wort, —
   „Für immer — nimmer!
   Nimmer — für immer!"

Einst jenes Haus war weit und breit
Berühmt ob seiner Gastlichkeit;
Die Feuer rauschten in dem Schlot,
Der fremde Gast litt keine Noth;
Doch, wie das Skelett beim Festesschmaus,
Die Uhr sie sprach Tag ein, Tag aus, —
   „Für immer — nimmer!
   Nimmer — für immer!"

Hier war der Kinder Spielrevier,
Und Maid und Jüngling träumten hier;
O Jugendlust, o Seligkeit!
O Ueberschwang von Lieb' und Zeit!
Doch wie der Geizhals zählt sein Gold,
Die Uhr kein' Stund' vergessen wollt', —
   „Für immer — nimmer!
   Nimmer — für immer!"

Aus jener Kammer, im weißen Kleid•
Am Hochzeitstage trat die Maid;
Im Todtenhemd in jenen Raum
Ein Andrer träumt den Todestraum,
Und als der Priester Amen sprach,
Die alte Uhr, sie hallte nach, —
   „Für immer — nimmer!
   Nimmer — für immer!"

Ihr Aeuglein blau — ihr Wänglein roth!
Die sind vermählt und die sind todt;
Und wenn, das Herz voll Weh', ich frag':
Wann kommt des Wiedersehens Tag?
Wie in der Zeit, die längst verschwand,
Die Uhr antwortet von der Wand, —
   „Für immer — nimmer!
   Nimmer — für immer!"

Nimmer hier, für immer dort,
An einem andern, bessern Ort,
Voll Freud' und Frieden für und für, —
Für immer dort, doch nimmer hier!
Die große Uhr der Ewigkeit
Sie saget nur durch alle Zeit, —
   „Für immer — nimmer!
   Nimmer — für immer!"

Das offene Fenster.

Das alte Haus bei den Linden
   Im Schatten schweigend stand;
Die Lichter durch die Zweige,
   Sie spielten an der Wand.

Die Fenster der Kinderstube
   Stehn auf; die Stub' ist leer —
Die rosigen Kindergesichter,
   Ich seh' sie nimmermehr.

Der große Hund von Neufundland,
   Er stand wohl bei der Thür,
Schaute aus nach den Spielgesellen —
   Doch die sind nicht mehr hier.

Sie gingen nicht unter den Linden,
  Sie spielten nicht in der Hall';
Doch Schatten und Schweigen und Trauer,
  Die herrschen überall.

Die Vöglein zwitschern und singen
  Wohl in dem Lindenbaum —
Die herzigen Kinderstimmen
  Hör' ich nur noch im Traum.

Und der Knab' an meiner Seite
  Zum Glücke nicht verstand,
Weshalb ich fester drückte
  Seine warme, weiche Hand.

Die Abendglocke.

Feierlich, trauervoll,
  Wie Haidewind,
Die Abendglocke
  Zu klagen beginnt.

Löschet die Lichter,
  Auf's Feuer habt Acht!
Arbeit der Morgen bringt,
  Ruhe die Nacht.

Dunkel die Fenster,
  Das Feuer ist aus;
Still sind die Gassen,
  Stille das Haus.

Kein Laut in den Kammern,
  Kein Ton in der Hall' —
Schlaf und Vergessenheit
  Allüberall.

Edgar Allan Poe.

Annabel Lay.

Es ist nun manches und manches Jahr,
   In einem Reich an der See,
Da lebte ein Mädchen — ihr kennet sie nicht —
   Ich nenne sie Annabel Lay;
Sie liebte nur mich und ich liebte nur sie,
   Mein schlankes, braunäugiges Reh.

Ich war ein Kind und sie war ein Kind,
   In diesem Reich an der See;
Doch wie sie mich liebte, und wie ich geliebt
   Die reizende Annabel Lay —
Das sagen nicht Worte — es weinten vor Neid
   Die Engel in himmlischer Höh'.

Und das war der Grund, daß einst in der Nacht,
   In diesem Reich an der See,
Ein Sturm aus der Wolke so eisig umarmt'
   Die liebliche Annabel Lay,
So daß ihr hoher Verwandter kam,
   Und raubte mein herziges Reh,
Und schloß sie in ein Grabmal ein,
   In diesem Reich an der See.

Die Engel, nicht halb so glücklich, als wir,
   Sie fühlten der Eifersucht Weh;
Ja, das war der Grund, wie Jedermann weiß
   In jenem Reich an der See,
Daß zur Nacht aus der Wolke der Sturmwind kam,
   Umarmte und tödtete Annabel Lay.

Doch sie liebte ja mich und ich liebte ja sie,
　　Mein Liebchen, so kalt wie der Schnee,
　　Mein armes, unschuldiges Reh —
Und alle die Engel im himmlischen Licht,
　　Und die Dämonen der See,
Sie trennen mich dennoch in Ewigkeit nicht
　　Von der lieblichen Annabel Lay.

Denn der Mond nimmer scheint, und ich habe geträumt
　　Von der reizenden Annabel Lay;
Und blinket ein Stern, so seh' ich von fern
　　Das Auge von Annabel Lay:
Bis das Morgenlicht graut, umarm' ich sie traut
　　Mein Liebchen, mein Alles, mein Reh, meine Braut,
　　In dem Grabmal hier bei der See —
　　In dem Grab an der hallenden See.

An Zante.

Du schöne Insel, wie die Blume hold,
　　Nach deren holden Namen man dich nennt!
Wie der Erinn'rung Abendsonnengold
　　Bei deinem Anblick wunderbar entbrennt!
Welch' sel'ge Stunden, die dahingeeilt!
　　Welch' süße Träume, die jetzt ruh'n in Särgen!
Welch' wonn'ge Bilder einer Maid, die weilt
　　Nicht mehr — nicht mehr auf deinen grünen Bergen!
Nicht mehr! und ach! das magisch=düstre Wort
　　Verwandelt dich! dein Zauber zwingt nicht mehr —
Dein Bild nicht mehr! Ein fluchbelad'ner Ort
　　Bist du von jetzt an mir, o Perl' im Meer,
　　O Hyacinthen=Insel! goldne Zante!
　　„Isola d'oro! Fior di Levante!"

An Helene.

Ich sah dich einmal — einmal nur — vor Jahren! —
Mittnacht im Juli war's, und von dem Mond,
Dem vollen, der, wie deine Seele strebend,
Sich einen steilen Pfad zum Himmel bahnte,
Ein seidenweicher Silberschleier fiel
Mit heilger Ruh und Dunkelheit und Schlummer
Auf das erhobne Antlitz vieler hundert
Von weißen Rosen, die im Garten wuchsen,
Wo nur verstohlen sich ein Lüftchen regte —
Auf das erhobne Antlitz weißer Rosen,
Die in Erwiedrung für das Liebeslicht
Die duftgen Seelen wonnevoll verhauchten,
Auf das erhobne Antlitz weißer Rosen,
Die auf den Beeten lächelten und starben,
Entzückt von dir und deiner heilgen Nähe.
Gehüllt in Weiß, auf eine Veilchenbank
Sah ich dich hingelehnt; es fiel der Mond
Auf das erhobne Antlitz weißer Rosen —
Und auch auf deins — erhoben — ach! in Schmerzen.
War's nicht das Schicksal, das in dieser Nacht —
Das Schicksal, dessen andrer Nam' ist Schmerz —
Mich weilen hieß an jener Gartenpforte,
Den Duft zu athmen jener süßen Rosen?
Nichts regte sich — es schlief die schnöde Welt —
Nur du und ich nicht. Und ich weilte — schaute —
Und alsobald verschwanden alle Dinge —
Ach, ganz gewiß, der Garten war verzaubert —
Des Mondes matter Perlenglanz verlosch;
Die moosgen Bänke, die verschlungnen Pfade,
Die selgen Blumen und die stillen Bäume —

Ich sah sie nicht — die Rosendüfte selbst,
Sie starben in der Lüfte weichen Armen;
Und Alles schwand, nur du nicht — und selbst du —
Nur nicht das Himmelslicht in deinen Augen —
Nur nicht die Seele deiner schönen Augen.
Ich sah nur sie — sie waren meine Welt —
Ich sah nur sie — und nur für wen'ge Stunden —
Ich sah nur sie — bis sank der volle Mond.
Welch' dunkle Herzensräthsel schaut' ich nicht
In diesen demantklaren Himmelssphären!
Welch' düstres Weh! welch' hohe Hoffnung doch!
Welch' schweigend königliches Meer von Stolz!
Welch' kühnen Ergeiz! ach, und welche tiefe,
Welch' abgrundtiefe Fähigkeit für Liebe!
Und nun zuletzt versank der volle Mond
Im Westen hinter schwarzen Wetterwolken,
Und wie ein Geist durch geisterhafte Bäume
Verschwandest du. Nur deine Augen blieben.
Sie schwanden nicht — sie können nimmer schwinden.
Sie hellten meinen Pfad in jener Nacht,
Sie ließen nimmer mich — wie doch mein Hoffen —
Sie folgen mir — sie leiten mich durch's Leben —
Sie, meine Diener; und ihr Sclave, ich.
Ihr Amt, mich zu erleuchten, zu entflammen —
Und meine Pflicht, entflammt, erleuchtet sein —
Geläuterter von ihrem hehren Feuer,
Geheiligter von ihrer Himmelsgluth.
Mit Schönheit füllen sie die Seele mir.
Ich kniee hin vor diesen hohen Sternen
Im düstern Schweigen schlummerloser Nacht,
Und selbst noch in des Tages Mittagsglanze
Seh ich sie stets — zwei süße Morgensterne,
Die selbst die Sonne nicht verlöschen kann.

Meiner Anna.

Dank Himmel! die Krisis
   Jetzt hinter mir liegt!
Die schleichende Krankheit
   Ist glücklich besiegt,
Und das Fieber des Lebens
   Ist endlich besiegt.

Schwach wohl, ich weiß,
   Wie schwach ich zur Stund'!
Kein leisestes Regen
   Das Leben macht kund;
Doch was thut es? Ich fühl',
   Ich bin wieder gesund!

Und ich lieg' nun im Bette
   Ohn' jegliche Noth,
Und wer mich so siehet,
   Er hält mich für todt;
Und schaudert wohl, sieht er mich,
   Wähnend mich todt.

Das Aechzen und Stöhnen,
   Das Seufzen und Klagen —
Ist endlich vorbei!
   Mit dem furchtbaren Schlagen
Des Herzens, dem furchtbaren,
   Furchtbaren Schlagen.

Die Schmerzen, der Schwindel,
　Das Flimmern und Schwirrn —
Vorbei! sammt dem Fieber,
　Das tobte im Hirn —
Mit dem Fieber des Lebens,
　Das brannte im Hirn.

Und ach! aller Qualen
　Die schlimmste zumal —
Sie schwand: jenes Durstes
　Entsetzliche Qual
Nach dem Strom, der von brennender
　Leidenschaft schwillt —
Denn ich trank von dem Wasser,
　Das allen Durst stillt. —

Von dem Wasser, deß Rauschen
　Mich schlummern gelehrt —
Einer Quelle, so gar nicht tief
　Unter der Erd';
Einer Grotte, die nicht sehr tief
　Dringt in die Erd'.

Und o! glaub' ihm nimmer
　Dem tollen Gered':
Daß mein Zimmer sei düster,
　Und schmal sei mein Bett.
Denn Keiner noch schlief,
　Als in solch einem Bett!
Wollt ihr Schlaf, müßt ihr schlafen
　In grad' solchem Bett!

Die Qual meines Geistes
　Wich herzlichstem Kosen,

Und nimmer verlangt er,
    Vermißt er die Rosen —
Die alten Begierden
    Nach Myrthen und Rosen.

Denn nun, da so stille ich
    Ruhe ein Weilchen,
Umschwebt mich der wonnige
    Duft süßer Veilchen;
Ein Rosmarinathem
    Verschwistert mit Veilchen,
Mit Raut' und den reizenden,
    Schämigen Veilchen.

Und so bin ich stille,
    Gesättigt mit Manna —
Dem Traum von der Treu
    Und der Schönheit von Anna —
Ertrunken im Bad
    Weicher Locken von Anna.

Sie zärtlich mich küßte
    Und herzte mit Lust;
Zum Schlaf ich mich lehnte
    An lieblichste Brust —
Schlafen so tief
    An treuester Brust.

Als das Licht war erloschen,
    Wie ruht' ich so warm!
Und sie betete: Engel,
    O, schützt ihn vor Harm!
O, du Kön'gin der Engel,
    O, schirm' ihn vor Harm!

Und ich ruhe im Bette nun
    Ohn' alle Noth —
(Liebt sie mich doch!)
    Daß ihr wähnet mich todt,
Und ich ruh' auf dem Lager nun
    Ohn' alle Noth
(Ihre Liebe am Herzen),
    Daß ihr wähnet mich todt —
Daß ihr schaudert, erblickt ihr mich,
    Wähnet mich todt.

Doch mein Herz ist gesättigt
    Mit himmlischer Manna!
Und hell wie ein Stern,
    Denn es glänzet von Anna —
Es glüht von dem Licht
    Meiner Liebe zu Anna —
Und es glänzt von dem Licht
    Aus dem Aug' meiner Anna.

Einer im Paradies.

Ach, Alles warst du mir, mein Lieb,
    Mein Lieb, so hold und rein —
Ein Eiland in der See, mein Lieb,
    Ein Bronnen und ein Schrein,
Umkränzt mit Blumen ohne Zahl,
    Und alle Blumen mein!

Ein schöner, wonn'ger Traum!
    O goldne Hoffnung! ach, zu bald
Zerflossest du, wie Schaum.
    Die Stimme aus der Zukunft schallt:

Auf! auf! — doch an dem Saum
   Des „Einst" irrt mein verstörter Geist —
Ich leb' und weiß es kaum.

Denn ach und ach! für mich
   Ist jetzt das Leben leer!
Nicht mehr — nicht mehr — nicht mehr —
   (So hör' ich rauschen feierlich
Am Strand das ew'ge Meer)
   Begrünt auf's neu die Eiche sich,
Fliegt stolz der Aar einher.

Ich weiß es. Wieder lenzen
   Kann es mir dorten nur,
Wo deine Augen glänzen,
   Wo leuchtet deine Spur —
In selger Geister Tänzen
   Auf grüner Himmelsflur.

William Gilmore Simms.

Am Sumpfesrand.

Es ist ein wilder, grausig-düstrer Ort.
Hier singt kein Vogel in den Bäumen je.
Die jungen Blätter selbst sind welk. Umher
Schießt üppig auf ein Unkraut, das die Hand,
Die es zu lüften wagt, im Nu bedeckt
Mit Beulen. Aus dem nassen, schleimgen Grund
Wächst die Cypresse. In dem faulen Gras,
Verborgen halb, schläft lang dahingestreckt
Ein Kaiman, — solches Hauses würdger Gast.
Dicht bei dem grünen Schlamm, in dem er liegt,
Erhebt ein Kranich seinen dürren Leib,
Und flieht und warnt. Ein Sommerentenpaar,
In Angst gesetzt durch seinen heisern Schrei,
Bricht aus dem Sumpf, mit wunderbarer Hast
Dem Führer folgend. Wohlbelehrt durch sie,
Und aufgescheucht durch unser schnelles Nahn,
Kriecht langsam-zögernd von dem grasgen Bett
In seine schlammige, grüne Wohnung, die
Es gern empfängt, das schuppge Scheusal. Dann,
Des Rückens Kamm nur zeigend, sucht es auf
Des Sumpfes Mitte, weiß sich dort geschützt
Und reckt den Kopf empor. Ein Schmetterling,
Der weit gereist den Tag, und seinen Weg
Nach Blumen nur berechnet, um zu ruhn,
Setzt auf des Unthiers Stirn sich. Plötzlich fährt

Es in die Tiefe, so geschwind, daß er,
Der Stutzer in der Blumen buntem Kreis,
Die Flügel eintaucht, und das goldne Kleid
Mit faulem Sumpfeswasser sich benetzt.
Verwundert und erschreckt, in banger Eil',
Erstrebt das leichte Ding den Uferrand,
Und sucht die lieben Blumen — sucht umsonst.
Nichts Holdes wächst an diesem wüsten Ort,
Nichts Schönes. Bäume, wild, grotesk,
Wie Dieb'sgesindel — stinkendes Gesträuch,
Die Luft vergiftend — düstre Schatten rings,
Halb Wolken gleich und halb Gespenstern, an
Dem Rande lauernd — also droht und schreckt
Der Anblick. Der enttäuschte Schmetterling,
Die weichen Schwingen regend, schießt davon,
Und mahnt auch uns durch seine eil'ge Flucht,
Nach besserm Nachtquartier uns umzuschaun,
Als dieser graufe Sumpfesrand gewährt.

William Wallace.

Hymnus an den Hudson-Fluß.

Vergiß sie nicht, die wunderbaren Bilder,
Die Berge, Klippen, kühnen Felsenstirnen,
Die weißen Städte mit dem Hafenufer,
An welchen du, wie eine große Seele
Gedankenvoll und still, vorüberzogst,
Des Nordens mächtger Strom! Dein Mund
Trifft hier das Meer; in hoher Freude hebt's
Die stolze, weiße Stirn, senkt seine Donnerstimme
Zu sanfterm Ton, und murmelt freundlich-mild
An allen Ufern; heißt den Sturmeswind
Dich sanft berühren: denn dein Uferrand
Trug stolze Reiche, volkreich wie die Blätter,
Ob ihren Gräbern rauschend — Republiken,
Verschwebt wie Wolken in dem trüben „Einst,"
Lang', lang' bevor die Blaßgesichter kamen.
Es freut sich dein das Meer: denn jene Bäche,
Die dich ernähren, kommen von den Hügeln,
Wo Freiheit ihre stolze Burg erbaut';
Sie singen vor des armen Mannes Thür;
Der Kindheit Unschuld taucht die rosgen Füße
In ihre Wellen; aus dem blauen Himmel,
Der Alles krönet, lächelt Gott hernieder.

Du stolzer Strom! Von jetzt an sollst du sein
Ein Wanderer der Tiefe; sollst vernehmen
Des ernsten Nordens trübe, wilde Stimmen
Tiefdunkle Worte, voller grauser Mahnung,
Der Woge murmeln, die um Labrador
Wehmüthig klagt; und hemmen deinen Lauf,
Um anzubeten in Korallentempeln,
Den alten Mecka's des erhabnen Meers;
Und weiter rollen deinen blauen Pfad,
Des Südens Inseln zu umarmen; sollst
Erschaun die Lieblichkeit der Symplejaden,
Den Glanz der Dardanell'n; das Frankenreich
Soll deiner tiefen, ernsten Stimme lauschen,
Und lernen, daß die Freiheit fest muß ankern,
Will sie sich halten in dem Strom der Welt.
Und Marathon soll dein Triumphlied hören,
Italien fühlen deinen kühlen Athem
An seinen Küsten, wo zum andernmal
Die Freiheit jetzt die Lanze hat ergriffen.
Und wenn zurück du eilst auf deinem Wege,
Soll jede Klippe Albions sich freun,
Und jede Halle, Hütte, Kathedrale,
Darin der Erde mächtge Herrscher schlafen —
Die auf den Häuptern Lorbeerkronen trugen,
Und deren Scepter Feder war und Harfe —
Die Mutter unsres Stammes soll sich freun,
Dein Wiegenlied zu hören; ihre Sprache
Ist deine Sprache und ihr Ruhm ist dein.
Und weiter wirst du deine Fluthen wälzen,
Und jubeln, daß der starke Sachse drüben,
Fern in Amerika, der stolze Sohn
So stolzer Mutter!
                    Walle, walle, walle,
Des Nordens Strom! Erzähle allen Inseln,

Erzähle allen fernen Continenten,
Wie herrlich ist dein Land! Sprich von den Thälern,
Wo Unabhängigkeit im Hirtenkranz
In heilger Ruhe ihre Herden weidet;
Von seinen Bergen mit den Wolkenbärten,
Den altersgrauen; von den Katarakten,
Den mächtgen, sprich, die ihre Hymnen rauschen
In Einklang mit dem Sturm der Mitternacht.
Von seinen Strömen, deren Riesenlänge
Schier groß genug, die Zeit daran zu messen;
Von seinen Seen, die des Meeres spotten;
Von seinen Höhlen, wo verbannte Götter,
Wohl finden möchten weit genug die Nacht,
Um d'rin zu bergen ihr entkröntes Haupt;
Von den erhabnen Sonnenuntergängen
In den Prärien, die wie Oceane
Sich strecken, weit und weit und weiter
Die ungezählten Meilen, bis der Blick
Zurückbebt vor der Unermeßlichkeit.
O, walle, walle, walle, Strom des Nordens!
Auf deiner Woge trage die Musik,
Die donnernd kündigt eines Waldes Fall;
Der Wälder Rauschen, die in ihren Rinden
Ein moosbewachsenes Register führen,
Daraus die Zeit ersieht, wie alt sie ist.
Vergiß sie nicht die ungezählten Häuser,
Die aus der Oede wuchsen, — Siegesmale
Von wahren Kön'gen, die erobernd ziehn
Hinauf den Oregon.
                    Erzähle du,
Glorreicher Strom, dem Genius Europens,
Deß hohe, weiße Stirn des Gottes voll;
Und Asiens Horden, deren dunkle Augen
Bewundernd und voll nimmer müden Glaubens

Auf Berge schauen, wo Jehovah saß,
Als noch die Erde werth war solches Königs;
Und Afrika, mit seinem Flammenschädel
Und seiner tollgewordnen Riesenkraft —
Sag' allen, daß die Freiheit fand ein Haus;
Daß Männer aufgestanden, grade wie
Ein Berg emporgeht, wenn sein Flammenherz
Erregt ist, und die zornerfüllte Brust
Sich dehnet, und die ungeheure Kette
Von Eis, die seine Majestät verhöhnte,
Weit von sich schleudert — sag' den Nationen:
Hier ist ein Haus für Alle! hier ist Liebe,
Und hier ist Hoffnung für die Unterdrückten!
Die riesengroßen Ströme locken sie,
Die Wälder in die grüne Einsamkeit;
Und durch die weiten, blumenreichen Oeden
Nach Menschenherzen seufzen die Prärien.

Charles Fenno Hoffman.

Wo ist Einsamkeit.

Nicht in dem schatt'gen Wald;
   Nicht in dem Felsenthal;
Nicht, wo das Echo hallt
   Im tiefen Höhlensaal;
Nicht an dem Meergestad,
   Wo sich die Woge bricht;
Auf steilem Bergespfad;
   Am glatten Teiche nicht;
Nicht auf dem Wüstenplan,
   So unermeßlich weit,
Dem Menschen nimmer nah'n,
   Nicht dort ist Einsamkeit.

In grüner Wälderpracht
   Der Chor der Vögel singt;
Aus dunkler Höhlennacht
   Die Quelle freudig springt;
Und über Dünensand
   Des Meeres Athem weht;
An grünem Teichesrand
   Manch bunte Blume steht;
Auf steilem Bergeshang
   Die stolze Fichte rauscht;
Des Windes Klaggesang
   Die stille Wüste lauscht.

Laß Forst und Stromeslauf,
    Wenn du willst einsam sein!
Geh! such die Menschen auf,
    Dann bist du bald allein!
Wer fragt nach deiner Lust?
    Wer fragt nach deinem Schmerz?
Wo eine Freundesbrust?
    Wo ein verwandtes Herz?
Natur mit treuem Arm
    Umfing dich alle Zeit;
Ach, nur im Menschenschwarm
    Ist wahre Einsamkeit!

Rosalie Clare.

Wer kennte ein Mädchen, das lieblicher wär'!
    Wer rühmt nicht die Schönheit von Rosalie Clare!
Laßt ihn satteln den Renner und reiten in's Feld!
    Er muß unterliegen, wie kühn er sich stellt;
Es wanket sein Roß, und es splittert sein Speer
    Vor der Lanze des Ritters von Rosalie Clare.

Wenn die Zecher schwärmen beim festlichen Mahl —
    Der Traube Blut füllet den goldnen Pokal,
Sie singen und sagen von Liebe und Lust
    Und Lebehoch schallet aus vollester Brust —
Da leuchtet manch Auge, manch Herze wird schwer,
    Nennt einer die Schönste — nennt Rosalie Clare.

Laß sie prahlen vom Lande, wo reifet der Wein,
  Von den Mädchen am Ebro, am Arno und Rhein!
Von der üppigen Schönheit der östlichen Frau'n
  Mit flammendem Aug' unter dunkelen Brau'n!
Welch' prächtige Blume weit über dem Meer
  Glich unserem Blümlein — glich Rosalie Clare!

Wer kennte ein Mädchen, das lieblicher wär'!
  Er blick' nur in's Auge von Rosalie Clare!
Er hör' ihre Stimme, schau' ihre Gestalt —
  Wenn da ihm das Herze von Liebe nicht wallt,
Geh er hin, wo er will! nicht würdig ist er,
  Zu weilen im Lichtglanz von Rosalie Clare.

––––––––

Rückschau.

Heut' Nacht! heut' Nacht! welch' Träumeheer heut' Nacht
  Umschwärmte wild mich, da ich vor dir stand!
Wie hold die Form! wie hell das Auge lacht!
    Die Stimme süß und klar —
Ach! Alles so wie sonst; als wär' ich nie erwacht,
  Als hielte mich noch jenes Zauberband,
    Wie einst vor manchem Jahr.

Der Zeit Charybdis! Hätt' sie fortgerafft,
  Was schön und edel, wärst die meine du?
Des Jünglings Hoffnung und des Mannes Kraft,
    Dahin, auf immer hin —
Dahin mit jener Lieb', die Alles schafft,
  Und mit der Liebe Freud' und Glück und Ruh' —
    Ein schauriger Gewinn!

War es ein Wahnsinn, der mich hielt gefangen?
    Und hatt'st bezaubert du die Seele mein?
Wie heut' du warst, hab' ich an dir gehangen
      Trotz meines Herzens Qual!
Wie heut' du warst, könnt' wieder ich erlangen
    Des Liebens Reichthum, wieder wär' er dein —
      Verschleudert noch einmal?

Nein! du erbrachest meines Herzens Schrein,
    Und drin der Schatz dir so gering erschien,
Daß auch ich lernte ein Verschwender sein,
      Ein Wüstling — Allzubald!
Und schenkte Gold und Perl' und Edelstein
    An diese jetzt und jetzt an jene hin,
      Schien nicht, wie du, sie kalt.

Nein! du hast meine Jugendlust verfehrt.
    Bist schuldlos du — du brachtest mir das Leid;
Den bittern, bittern Kelch, den ich geleert,
      Mir reicht ihn deine Hand;
Du hast mich selbst verachten mich gelehrt;
    Nicht mich verwarfst du, doch die Frömmigkeit,
      Die mich mit Gott verband.

Nein, nein! — das schwächste Herz ist theurer mir,
    Als eins, an dem der Selbstsucht Geier frißt;
Es treten Engel durch die Zeltenthür,
      Für die der Palast zu —
Er, der da sprach: „Nicht sündige hinfür,"
    Sah, daß, wo Leidenschaft, auch Liebe ist,
      In solchen nicht, wie du!

Sympathie.

Wohl! nenn' es Freundschaft! hab' ich mehr verlangt
Selbst in den Stunden höchster Seligkeit?
Für dich nur war es, daß mein Herz gebangt!
Denn unser Schifflein sah ich sturmbedroht;
Kein Hafen, der uns schützte, weit und breit.
Für mich, mit dir, was wäre da der Tod!
Und doch mit Thränen hab' ich Gott gedankt,
Der mich dich retten ließ zur rechten Zeit.
Ja, nenn' es Freundschaft! laß uns tief verschweigen,
Wovon so heiß mein Herz und deines wallt!
Trennt uns die Welt — du bist ja doch mein eigen!
Nenn' es denn Freundschaft! — nur das Wort ist kalt.
Dem frommen Herzen sich die Himmel neigen,
Wie kindisch auch des Beters Zunge lallt.

Nathaniel P. Willis.

Hagar in der Wüste.

Der Morgen kam. Das Frührothlicht umsäumte
Den bleichen Ost. Die Erde schmückte sich
Mit ihrem bunten Kleid; jedwedes Ding,
Das von dem süßen Thau des Himmels lebt
Und mit dem Taglicht aufwacht: Blum' und Blatt,
Und Ros' und Palme huldigten entzückt
Mit Duft und Schönheit diesem neuen Tag.
Dem Gram ist Alles dunkel; und das Licht,
Die Lieblichkeit des Morgens, o, wie trüb
Erschienen sie für Hagar! Wohlgeruch
Entstieg der feuchten Erde würz'gen Poren,
Die jungen Vögel zwitscherten, als ob
Das Leben wär' ein neues Ding für sie.
Doch ach, ihr war es Qual; sie fühlte tief,
Wie grausam es zerreißt ein krankes Herz,
Sieht es mit seinem Schmerze sich allein.
Sie stand vor Abram's Zelt. Es quoll das Blut
Aus den gepreßten Lippen; auf der Stirn
Die Adern waren angeschwellt, als ob
Der Stolz sie sprengen würd'. Ihr dunkles Aug'
War klar und thränenlos. Des Himmels Licht,
Das seine Sprache sichtbar machte, schoß
Von ihren langen Wimpern flammengleich.
Ihr edler Sohn stand bei ihr; seine Hand
Erfaßt' die ihre; an den Füßen trug —
Den runden, rosgen, kaum dem Zeltenflur

Entwöhnten — für den stein'gen Weg
Sandalen er. Er hatte aufgeschaut
In seiner Mutter Antlitz, bis er ganz
Gefaßt den Sinn. Sein junges Herze schwoll
In seinem zarten Busen, und sein Leib
Erhob sich stolz in seinem kind'schen Zorn,
Als ob zur Mannesgröße sich gedehnt
Die kleinen Glieder, glichen sie dem Geist.

Warum, wie jetzt er kommt, lehnt auf den Stab
So müde sich der Patriarch? Sein Bart
Wallt bis zum Gürtel, seine hohe Stirn —
Sonst leuchtend von der Gegenwart des Herrn —
Ist eine finstre Wetterwolke heut;
Die Lippe zuckt, sein Schritt ist minder fest,
Wie sonst, und ob auch wunderhold
Der Morgen strahlt, er athmet seinen Duft,
Als wär' es der Verwesung Pestgeruch. —
O, viel erträgt ein Mann — es ist sein Herz
Ein starkes Ding, und gottgleich in dem Griff
Des wildsten Schmerzes. Doch zerschneid den Nerv'
Der Zärtlichkeit; zerreiß' ein einzig Band,
Das ihn an eines Weibes Liebe knüpft —
Es beugt der mächt'ge Geist sich, wie ein Rohr.

Und er gab Hagar Brod und Wasser nun,
Doch sprach kein Wort; und er getraut' sich nicht,
In's Antlitz ihr zu schaun, er legt' die Hand
Zum Segen auf des Knaben lockig Haupt,
Und wandte sich und ging; — sie war allein!

Sollt' Hagar weinen? Ein beleidigt Weib —
Der Rebe gleich, die von sich warf ein Baum —
Soll es sich schmiegen immerdar? O, nein!
Bei ihrer Lieblichkeit — bei allem, was
Dem Leben Schönheit giebt und Poesie!
Mach' sie zur Sclavin; pflück' von ihrer Wang'

Durch Eiferjucht die Rojen; wachen laß'
An beinem Krankenlager fie die Nacht,
Vom Abend bis der letzte Stern verlifcht;
Quäl' fie durch Mißtraun, tollen Sinn, woburch
Nur immer bitter wird ihr Kelch, doch gieb
Ein Liebeszeichen — und die Erde hat
Kein Bild für ihrer Seele Zärtlichkeit.
Doch o, entfremd' fie einmal — wie? gleichviel —
Durch Schweigen — Kälte, und woraus noch fonft
Sie fehen kann, daß deine Liebe krankt —
Und in dem Himmel und auf Erden giebt
Es nichts, das mächt'ger wäre als ihr Stolz.
     Und Hagar ging mit langfam-feftem Schritt;
Nicht zuckt ihr Mund; ihr dunkles Aug' ift klar,
Als wär's ein Diamant; der fchlanke Leib
Stolz aufgerichtet — ftark, weil es ihr Herz.
Ihr Kind hielt fchweigend Schritt, obgleich ihm fchmerzt
Die Hand vom Druck der Mutterhand. Denn er
Hatt' ihren Sinn erfaßt; es war entfacht
Der Funken, der zur Völkerflamme ward.
     Der Morgen fchwand, und Afiens Sonne ftieg
Am blauen Himmel — jeder Strahl war Gluth.
Im Schatten barg der Bauer fein Gefpann,
Die Vögel faßen in den Bäumen — ftill
Der Abendkühle harrend. — — —
     Die Stund' der Ruhe! — Aber Hagar fand
Nicht Raft in diefer Wildniß, und fürbaß
Schritt fie den öden Pfad, bis finken ließ
Das Haupt der Knabe und mit trockner Lippe
Nach Waffer rief — fie hatte nichts für ihn.
Sie legt' ihn nieder in der freien Luft
Noch lieber, als im dumpfen, fchwülen Hauch
Der dichten Cedern; wollte tröften ihn.
Doch grimmig war fein Durft, fein blaues Aug'

Ward trüb, und er begriff es nicht, warum
Ihm Gott versagte Wasser eben jetzt.
Sie saß ein wenig noch, und geisterhaft
Sein Anblick ward, als trät' ihn an der Tod.
Das war zuviel. Sie hob den Knaben auf,
Und trug ihn weiter, bettete sein Haupt
Im dünnen Schatten eines Wüstenstrauchs.
Und ihr Gesicht verhüllend ging sie fort,
Und setzte sich, wo er sie nicht erschaute,
Zu wachen, bis er starb — — —
    Sie stand am Quell, den ihrer Väter Gott
In dieser Wildniß rauschen ließ für sie. —
Sie badete des Knaben Stirne, bis
Er wieder lacht' in frischer Daseinslust,
Und kindisch schwatzte von dem kühlen Naß,
Das auf ihn träufte seiner Mutter Hand.

Die Ueberlästige.

Die Liebe kennt jegliches Bildniß von Lust
    Und jede Gestalt von der Erden;
Und kommet zu Jedem, die keiner doch ruft,
    Wie der Träume geheimnißvoll Werden.
Und Abendhimmel und Mondenschein,
    Sie prangen in Liebesworten —
Ihr hört ihre Stimm', wie der Vögelein
    Im Maien an allen Orten.

Sie blicket hinein in des Kriegers Herz
    Von der Spitze der nickenden Feder;
Sie treibet mit Schilden und Harnischen Scherz,
    Es weichet ihr willig ein Jeder.

Sie kommt in sein Zelt bei finsterer Nacht,
   Sie schleicht sich in all' seine Träume;
Sie strahlt in sein Aug', wenn er Morgens erwacht,
   Wie Monblicht durch wehende Bäume.

Sie höret den Knall von des Jägers Rohr —
   Das Echo ist liebebeladen.
Sie seufzt mit dem flüsternden Blatt in sein Ohr,
   Schwebt vor ihm auf waldigen Pfaden.
Und kühliger Schatten und blinkender Fluß,
   Und Wolken und himmlische Bläue,
Sie bringen vom Liebchen viel herzigen Gruß,
   Und plaudern von Liebe und Treue.

Der Fischer lehnt über den schwankenden Bord,
   Und schaut in die purpurne Tiefe;
Er achtet so wenig auf Stunde und Ort,
   Als ob er im Zauberschlaf schliefe:
Wie der Busen der Lieblichen hebt sich die Well,
   Und plätschert der Lieblichen Namen —
Es merket fürwahr nicht der arme Gesell,
   Daß längst ohne Köder der Hamen.

Sie nimmt dem Gelehrten das Buch aus der Hand,
   Sie scherzt mit der Jungfrau Gebeten;
Sie ist zum Klausner im härnen Gewand
   Als Schönste der Schönen getreten.
Am lichtesten Tag, in der dunkelsten Nacht,
   Im Himmel, im Meer, auf der Erde —
In Allem, was Menschen geträumt und gedacht —
   Es spricht die Liebe ihr: Werde!

Je nachdem.

Der Schatten kühl auf Broadway fiel,
   Jüngst um die Dämmrungszeit;
Eine Dame schön thät dorten gehn
   In stolzer Lässigkeit;
Im Abendschein ging sie allein
   In Fried' und Ehrbarkeit.

Ja: „Fried' und Ehr'" — rings um sie her,
   Wohin sie trug ihr Fuß.
„So gut, wie schön!" das war zu seh'n
   Aus jedem tiefen Gruß.
Was Gott bescheert ihr, hielt sie werth
   Und theuer, wie man muß.

Sie hielt zu theuer für alle Freier
   Ihr reizendes Gesicht;
Dem rothen Gold nur war sie hold,
   Und die Reichen kamen nicht.
Verkaufen magst dich ohne Schmach,
   Wenn ein Priester Amen spricht.

Und allda ging ein schlankes Ding,
   Ein Mädchen schön und blaß;
So schön und arm! daß Gott erbarm!
   Es macht mein Auge naß;
Von „Schmach und Noth" löst sie der Tod,
   Der ihr im Herzen saß.

Die Sünde, die Christ selbst verzieh,
   Wird nie die Welt verzeih'n:
In schlimmer Stund' sie nicht gekonnt
   Dem Liebsten sagen: nein!
Nun wäscht der Dirn die bleiche Stirn
   Kein Priester wieder rein.

Ephraim Peabody.

Der Hinterwäldler.

Der stille Urwald ist für mich!
  Kein Laut am hellen Tag,
Als des Eichhorns Rascheln im Gezweig
  Und des Vogels Flügelschlag;
Und dann und wann sein leiser Ton,
  Und des Wildes leichter Gang,
Und des Windes Rauschen wunderbar
  Den grünen Forst entlang.

Allein — o stolze Einsamkeit!
  Den treuen Hund bei mir.
Die gute Büchse in dem Arm,
  Schweif' ich durch's Waldrevier.
Den Bison auf dem ebnen Plan
  Jag' ich in raschem Lauf,
Dem schlauen Biber stell' ich nach
  Am Strome hügelauf.

Ich steh' auf steiler Bergeshöh' —
  Wie scharf mein Auge schaut,
Kein Jägerfeuer träufelt auf,
  So weit der Himmel blaut.
Und unter mir das Blättermeer
  Allüberall im Thal,
Es rauscht im Wind, es glänzt so hell
  Im warmen Sonnenstrahl.

Bis wo der Wald in Luft verschwimmt
   Am Horizontessaum,
Ist nicht mein stolzes Königreich
   Der ungeheure Raum?
Mein königliches Herz erglüht,
   Schau ich zum Himmelsdom,
Schau ich hinab auf Berg und Au,
   Auf Wald und See und Strom.

Mein Palast, den Gott selbst erbaut',
   Er steht seit Ewigkeit;
Da wölben sich aus grünem Laub
   Viel Hallen, hoch und weit.
Der Wind, der leis den Wald durchrauscht,
   Dann sich erhebt mit Macht,
Mein Sänger ist; und Sterne sind
   Die Lampen mein zur Nacht.

Wünscht keine liebe Stimme mir,
   Sink ich auf's Lager hin,
Ein: Ruhe sanft! o, glaubet nicht,
   Daß ich ganz einsam bin!
O nein! ich seh' mein Vaterhaus,
   Und Wies' und Bach und Baum;
Die Lieben mein — ich schaue sie,
   Ich höre sie im Traum.

Und wenn ein jedes Blatt nun schläft
   Im weiten Waldrevier,
Durch Nacht und Schweigen fühl' ich Gott
   So seltsam nahe mir.
Ich fühl's, daß durch die stille Welt
   Sein heil'ger Athem weht,
Und sanft entschlaf' ich, auf der Lipp'
   Ein kindlich fromm Gebet.

Das Floß.

Die Sommernacht kam schnell und sacht
  Herauf am Himmelsdom,
Durch die Bergespässe drängte sich
  Der tiefe, breite Strom.
Und hüben, drüben, die Berge hinauf
  Der dunklen Wälder Pracht,
In blauer Fern ein heller Stern
  Hielt einsam seine Wacht.

Um die Hügel schoß das mächt'ge Floß,
  Auf dem Floß eine Flamme licht,
Gestalten huschten daran vorbei
  Schnell, wie ein Traumgesicht.
Das Feuer klar schien wunderbar
  Durch des Flusses Nebelflor,
Und Fels und Baum aus dem dunklen Raum
  Sie traten hell hervor.

Und wie das Floß zu Thale schoß
  Und nun ganz nahe war,
Ertönte durch die stille Nacht
  Ein Hornruf silberklar,
Von Klipp' zu Klipp', von Berg zu Berg
  Durch den tiefen, tiefen Wald
Schwang sich der Ton, bis weit davon
  Er mälig dann verhallt.

    Und laut und lang erscholl ihr Sang,
      Jo, hiev ho!
    Und laut und lang das Echo klang,
      Jo, hiev ho!

Die Toneswell' schwoll voll und hell,
  Als rauschte zum Himmel sie,
Jetzt tönt sie lind wie Abendwind
  In des Stromes Melodie.
Und Stille jetzt, bis man zuletzt
  Vernahm der Ruder Schlag;
Dann wieder rief der Hornruf tief
  Die müden Wälder wach.

Wir riefen hinüber ein: Fahret wohl,
  Sie herüber 'nen Schifferscherz.
Gut' Nacht, ihr dort! Sie trieben fort
  In Eile stromabwärts.
Wir schauten hin, bis aus dem Aug'
  Eine Krümmung sie gebracht;
Doch hörten wir lang des Hornes Klang
  Durch die stille weiche Nacht.

Dann drang noch kaum zu unserm Ohr
  Der Hornruf froh,
Verhallt war längst der kräft'ge Chor,
  Ihr: Jo, hiev ho!

Louis Legrand Noble.

Der lahme Knabe.

Allein, auf einer ind'schen Matten,
In eines Eichbaums kühlem Schatten,
Ein kleiner, lahmer Knabe saß,
Die Augen braun und groß; und blaß
Das Antlitz, klug und früh veraltet;
Die welken Hände auf dem Knie gefaltet.
Zum Nüssesammeln waren fortgesprungen
Die andern Kinder — muntre, frohe Jungen.
Da sprach der Knabe: „Mutter mein,
Trag in den Schatten mich hinein!"
Da konnte er den Amseln lauschen,
Und horchen auf der Blätter Rauschen —
Musik der Wildniß — seltsam' Spiel der Winde —
Sie brachte oft Vergessenheit dem Kinde!

Auf eine Prärie wild und weit
Blickt' er heut voller Herzeleid.
Der Tag war wonnig, der Himmel klar;
O, ein liebliches, sonniges Bild es war!
Um eine Wolke silberblaß
Ein stolzer Aar die Luft durchschnitt,
Und unten auf dem wogenden Gras
Sein dunkler Schatten kreiste mit.
Und drüben aus dem grünen Wald
Der Knaben Ruf und Vogelsang

Jetzt näher, ferner dann erschallt;
Wie das in seinem Ohre klang!
„Du goldne Welt! — Das Licht der Schönheit scheint
Auf Alles — nur auf mich nicht!" — und er weint. —

In dem traulichen, kleinen Bretterhaus
Des Kindes Mutter ging ein und aus,
Und wie denn heiter ihr Gemüth,
Summt sie ein halb vergessen Lied.
Da sieht sie weinen das kranke Kind,
Und tritt zu ihm und fragt geschwind:
„Mein liebes Herz, was weinest Du?
Du und ich sind hier in Ruh';
Sie sammeln Nüsse, mühen sich,
Dumme Buben, für Dich und mich.
Sieh nur, wie der Adler kreist!
Warum Du weinst, Du selbst nicht weißt."
„Mutter mein, ich wünsch', ich wär'
Ein Schiffer auf dem weiten Meer!"
„Ein Schiffer auf dem Meer! — was ficht Dich an!
Was haben nur die Lüfte Dir gethan?"

„Ja, Mutter mein, ich wünsche sehr,
Ich wär' ein Schiffer auf dem Meer!
In der Segel Schatten dann
Wollt ich ziehen Tag für Tag,
Well' hinab und Well' hinan,
Wie ein alter Schiffer sprach.
Käme dann von Zeit zu Zeit
Zu Dir von der Reise weit,
Wo des Herdes Feuer lacht,
Und die Prärie brennt zur Nacht.
Dann erzählt' ich, was ich sah
Auf dem Meere fern und nah" —

„Still! still! — sprich nicht vom wilden Meere so;
Besser zu Haus ein Jäger, frei und froh!"

    Halb lacht, halb weint das kranke Kind,
    Und weiter sprach es so, geschwind:
    „Ich wollt', ich wär' ein Jägersmann,
    Schneller, als der schnelle Hirsch,
    Berg hinab und Berg hinan,
    Unermüdet auf der Birsch
    Im Regen und im Sonnenschein.
    Doch das soll ja nimmer sein!
    Hinterm Haus die Wälder stehn,
    Vorn die Prärie in dem Thal,
    Hab mit Thränen sie gesehn
    Ach, wohl tausendmal.
    Und war doch im Walde nie,
    Spielte nicht auf der Prärie!
O, Mutter mein, ich wünsche doch so sehr,
Ich wär' ein Schiffer auf dem weiten Meer."

    Da hat der Knabe in die Höh'
    So eigen aufgeschaut —
    Dem armen Weib, es that ihm weh —
    Sie ging und weinte laut.
    Daß bitter sei des Kindes Loos,
    Das hatt' sie wohl gewußt,
    Doch daß sein Leid so groß, so groß —
    Durchbohrte ihr die Brust.
    Ach, des geliebten Kindes Schmerz
    Trifft dreifach ja das Mutterherz!
    Hätt' es enthoben ihn der Noth,
    Sie hätte nicht gescheut den Tod.
So hat sie lange — lange noch gesessen:
Das alte Lied — es war wohl ganz vergessen.

Pfiff der Märzwind; Hirsch und Reh
Zogen langsam in dem Schnee;
Der lahme Knabe saß im Flur,
Er sah sie aus der Ferne nur.
„Mutter, Mutter, wird nimmermehr
Die Prärie wogen, wie das Meer?
Begrünen die Wälder sich wieder, und wann?
Und kommt der duftige Sommer dann?
Sie blickt in Schweigen auf ihr Kind;
Die großen Augen noch größer.sind,
Und ach, so hell! — Ihr Aug' ward naß;
Er war so mager jetzt, so blaß! —
Es kam der süße Maienmond und gab
Der Mutter Trost und Blumen für ein Grab.

———

An einen Schwan, der um Mitternacht über das Thal des Huron flog.

Wie still und schön die Nacht! Es ist, als schlief
Natur, die Holde, in dem Brautgemach.
Der Wälder Schatten kränzt den hellen See;
Im Vollmondscheine badet sich ihr Laub;
Ich hör' es, wie der Thau in's Wasser tröpft —
Horch die Musik! Vom steilen Felsgebirg,
Dem fernen Hornruf gleich, so süß und klar,
Ergießt sie durch die stille Wildniß sich.
Ein Schwan — ich kenn' ihn an dem hellen Ton —
Schwingt droben einsam durch die kühle Luft,
Und singt sein Lied in tiefer Mitternacht.

Du schöner Vogel, zu der müden Welt
Kommst wie ein Engel du, süß und allein,
Aus einer Sphäre voller Melodie.
Wo bist du? wo? Am Himmel keinen Punkt,
Von wo dein Sang erschallt, entdeckt mein Aug'.
Und warum diese stille Stunde dein?
Und einzig dein? ich weiß es nicht. Vielleicht,
Wenn Alles, nur das Herz nicht, lautlos schweigt,
Fühlt auch dein Herz des Himmels hehre Pracht,
Und in der heil'gen Höhe singst du dort,
Weil dir ein Flügel ward. Und ist es so —
Wär' ich beschwingt auch, daß ich segeln könnt'
Mit dir, dem Sänger, durch das Aethermeer!

Und wenn du dich erhebst zur höchsten Höh',
Durchschauert dann des Steigens Wollust dich?
Fühlst du dich droben einsam und allein?
O, hätt' dein Ohr ich! Zu vernehmen dann
Musik der Sphären! und zu fühlen dann
Die Harmonie, wenn aus dem Weltenraum
Der Sterne reines Licht herniederglänzt!
Zu lauschen dann den Tönen, dumpf und schwach,
Die von der heil'gen Erde wehn herauf,
Und dich zur Rückkehr rufen, freundlich mild!

Hierher vielleicht den Nacken wendest du,
Und ruhst von deiner langen Reise aus,
Wenn nicht dein helles Bild in dunkler Fluth
Zurück dich schreckt. Einsamer Segler du,
Der du von deiner hohen Warte aus
So manchen See, den Himmel spiegelnd, schaust,
Birg heute Nacht den Lilienbusen hier!
Du hast zum Bad den abgrundtiefen See;
Die Flügel schütteln kannst du an dem Strand;

Dich lockt der wald'gen Insel schatt'ge Bucht
Mit ihren breiten Wasserlilien, wo,
Dem Monde gleichend in der Sterne Heer,
Du unter weh'nden Zweigen rudern magst,
Bis auf dem Wasser es lebendig wird,
Und Flügelrauschen dich zum Aufbruch mahnt.

Wo bist du? fort? Zu lichtern Regionen
Auf deinen eignen Tönen hingehaucht?
Hob eine Welle in dem Ocean
Der Luft auf ihrem stillen Gang von Zon'
Zu Zone schweigend in den Himmel dich?

Es geht ein Rauschen durch die Lüfte — horch!
Der Schwan — wie taktvoll mißt sein Flügelschlag
Das Schweigen! — schwebt vorüber, hoch und still.

Und wieder tönt der klare, helle Ton,
Füllt mit Musik das weite Thalesrund.
Die Wildniß fühlt des Tones Zauberkraft.
Die Hirsche stutzen schnaubend; überm See
Erhebt ein Taucher seine Stimm' und warnt;
Es bellt der Fuchs; — ich fühl den Geisterspuk
Durch jede Ader rieseln. Horch, o horch!
Das sanfte Echo von dem Felsgebirg,
Wie ferner Hörner Antwort, tönt zurück.

Du schöner, stiller Fluß! mit dem Canoe,
Dem einz'gen Fahrzeug, das bis jetzt du sahst,
Wird die Romantik schwinden. Kurze Zeit —
Und keine Stimme weckt die stille Nacht,
Als Hundebellen nur und Glockenton;
Und er, dein Sänger, taucht sein schneeig Kleid
In einsame Gewässer.

Du enteilst?
Erglänzt dir schon von fern der Huronsee? —
Ein Mondenstrahl, der dein Gefieder trifft,
Zeigt dich mir jetzt — ein kleiner, lichter Punkt,
Im bleichen Ost verschwebend.

      Dort! —

Und auf ihr Blumenlager sinkt zurück
Die müde Nacht; es klingt der duft'ge Wald,
Wie von dem Blättervorhang rauscht der Thau.
Der letzte, leise Ton, wie geisterhaft!
Und während ich, vergeblich, lauschend, steh',
Füllt süße Wehmuth mein bewegtes Herz.

Park Benjamin.

Beim Anblick des Bildes einer Dame.

In diesem Auge welche Süßigkeit!
Ein feuchter Schimmer, wie ihn Phantasie
Marieen giebt — so himmelgroß und weit,
   Als säh' es in der Höh' der Engel Schaar;
Als weht' hernieder Sphärenharmonie
   Derselbe Lufthauch, der hier spielt im Haar.
Und, o, die Wang', der Mund, die Stirne klar —
Wie schön, wie schön! — Dies Lächeln, o, wie hold!,
   Wer gäb' dafür nicht alles freudig hin!
Sag', junger Künstler, sag', ob du gewollt,
   Uns rauben die Vernunft, und jeden Sinn
Umstricken mit den Maschen süßer Lust,
Als dies Idol du schufst, dir wohl bewußt:
Nichts lebt, deß Anblick so mit Wonne füllt die Brust!

An meine Schwester.

Du trautes Schwesterlein! ich werde alt,
   Mein Haar ist dünner, und so fröhlich nicht,
   Wie sonst, aus meinen Augen strahlt das Licht,
Ist's gleich, schau' ich auf dich nur, niemals kalt.
Und minder fest die Hand den Griffel hält,
   Um dir zu sagen, wie so warm und rein
   Des Herzens Quell für dich strömt, Schwester mein.

Ich lebte lange in der Menschen Welt,
   Und rang, wie sie, und sah ihr Glück, ihr Leid;
Und fand, wie eitel Macht und Herrlichkeit.
Hintreibend auf der Ehrsucht hoher Fluth,
   Sah kühne Schiffer ich Tag aus, Tag ein
Sich abmüh'n, — sinken dann trotz Kraft und Muth.
   Der Hafen, der mich barg, warst, Theure, du allein!

————

Die Todten.

Die Todten! ach, die Todten!
   In stiller Mitternacht
Durch unsre Träume schweben sie,
   Bis weinend wir erwacht.
Doch wo die Flamme hell bestrahlt
   Des Heerdes trautes Glück,
Die Todten, ach, die Todten
   Sie kehren nie zurück.

Die Guten, Schönen, Braven
   Sie schlafen ohne Traum,
Wo sie so tief gebettet sind
   Im weiten Meeresraum;
Und wo des Winters weißes Kleid
   Der Sturm gedecket hat
Auf ihre engen Kämmerlein
   Dort in der Todten Stadt.

Ich schau' umher und mich gemahnt's
   Wie Einen, der allein
Durch hehre Tempeltrümmer streift
   Im Abendsonnenschein;

Und wenn's in den Cypressen rauscht,
    Dann wein' ich wie ein Kind —
Die Todten, ach, die Todten
    Sie flüstern in dem Wind.

Der Todten Stimme! ach, sie tönt
    Hinein in Lust und Scherz.
Mir ist, als könnt' in Freude glühn
    Nie wieder dieses Herz.
Und als in voller Werdelust
    Die Erde sich verjüngt,
Da weint' ich, daß kein Frühling mir
    Zurück die Todten bringt.

Und wenn ein Aug', das starr wir sahn,
    Im Traum uns lächelnd grüßt,
Und wenn ein Mund, der lange stumm,
    Im Traum uns zärtlich küßt — —
Ich weiß ja, daß sie glücklich sind,
    Erlöst von Gram und Noth —
Doch ach! mein Herz ist tief betrübt,
    Daß all' die Lieben todt.

Der Sturmvogel.

Einen Vogel kenn' ich, er schwebt über's Meer,
Furchtlos und pfeilschnell und stark ist er;
Verläßet nimmer das Wogengebrüll,
Sich auszuruhn an dem Strande still;
Nur wenn sein Weibchen die junge Brut
Vor der Windsbraut schützt in der Klippen Hut.

Sie freun sich des Sturm's, die Vögel der See;
Sie schaukeln sich gern auf der Wellenhöh';
Sie tauchen und flattern im weiten Raum,
Wenn hoch aufspritzt der glitzernde Schaum;
Und wie auch der Wind sich entgegenstemmt,
Kein Wind die Vögel im Fluge hemmt.

Und stets auf dem Meere, fern vom Land,
Wenn der Sturm ausreckt die mächt'ge Hand,
Da sieht der Schiffer im Fluthengebraus,
Wie der Sturmvogel wettert das Wetter aus;
Sein Flügel erlahmt nicht, es kennt seine Brust
Nicht Sehnsucht nach Ruhe, noch Heimathlust.

So, meine Seele, im Sturm der Welt,
Wenn Wuth und Wahnsinn die Wogen schwellt,
Kein sonniger Strahl von dem Himmelslicht
Durch die düster drohenden Wolken bricht —
Wie der Sturmvogel tapfer kämpf' auch du,
Vorwärts und aufwärts ohn' Rast und Ruh!

Richard Henry Stoddard.

Leonatus.

Der schöne Leonatus,
Der Page Imogen's:
Er war geschäftig für und für
Im Dienst der Dame Imogen;
Wenn kaum das Frühroth küßt die Höh'n,
Klopft er an ihre Kammerthür,
Bis ihre Zofe war erwacht;
Und wenn geschmücket Dam' und Magd,
Und beide ihr Gebet gesagt,
(Drei Paternoster oder vier,)
Dann ihn herein die Zofe rief;
Er trat herein, verneigt' sich tief;
Sein erst Geschäft war, Futter streu'n
Der Herrin lieben Vögelein.

Der brave Leonatus,
Der Page Imogen's:
Er macht die Rund' durch den Palast,
Und schaltet hier und waltet dort,
Er nimmt dem Schenk die Schlüssel fort,
Trepp' ab, zum Keller ohne Rast,
Wo aufbewahrt der edle Wein
Aus Ungarn, Welschland und vom Rhein,
Vom allerbesten schenkt er ein;
Trepp' auf, zum Garten voller Hast.

Dort pflückt er von der sonn'gen Wand
Die reiffte Frucht mit kluger Hand;
Und Wein und Frucht auf purem Gold
Bringt er dann feiner Herrin hold.

Der kühne Leonatus,
    Der Page Imogen's:
Er hatt' ein fein arabisch Roß,
    Wenn Herrn und Damen nun in Pracht
    Auszogen auf die Falkenjagd,
Am frühen Tag aus hohem Schloß,
    Und Imogen war mit im Zug,
    Dann höher ihm das Herze schlug;
    Den Falken auf der Fauft er trug;
(Das neidet ihm der ganze Troß)
    Und wenn der Herrin es gefiel,
    Ließ steigen er fein Federspiel,
    Und jagt' an ihrer Seite dann,
    Der kühnste Reiter auf dem Plan.

Der eigne Leonatus,
    Der Page Imogen's:
Es ward die Zeit ihm nimmer lang,
    Wenn er bei feiner Dame war.
    Es weht der Wind fein golden Haar
Ihm über Stirn und Aug' und Wang'.
    Er steht bei ihr, er regt sich nicht;
    Ihm ist ihr holdes Angesicht
    So wunderliebliches Gedicht,
Wie es nur je ein Dichter sang.
    Doch wenn sie sprach, so schreckt er auf,
    Es strömt fein Blut in schnellerm Lauf;
    Und was sie fagt in Ernst und Scherz —
    Ein jedes Wort bewegt fein Herz.

Der kranke Leonatus,
   Der Page Imogen's:
Er ist um alle Freud' gebracht,
   Sein Herz ist schwer und trüb sein Sinn,
   Er wünscht am Tag, der Tag wär' hin,
Zur Nacht: wär' doch vorbei die Nacht!
   Er stiehlt sich aus der Menge fort,
   Und geht und sucht den stillsten Ort,
   Und sinnt und träumt und weinet dort;
Hat auf die Stunde nimmer Acht.
   Er härmt und quält sich fast zu Tod,
   Erloschen war der Wangen Roth,
   Voll Thränen stand das Auge blau,
   Wie an dem Veilchen hängt der Thau.

Der scheue Leonatus,
   Der Page Imogen's:
„Was fehlt ihm nur?" die Herrin sprach;
   „Nichts," stammelt er, und seufzt dabei;
   Sie sinnt vergeblich, was es sei,
Es hält sie manche Stunde wach.
   Wär's Liebe? Ihre Magd war schön;
   Das konnt' auch Leonatus sehn;
   Voll Eifersucht forscht Imogen —
Umsonst ihr Spähen Tag für Tag.
   Da endlich wurde sie gewahr,
   Wie lieb ihr selbst der Knabe war;
   Wie sie gepflegt sein theures Bild,
   Bis es ihr ganzes Herz erfüllt.

Der theure Leonatus,
   Der Page Imogen's:
Sie liebt, doch sagt es nur ihr Blick.
   Sie fühlet, war er ausgesandt,

Ein Sehnen, wie sie's nie gekannt;
Und kehrt er heim — welch' süßes Glück!
Sie rief am Tag ihn zwanzigmal;
Warum? es blieb ihr keine Wahl;
Und ging er wieder aus dem Saal,
Rief sie am liebsten ihn zurück.
Und manchmal that sie stolz und kalt,
Und faßt' sich dann ein Herz und schalt;
Und wieder, sah sie traurig ihn,
Bat sie's ihm ab, fast auf den Knien.

Der kund'ge Leonatus,
Der Page Jmogen's:
Es kränkt sie, daß er nichts gestand,
Und seine Liebe ihr verhehlt,
War's wirklich Liebe, was ihn quält,
(Doch Weiberlist ist allbekannt.)
„O, schreib' mir, Leon, nur zum Scherz,
Ein Brieflein für ein Mädchenherz,
Voll Liebeslust und Liebesschmerz!"
Es nahm der Knab' mit scheuer Hand
Die Feder und schrieb tief gerührt,
Was ihm das eigne Herz dictirt.
Sie faltet sorgsam dann das Blatt,
Und schrieb darauf: „An Leonat."

Der sel'ge Leonatus,
Der Page Jmogen's:
Vorüber nun das Herzeleid!
Sie wurde seine süße Braut;
Bis sie der Priester hat getraut;
Das war ein Jubel weit und breit.
Und er die Welt umher vergaß,
Wenn er zu ihren Füßen saß,

Und mit bewegter Stimme las
Die schönsten Lieder jener Zeit.
Er schaut in ihre Augen licht,
Sie beugt herab das Angesicht,
Und küßt den heißgeliebten Mann;
Und wie im Traume sprach er dann:
Glücksel'ger Leonatus,
Gebieter Imogen's!

Der Schatten der Hand.

Reizend waret Ihr, Madame,
   In des Saales Kerzenschein,
Machtet Eure Buhlen trunken,
   Wenngleich nicht mit Eurem Wein.
Schranzen waren da die Menge,
   Prinzen gar aus Eurem Land,
Wären gleich für Euch gestorben,
   Als sie küßten Eure Hand —
Sahen nicht darauf den Flecken,
   Es war solche weiße Hand!

Aber ich — ich kannt' Euch besser,
   Als Ihr prunktet in der Schaar,
Dacht' ich an den stillen Todten
   Mit dem Blut im weißen Haar.
Bittend noch für Euch, Madame,
   Er vor Gottes Throne stand,
Doch das Schuldbuch war verdunkelt
   Durch den Schatten einer Hand!
Und sie schrieb: Du bist gerichtet
   Durch den Schatten Deiner Hand!

Bayard Taylor.

„Heul' Herbsteswind.“

Heul' Herbsteswind durch Flur und Wald!
Ihr kalten Tropfen, fallt und fallt!
Und klagt und seufzt und stöhnt euch satt!
Reißt von dem Zweig das letzte Blatt!
Fühllos, wie jener kahle Baum,
Empfind' ich euer Toben kaum.

Du wilder Wind — verschon' mich nicht!
Peitsch' Regen in mein heiß' Gesicht!
O, und auch mir die Kunde sagt,
Die ihr in banger Schwermuth klagt
Dem Knaben, der auf ödem Moor
Den Weg zum Vaterhaus verlor!

O, ströme Regen, heule Wind!
Die stürm'schen Thränen eitel sind,
Weint ihr sie für die Maid, die nun
So bald, so bald im Grab' wird ruhn.
Des Himmels Aug' verdunkelt sich,
Eh' ihr genug geweint für mich.

Der Dichter im Orient.

Der Dichter kam zu des Ostens Land,
　　In der Frühlingslüfte Wehn;
Es prangte die Erde wie eine Braut,
　　So jung schien sie, und schön;
Und der Dichter kannte des Ostens Land,
　　Er hatt's im Traum gesehn.

Ja, Alles, wie's da ging und stand,
　　Er sah's im Traum einmal;
Er sah's als Fata Morgana
　　Im Mississippithal
Er sah's im Abendwolkengold
　　Beim letzten Sonnenstrahl.

Er blickte auf zum ew'gen Blau,
　　Und trank den Sonnenschein;
Er trank die würzige Gartenluft,
　　Voll süßer Specerei'n;
Prinzessin Palme ihm Schwester ward,
　　Denn er lebt gern zu zwei'n.

Und als er schritt an den Hügeln hin
　　Durch bunter Blumen Pracht,
Da hat ein weißer Lilienflor
　　Ihm Reverenz gemacht;
Weit über's Feld ein Freudenfeu'r
　　Der Purpur=Mohn entfacht.

In der Sonne halb, im Schatten halb
　　Eine rothe Rose stund;
Daß sie voll Sehnsucht sein geharrt,
　　That sie ihm leise kund;
Es küßte wie einer lieben Braut,
　　Der Dichter ihren Mund.

Eine Nachtigall sang ob seinem Haupt
  In dem Citronenbaum:
Ich wecke dich, Sängerbruder, nicht
  Aus deinem schönen Traum;
Im Herzen der Rose, die du geküßt,
  Ist auch für mich noch Raum.

Und weiter sang die Nachtigall:
  Eh' noch die Sonne sinkt,
Aus dem umrankten Fensterlein
  Dir Flötenton erklingt,
Und ein dunkelleuchtendes Augenpaar
  Dem fremden Sänger winkt.

Der Sänger sprach: Hier bleib' ich gern;
  Bin hier der Sonne nah;
Hier ist, was Dichtermund erzählt
  Vom Land Arkadia;
Hier glänzen Himmel, Erd' und Meer,
  Wie ich's im Traume sah.

Charmian.

Der Sonne Tochter, Du!
  Wer gab die Schlüssel dir der Leidenschaft?
Wer lehrte dich die Zauberkraft,
  Die meiner Seele raubt die Ruh?
Umsonst, daß ich mich stolz emporgerafft —
  Mein ganzes Wesen strömt dir zu.
Und in den schönen Augen dein,
D'rin schläft Aegyptens Sonnenschein —

Der Schlaf des Blitzes, der verborgen droht,
Und dann herniederflammet sichern Tod —
   Muß ich dieselbe Regung schauen,
Die nie ich kannte, eh' ich dich erblickt;
   Dieselbe Macht, die uns entzückt,
Und doch erfüllt mit ahnungsvollem Grauen.

Du thronst in stolzer Lässigkeit,
   Wie eine Gottheit, blickend erdenwärts,
Der Liebeslust und Liebesleid
   Nicht regen kann das große Herz:
Die schwarzen Augen leuchten; weich
   Beschatten sie die Lider; bleich,
Olivenfarb' das Angesicht.
   Der vollen, stummen Lippen Pracht
Wie reich, wie anmuthhauchend; licht
   Das dunkle Antlitz aus der Locken Nacht.
Nicht von der Stirn der hehren Athor glänzt
Die Tropennacht so weich, so mohnbekränzt,
Nicht von der Isis Götterlippen weht
Die Himmelsruh' so süß, so stet.
Du bist die Gottheit selbst der Liebesgluth,
Die in der Macht Bewußtsein selig ruht:
   O, wen dein leuchtend Auge traf,
Ihm wallt zum Herzen das empörte Blut;
   Gebrochen ist sein freier Muth;
Du weißt es wohl, er ist dein Sclav'.

Du Zauberin! dein Blick enthüllt
   Das dunkelste Geheimniß unserm Herzen:
Nur Ahnung sagt uns, wie erfüllt
   Es ist von wilder Lust und sel'gen Schmerzen.
Die Augen dein sind Fackeln, angezündet
   In eines Tempels unterird'scher Nacht,

Ihr düstres Lodern wunderbar verkündet
   Des stolzen Baues märchenhafte Pracht.
Die Fackeln glüh'n; mit bangem Zaudern
   Schreit ich die vielverschlungene Bahn;
Und jetzt mit wonnevollem Schaudern
   Darf ich dem Heiligsten mich nah'n —
Ein gottheitstrunkner Neophyt,
Der sich am Ziele seiner Wünsche sieht. —
   O, meine Wangen decket Schamesgluth,
Muß sich mein Geist den tiefen Fall gestehn,
   Muß er die stolze Tugend wanken sehn,
Ein schwankes Rohr in des Orkanes Wuth.

Doch sieh! da dämmert auf, gleich einem Sterne,
   In meiner Seele, mild und engelhaft,
Das Bild der lieben Todten — in der Ferne
   Grollt kaum das Wetter noch der Leidenschaft.
O, ziele immer nur nach meinem Herzen
   Mit deinem Flammenaug', der Sonne Kind!
Es kennt die Seele süße, heil'ge Schmerzen,
   Die mächtiger, als deine Zauber sind.
Nein! zürn' nicht, Athor, aus dem myst'schen Schrein!
   Du mächt'ge Göttin, wähntest du, ich sei
Der Sclaven einer, die du nennest dein?
   Mit meiner Manneskraft brech' ich entzwei
Der Wollust Schlangenkette — ich bin frei!

Kubleh.

(Eine Geschichte aus der assyrischen Wüste.)

Die dunkeläug'gen Wüstenkinder trieben
Zusammen ihre Heerden für die Nacht.
Die Zelte wurden abgesteckt; es bogen
Die müden Dromedare ihre Hälse;
Demüthig bittend knieten sie im Sand.
Die Jäger theilten bei dem Lagerfeuer
Die Beute von der Jagd am Tigrisufer;
Und all' der bunte Lärm des Abends tönte
Im Schammarlager rings. Die kühle Luft
Flog auf den weichen, thaugetränkten Schwingen
Durch's blühende Gefilde; und wie nun
Der Schnee der Kurden-Berge in dem Strahl
Der Sonne rosig glühte, hob sich ab
Vom saffranfarb'nen Westen, breit und schwarz
Der alte Hügel Nimrods; dunkler wurden
Die blauen Schatten und die Sterne kamen,
Im Purpur-Aether schimmernd. Allgemach
Entflammten rings die rothen Lagerfeuer.
Die dämm'rigen Gestalten schlanker Pferde
Und bärt'ger Reiter huschten an den Zelten
Vorbei mit wirren Schrei'n und hast'gen Rufen
Und ungeduld'gem Wiehern. Kinder rannten,
Den Zaum zu halten, während jeder Reiter
Die Lanze in die Erde trieb, sein Roß
Vor seiner Thür zu fesseln. In der Mitte
Stand Schammeriyah — frei von jedem Band —
Das Füll'n der stolzen Kubleh, und dem Scheikh
Viel theurer, als die schönste Odaliske.

Doch, als das Mahl beendigt, heller strahlten
Die Feuer und das Hundebellen schwieg:
Als Schammarjäger mit den Knaben saßen,
Die Waffen reinigend — kam Alimar,
Des Stammes Dichter, dessen Liebeslieder
Noch süßer, als Bassora's Nachtigallen —
Deß Kampfgesänge schon den Wüstenkindern
Ein halber Kampf — wer kennt nicht Alimar?
Die Männer baten: „Dichter, sing' von Kubleh!"
Und Knaben legten hin die Messer, baten:
„Sing' uns von Kubleh, die wir niemals sah'n,
Der schönen Kubleh!" Und sie drängten sich
Mit glüh'nden Augen um das Lagerfeuer,
Als Alimar, im Angesicht der Sterne
Jetzt sang den Wüstenkindern:
                                „Gott ist groß!
O, Araber, seitdem Mohamed ritt
Auf Yemens Sande und vor Mecca's Thor
Das Flügelroß bestieg, deß Flammenmähne
Zur Sonne aufschlug, als auf Allahs Ruf
Es den Propheten trug zum hohen Himmel,
War kein's gleich Kubleh, Sofuks stolzem Roß —
Nicht die milchweißen Hengste, deren Huf
Das Feuer schlug aus Bagdads Marmorställen,
Die durch den schimmernden Bazar stolzirten,
Am Purpurzaum, gelenkt von Raschids Hand;
Noch jenes Streitroß von Mongol'scher Zucht,
Das durch die halbe Welt trug Tamerlan;
Noch jene flücht'gen Renner, die vor Zeiten
Aus Ormuz brachten schwarze Indier
Zu Persiens Kön'gen — Füllen heil'ger Stuten,
Die sich vermählt den stolzen Wellenrossen!
    „Wer nannte je im ganzen Wüstenland
Die vielen Thaten Kublehs? wer erzählte,

Woher sie kam! wer ihre Ahnen waren?
O, Araber, ein Märchen Scherezade's,
Gehört im Lager, wenn die Lanzenschäfte
Ihr prüft am Abend einer heißen Schlacht,
Ist die Geschichte unsrer schönen Kubleh.
  „Fern in des Südens Wüste, sagt man sich,
Fand Sofuk sie bei einer hohen Palme.
Es war versiegt der Quell; ihr rastlos Auge
Geröthet, hohl; die schlanken, jungen Glieder
Vom Durst erschlafft. Er hemmte sein Kameel;
Und als es kniete, band er ab den Schlauch;
Und da das Füll'n getrunken, folgt es ihm.
Deshalb durft' Sofuk nur den Sattel gürten
Um ihren Leib, und mit dem Kopfputz schmücken
Ihr glänzend' Haupt, das kein Gebiß ertrug,
Selbst nicht von ihm; sie war so stolz wie er.
  „Ihr Wuchs war schlanker in der leichten Anmuth,
Wie einer Bajadere, wenn der Tanz
Den Gürtel lockert, und die weißen Knöchel
Hell schimmern aus dem fließenden Gewand;
Stets hob sie hoch den feinen, freien Kopf;
Das Stirnhaar wehte zwischen ihren Ohren,
Den dünnen, hell=durchsicht'gen, seidenweich;
Der Nüstern Bogen, rund und weit gezogen,
Sog ein den Wüstenwind; ihr schöner Hals,
Gekrümmt zur Schulter, wie des Adlers Flügel;
Die wunderbaren Linien ihrer Flanken
Und Glieder wie geformt aus weicher Luft
Von Geisterhänden. Wenn der Schlachtruf tönte
Von Zelt zu Zelt, erglänzten ihre Augen
Blutroth, wie ein Rubin — ihr helles Wiehern
Klang wilder, schärfer, als der Speere Klirr'n.
  „Der Tigris und die Wüste kannten sie;
Trug sie nicht Sofuk vor den Schammarkriegern

Zum Kampfe mit den Gebern, die nicht harrten,
Willkommen ihr zu bieten? Sah der Kurde,
Als wir den frechen Eindringling verjagten,
Nicht ihre Huffpur in der Berge Schnee?
Leicht wie die dunkeläugige Gazelle
Auf steilen Klippen, über jähe Schlünde
Auf Sindjars Hügeln überholte sie
Den wilden Esel in der tollsten Flucht.
Durch manches Kampfgetümmel stürmte sie,
Rauchend von Schweiß und Staub, und fesseltief
Im dicken Blute. Wenn der Feuernebel
Die Sonne roth verhüllte, jagte sie
Her vor der Trombe, bis im Sturm die Mähne
Sich wirbelnd drehte, während die Kameele
Stöhnend und hilflos auf dem Sande lagen.

„Der Taurus und Cirkassien kannten sie;
Georgiens Fürsten hörten ihr Gewieher
Vor Tiflis Wällen. Auf dem Kaukasus,
Dem alten, schirmten sie die hohen Cedern,
Als sie mit Sofuk schlief in ihrem Dunkel.
Die Woge Trebizonds umspülte sie,
Als sie vom Ufer sah das weiße Segel,
Das heim ihn trug von Stambul. Nie,
O Araber, gab es der Kubleh Gleichen.

„Und Sofuk liebte sie; sie war ihm mehr,
Als alle seine üpp'gen Odalisken.
Vor seinem Zelte stand sie lange Jahre,
Der Stolz des Stammes. — Endlich starb auch sie, —
Starb, als das Feuer noch in allen Gliedern —
Starb für das Leben Sofuks, den sie liebte.
Die falschen Gebern — Allahs Fluch auf sie! —
Verlegten einst den Pfad ihm, fern vom Lager,
Und hätten ihn getödtet, wär' nicht Kubleh
Gesprungen gegen ihre Lanzen; weg sie stoßend,

Gewann die offne Wüste sie. Verwundet,
Trieb sie sich selbst zu sinnverwirr'nder Hast,
Den Wind zur Schnecke machend. Fort und fort
Glitt unter ihr der rothe Sand dahin,
Und hinter ihr zog eine Säule Staubes,
Wie wenn ein Stern von Eblis, abgeschleudert
Von Allahs Hand, fegt mit dem Flammenhaar
Des Dunkels Oede. Fort und fort erhoben
Die nackten Hügel sich; sie kamen — schwanden;
Es färbte jeder flücht'ge Sprung die Nüstern
Mit frischem Blut, bis Brust und Stirne Sofuks
Benetzt mit rothem Schaum. Den Schatz zu retten,
Wär' gern er umgekehrt zum sichern Tod;
Doch Kubleh riß den Zügel wild entzwei.
Zuletzt, als durch den abgehetzten Körper
Die scharfen Schmerzen zuckten — sieh! da zeigten
Sich unsre Zelte, und mit einem Wiehern,
Deß jauchzend Uebermaß von Lust die Todesqual
Besiegte, hielt sie an und fiel.
Die Schammarmänner kamen, als sie lag,
Und Sofuk hob ihr Haupt und hielt es fest
An seiner Brust. Ihr trüb', verglastes Auge
Traf sein's — sie zuckte einmal noch — und starb.
Da, wie ein Kind, brach Sofuk aus in Thränen,
In glühend heiße Thränen; mit ihm weinte
Der ganze Stamm.

     Sie gruben ihr das Grab
An Nimrods Wall, wo sie begraben liegt
Bei alten Helden; und seit jener Zeit
Sah niemals man, und wird auch niemals sehen,
O Araber, und stünd' so viele Monde
Die Welt, als Körner zählt der Wüstensand,
Der schönen Kubleh Gleichen. Gott ist groß!"

Orientalisches Traumleben.

Ein Silberspeer, den jäh entsandt
    Die Hügel in das Thalrevier,
So stürmt hinab in's eb'ne Land
    Der Bäche schnellster unter mir.

Ich hör' es, wie er singend hüpft
    Von Fels zu Fels aus stolzer Höh;
O selig, wer so lauscht, und trinkt
    Sorbet, gekühlt in Bergesschnee!

Es glänzt, wie Sternenschimmer, klar
    Die Sonne durch den Blätterflor,
Vom fernen, schattigen Bazar
    Dringt kaum ein Laut zu mir empor.

Kein banger Traum von Sorg und Leid
    Trübt meines Himmels tiefes Blau;
Mein Blut stimmt mit dem Morgen heut,
    Es trank mein Herz den kühlen Thau.

Was Unglück sei, ich weiß es kaum,
    Was Freude sein mag, ahn' ich hier;
Wie eine Perl' im Wellenschaum,
    So schläft mein sel'ger Geist in mir.

Und auf Damaskus bunte Welt
    Blick' ich hinab so froh gesinnt,
Wie wenn in müß'gen Händen hält
    Sein buntes Bilderbuch ein Kind.

O, sag' mir keiner, wer ich bin!
  Was war, mein träumend Hirn vergaß:
Vergilbte Blätter — weht dahin!
  Genug, daß ich euch einmal las!

Und Alles, was mein Sinn noch fühlt,
  Ist, daß ich nie so glücklich war;
Doch, ob der Wind mit Ranken spielt,
  Ob, was da weht, mein eigen Haar —

Versunken in das sel'ge All,
  Weiß ich mir Brüder, Fels und Baum —
Bin ich ein Mensch? eine Ros' im Thal?
  O, weckt mich nicht aus meinem Traum!

Die Erscheinung.

Und wieder sitz' ich in dem Hause,
  Das mir so wohl bekannt;
Die Schatten und die Sonnenlichter,
  Sie spielen an der Wand.

Doch der wilde Wein ist hoch geklettert,
  Seitdem ich draußen war;
Und die Trauerweide senkt jetzt tiefer
  Ihr langes, grünes Haar.

Sie schließen noch aus dem Gemache
  Die Sonne gänzlich aus,
Und füll'n mit Dunkel und mit Schweigen
  Das einst so frohe Haus.

Und manch' vertrautes, liebes Antlitz
　　Sich in der Thüre zeigt;
Bekannte Stimmen mahnen schmerzlich
　　An eine, die nun schweigt.

Das Lied, dem sie so gerne lauschte,
　　Es klingt, wie damals, froh;
Die Mädchen flechten Rosenkränze —
　　Sie liebte die Rosen so!

Ihr leiser, rascher Schritt im Gange,
　　Ihr holdes Zaudern in der Thür,
Ihr schüchtern, mädchenhaft Willkommen —
　　Wie unvergeßlich mir!

Und nicht gedenkend meines Kummers,
　　Und daß zerstört mein Glück,
Mein' ich, sie hat dich kaum verlassen,
　　Und kommt wohl bald zurück.

Sie steht wohl draußen nur ein Weilchen,
　　Und glättet rasch das dunkle Haar,
Ist das nicht ihres Kleides Rauschen?
　　Und ihre Stimme, süß und klar?

O bebend' Herz, daß nur kein Lauscher
　　In dein Geheimniß dringt,
Welch' Uebermaß von Glück und Wonne
　　Dir stets ihr Kommen bringt!

Sie weilet lang' — doch horch! ein Flüstern
　　Ganz nah' der offnen Thür;
Und durch die sonn'ge Stille gleitet
　　Ein Schatten her zu mir.

Ach! nur das Säuseln war's der Weide!
Ach! nur der Rebe Schattenbild!
Und mein armes Herz muß fürder harren,
Und mein Gram ist nicht gestillt.

Doch mein Herz ist krank vom langen Harren,
Vom Harren spät und früh —
Ihr Fuß ist immer auf der Schwelle,
Doch drüber kommt er nie.

William D. Gallacher.

Ein Finsterling.

Die Eul', ihr geht es wohl
　　In der Nacht, so schwarz und dicht;
Weiß nicht, was es heißen soll,
　　Daß der Adler liebt das Licht.

Sie kommt herbeigeschwingt
　　Aus des alten Forstes Hut,
Wenn das Licht der Sterne blinkt —
　　Das Dunkel giebt ihr Muth.

Sie schwebt so leis und sacht
　　Auf der mitternächt'gen Rund',
Kein schlafend' Ding erwacht,
　　Das sie trifft zu dieser Stund'.

Der Mond vom Hügel schaut,
　　Und er lugt in's Thal hinein;
Und der Hahn — er krähet laut,
　　Glaubt, es sei der Morgenschein.

Doch der Mond — sie kennet lang'
　　Sein alt' vertraut' Gesicht;
Und der Hahn — es wird mir bang'
　　Für den armen, lauten Wicht.

Wie der Engel des Todes, leis'
   In die Luft ihr Flügel schlägt;
Die alte Henne nicht weiß,
   Daß sie fort ihr Küchlein trägt.

O, das Dunkel ihr Speise giebt,
   Ihr ist es heller Tag;
Daß es der Aar nicht liebt,
   Was fragt die Eul' darnach!

Ihm danket sie Haus und Kleid,
   Es schafft ihr, was sie braucht;
Und sie liebt die Dunkelheit,
   Die für den Aar nicht taugt.

Doch der Morgen steigt empor,
   Und die Schatten werden lang,
Und der Eul', so kühn zuvor,
   Wird auf einmal seltsam bang.

Nun vorbei der Eule Glück;
   Diesem Licht ein Andrer trau'!
Und so eilt sie denn zurück
   Zu dem Forst, so alt und grau.

Ist sie es nun gleich gewohnt,
   Kann sie's dennoch nicht verstehn,
Daß die Sonne nach dem Mond
   Sollte auf am Himmel gehn.

Daß die alte, stille Nacht,
   Und das Dunkel, tief und dicht,
Um die Herrschaft ward gebracht
   Von dem unverschämten Licht.

Und sie kreischet laut und schrill;
   Doch der Aar begrüßt den Tag —
Und was Licht und Wahrheit will,
   Folgt dem kühnen Adler nach.

Es sind nun funfzig Jahr'.

Ein Lied für das grüne Waldeshaus,
   Dort hinten fern im West,
Deß fröhliches Angedenken nie
   Das alte Herz verläßt;
Ein Lied für das Leben frisch und frei,
   Da uns gehörte die Welt,
Und die Sonne uns freundlich angelacht
   Aus dem blauen Himmelszelt!
O, die Wellen des Lebens tanzten froh
   Und waren frisch und klar,
In der Zeit, als wir noch Pionier',
   Es sind nun funfzig Jahr'!

Der Ritt, die Jagd — die lust'ge Jagd
   Auf Elenn und auf Hirsch;
Das frohe Mahl, wenn wir zurück
   Dann kamen von der Birsch;
Der süße Schlaf um Mitternacht,
   Wann hell die Flamme sprüht,
Und Wolfsgebell und Pantherschrei
   Der Müden Schlummerlied.
O, köstlich war die Zeit, wie nah'
   Auch oft der Feinde Schaar,
In der Zeit, als wir noch Pionier',
   Es sind nun funfzig Jahr'!

Wir schafften rüstig spät und früh,
   Und Muth die Welt gewinnt;
Und segnen wird für unser Werk
   Uns Kind und Kindeskind.
Ansiedler waren wir, fürwahr,
   Einsiedler deshalb nicht:
Es ward geliebt, es ward gefreit
   In Ehren, recht und schlicht.
Wie floß dahin der Lebensstrom,
   So voll, so tief, so klar,
In der Zeit, als wir noch Pionier',
   Es sind nun funfzig Jahr'!

Wir standen all' für einen Mann,
   Hier in dem fremden Land,
Wir wußten, daß uns retten konnt'
   Nur Gottes starke Hand.
Und wenn der heil'ge Sabbath kam,
   Ist manches Lied erschallt
Zu Gott, dem ewig guten Gott
   Im frischen, grünen Wald.
Der blaue Himmel über uns
   Der einz'ge Tempel war
In der Zeit, als wir noch Pionier',
   Es sind nun funfzig Jahr'!

Das Waldesleben war kein Spiel,
   Gefahren rings herum;
Doch fanden wir im stillen Forst
   Der Freiheit Heiligthum.
Wohl gingen durch die Bretterwand
   Die Winde ein und aus;
Was that es uns? wir wußten doch:
   Es ist dein eigen Haus!

Das Leben war des Lebens werth,
　　Trotz Noth und trotz Gefahr,
In der Zeit, als wir noch Pionier',
　　Es sind nun funfzig Jahr'!

Nun geht zu End' der Lebenslauf,
　　Und wie von Tag zu Tag
Wir weiter schreiten, müd' und matt
　　Und matter allgemach —
Ein ander, schöner, besser Land,
　　Es dämmert nun heran;
Bald siedeln wir im bessern Land
　　Uns fröhlich wieder an.
Doch gern zurück auch blicken wir,
　　Ist schneeweiß gleich das Haar,
Auf die Zeit, als wir noch Pionier',
　　Es sind nun funfzig Jahr'!

Ralph Hoyt.

Alt.

An dem Weg, auf einem moos'gen Stein
   Saß ein müder Pilger, alt, ergrauet:
Oft sah dort ich sitzen ihn allein,
   In das Land wie in ein Buch er schauet;
     Alt, allein —
An dem Weg', auf einem moos'gen Stein.

Breitbekrämpter Hut und Schnallenschuh',
   Rock, daran die Silberknöpfe blitzen,
Steife Binde, und ein Zopf dazu,
   Eichenstock, die welke Hand zu stützen,
     Saß in Ruh';
Breitbekrämpter Hut und Schnallenschuh'!

Schien ein Jammer, daß er dorten saß,
   Keiner, ihn zu schirmen und zu lieben,
Für sein alt' Gesicht, so mild und blaß,
   D'rin der Gram so leserlich geschrieben;
     Alt und blaß —
Schien ein Jammer, daß er dorten saß.

'S ging zur Schule — war im Monat Mai:
   Bauernkinder — Brüder so, wie Schwestern;
Spielten lieber „letztes Paar herbei!"
   Ach, ich weiß es noch, als wär' es gestern!
     „Eins, zwei drei!"
'S ging zur Schule — war im Monat Mai.

Als den grauen Fremden wir erblickt,
  Fort sogleich die Meisten laufen wollten,
Als er freundlich dann uns zugenickt,
  Standen wir — und unsre Thränen rollten —
    Wie verzückt,
Als den grauen Fremden wir erblickt.

Und das Schweigen brach ein Stimmlein hell —
  Ach, für mich das Kind ein Engel war!
Und sie bat ihn: „all' dein Leid erzähl'!"
  (Ich war dreizehn, sie im elften Jahr.)
    Isabel!
Und das Schweigen brach ein Stimmlein hell.

Engel, sprach er traurig, ich bin alt,
  (Und sein Blick verrieth so tiefen Kummer)
Spielt ihr lieber doch in Wies und Wald,
  Mich deckt wohl nun bald der ew'ge Schlummer,
    Wär's nur bald!
Engel, sprach er traurig, ich bin alt.

Kam hierher, zu schauen niederwärts
  Auf das Thal, wo ich so schöne Stunden
Hab' verbracht mit immer frohem Herz,
  Eh' des Lebens Freude mir entschwunden,
    Lust und Scherz;
Kam hierher, zu schauen niederwärts.

Altes Schulhaus! — ist verändert nicht!
  Durch die Thür, wie oft bin ich geschritten!
Und das Fenster mit dem fahlen Licht!
  Hab' den morschen Rahmen arg beschnitten,
    Kleiner Wicht!
Altes Schulhaus! ist verändert nicht!

In der Hütte kam ich auf die Welt,
  Die da drüben aus dem Busche lauschet;
Dort der Garten, Hof und Wies' und Feld,
  Dort die Quelle, die so fröhlich rauschet;
     Fröhlich, gelt;
In der Hütte kam ich auf die Welt.

Dort der Anger, wo wir froh gespielt,
  Ich und meine guten Schulgenossen;
Keiner hat die Flucht der Zeit gefühlt,
  Kaum, daß unser Feuer Schnee und Schloſſen
     Abgekühlt.
Dort der Anger, wo wir froh gespielt.

Dort der alte Zaun von Hagedorn
  Um das Weideland für unsre Kühe;
Stellte schlau den Wachteln nach im Korn;
  Fand oft leer die Sprenkeln in der Frühe,
     Kind'scher Zorn!
Dort der alte Zaun von Hagedorn.

Dort die Mühle; — ihre Flügel stehn;
  Teich und Bächlein noch wie damals fließen;
Jene Hütte, wo die Erlen stehn,
  Sah die Blume meines Herzens sprießen:
     Mary Jane!
Dort die Mühle; — ihre Flügel stehn.

Blaue Aeuglein, Wangen rosenroth!
  Seht ihr dort den Baum mit braunem Moose?
Dort im Sommer, nach dem Abendbrod,
  Saßen wir im traulichen Gekose:
     Sie ist todt!
Blaue Aeuglein, Wangen rosenroth!

Weißer Kirchthurm in des Aethers Blau,
    Schweigsam deutend unsers Seins Geschichte,
Deutet mir, so oft ich auf ihn schau',
    Nach den Lieben, die im ew'gen Lichte. —
        Himmelsau'!
Weißer Kirchthurm in des Aethers Blau.

In der Kirche süßem Dämmerschein
    Beteten wir mit der Mütter bester,
Ach, sie starb, ich war noch gar zu klein —
    Und ihr folgten Vater, Mutter, Schwester;
        Blieb allein
In der Kirche süßem Dämmerschein.

Lernte dort in Zucht und Frömmigkeit
    Weise Lehren. Nun wohl nimmer wieder
Hör' ich Stimmen so voll Süßigkeit
    Singen jene alten, frommen Lieder.
        Sel'ge Zeit!
Lernte dort in Zucht und Frömmigkeit.

Dort gab Mary mir die reine Hand;
    O, wie glücklich lebten so wir Beide!
Als sie schwebte zu der Geister Land —
    Dorten schläft sie unter jener Weide —
        Brach das Band.
Dort gab Mary mir die reine Hand.

Kam hierher in schwerem Herzeleid,
    An dem Grab zu träumen von den Stunden
Meiner lieben, frohen Jugendzeit,
    Eh' des Lebens Freude mir entschwunden
        Weit, so weit!
Kam hierher in schwerem Herzeleid.

Engel, sprach er traurig, ich bin alt;
  (Ach, sein Blick verrieth so tiefen Kummer!)
Spielt ihr fröhlich nun durch Flur und Wald,
  Mich wohl decket bald der ew'ge Schlummer,
      Bald, ja bald!
Engel, sprach er traurig, ich bin alt.

An dem Weg, auf einem moof'gen Stein,
  Saß der müde Pilger, alt, ergrauet,
Sah' ihn lang noch sitzen dort allein,
  In das Land wie in ein Buch er schauet,
      Arm, allein,
An dem Weg, auf einem moof'gen Stein.

Ralph Waldo Emerson.

Gebet.

Gieb, daß ich die Wahrheit schau',
Deren breite Blätter und Ranken sich ziehn
An den Hügeln unter dem Himmel hin,
Genährt von ewigem Thau!
Wein des Weins,
Blut der Welt,
Form der Formen, Natur der Naturen,
Daß ich, verzückt,
Und durch den Trank mir selbst entrückt,
Kann wandeln auf allen Gottesspuren,
Die Vogelsprache kann verstehn,
Und was die Rose sagt so schön.

Apologie.

Nennt mich mürrisch nicht und kalt,
   Such' ich gern den stillsten Ort,
Geh' zum Gott im grünen Wald,
   Und ich bring' euch heim sein Wort.

Scheltet nicht, daß ich in Schooß
   Leg' die Händ' in Wald und Bruch,
Keine Wolke am Himmel floß,
   Schrieb ein Zeichen in mein Buch.

Träumer habt ihr mich genannt,
　　Als ich Blumen euch gebracht;
Jede Aster in der Hand
　　Hat ein Wörtlein mir gesagt.

War noch niemals ein Myster' —
　　Jede Blume konnt' es zeigen,
Und kein Räthsel war so schwer —
　　Vögel sangen's in den Zweigen.

Ein Gedicht vom Weizenfeld
　　Zog mir gestern heim der Stier:
Und das Land, das du bestellt,
　　Gab den Stoff zum zweiten mir.

———

Rhodora.

Im Mai, wenn rauh bei uns die Stürme ziehn,
Sah ich im Walde die Rhodora blühn —
Wo kaum in feuchten Winkel schien der Tag, —
Der Oede blühte sie, dem trüben Bach.
Die Purpurfäden hingen in dem Pfuhle;
　　Welch' heitern Anstrich das dem Wasser gab!
Selbst Raphael würd' schätzen solche Schule.
　　Das hübsche Bild zog mich vom Wege ab.
Rhodora, wenn die Weisen dich nun fragen:
　　Weshalb du einsam blühst im öden Bruch?
„Das Auge ward zum Sehen;" magst du sagen,
　　„Die Schönheit ist sich ewig selbst genug."
Wie, holde Blume, du dort hingekommen?
　　Das zu ergründen, hab' ich nicht bedacht,
In meiner Einfalt hab' ich angenommen:
　　Dich führte hin und mich dieselbe Macht.

———

Schneesturm.

Verkündet durch des Sturms Trommetenstimme,
Kommt jetzt der Schnee. Hinwirbelnd über's Feld,
Scheint nirgends er zu haften: es verhüllt
Die weiße Luft den Hügel, Bach und Fluß;
Verschleiert steht des Pächters Haus am Garten.
Der Postzug hält; der Bote kehret ein;
Die Freunde bleiben fort; die Hausgenossen
Versammeln sich am Heerde, eingehüllt
In all' die wilde Heimlichkeit des Sturms.
Komm, sieh' des Nordwinds Maurerei!
Aus einem Steinbruch, der ihn immerdar
Versorgt mit Ziegeln, wölbt der tolle Künstler
Mit überhäng'ndem Dache Bastionen
Um jeden Zaun und Baum, um jede Thür.
Hastend, der tausendhändige, sein Werk,
Sein wild=phantast'sches, kehrt er nimmer sich
An Zahl und Maß; und um den Hundestall
Hängt scherzend er den Kranz aus weißem Marmor;
Ein Schwanenleib verhüllt den Dornenstrauch.
Er füllt des Pächters Gang von Wand zu Wand,
Er lacht des Armen Murren; baut ihm gar
Noch einen hohen Wall vor seine Thür.
Und ist sein Stündlein um, und ist sein eigen
Die Welt, geht er zurück, als war er nie;
Und wenn der Morgen kommt, mag dann die Kunst
In jahrelangem Bauen, Stein um Stein,
Des tollen Windes Nachtwerk wiederholen,
Die übermüth'ge Maurerei des Sturms.

An Rhea.

Schwester, laß mich Trost dir bringen,
Will dir laut're Wahrheit singen,
Wahrheit, die den Nebel hebt,
Der um's Aug' des Morgens schwebt.
Ich komme aus den Frühlingswäldern,
Von den thaugetränkten Feldern,
Hör', was ich im Bach erschaut,
Was die Pappel mir vertraut!
War von Lieb' dein Herz entbrannt,
Und dein Lieben ward verkannt,
Birg dein Leid in stillster Kammer,
Wie auch namenlos dein Jammer,
Ist die Liebe erst entwichen
Aus dem Herz, das deins erschlichen,
Und hat zögernd abgelegt
Den bunten Schmuck, den sonst sie trägt —
Wärst die schönste du der Frauen,
Wie ein Seraph anzuschauen,
Dich sein Aug' verwandelt sieht,
Da verwandelt sein Gemüth.
Dein sanftes Bitten scheint zu kühn,
Die Demuth selbst beleidigt ihn.
Und wär' dein Weg auch noch so grade,
Du findest doch vor ihm nicht Gnade.
Drum wie die Götter sollst du sein
In ihrem ew'gen Sonnenschein,
Denn, glaube, was dein Säuger spricht:
Vergißt du dein, die Götter nicht;

Es wird nicht müde ihre Hand,
Sie walten stetig in dem Land.
　Wie sie führen, folgen wir:
Mensch und Pflanze, Stern und Thier.
Warnung für die Tauben, Blinden,
Sollst du in dem Worte finden:
Wer da trinkt Cupido's Wein,
Dessen Liebe ist nicht rein:
Wer da liebt, ob Gott, ob Mann,
Soll keine Gegenlieb' empfah'n.
Sterne wandern, Herzen wandern,
Andres liebt man in dem Andern.
War einem schönen Menschenkind
Der Götter einer hold gesinnt,
Von ihrer Jugend Glanz entzückt,
Er ist nicht blind, er weiß zu gut,
Wie Gegenlieb' ihn nie beglückt,
Und so der Götterjüngling thut:
Er ist nur immerfort bedacht,
Zu segnen sie bei Tag und Nacht;
Von allen Uebeln, klein und groß,
Zu schirmen sie; in ihren Schooß
Des Glanzes Fülle auszugießen,
Und Alles legen ihr zu Füßen.
Er zieht herab die Sterne klar,
Und streut sie ihr in's dunkle Haar.
Und mit Musik füllt er ihr Leben,
Läßt sie in Himmelsträumen weben,
Und was sein großes Herz nur denkt,
Ihr königlich der König schenkt.
„Horcht, Elemente, allzumal!
Dies Denkmal meiner bittern Qual
Bau' ich dem guten, schönen All.
Nicht für mein eigen Freud' und Leid,

Doch ich, aus meiner Seligkeit,
Obgleich gekränkt ohn' eig'ne Schuld,
Ich schenk' ihr alle Gnad und Huld.
Und ich erkiese diese Maid
Zu einem Muster aller Zeit,
Damit sie schöner, stolzer werden
Die Menschenkinder auf der Erden,
Und sie sich muthig vorwärts ringen
Zu höher'm Werth in allen Dingen.
Und dafür, daß sie mich verschmäht,
Hab' ich sie selbst und euch erhöht.
Nun halte Rath mit dir, o Welt,
Ob's besser nicht um dich bestellt!"
Und der Gott, er hat beschenkt das All,
Und ist erlöst von seiner Qual.

Problem.

Ich lieb' eine Kirche, ein Priesterkleid,
Lieb' die Propheten jeder Zeit;
In stillen, alten Klosterräumen
Kann stundenlang ich wachend träumen —
Doch möcht' ich für das Leben mein
Kein Priester im Talare sein.
Wie ward, was lieb ihm alle Zeit,
Für mich so bald ein Nessuskleid?
Mit hohem Ernst und heil'gem Fleiß
Schuf Phidias sein Bild des Zeus;

Was ihres Geistes Auge sah,
Das sprach der Mund der Pythia;
Die Bibeldichter schöpften nur
Aus tiefstem Herzen der Natur;
Mit des Vulkanes Flammenzungen
Der Völker Lieder sind gesungen,
Ihr rührend' Wort von Leid und Lust
Fließt aus der tiefbewegten Brust;
Die Hand, die wölbte Peters Dom,
Die Tempel schuf im Christen=Rom,
Sie baute Glauben mit hinein.
Von Gott konnt' man sich nicht befrei'n,
Man baute besser, als man dachte,
Die Schönheit sich von selber machte.

    Weißt du, wie's Vogelnestlein warb,
Aus Blättern und aus Federn zart?
Und wie die Muschel baut die Schale,
Schön, wie der Ost im Morgenstrahle?
Und in der Fichte, welche Kraft
Ohn' Ende neue Nadeln schafft?
So wurden jene heil'gen Schreine,
Furcht, so wie Liebe trug die Steine.
Des Parthenons die Erd' sich freut,
Des schönsten Schmucks auf ihrem Kleid;
Der Morgen hebet schnell die Lider,
Zu schau'n die Pyramiden wieder;
Der Himmel blickt mit Wohlgefallen
Auf Englands graue Kirchenhallen;
Denn aus des Denkens tiefstem Schacht
Sind alle sie an's Licht gebracht;
Natur beschützte sie nicht minder,
Als ihre eig'nen Götterkinder,
Und wollte, daß sie ewig wären,
Wie Ararat und Cordilleren.

Die Tempel wuchsen, wie die Eichen,
Sie tragen all' des Höchsten Zeichen;
Es war, der sie erschuf, der Meister,
Ein Werkzeug nur dem Geist der Geister;
Und der da baute jene Schreine,
Er baute fort in der Gemeine;
Noch immer schlagen Pfingstesflammen
Ob ihren Häuptern licht zusammen;
Sie singen ihm in heil'gen Chören;
Er läßt durch Priestermund sich hören.

Es steht, was Gott zu Mosen sprach,
Auf Tafeln, deren keine brach;
Was Seher sagten und Sybille,
In Tempeln, in der Wälder Stille,
Es schwebt noch auf den Morgenwinden,
Will gern dem Lauscher sich verkünden,
Des heil'gen Geistes kleinstes Wort,
Es lebt noch in den Geistern fort;
Ich weiß, was Kirchenväter sagen,
Ihr Buch liegt vor mir aufgeschlagen, —
Chrysostomos und Augustin,
Und der uns stets wie Beide schien,
Den wir als jüngern „Goldmund" ehrten,
Taylor — der Shakspeare der Gelehrten,
Sein Wort mein Ohr melodisch füllt,
Dort hängt sein liebes, altes Bild;
Und doch — nicht für das Leben mein
Möcht' ich der gute Bischof sein.

Die Sphinx.

Die Sphinx ist schläfrig,
　Ihr Flügel hängt,
Ihr Ohr ist müde,
　Sie denkt und denkt:
„Mein ewiges Räthsel,
　Wer löst es mir doch?
Die Seher, sie schliefen,
　Und ich frage immer noch.

„Das Schicksal des Menschen,
　Wer sagt es mir an?
Bekanntes aus Fremdem,
　Dädalischer Plan,
Aus dem Schlafen ein Wachen,
　Aus dem Wachen ein Schlaf,
Leben, Tod überholend —
　Den Pfeil, der nimmer traf.

„Dem Strahl gleich des Lichtes
　Die Palme sich hebt;
Das weidende Flußpferd
　Vor Niemandem bebt;
In schöner Bewegung
　Die Drossel sich schwingt,
Dem Baum, der sie schützte,
　Ein Danklied sie singt.

„Die Welle, gehorsam
　In brausender Wuth,
Sie spielt mit dem Sturme,
　Sie kennen sich gut;

Die weh'nden Atome,
　Sie irren sich nicht;
Keins wanket, keins schwanket,
　Es weiß seine Pflicht.

„Meer, Erde, Ton, Schweigen,
　Thier, Pflanze und Stein,
Der Gottheit gehorchend
　In trautem Verein.
Eins schmücket das Andre
　In Liebe so schön;
Nacht decket den Morgen,
　Der Nebel die Höh'n.

„Bei der Mutter der Säugling,
　Gebadet in Freud',
Die Sonn' ist sein Spielzeug,
　Und gestern ist heut;
In dem glänzenden Auge
　Der Friede des Herrn,
Und die Summe der Welt
　In dem sehenden Stern.

„Doch der Mensch bückt sich, schickt sich,
　Verheimlicht und lügt,
Er wanket und schwanket,
　Er marktet und trügt,
Und kraftlos und freudlos
　Hat Niemand er lieb,
Vergiftet die Erde,
　Ein Thor und ein Dieb.“

Es sprach die All-Mutter,
　Sie sah seine Qual —

Beim Ton ihrer Stimme
   Erbebte das All; —
„Wer fälschte meines Sohnes Wein,
   Wer fälschte meines Sohnes Brot?
Wer hat des Menschensohnes Kopf
   Verrückt mit Wahn und Noth?"

Ein Dichter sang zur Antwort
   Mit fröhlichem Gemüth:
„Nur weiter, Sphinx; dein Jammer
   Ist mir ein liebes Lied.
Was immer die Zeit schafft,
   Es schwindet dahin;
In Bildern aus Nebel
   Der herrlichste Sinn.

O, Sehnsucht der Schönheit!
   O, Wonne und Qual!
In der Höhle des Drachen
   Ein himmlischer Strahl!
Die Lethe des Todes
   Den nimmer umstrickt,
Deß Seele nur einmal
   Das Schöne erblickt.

„O, tiefer und tiefer
   Muß tauchen der Geist;
Weißt Alles du, weißt du,
   Daß gar nichts du weißt;
Jetzt zieht es dich mächtig
   Zum Himmel hinan;
Bist droben du, steckst du
   Dir weiter die Bahn.

„Stolz stürzte die Engel,
　　Die Scham wäscht sie rein;
Die süßeste Freude
　　Aus sündiger Pein;
Hab' ich einen Liebsten,
　　Der edel und schlicht,
Ich wollt', er wär' edler,
　　Und liebte mich nicht.

„Ein ewiger Wandel
　　Jetzt zögert, jetzt fliegt,
Und unter Pein Freude —
　　Unter Freude Pein liegt;
Im Centrum wirkt Liebe;
　　Das Herz immer schlägt,
Und überall, überall
　　Leben sich regt.

„O Sphinx, erhalt' dir Zeus den Witz,
　　Du wirst allmälig blind;
Schierling und Vitriol für die Sphinx,
　　Ihre Augen trübe sind.“
In die dicke Lippe biß die Sphinx:
　　„Wer lehrte dich zumal
Den Namen? Mensch, ich bin dein Geist,
　　Aus deinem Aug' ein Strahl.

„Du bist das ewige Räthsel:
　　Säh'st du dein Augenlicht, —
Das Auge fragt nach Antwort,
　　Die rechte sieht es nicht.
So forsch durch alle Reiche,
Frag' du nur eifrig fort;

Frag', du verkörperte Ewigkeit,
   Zeit ist das falsche Wort!"

Auf stand die lust'ge Sphinx,
   Und hockt nicht mehr im Stein,
Sie sprang in eines Kindes Aug',
   Sprang in den Mond hinein,
Sie hüpfte in ein gelbes Licht,
   Sie blühte im Blumentopf,
Sie floß in eine schäumende Well',
   Stand auf des Berges Kopf.

Und durch tausend Stimmen
   Hört' ich die Sphinx nun schrei'n:
„Wer eines meiner Räthsel löst,
   Der soll mein Meister sein."

E n d e.

Druck von Otto Janke in Berlin.